thème
et
variations

thème
et
variations

A practical introduction to French

MICHIO P. HAGIWARA
University of Michigan
FRANÇOISE DE ROCHER
University of Alabama

JOHN WILEY & SONS New York Santa Barbara London Sydney Toronto

This book was set in Univers by Technical Filmsetters European. It was printed and bound by Vail-Ballou. Picture research was done by Marge Graham. Depth editing was done by David Thorstad and Suzanne Ingrao supervised production.

Cover: Henri Matisse, *Nu bleu, III,* 1952. © 1977 S.P.A.D.E.M., Paris.

Library of Congress Cataloging in Publication Data:

Hagiwara, Michio P.
    Thème et variations

    1. French language—Composition and exercises.
I. Rocher, Françoise de, joint author.   II. Title.
PC2112.H27   448′.2′421   76-43036

ISBN 0-471-33880-X

Printed in the United States of America

10 9 8 7 6 5 4

Preface

Thème et Variations is a new program for first-year French, designed to teach the fundamental structures and vocabulary of the contemporary language and to develop the skills of listening, speaking, reading, and writing. Exercise instructions are given in French from the first day to encourage an all-French atmosphere in the classroom. New patterns are practiced and familiar ones are reviewed within situational contexts. The exercises involve meaningful language and should encourage students to express themselves spontaneously in French. Grammar structures are described in English so that students will be able to study them with little help from the instructor. Important aspects of modern French culture are gradually introduced and compared when appropriate to analogous features of American culture. We hope that the program will provide a rewarding experience for imaginative teachers and students.

This new program consists of a textbook, workbook *(Cahier d'exercices)*, instructor's manual *(Guide pédagogique)*, and a laboratory tape program, available for purchase or on loan for local duplication.

The textbook itself consists of a preliminary chapter on pronunciation and twenty-seven lessons. Each lesson centers around a basic topic, which is developed and expanded with a variety of learning activities, much as a theme is varied in musical compositions.

1. Conversations

A series of mini-dialogues or questions about a drawing, designed to be used as warm-up activities, serve as a point of departure for the main topic of the lesson. (The *Guide pédagogique* gives suggestions for variation and expansion of the mini-dialogues.)

2. Exercices oraux

For each grammatical point the exercises progress rapidly from structural manipulation to open-ended questions inviting students to express opinions and to comment on their daily activities. The instructor need not cover all the oral exercises of any given lesson. Approximately sixty percent of the oral exercises are recorded on tape, so that students can practice them in the language laboratory.

3. Application

In *Thème et Variations,* the main dialogue of each lesson follows the structural exercises so that students will find most of its content, especially in terms of grammar, already familiar. Furthermore, students will here encounter, in a natural context, grammatical patterns and vocabulary already acquired, and will learn to use them in a similar way in subsequent application activities. The first thirteen dialogues take place in the United States, and contain references to French culture and civilization. The vocabulary and speech patterns of these dialogues encourage students to talk about their own environment and typical daily activities: friends, family, home, classes, future plans, past experiences, travels, parties, sports, and so on. The remaining dialogues take place in France.

Immediately after the dialogue and questions are the *Expressions utiles,* words and phrases pertinent to the theme of the lesson (most, in fact, have already appeared in *Conversations, Exercices oraux,* and *Dialogue et questions*) which are put to immediate use in a series of application activities including dialogue-writing or completion, compositions, role-play, dehydrated stories, stories using question words, and personalized questions designed for conversation. All these activities provide a built-in review and reinforcement of the basic vocabulary and structures of the entire lesson. Lessons 15–27 contain reading selections which focus on a particular aspect of French culture and civilization introduced by the dialogue. After each reading passage students practice special lexical exercises. English equivalents of the *Conversations, Dialogue,* and *Expressions utiles* are appended in the *Cahier d'exercices.*

4. Explications

Even though grammar explanations appear at the end of each lesson, instructors may wish to assign them as part of the students' preparatory homework. The explanations are in English so that beginning students can read them on their own without falling into the traps of gross oversimplification or incorrect generalization of grammar. French grammatical terms are provided in the explanations; in class, the instructor may briefly summarize the day's grammar using simple French.

5. Vocabulaire

The list contains lexical items occurring in the *Conversations, Exercices oraux,* and *Dialogue et questions*—the minimum active vocabulary for students. Words and idioms appearing exclusively in the *Conversations* and *Dialogue et questions* are preceded by a small dot.

6. Exercices écrits

The *Cahier d'exercices* contains writing exercises corresponding to each grammar point of the lesson. Many are in the form of questions calling for individual answers in order to prepare students gradually to produce original sentences within the structural and lexical framework provided. Students evaluate their work by checking the answers or sample answers appended in the workbook.

7. Compréhension auditive

Each lesson is accompanied by a wide variety of auditory comprehension exercises on tape. The answer sheets are in the *Cahier d'exercices,* along with the scoring key. The script for these exercises is in the *Guide Pédagogique.*

8. Exercices de prononciation

Thème et Variations includes twenty-six mini-lessons on pronunciation that present the fundamental problems of pronunciation and auditory discrimination usually encountered by speakers of American English. These mini-lessons are separated from the rest of the text in order to make lesson plans flexible and to facilitate frequent review. They are available on tape. The *Cahier d'exercices* explains the articulatory characteristics of French as compared to those of English.

Acknowledgements

Thème et Variations began six years ago as a series of materials to supplement a textbook then in use at the University of Michigan. It grew into a full text in the following year and was class-tested in the first-year course. The original version was revised twice in subsequent years in order to give as much emphasis as possible to active communication skills and cultural understanding.

Peter Hagiwara produced the grammar explanations, oral and written exercises, and application activities. Françoise de Rocher drew the original sketches used in class-testing of the lessons, wrote the readings for Lesson 19 and Lessons 23 through 27, prepared the end vocabulary, and corrected the various drafts of the manuscript.

We are most grateful to Professor Jean R. Carduner of the University of Michigan for his suggestions during the first revision of the manuscript and for contributing the readings for Lessons 15 through 18 and Lessons 20 through 22. For their reading of the manuscript and suggestions, we would like to express our appreciation to Kenneth Carter of Long Beach City College, Weber D. Donaldson of Tulane University, Jacqueline C. Elliott of the University of Tennessee, Juliette M. Gilman of Northeastern University, Carl H. Johnson of the University of South Carolina, Julian Kaplow of Monroe Community College, Linda E. Laplante of Northeastern University, Catherine A. Maley of the University of North Carolina, Bernice Melvin of the University of Texas at Austin, Norman A. Poulin, Rosemary H. Thomas of Forest Park Community College, and Janice C. Zinser of Oberlin College. We also want to thank David Thorstad for his thoroughness and precision in editing the final manuscript.

We also wish to express our special thanks to Professor Gregory de Rocher of the University of Alabama, and Keith Palka and Anne L. Hagiwara of the University of Michigan for their many valuable suggestions during the class-testing and revisions of the text.

M.P.H.
F. de R.

Contents

XII *CONTENTS*

thème
et
variations

Exercices de Prononciation

NOTATION PHONÉTIQUE[1]

Voyelles

a /a/ la /la/ — *e* /ə/ menu /məny/
â /ɑ/ pâte /pɑt/ — *u* /y/ sur /syʀ/
é /e/ clé /kle/ — *eu* /ø/ deux /dø/
è /ɛ/ père /pɛʀ/ — *eu* /œ/ jeune /ʒœn/
i /i/ ici /isi/ — *en, an* /ɑ̃/ enfant /ɑ̃fɑ̃/
eau /o/ beau /bo/ — *in* /ɛ̃/ vin /vɛ̃/
o /ɔ/ porte /pɔʀt/ — *on* /õ/ bon /bõ/
ous /u/ nous /nu/

Consonnes et semi-consonnes

/b/ bien /bjɛ̃/ — /ɲ/ signe /siɲ/
/d/ dans /dɑ̃/ — /p/ page /paʒ/
/f/ font /fõ/ — /ʀ/ rose /ʀoz/
/g/ gauche /goʃ/ — /s/ sont /sõ/
/ʒ/ joli /ʒɔli/ — /ʃ/ chaise /ʃɛz/
/j/ fille /fij/ — /t/ tu /ty/
/k/ café /kafe/ — /v/ ville /vil/
/l/ livre /livʀ/ — /w/ oui /wi/
/m/ mal /mal/ — /ɥ/ lui /lɥi/
/n/ non /nõ/ — /z/ zéro /zeʀo/

1. ORTHOGRAPHE FRANÇAISE

/i/   livre, difficile, stylo, taxi, critique
/e/ ; /ɛ/   et, clé, cahier; chaise, merci, derrière, être
/a/   madame, table, page, façade, à la carte
/u/   où, vous, bonjour, boutique, détour, touché
/o/ ; /ɔ/   stylo, tableau, journaux; note, alors, porte
/y/   une, mur, sur, fume, étude, menu, début
/ø/ ; /œ/   un peu, bleu, milieu; professeur, chauffeur
/ɛ̃/   un, bien, tiens, maintenant, médecin, Chopin
/ɑ̃/   dans, français, nuance, détente, ensemble
/õ/   crayon, montre, garçon, réponse, bonjour, non

---

[1] Explanations of French pronunciation are in the **Cahier d'exercices**.

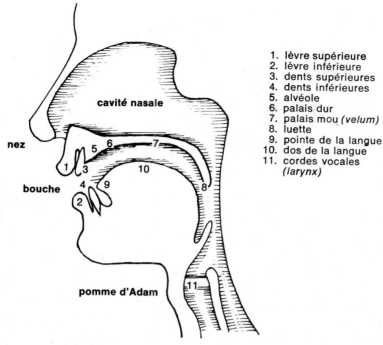

1. lèvre supérieure
2. lèvre inférieure
3. dents supérieures
4. dents inférieures
5. alvéole
6. palais dur
7. palais mou *(velum)*
8. luette
9. pointe de la langue
10. dos de la langue
11. cordes vocales *(larynx)*

/wa/	couloir, histoire, voici, voilà, réservoir
/k/	qui, quand, quatre, question, coquette, bouquet
/ɲ/	signe, peigne, agneau, vignette, filet mignon
/ʃ/	chaise, Charlotte, chauffeur, attaché, chef
/j/	corbeille, jeune fille, Versailles, bouillon

2. RYTHME ET ACCENT

Deux syllabes (‿ _)
photo, auto, musique, visite, touriste, beauté, bonjour, monsieur, parlez, encore, question

Trois syllabes (‿ ‿ _)
monument, animal, téléphone, liberté, écoutez, répétez, s'il vous plaît, après moi, vous parlez

Quatre syllabes (‿ ‿ ‿ _)
académie, intelligent, démocratique, économie, voici la table, c'est un cahier, comment ça va? écoutez bien

Cinq syllabes (‿ ‿ ‿ ‿ _)
université, possibilité, international, répétez la phrase, voici la réponse, où sont les journaux?

3. VOYELLES ANTÉRIEURES /i/, /e/, /ɛ/

` `	/i/	livre, disque, lit, ici, midi, difficile, il finit, il arrive, six livres, île, y, stylo, myrte
-es, -ez, -er, é	/e/	été, clé, télévision, écoutez, répondez, répéter, céder, aimer, maison, j'ai, des, les, mes, ces, et
è	/ɛ/	père, mère, frère, fenêtre, être, avec, fer, sel, serviette, chaise, j'aime, seize, treize, elle accepte, elle aide, elle aime
é - è	/e/-/ɛ/	élève, préfère, répète, sévère, Hélène, Thérèse, les pères, les mères, des frères, ces chaises
e - é	/ɛ/-/e/	fermez, servez, cherchez, perdez, bercer, pèse-les, mène-les, jette-les

Exercices supplémentaires

Lisez les mots suivants. Essayez de distinguer entre les mots français et les mots anglais.[1]

qui-key	**lit**-lea	**ni**-knee
mie-me	**ses**-say	**des**-day
fée-Fay	**quai**-Kay	**nez**-nay

Je vais lire des mots français et anglais. Si vous entendez un mot français, écrivez «O». Si vous entendez un mot anglais, écrivez «X».[2]

Modèle: **lit**-**si**-sea-lea-**vit**
Réponse: O-O-X-X-O

1. **fit**-lea-vee-knee-**dit**
2. **des**-**fée** Jay-lay-**quai**
3. may-nay-**les**-**des**-sea
4. **ses**-day-**mes**-bee-**ni**
5. si-Fay-lea-**fit**-**ces**
6. **des**-**ses**-key-may-**les**

4. VOYELLES POSTÉRIEURES /u/, /o/, /ɔ/

ou	/u/	ou, sous, nous, vous, journal, tous les jours, nous trouvons, où, goûter, coûter
ô, o	/o/	rôle, pôle, bientôt, rose, chose, poser, prose, métro, stylo, mot, nos, vos, animaux, journaux, eau, beaucoup, tableau
	/ɔ/	joli, police, fromage, professeur, obéir, poème, philosophie, porte, note, poste, homme, donne

Exercices supplémentaires

Lisez les mots suivants. Essayez de distinguer entre les mots français et les mots anglais.[3]

---

[1] *Read the following words. Try to distinguish between the French and English words. (This exercise is not on the tape.)*

[2] *I am going to read French and English words. If you hear a French word, write "O." If you hear an English word, write "X." (This exercise is not on the tape.)*

[3] Not on the tape

bout-boo	**chou**-shoe	**loup**-Lou
beau-bow	**dos**-doe	**mot**-mow
note-note	**poste**-post	**botte**-bought

Je vais lire des mots français et anglais. Si vous entendez un mot français, écrivez «O». Si vous entendez un mot anglais, écrivez «X».[1]

1. boo-**loup**-**chou**-goo-**mou**	4. **beau**-**dos**-no-sow-toe
2. Lou-bow-Sue-**bout**-**doux**	5. **dos**-mow-**note**-**poste**-**beau**
3. foe-**faut**-**loup**-do-**botte**	6. bought-**dot**-**note**-sow-**eau**

5. VOYELLES ANTÉRIEURES ARRONDIES /y/, /ø/, /œ/

u /y/   du, une, sur, mur, minute, étude, musique, bureau, futur, sucre, culture, de luxe, une rue, une minute, dû, sûr

eu /ø/   deux, bleu, queue, peu, veut, feu, jeu, cheveux, curieux, dangereux, creuser, vendeuse, sérieuse

oeu /œ/   œuf, sœur, beurre, leur, fleur, heure, seul, jeune, professeur, vendeur, amateur, ils veulent, ils peuvent, pleurer, déjeuner, fleuri

/i-u-y/   si-sous-su, dit-doux-du, fit-fou-fut, lit-loup-lu, mis-mou-mu, ri-roue-rue, vie-vous-vue, ni-nous-nu

/y-ø-œ/   su-ceux-sœur, du-deux-d'heure, mur-meut-meurt, pu-peux-peuvent, vu-veut-veulent

Exercice supplémentaire

Lisez les mots suivants. Essayez de distinguer entre les mots français et les mots anglais.[2]

vue-view	**fut**-few	**nu**-new
deux-dew	**ceux**-sue	**leur**-lure
jeune-June	**meurt**-moor	**sœur**-sewer

6. VOYELLES OUVERTES /a/, /ɑ/

a /a/   la, ma, ta, sa, chat, mal, madame, cinéma, patte, garçon, quatre, quart, Canada, ça va mal, à, là, femme, évidemment, prudemment

a /ɑ/   pâte, tâche, mâle, bas, las, classe, tasse

/i-e-ɛ-a/   si-ces-cette-sa, mis-mes-mette-mal, fit-fée-faites-femme, qui-quai-quel-car, dit-des-dette-dame

/u-o-ɔ-ɑ/   bout-beau-botte-bas, poule-pôle-Paul-pâte, loup-l'eau-lors-las, tout-tôt-tonne-tâche, mou-mot-molle-mâle

[1] Not on the tape
[2] Not on the tape

7. ALPHABET FRANÇAIS

a	a	/a/	j	ji	/ʒi/	s	esse	/ɛs/
b	bé	/be/	k	ka	/ka/	t	té	/te/
c	cé	/se/	l	elle	/ɛl/	u	u	/y/
d	dé	/de/	m	emme	/ɛm/	v	vé	/ve/
e	e	/ə/	n	enne	/ɛn/	w	double vé	/dubləve/
f	effe	/ɛf/	o	o	/o/	x	icse	/iks/
g	gé	/ʒe/	p	pé	/pe/	y	i grec	/igRɛk/
h	ache	/aʃ/	q	qu	/ky/	z	zède	/zɛd/
i	i	/i/	r	erre	/ɛR/			

é «e» accent aigu   ç «cé» cédille
è «e» accent grave   e «e» minuscule
ê «e» accent circonflexe   E «e» majuscule
ë «e» tréma   - trait d'union

stylo: s-t-y-l-o
jambe: j-a-m-b-e
lettre: l-e-*deux* t-r-e
été: e *accent aigu*-t-e *accent aigu*
là-bas: l-a *accent grave-trait d'union*-b-a-s
Noël: n *majuscule*-o-e *tréma*-l

8. VOYELLES NASALES /ɛ̃/, /ɑ̃/

[handwritten margin notes: Tape 1 Side B; im, ym, ain in, yn,; an, am; ain]

/ɛ-ɛ̃/	vais-vin, fait-fin, lait-lin, cousin, jardin, médecin, simple, timbre, syndicat, sympathique, pain, train, faim, plein, atteint, Reims, tiens, bien, rien, combien, examen, européen, un, lundi, brun, parfum, humble
/ɑ-ɑ̃/	bas-banc, las-l'an, dans, grand, quand, Jean, blanc, champ, chambre, parent, président, enfant, temps, exemple, ensemble
/ɛ̃-ɑ̃/	bain-banc, lin-l'an, main-ment, pain-pan, sein-sans, teint-tant, vain-vent, plein-plan, qu'un-quand
/ɛ̃-ɛn/	américain-américaine, sain-saine, vain-vaine, plein-pleine, frein-freine, italien-italienne, canadien-canadienne, ancien-ancienne, vient-viennent, mien-mienne
/ɑ̃-an/	plan-plane, an-Anne, Jean-Jeanne, pan-panne, vent-Vannes, mariant-Marianne, Caen-Cannes, ment-manne

Exercice supplémentaire

à la mode, ambiance, au contraire, ballet, bon voyage, bouillon, bourgeois, buffet, carte blanche, femme fatale, coup d'état, critique, début, débutante, en masse, ensemble, esprit de corps, hors-d'œuvre, crème de menthe, lingerie, liqueur, menu, milieu, nuance, première, rapport, réservoir, par excellence, de rigueur, soupe du jour, suite

9. VOYELLE NASALE /õ/ on

/o-õ/   eau-on, beau-bon, faut-font, vont, mont, non, long, longue, oncle, onze, montons, montre, garçon, répond, tomber, compter, combien, composition

/ɔn-õ/   bonne-bon, nonne-non, sonne-son, donne-dont, pardonne-pardon, mentionne-mention, stationne-station, raisonne-raison, abandonne-abandon

/ɛ̃-ɑ̃-õ/   saint-sans-sont, vain-vent-vont, lin-l'an-long, pain-pan-pont, bain-banc-bon, main-ment-mont, teint-tant-ton, rein-rend-rond, frein-franc-front

Exercice supplémentaire

Alain, Albert, André, Antoine, Charles, Daniel, Étienne, François, Georges, Gérard, Guy, Henri, Jacques, Jean, Julien, Jules, Louis, Marc, Marcel, Michel, Paul, Pierre, Philippe, Yves, Jean-Paul, Jean-Jacques, Jean-François

Anne, Caroline, Catherine, Cécile, Christine, Claudine, Denise, Danielle, Françoise, Gisèle, Hélène, Jacqueline, Jeanne, Janine, Marie, Martine, Michèle, Monique, Simone, Suzanne, Sylvie, Yvette, Anne-Marie, Marie-Claire

10. CONSONNE FRICATIVE DORSALE /ʀ/

/ʀ/   gris-riz, grain-rein, gras-rat, cri-rit, crayon-rayon, cru-rue, réponse, règle, roue, rose, robe, remplacer, rang, rentrer, repas, revenir, regarder, prendre, trouver, montre

/ʀ/   finir, lire, dire, père, mère, frère, rare, par, retard, lourd, cours, jour, fort, sort, tort, sœur, peur, heure, mur, pur, sur, dur

/ʀ/   firme, myrte, cirque, ferme, Berne, servent, arme, parle, arbre, carte, courbe, lourde, sourde, porte, dorment, forte, morte

Exercice supplémentaire

Ampère, Bardot, Beauvoir, Bizet, Camus, Cézanne, Chevalier, Chopin, Curie, Debussy, Delon, Descartes, Flaubert, Gauguin, Gounod, Ibert, Manet, Matisse, Milhaud, Montand, Pasteur, Renoir, Rimbaud, Rodin, Robbe-Grillet, Rousseau, Sartre, Truffaut, Vadim, Voltaire

11. SEMI-CONSONNES /j/, /w/, /ɥ/

/i-jø/   y-hier, lit-lier, si-ciel, vieux, mieux, Dieu, premier, dernier, janvier, payer, essayer, voyage, employer, travail, soleil, sommeil, pareil, billet, juillet, travailler, famille, fille, corbeille.

/u-wi/   où-oui, loup-louer, sous-souhait, Louis, Louise, jouer, ouest, mois, oiseau, toi, voix, soir, boîte, voyage, employer, coin, loin, moins, soin

/y-ɥi/	du-duel, lu-lueur, nu-nuage, huit, lui, cuisine, cuillère, ensuite, nuit, aujourd'hui, minuit, nuance, je suis, muet, tuer, luire, fuir, cuir
/y-jø/	du-dieu, lu-lieu, mu-mieux, pu-pieux, ruse-rieuse, vu-vieux, su-cieux
/ɛ̃-wɛ̃/	saint-soin, faim-foin, lin-loin, main-moins, paint-point, tes mains-témoin

12. CONSONNE LATÉRALE /l/

/l/	lit, les, l'air, la, loup, l'eau, lors, las, lu, pleut, leur, la loi, les lois, le livre, les livres
/l/	il, elle, mal, poule, pôle, Paul, pâle, pull, seul, l'animal, l'école, l'échelle, meuble, table, possible, capable, probable, soldat, calme, palme
/al-o/	journal-journaux, animal-animaux, général-généraux, cheval-chevaux, national-nationaux, métal-métaux, capital-capitaux, oral-oraux

Exercice supplémentaire

Bâton Rouge, Butte, Boisé, Belle Fontaine, Belle Fourche, Coquille, Cœur d'Alène, Crève-Cœur, Détroit, Des Moines, Dubuque, Du Bois, Duluth, Des Plaines, Eau Claire, Fond du Lac, Grosse Pointe, Montclair, Pontchartrain, Pierre, Paris, Pioche, Racine, Saint-Louis, Saint-Cloud, Terre Haute, Versailles, Vincennes

13. LIAISONS OBLIGATOIRES

1. *Mettez le sujet de chaque phrase à la forme* **vous.**
j'écoute, j'arrive, je mange, j'aime, je parle, j'obéis, je finis, j'attends, j'ai, je vais

2. *Mettez chaque verbe au négatif.*
vous arrivez, vous avez, vous écrivez, vous êtes, vous habitez, vous écoutez, vous essayez, vous attendez

3. *Mettez chaque nom au pluriel.*
mon ami, votre ami, son frère, cet oiseau, ce cahier, un hôtel, mon œil, l'animal, le livre, l'hôpital

4. *Mettez chaque expression au pluriel.*
mon autre ami, ce vieil arbre, le grand hôtel, dans une armoire, le bel enfant, cet ancien hôtel, cet autre ancien hôtel

5. *Ajoutez la préposition* **en** *devant chaque mot.*
voiture, avion, bateau, ville, classe, été, hiver, décembre, octobre, automne, avril, juin

6. *Ajoutez* **très** *puis* **bien** *devant chaque adjectif*
agréable, important, intelligent, patient, impatient, intéressant, curieux, utile, sympathique

14. LIAISONS INTERDITES ET LIAISONS FACULTATIVES

1. *Lisez les phrases suivantes.*
Jean est ici; Jeanne est ici.
Raymond est ici; Raymonde est ici.
L'avocat est la; l'avocate est là.
L'étudiant américain, l'étudiante américaine
Le client impulsif, la cliente impulsive
L'Américain énergique, l'Américaine énergique
Le président impatient, la présidente impatiente
2. *Lisez les phrases suivantes.*
Jean est un bon élève; Jean et un bon élève
Michel est ingénieur; Michel et un ingénieur
Les ordures, les hors-d'œuvre
Les autres montagnes, les hautes montagnes
Les huîtres, les huit élèves
Les ondulations, les onze nations
Il est en eau, il est en haut
3. *Lisez, puis mettez chaque phrase au négatif.*
Vous êtes en voiture?
Vous répondez aux questions?
Ils arrivent à l'heure?
Ils aiment les enfants?
Vos étudiants sont intelligents?
Vous avez des cigarettes américaines?

15. SYLLABATION ET ENCHAÎNEMENT VERBAL

Lisez chaque phrase lentement, ensuite rapidement.[1]
1. Que —lle heu —re es —t-il?
   I —l est di —x heu —res et demie.
2. Que —l â —ge a —vez -vous?
   J'ai di —x neu —f ans.
3. Que —l â —ge a Mo —nique?
   Mo —ni —que a quin —ze ans.
4. Mi —chè —le es —t en retard?
   Non, e —lle a —rri —ve à l'heure.
5. Que —l temps fai —t-il?
   I —l fait très beau.
6. Que —lle est la date?
   C'est le sei —ze a —vril.

---

[1]Ties ‿ in the exercise indicate linking, and dashes show the syllabic division of words.

7. Vo—tre on—cle es—t à Pa—ris?
   Non, i—l ha—bi—te à Di—jon.

8. Où va Ma—rianne?
   E—lle va chez le mé—decin.

9. Ro—bert es—t à la mai—son?
   Non, i—l es—t en—co—re en classe.

10. Qui va ré—pon—dre à la que—stion?
    Moi, Ma—demoi—selle!

11. Qu'es—t -ce que vous faites?
    Nou—s a—tten—dons no—s a—mis.

12. Com—bien de sœu—rs a—t-il?
    I—l a u—ne sœur.

13. À que—lle heure dé—jeu—nez -vous?
    Je dé—jeu—ne à u—ne heure.

14. À quoi es—t -ce que vous pen—sez?
    Je pen—se à mo—n a—venir.

16. INTONATION DESCENDANTE

1. Où? Où **est le cahier?** Où est le cahier **de Jean-Paul?**
2. À qui? À qui **pensez-vous?** À qui pensez-vous **souvent?**
3. Comment? Comment **allez-vous?** Comment allez-vous **ce matin?**
4. Qui? Qui **parle?** Qui parle **bien?** Qui parle bien **français?**
5. Qui? Qui **répond?** Qui répond **à la question?** Qui répond à la question **de Jean-Jacques?**
6. **Attendez.** Attendez **un instant.**
7. **Regardez.** Regardez **le tableau.** Regardez le tableau **noir.**
8. **Lisez.** Lisez **la phrase.** Lisez la phrase **à Marie.**
9. **Écoutez.** Écoutez **la question.** Écoutez la question **de Marie-Louise.**
10. **Répétez.** Répétez **la réponse.** Répétez la réponse **de Danielle.**

17. INTONATION MONTANTE

1. **Vous dansez?** Vous dansez **bien?**
2. **Vous déjeunez?** Vous déjeunez **à midi?**
3. **Voulez-vous?** Voulez-vous **dîner?** Voulez-vous dîner **avec Jacqueline?**
4. **Tu comprends?** Tu comprends **la question?** Tu comprends la question **de Jean-Paul?**
5. **Parlez-vous?** Parlez-vous **français?** Parlez-vous français **avec elle?** Parlez-vous français avec elle **tous les jours?**
   Mettez chaque phrase à l'interrogatif en employant l'inversion.

1. Parlez français.
2. Expliquez la leçon.
3. Choisissez la réponse.
4. Attendez la fin du cours.
5. Posez la question à Jean-Jacques.
6. Allez au cinéma ce soir avec cet étudiant.

18. INTONATION MONTANTE-DESCENDANTE ET GROUPES RYTHMIQUES

1. **Nous dînons.** Nous dînons **ensemble.**
2. **Vous comprenez.** Vous comprenez **ma question.**
3. **Je parle.** Je parle **à Jean-Paul.** Je parle à Jean-Paul **tous les jours.**
4. **Il fait froid.** Il fait froid **en hiver.** Il fait froid en hiver **dans cette région.**
5. **Je ne sais pas.** Je ne sais pas **s'il pleut.** Je ne sais pas s'il pleut **beaucoup.** Je ne sais pas s'il pleut beaucoup **à Paris.** Je ne sais pas s'il pleut beaucoup à Paris **en hiver.**
6. **C'est une voiture.** C'est une voiture **de sport.** C'est une voiture de sport **rouge.** C'est une voiture de sport rouge **française.**
7. **Je ne comprends pas.** Je ne comprends pas **la question.** Je ne comprends pas la question **du professeur.**
8. **Nous déjeunons.** Nous déjeunons **ensemble.** Nous déjeunons ensemble **à midi.** Nous déjeunons ensemble à midi **dans la salle.** Nous déjeunons ensemble à midi dans la salle **à manger.** Nous déjeunons ensemble à midi dans la salle à manger **de la maison.**

19. VOYELLE CENTRALE /ə/

1.

samédi, médécin, proménadé, envéloppé, céla, dévéloppément, la fénêtré, uné fenêtré, la sémainé, cetté semainé, la récetté, cetté recetté, la réssourcé, uné ressourcé, la démandé, uné demandé

2.

premier, prenons, Grenoble, Bretagne, vendredi, entrecôte, Montpellier, menu, vedette, ceci, monsieur, pelouse, nous faisons

3. *Répondez aux questions d'après ce modèle.*
Aimez-vous lé café?
Oui, j'aimé le café.

Aimez-vous lé vin?   Aimez-vous lé pain?
Aimez-vous lé français?   Aimez-vous lé fromagé?

4. *Répondez aux questions d'après ce modèle.*
Avez-vous des pommés?
Non, jé n'ai pas dé pommés.

Avez-vous des stylos?   Avez-vous des cahiers?
Mangez-vous du pain?   Mangez-vous dé la viandé?
Attendez-vous un taxi?   Posez-vous des questions?

5. *Mettez chaque nom au singulier d'après le modèle.*
Voici les cahiers.
Voici le cahier.

Voici les tableaux.	Voici les chauffeurs.
Voilà les murs.	Voilà les bureaux.
J'attends les vendeurs.	Vous payez les billets.

20. CONSONNES NASALES /n/, /ɲ/

/ɛ̃-ɛn/   pain-peine, sein-Seine, plein-pleine, vient-viennent, américain-américaine, ancien-ancienne

/ɑ̃-an/   Jean-Jeanne, quand-canne, plan-plane, paysan-paysanne, an-Anne

/õ-ɔn/   bon-bonne, don-donne, sont-sonne, station-stationne

/ɲ/   ligne, peigne, campagne, champagne, Espagne, Allemagne, espagnol, seigneur, enseigner, soigné, magnifique, signification, signal, agneau, montagne

/ɲ-n/   peigne-peine, agneau-anneau, règne-reine, digne-dîne, plaigne-plaine, peignait-peinait, enseigne-en scène

21. CONSONNES OCCLUSIVES /p/, /t/, /k/

1. pire, père, part, pour, pôle, porte, pu, peut, peur, pain, pan, pont; tire, taire, tard, tout, tôt, tort, tu, théâtre, thème, théorie; qui, quai, quel, car, court, corps, queue, cœur, kilo, kiosque, chrétien, chromatique
2. type, tulipe, crêpe, Dieppe, nappe, frappe, groupe, soupe, enveloppe, jupe, occupe; vite, mettent, patte, doute, botte, chute, peinte; typique, public, chèque, bloc, truc, cinq, banque

22. CONSONNES OCCLUSIVES /b/, /d/, /g/

1. billet, bébé, Berne, bat, bout, beau, botte, bu, bain, banc, bon; dit, des, dette, date, doute, dos, du, d'eux, d'heure, dent, dont; Guy, gai, guerre, gare, goût, gorge, gueule, gant
2. syllabe, arabe, jambe, tombe, globe, herbe, courbe, verbe; rapide, laide, stade, coude, code, étude, sud; fatigue, lègue, vague, drogue, fugue, langue, longue
3. rend-rendent, rond-ronde, sourd-sourde, long-longue, il vend-ils vendent, il descend-ils descendent, il attend-ils attendent, il répond-ils répondent, il n'attend pas-ils n'attendent pas, il ne vend pas-ils ne vendent pas

23. CONSONNES FRICATIVES /s/, /z/

1. si, ses, sa, sur, monsieur, sœur, passer, laisser, messe, science, scène, nièce, pièce, commencer, commencions, ça, français, reçu, garçon, commençons, expliquer, exprimer, express, natation, patience
2. zigzag, zéro, azur, musique, chose, voisin, maison, saison, choisissent, exercice, examen, exemple, exact, exorcisme
3. occasion, division, télévision, élision, vision, précision, infusion, confusion, situation, addition, pension, condition, nation, national, sensation, sensationnel, patient, patience, conscience, conscient
4. poisson-poison, cesse-seize, russe-ruse, douce-douze, baisser-baiser, chausse-chose, basse-base, causse-cause, ils sont-ils_ont, vous savez-vous_avez, nous savons-nous_avons, ils s'aiment-ils_aiment

24. CONSONNES FRICATIVES /ʃ/, /ʒ/

/ʃ/   Chine, chez, chaise, chat, chou, chose, château, chute, chien, chant, riche, fraîche, cache, bouche, gauche, poche, ruche, franche, tranche, cheval, chevaux, cheveux

/ʒ/   Gigi, j'ai, Germaine, jamais, jour, joli, jupe, Jean, gens, agir, âgé, déjà, neige, garage, rouge, juge, collège, bagage, Georges, Peugeot, mangeons, corrigeons, plongeon

25. CONSONNES /m/, /f/, /v/

1. J'aime, poème, femme, homme, système, troisième, programme, calme, charme; bref, rosbif, soif, sauf, neuf; brave, grave, élève, rêve, trouve, arrive
2. actif-active, positif-positive, attentif-attentive, naïf-naïve, neuf-neuve, négatif-négative, bref-brève, sauf-sauve, affirmatif-affirmative
3. il boit-ils boivent, il reçoit-ils reçoivent, elle doit-elles doivent, elle sert-elles servent, il écrit-ils écrivent, il s'inscrit-ils s'inscrivent

26. ACCENT D'INSISTENCE

1. Elle est exceptionnelle!   Elle est extraordinaire!
Il est sensationnel!   Il est magnifique!
C'est incroyable!   C'est scandaleux!
C'était déplorable!   C'était désastreux!

2. Quelle propagande!   Quelle stupidité!
   Quelle catastrophe!   Quelle coïncidence!
   Quel désastre!   Quelle belle femme!
   Quel joli cadeau!   Quelle bonne surprise!
3. Vous êtes vraiment gentil!
   C'est un problème très délicat!
   Vous êtes extrêmement difficile!
   Ce gâteau est drôlement bon!
   C'est un problème énormément compliqué!
   Qui a eu cette malencontreuse idée?

Première Leçon

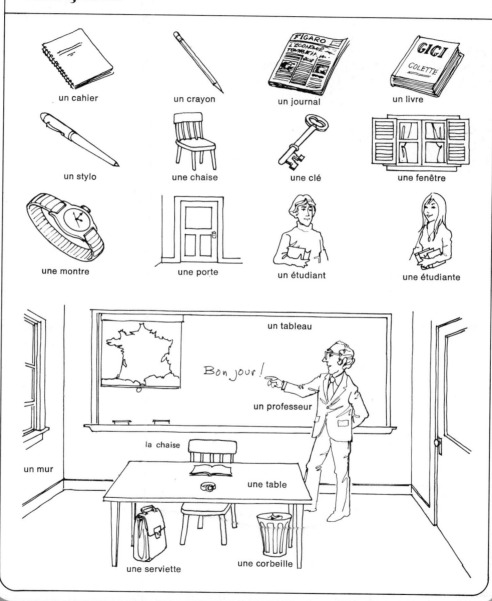

un cahier

un crayon

un journal

un livre

un stylo

une chaise

une clé

une fenêtre

une montre

une porte

un étudiant

une étudiante

un tableau

Bonjour!

un professeur

la chaise

un mur

une table

une serviette

une corbeille

Tableau I

conversations[1]

A. **Bonjour!**

JACQUELINE Bonjour, Monsieur (Madame, Mademoiselle).
PROFESSEUR Bonjour, Mademoiselle. Comment allez-vous?
JACQUELINE Très bien, merci. Et vous?
PROFESSEUR Bien, merci.

B. **Salut!**

ROBERT Salut, Jacqueline.
JACQUELINE Salut, Robert. Comment ça va?
ROBERT Pas mal, merci. Et vous?
JACQUELINE Comme ci comme ça.

C. **Au revoir!**

JACQUELINE Excusez-moi, je suis en retard.
ROBERT Au revoir, Jacqueline.
JACQUELINE À demain, Robert.

exercices oraux

1.1 NOM ET ARTICLE INDÉFINI

A. *Écoutez bien et répétez après moi.*[2]

1. un cahier	6. un stylo	11. une fenêtre
2. un crayon	7. un tableau	12. une montre
3. un journal	8. une chaise	13. une porte
4. un livre	9. une clé	14. une serviette
5. un mur	10. une corbeille	15. une table

[1]All the mini-dialogues—but not the questions concerning a picture (as in B of Lesson 3)—are recorded on tape and their English equivalents appear in the **Cahier d'exercices**. Note: the symbol ⊛ indicates all material that is recorded on tape. A few **exercices oraux** are recorded in modified form; they are indicated by the symbol ⊛.
[2]Listen carefully and repeat after me.

B. *Maintenant, répétez après moi.*[1]

1. C'est un cahier.
2. C'est un crayon.
3. C'est un journal.
4. C'est un livre.

5. C'est un mur.
6. C'est un stylo.
7. C'est un tableau.

On continue avec tous les objets.

C. *Écoutez bien.*[2]

Qu'est-ce que c'est?   C'est un crayon.
Qu'est-ce que c'est?   C'est une table.
Qu'est-ce que c'est?   C'est une chaise.

Maintenant, répondez aux questions.[3]

1. Qu'est-ce que c'est? (stylo)   C'est un stylo.
2. Qu'est-ce que c'est? (fenêtre)   C'est une fenêtre.
3. Qu'est-ce que c'est? (journal)   C'est un journal.
4. Qu'est-ce que c'est? (tableau)   C'est un tableau.

On continue avec les mots **cahier**, **livre**, **mur**, **clé**, **montre** *et* **porte**.

D. *Regardez et écoutez bien.*[4]

C'est un stylo.   Ce sont des stylos.
C'est une chaise.   Ce sont des chaises.
C'est un étudiant.   Ce sont des étudiants.
C'est une étudiante.   Ce sont des étudiantes.

Maintenant, répétez après moi.

1. C'est un cahier.   Ce sont des cahiers.
2. C'est un crayon.   Ce sont des crayons.
3. C'est un étudiant.   Ce sont des étudiants.
4. C'est un journal.   Ce sont des journaux.
5. C'est un livre.   Ce sont des livres.

On continue de la même façon en utilisant les mots **mur**, **stylo**, **chaise**, **clé**
et **étudiante**.

E. *Maintenant, répondez aux questions.*

1. Qu'est-ce que c'est? (cahier)   C'est un cahier.
2. Qu'est-ce que c'est? (cahiers)   Ce sont des cahiers.
3. Qu'est-ce que c'est? (chaise)   C'est une chaise.
4. Qu'est-ce que c'est? (chaises)   Ce sont des chaises.
5. Qu'est-ce que c'est? (clés)   Ce sont des clés.
6. Qu'est-ce que c'est? (murs)   Ce sont des murs.

[1] Now, repeat after me.
[2] Listen carefully.
[3] Now, answer the questions.
[4] Look and listen carefully.

*On continue de la même façon en utilisant les mots **stylo**, **étudiant**, **étudiante** et **livre**.*

1.2 FORME INTERROGATIVE: *EST-CE QUE*

A. *Écoutez bien.*

Est-ce que c'est un livre?   Oui, c'est un livre.
Est-ce que c'est un stylo?   Oui, c'est un stylo.
Est-ce que ce sont des clés?   Oui, ce sont des clés.
   Répétez.
Est-ce que..., Est-ce que..., Est-ce que...
   Maintenant, posez des questions.[1]

1. C'est un livre.
2. Ce sont des crayons.
3. Ce sont des stylos.
4. C'est une chaise.
5. C'est une table.
6. C'est un tableau.
7. Ce sont des fenêtres.

*On continue de la même façon en utilisant les mots **clé**, **corbeille**, **étudiant** et **étudiante**.*

B. *Posez des questions.*
Modèle: livre

ÉTUDIANT   Est-ce que c'est un livre?
PROFESSEUR   Oui, c'est un livre.

1. porte
2. clés
3. chaises
4. chaise
5. stylos
6. tableau
7. porte
8. table
9. fenêtres

1.3 FORME NÉGATIVE: *NE... PAS*

A. *Regardez et répétez.*

Ce n'est pas un stylo. Ce n'est pas un crayon. C'est une clé!
Ce ne sont pas des stylos. Ce ne sont pas des crayons. Ce sont des clés!
   Répétez après moi.

C'est   Ce n'est pas   Ce sont   Ce ne sont pas
C'est   Ce n'est pas   Ce sont   Ce ne sont pas
   Maintenant, mettez les phrases au négatif.[2]

1. C'est un crayon.
2. C'est un étudiant.
3. Ce sont des stylos.
4. C'est une fenêtre.
5. Ce sont des murs.
6. C'est une chaise.
7. Ce sont des étudiantes.

*On continue de la même façon en utilisant les mots **clé**, **table**, **livre** et **tableau**.*

---

[1]*Now, ask questions.* (You add **Est-ce que** to each statement and change the intonation.)
[2]*Now, put the sentences into the negative.*

B. *Répondez aux questions.*

Modèle: (stylo) Est-ce que c'est un crayon?

Non, ce n'est pas un crayon, c'est un stylo!

1. (crayon) Est-ce que c'est un stylo?
2. (porte) Est-ce que c'est un mur?
3. (clé) Est-ce que c'est une montre?
4. (murs) Est-ce que ce sont des fenêtres?
5. (chaises) Est-ce que ce sont des tables?
6. (livre) Est-ce que c'est un journal?

1.4 ARTICLE DÉFINI

A. *Répétez après moi.*

un livre,	le livre	un étudiant,	l'étudiant
une montre,	la montre	des étudiants,	les étudiants
des stylos,	les stylos	une étudiante,	l'étudiante
des clés,	les clés	des étudiantes,	les étudiantes

B. *Maintenant, modifiez les phrases suivantes.* [1]

Modèles: Voilà un livre.

Voilà le livre.

Voilà des cahiers.

Voilà les cahiers.

1. Voilà un cahier.
2. Voilà une montre.
3. Voilà un étudiant.
4. Voilà une fenêtre.
5. Voilà une chaise.
6. Voilà des livres.
7. Voilà des stylos.
8. Voilà des étudiantes.
9. Voilà un étudiant et une étudiante.
10. Voilà un professeur et des étudiants.

1.5 QUELQUES PRÉPOSITIONS LOCATIVES

A. *Regardez et répétez après moi.*

Le crayon est dans le livre.

Le crayon est derrière le livre.

Le crayon est devant le livre.

Le crayon est sous le livre.

Le crayon est sur le livre.

Répétez.

dans le livre	devant le livre	sur le livre
derrière le livre	sous le livre	

[1] *Now, change the following sentences.*

B. *Maintenant, regardez et répétez après moi.*

Voici un cahier   Le cahier est sur la table.

Voici un crayon.   Le crayon est sous le cahier.

Voici une montre.   La montre est devant le cahier.

Voici des clés.   Les clés sont derrière le cahier.

Voici un stylo.   Le stylo est dans le cahier.

Maintenant, répondez aux questions.

1. Où est le cahier?
2. Où est le crayon?
3. Où sont les clés?
4. Où est la montre?
5. Où est le stylo?
6. Où est la table?

C. *Regardez le Tableau I. C'est une salle de classe.[1] Répondez aux questions.*

1. Où est le livre?
2. Où est la montre?
3. Où est la chaise?
4. Où est le tableau?
5. Où est le professeur?
6. Où est la table?
7. Où est la corbeille?
8. Où est la serviette?

1.6 *ÊTRE*

A. Exercice de contrôle[2]

Je suis dans la classe.

1. Tu
2. Le professeur
3. Les étudiants
4. Vous
5. Nous
6. Je

Je ne suis pas dans le couloir.

1. Vous
2. Le professeur
3. Nous
4. Tu
5. Les étudiants
6. Je

B. Petits dialogues.[3] *Répétez après moi.*

Pierre est dans la classe.

Pardon, est-ce que vous êtes Pierre?

— Non, je ne suis pas Pierre.

Où est Pierre, alors?

— Il est dans la classe.

Maintenant, faites d'autres dialogues.[4]

1. Jacqueline est dans la classe.
2. Jacques est dans le couloir.
3. Le professeur est devant le tableau.
4. M. Dubois est devant la porte.

---

[1] *It is a classroom.*

[2] **Contrôle** means *check* or *verification*. This type of exercise is designed to check your ability to use the correct form of the verb with each subject. First repeat the entire model sentence. Then, as you hear the substitution words, use each in the appropriate place (subject position), make any other necessary changes, and give the new sentence.

[3] *Short dialogues*

[4] *Now, make up other dialogues.*

Les cours sont terminés. (Faculté d'Assas, Paris)

C. *Répondez aux questions.*

1. Je suis professeur. Est-ce que vous êtes professeur? Est-ce que (Jacques) est professeur?
2. Je ne suis pas étudiant(e). Est-ce que vous êtes étudiant(e)? Est-ce que (Pauline) est étudiante?
3. (Jeanne) est devant le professeur. Où est (Paul)? Où est (Jacqueline)?
4. Qui est devant (Michel)? Et qui est derrière (Jean)?
5. Où est-ce que nous sommes? Est-ce que nous sommes dans le couloir?
6. Est-ce que (Gisèle) est médecin? Est-ce que (Daniel) est professeur?
7. Est-ce que vous êtes Américain(e)? Est-ce que je suis Français(e)? Et (Jacqueline) et (Jean-Paul)?

application

A. Dialogue et questions[1]

Bonjour, Jean-Paul!

Jenny Wilson est étudiante. Elle est Américaine. Elle est jeune et jolie. Elle est dans un cours de français. Le cours est terminé. Jenny est

[1]English equivalents of the **Dialogues** are in the **Cahier d'exercices**.

maintenant dans le couloir, devant la porte de la classe.[1] Voilà Jean-Paul
Chabrier. Il est Français. Il est dans un cours d'histoire. Il est jeune et très
sympathique.   5

JEAN-PAUL   Hi, Jenny.

JENNY   Bonjour, Jean-Paul. Comment ça va?

JEAN-PAUL   Très bien, merci…tiens, vous parlez français?

JENNY   Oui, un peu. Je suis dans un cours de français.

JEAN-PAUL   Ah oui? Et où est la salle de classe?   10

JENNY   Ici, devant vous.

JEAN-PAUL   Qu'est-ce que c'est? Est-ce que c'est le livre de français?

JENNY   Non, c'est le cahier d'exercices. Et voilà le professeur, devant le
        tableau.

JEAN-PAUL   Est-ce qu'il est Français?   15

JENNY   Non, il est Américain.

(lignes 1—5)

1.   Qui est Jenny Wilson?
2.   Est-ce qu'elle est Française?
3.   Est-ce qu'elle est dans la classe maintenant?
4.   Est-ce que Jean-Paul est Américain?
5.   Est-ce qu'il est dans un cours de français?
     (lignes 6—16)
6.   Est-ce que Jenny est dans un cours d'histoire?
7.   Où est la classe de Jenny?
8.   Où est le professeur de Jenny?
9.   Est-ce qu'il est Français?

B. **Expressions utiles**[2]

Salutations

Bonjour,
{ Monsieur.
{ Mademoiselle.
{ Madame.

Salut,
{ Michel.
{ Martine.

Comment allez-vous?
Comment ça va?
{ (Très) bien, merci.
{ Pas mal, merci.
{ Comme ci comme ça.
{ Pas très bien.
} Et vous?

Au revoir,
À demain,
} Jean-Paul.

---

[1] **Classe** is short for **salle de classe**   *classroom.*
[2] English equivalents of **Expressions utiles** are in the **Cahier d'exercices.**

En classe

Écoutez bien,
Regardez (le tableau),
Répétez (après moi),
Encore une fois,
Répondez (en français),
Plus fort,

} (s'il vous plaît).

C. *Complétez le passage suivant.*[1]

(1) Je/être/dans/cours/français. (2) Professeur/ne pas/être/dans/classe. (3) Il/être/en retard. (4) Voilà/livre/français. (5) Cahier/ exercices/être/sous/chaise. (6) Voilà/Robert/et/professeur. (7) Ils/être/ dans/couloir;/ils/ne pas/être/dans/classe. (8) Ils/être/devant/porte/ classe/maintenant.

D. Renseignements et opinions

1. Comment allez-vous?
2. Est-ce que vous êtes étudiant(e)? Est-ce que vous êtes Américain(e)?
3. Est-ce que vous êtes jeune et sympathique?
4. Où est le livre de français? Et le cahier d'exercices?
5. Qui est le professeur de français? Est-ce qu'il (elle) est Français(e)? Est-ce qu'il (elle) est sympathique?
6. Où est le professeur maintenant?
7. Est-ce qu'il (elle) est jeune?

explications

TOUT D'ABORD[2]

Greetings

The words **Monsieur** /məsjø/, **Mademoiselle** /madmwazɛl/, and **Madame** are used in French as a sign of respect or politeness. Their meaning is similar to English *sir, Miss,* and *ma'am.* Although use of these terms is optional in English, the French terms are usually obligatory. They are usually abbreviated in writing **M., Mlle,** and **Mme,** and correspond to English *Mr., Miss,* and *Mrs.*

Comment allez-vous? is a polite way of saying *How are you?* **Comment ça va?** is more informal. **Bonjour** can be either formal or informal, but **Salut** is always informal. In France, expressions of greetings and leave-taking are accompanied by a handshake, even among friends who see

---

[1] In order to make complete sentences out of these "dehydrated" ones, select the verb form that goes with the subject, and add the appropriate articles and prepositions. Thus the first sentence would become **Je suis dans un** (or **le**) **cours de français.**

[2] Literally, *First of All.* The section **Tout d'abord** (Lessons 1–14) will give you a glimpse at French culture and civilization.

Il est jeune, elle
est jeune... (À
Montmartre, Paris)

each other every day. Relatives and very close friends of either sex customarily kiss each other on both cheeks while clasping hands.

1.1 NOM ET ARTICLE INDÉFINI

1.   All French nouns are either masculine or feminine in gender. The plural of nouns is usually formed by adding -s to the singular. The -s of the plural, however, is not pronounced. You generally cannot tell, simply by hearing a noun, whether it is singular or plural.

livre, **livres** /livʀ/	*book, books*
table, **tables** /tabl/	*table, tables*

2.   Singular nouns ending in -eau form their plurals by adding -x, not -s; the -x is silent.

tableau, **tableaux** /tablo/	*chalkboard, chalkboards* (or *picture, pictures*)

Most nouns whose singular ends in -**al**/al/ change their ending to -**aux**/o/ in the plural. In this case, the difference between the singular and the plural can be heard.

journal, **journaux** /ʒuʀnal, ʒuʀno/ *newspaper, newspapers*

    3.   Singular nouns ending in -**s** do not change their form in the plural.[1]

cours, **cours** /kuʀ/   *course, courses*
Français, **Français** /fʀɑ̃sɛ/   *Frenchman, Frenchmen*

    4.   The indefinite article, corresponding to English *a* or *an*, is **un** /ɛ̃/[2] before a masculine noun, and **une**/yn/ before a feminine noun.

un livre /ɛ̃livʀ/   *a book*
une chaise /ynʃɛz/   *a chair*

Before a word beginning with a vowel sound, **un** is pronounced /ɛ̃n/, because of **liaison**[3]. The feminine article **une** is pronounced /yn/, with the /n/ pronounced as though it belonged to the next syllable.

un étudiant   /ɛ̃ netydjɑ̃/   *a (male)* student
une étudiante   /y netydjɑ̃t/   *a (female)* student

    5.   In the plural, the indefinite article for both masculine and feminine nouns is **des**, pronounced /de/ before a consonant sound and /dez/ in liaison.

un stylo → **des** stylos   *a pen → pens*[4]
une chaise → **des** chaises   *a chair → chairs*
un étudiant → **des** étudiants *a student → students*

    6.   The expression **c'est** *it is, this is, that is* is pronounced /sɛ/ before a consonant sound, and /sɛt/ in liaison.

Qu'est-ce que c'est? /kɛskəsɛ/   *What is it?*
C'est un livre.   *It's a book.*
C'est une montre.   *It's a watch.*

---

[1] All nouns whose singular ends in -**s**, -**eau**, or -**al** are masculine. Other endings from which the gender of the noun can be ascertained are listed in Appendix A.
[2] The alternate pronunciation /œ̃/ (see Pronunciation Lesson 9 of the **Cahier d'exercices**) is hardly used today.
[3] Liaison is explained in Pronunciation Lesson 13 of the **Cahier d'exercices**. Important liaisons will be marked with a tie ⌣ in the **Explications** of Lessons 1–5.
[4] Note that English has no plural form of the indefinite article.

The plural of **c'est** is **ce sont** /səsõ/.

Ce sont des livres.   *They are books.*
Ce sont des étudiantes.   *They are students.*

1.2 FORME INTERROGATIVE: *EST-CE QUE*

To change a statement into a question, just add **Est-ce que** /ɛskə/ to the beginning of the statement. This type of question is usually accompanied by a rising intonation.

C'est un livre.   *It is a book.*   Est-ce que c'est un livre? *Is it a book?*

Ce sont des livres.   *They are books.*   Est-ce que ce sont des livres? *Are they books?*

1.3 FORME NÉGATIVE: *NE . . . PAS*

The negative in French consists of two elements: **ne** /n(ə)/ precedes the verb, and **pas** /pɑ/, /pɑz/ immediately follows it. **Ne** becomes **n'** before a vowel sound.

C'est un crayon.   *It is a pencil.*   Ce n'est **pas** un crayon. /snɛpɑz/ *It is not a pencil.*

C'est une montre. *It is a watch.*   Ce n'est **pas** une montre. *It is not a watch.*

Ce sont des clés. *They are keys.*   Ce **né** sont **pas** des clés. /sənsõpɑ/ *They are not keys.*

1.4 ARTICLE DÉFINI

1.   The definite article, corresponding to English *the*, is **le** /l(ə)/ in the masculine singular, and **la** in the feminine singular. If the next word begins with a vowel sound, both **le** and **la** become **l'**. In the sentences below, **voici** *here is, here are* and **voilà** *there is, there are* are invariable expressions used in pointing out a person or a thing.

Voici **un** livre. *Here is a book.*   Voici **le** livre. *Here is the book.*
Voici **une** montre. *Here is a watch.*   Voici **la** montre. *Here is the watch.*
Voici **un** étudiant. *Here is a student.* Voici **l'**étudiant. *Here is the student.*
Voici **une** étudiante. *Here is a student.* Voici **l'**étudiante. *Here is the student.*

2. The plural form of the definite article for both the masculine and feminine is **les** /le/, /lez/.

Voilà **des** livres. *There are (some) books.*

Voilà les livres. *There are the books.*

Voilà **des** étudiants. *There are (some) students.*

Voilà les étudiants. *There are the students.*

Voilà **des** clés. *There are (some) keys.*

Voilà les clés. *There are the keys.*

1.5 QUELQUES PRÉPOSITIONS LOCATIVES

1. Le crayon est **dans** le livre.   *inside*
2. Le crayon est **devant** le livre.   *in front of*
3. Le crayon est **derrière** le livre.   *behind*
4. Le crayon est **sous** le livre.   *under*
5. Le crayon est **sur** le livre.   *on, on top of*

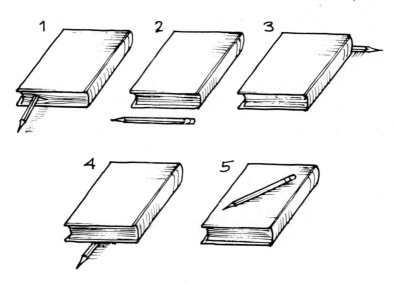

1.6 *ÊTRE*

1. The verb **être** *to be* is conjugated as follows.

SINGULAR		PLURAL	
je **suis**	*I am*	*nous* /**sommes**/nusɔm/	*we are*
tu **es**	*you are*	vous **êtes** /vuzɛt/	*you are*
il **est**	*he is, it is*	ils **sont**	*they are*
elle **est**	*she is, it is*	elles **sont**	*they are*

2. **Tu** and **vous**. The second person singular pronoun **tu** is known as the "familiar" form. It is used among close friends, family members, and when addressing children and animals. (This form will occur frequently after Lesson 6.) **Vous** serves as both a familiar and a "polite" form. As a familiar form, it is the plural form of **tu**. As a polite form, it is used both in the singular and in the plural. In many language classes, students call each other **tu** but address the instructor as **vous**.

3. **Il** and **elle**. The third person singular pronouns **il** *he* and **elle** *she* also correspond to English *it*.

Où est **Robert**?	**Il** est dans la classe.	*He*
Où est **Marie**?	**Elle** est dans le couloir.	*She*
Où est **le livre**?	**Il** est dans la serviette.	*It*
Où est **la montre**?	**Elle** est sur la table.	*It*

4. **Ils** and **elles**. When one subject pronoun represents both masculine and feminine nouns, the masculine form **ils** must be used. **Elles** is used exclusively for feminine nouns.

Où sont **Robert et Paul**?	**Ils** sont dans le couloir.	*They*
Où sont **Anne et Jeanne**?	**Elles** sont dans la classe.	*They*
Où sont **Robert et Jeanne**?	**Ils** sont ici.	*They*
Où sont **le livre et la clé**?	**Ils** sont sur la table.	*They*

5. In French, in contrast to English, when a noun denoting nationality or profession follows **être**, the indefinite article (**un, une, des**) is omitted.

Je suis médecin.	*I am a doctor.*

Note also that **Est-ce que** is shortened to **Est-ce qu'** before a word beginning with a vowel sound.

Est-ce que vous êtes Française, Mademoiselle?
— Non, Monsieur, je suis Américaine.
Est-ce qu'elle est professeur?
— Non, elle n'est pas professeur, elle est médecin.
Est-ce qu'ils sont étudiants?
— Oui, ils sont étudiants.

vocabulaire[1]

Noms masculins

Américain	étudiant	livre	stylo
cahier	·exercice	médecin	tableau
couloir	Français	·monsieur	
·cours	·français	mur	
crayon	journal	professeur	

Noms féminins

Américaine	étudiante	·mademoiselle	serviette
chaise	fenêtre	montre	table
classe	Française	porte	
clé	·histoire	réponse	
corbeille	·madame	·salle (de classe)	

Verbe

être *irrég*

Adjectifs

·jeune	·joli(e)	·sympathique	·terminé(e)

Adverbes

alors	·ici	oui	·un peu
·bien	·maintenant	(ne) pas	
·comment?	non	·pas mal	
·en retard	où?	·très	

Prépositions

dans	derrière	sous
·de	devant	sur

Autres expressions

·à demain	·bonjour	·Comment ça va?
·ah (oui)	·comme ci comme ça	est-ce que
·au revoir	·Comment allez-vous?	et

---

[1] Each lesson ends with a list of new words occurring in the **Conversations, Exercices oraux,** and **Dialogue et questions.** New words appearing exclusively in **Conversations** and **Dialogue et questions** are preceded by a small dot. The vocabulary for Lesson 1 excludes articles and subject pronouns.

·excusez-moi

·merci

pardon

Qu'est-ce que c'est?

Qui?

·salut

·tiens

voici

voilà

Vous parlez français?

Deuxième Leçon

Tableau II

conversations

A. Je parle français.

JACQUES How are you, Debbie?

DEBBIE Très bien, merci.

JACQUES Ah, vous parlez français?

DEBBIE Oui, un peu. Je suis dans un cours de français.

B. Il est très difficile!

PROFESSEUR Étudiez-vous la chimie?

JACQUELINE Oui, je suis dans un cours de chimie.

PROFESSEUR Comment est le cours?

JACQUELINE Il est très difficile!

C. Il est midi.

JEAN-PAUL Quelle heure est-il?

MONIQUE Il est midi.

JEAN-PAUL Déjeunons au restaurant universitaire.

MONIQUE D'accord.

exercices oraux

2.1 VERBES DU PREMIER GROUPE

A. *Regardez le Tableau II et répétez après moi.*

1. La jeune fille arrive à la boutique.
2. Elle regarde les robes.
3. Elle entre dans la boutique.
4. Elle cherche la vendeuse.
5. Elle parle à la vendeuse.
6. Elle essaie la robe.
7. Elle aime la robe.
8. Elle paie la robe à la vendeuse.

B. *Maintenant, ajoutez des phrases d'après ces modèles.*[1]
Elle arrive à la boutique.
Moi aussi[2], j'arrive à la boutique.
Elle regarde les robes.
Moi aussi, je regarde les robes.

1. Elle entre dans la boutique.
2. Elle cherche la vendeuse.
3. Elle parle à la vendeuse.
4. Elle essaie la robe.
5. Elle aime la robe.
6. Elle paie la robe à la vendeuse.

C. *Maintenant, j'arrive à la boutique et je regarde les chapeaux.*
Ajoutez des phrases d'après ce modèle.
J'arrive à la boutique.
Vous arrivez à la boutique.

1. Je regarde les chapeaux.
2. J'entre dans la boutique.
3. Je cherche la vendeuse.
4. Je parle à la vendeuse.
5. J'essaie le chapeau.
6. J'aime le chapeau.
7. Je paie le chapeau à la vendeuse.

D. Exercice de contrôle
J'aime le cours de français.

1. Le professeur
2. Nous
3. Tu
4. Les étudiants
5. Vous
6. Je

Je n'arrive pas en retard.

1. Le professeur
2. Tu
3. Nous
4. Vous
5. Les étudiants
6. Je

E. Petits dialogues. *Répétez après moi.*
J'étudie le français.[3]
Est-ce que vous étudiez le français?
—Oui, j'étudie deux heures tous les jours.[4]
Oh! là! là! Vous travaillez trop!
—C'est possible, mais j'aime beaucoup le français.
Maintenant, faites d'autres dialogues.

1. J'étudie la chimie.
2. J'étudie l'histoire.
3. J'étudie la botanique.
4. J'étudie la psychologie.

F. *Répondez aux questions.*

1. Parlez-vous français? Est-ce que je parle français?

---

[1]*Now, add sentences according to these models.*
[2]**Moi aussi** *Me too, I also*
[3]**Le** is used with names of languages, except following the verb **parler**.
[4]**tous les jours** *every day*

2. Regardez-vous le tableau? Est-ce que je regarde le tableau maintenant?
3. Arrivez-vous en retard? Est-ce que (Charlotte) arrive en retard?
4. Travaillez-vous beaucoup? Est-ce que je travaille beaucoup?
5. Aimez-vous le cours de français? Est-ce que les étudiants aiment le cours de français?
6. Cherchez-vous le professeur? Est-ce que je cherche (Jean-Paul)?

2.2 CONTRACTION DE L'ARTICLE DÉFINI AVEC *À*

A. *Répétez après moi.*
Voici le vendeur. Nous parlons au vendeur.
Voici la vendeuse. Nous parlons à la vendeuse.
Voici l'étudiant. Nous parlons à l'étudiant.
Voici les étudiants. Nous parlons aux étudiants.
  Continuez de la même façon.[1]
1. Voici le professeur.
2. Voici la vendeuse.
3. Voici l'étudiante.
4. Voici les vendeuses.
5. Voici les étudiants.
6. Voici le médecin.

B. *Modifiez les phrases suivantes d'après ce modèle.*
  Voilà Jean-Paul. Voilà la bibliothèque.
Jean-Paul est à la bibliothèque.
1. Voilà Jean-Paul. Voilà le restaurant.
2. Voilà Monique. Voilà le cinéma.
3. Voilà le professeur. Voilà le laboratoire.
4. Voilà les étudiants. Voilà l'université.
5. Voilà l'étudiant. Voilà la maison.
6. Voilà le professeur. Voilà l'hôpital.

2.3 CONTRACTION DE L'ARTICLE DÉFINI AVEC *DE*

A. *Répétez après moi.*
Voilà le professeur. Je parle du professeur.
Voilà la classe. Je parle de la classe.
Voilà l'étudiant. Je parle de l'étudiant.
Voilà les livres. Je parle des livres.
  Continuez de la même façon.
1. Voilà le journal.
2. Voilà la vendeuse.
3. Voilà les robes.
4. Voilà le restaurant.
5. Voilà les étudiants.
6. Voilà le laboratoire.

---

[1]*Continue in the same way.*

B. *Modifiez les phrases suivantes d'après ce modèle.*
Voilà le livre. Voilà le professeur.
Voilà le livre du professeur.
1. Voilà le stylo. Voilà le professeur.
2. Voilà le livre. Voilà l'étudiant.
3. Voilà la porte. Voilà la classe.
4. Voilà les chaises. Voilà les étudiants.
5. Voilà les clés. Voilà le professeur.
6. Voilà la bibliothèque. Voilà l'université.

2.4 NOMBRES CARDINAUX (DE 0 À 60)

A. *Répétez après moi.*
0, 1, 2, 3, 4 ... 10; 10, 9, 8 ... 0.
11, 12, 13 ... 20; 20, 19, 18 ... 0.
21, 22, 23, 30, 31, 32, 40, 41, 42, 50, 51, 52, 60.
Maintenant, comptez par deux de 0 à 30. [1]
Comptez par cinq de 0 à 60.
Comptez par trois de 30 à 60.

B. *Répétez après moi.*
Un: un professeur et un étudiant
Deux: deux professeurs et deux étudiants
Trois: trois professeurs et trois étudiants.
On continue jusqu'à dix.

C. *Voici quelques questions.*
1. Regardez la classe. Combien d'étudiants [chaises] est-ce qu'il y a dans la classe?
2. Combien de jeunes filles [garçons] est-ce qu'il y a dans la classe?
3. Regardez le livre. Combien de pages est-ce qu'il y a dans la leçon 2 [3]?
4. Combien de lettres est-ce qu'il y a dans le mot **journal** [**professeur**]?

2.5 L'HEURE

A. *Regardez le Tableau* (p. 36) *et répétez après moi.*
1. Il est neuf heures du matin.
2. Il est dix heures et quart.
3. Il est onze heures vingt.
4. Il est midi et demi.

[1] *Now, count by two's from 0 to 30.*

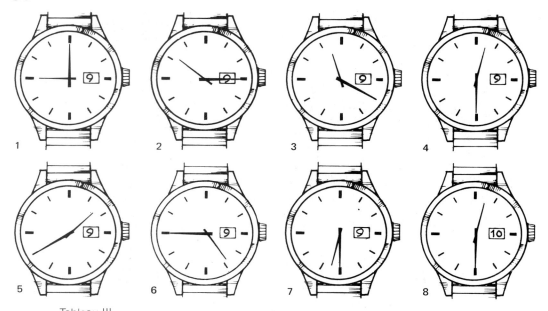

Tableau III

5. Il est deux heures moins vingt de l'après-midi.
6. Il est cinq heures moins le quart.
7. Il est six heures et demie du soir.
8. Il est minuit et demi.
   Maintenant, répondez aux questions.
1. Regardez le numéro 3. Quelle heure est-il?
2. Regardez le numéro 6. Quelle heure est-il?
3. Regardez le numéro 4. Quelle heure est-il?
On continue de la même façon.

   B. *Répondez aux questions.*
1. Est-ce qu'il y a une bibliothèque à l'université?
   À quelle heure est-ce qu'elle est ouverte?
2. Est-ce qu'il y a un restaurant à l'université?
   À quelle heure est-ce qu'il est ouvert?
3. Est-ce que nous sommes dans un cours de français?
   À quelle heure est-ce qu'il commence?
4. Regardez-vous la télévision à la maison?
   À quelle heure regardez-vous la télévision?
5. À quelle heure déjeunez-vous aujourd'hui?
   À quelle heure rentrez-vous à la maison?
6. Regardez le Tableau III. Chaque montre avance de dix minutes. Quelle heure est-il?

Quelle heure
est-il? (Rouen)

2.6 *AVOIR*

A. **Exercice de contrôle**
J'ai le livre de français.

1. Le professeur
2. Vous
3. Tu
4. Les étudiants
5. Nous
6. Je

Je n'ai pas de cours à sept heures.

1. Tu	3. Nous	5. Les étudiants
2. Le professeur	4. Vous	6. Je

B. *Répondez aux questions.*

1. Combien de cours avez-vous aujourd'hui? Demandez[1] à (Jeanne) combien de cours elle a.
2. Avez-vous un cours aujourd'hui à midi? Demandez à (Marie) si elle a un cours à midi.
3. Est-ce que j'ai le livre de français? Est-ce que (Roger) a le cahier d'exercices?
4. Est-ce que (Bernard) a une serviette? Demandez à (Jacques) s'il[2] a une serviette.
5. Est-ce qu'il y a des chats dans la classe? Est-ce qu'il y a des chaises dans le couloir?
6. Est-ce que vous avez des stylos à la maison? Est-ce que (Jean) a des chats à la maison?

application

A. Dialogue et questions

Vous travaillez trop!

Jenny et Jean-Paul quittent le bâtiment et marchent ensemble à travers le «campus»[3]. Dix minutes plus tard[4], ils arrivent à un petit restaurant près de la cité[5]. Ils entrent dans le restaurant et trouvent une table libre dans un coin. Jenny montre le livre de français à Jean-Paul. Il regarde les illustrations avec intérêt.

JEAN-PAUL   Alors, comment est le cours de français?   5

JENNY   Il est très intéressant, et M. Dubois est très sympathique.

JEAN-PAUL   Combien de temps[6] est-ce que vous travaillez chaque jour?

JENNY   Cela dépend, mais en général presque deux heures.

JEAN-PAUL   Oh! là! là! Vous travaillez trop!   10

JENNY   C'est possible, mais c'est parce que[7] j'aime beaucoup le français.

---

[1] demander   *to ask* (not *to demand*)

[2] Si *if* and il, ils combine to form s'il and s'ils respectively.

[3] à travers le «campus»   *across the campus.* The traditional American concept of "campus" does not exist in French. The word **campus** comes from English; it is pronounced /kãpys/.

[4] plus tard   *later*

[5] près de la cité   *near the dormitory area.* The area of the university where student dormitories (**résidences**) are located is known as **la cité universitaire**, or simply **la cité**. The French word for *city* is **ville**.

[6] *How long* (literally, *How much time*)

[7] parce que   *because*

Étudiants à la
terrasse d'un café
parisien.

JEAN-PAUL   A propos¹, combien de fois par semaine² est-ce que vous êtes
          libre à dix heures?
JENNY   Seulement deux fois par semaine.
JEAN-PAUL   C'est dommage!³ Est-ce que vous êtes libre demain à midi?   15
JENNY   Oui. Pourquoi?
JEAN-PAUL   Déjeunons ensemble demain au restaurant universitaire.
JENNY   D'accord.

     (lignes 1–5)
1.   Qui marche à travers le campus?
2.   Quand est-ce qu'ils arrivent au restaurant?
3.   Où est le restaurant?
4.   Où est-ce qu'ils trouvent une table libre?
5.   Qui montre le livre de français?
6.   Comment est-ce que Jean-Paul regarde le livre?
     (lignes 6–18)
7.   Comment est le cours de français?

¹ *By the way*
²**combien de fois par semaine**   *how many times a (per) week*
³*That's too bad!*

8.   Comment est le professeur?
9.   Combien de temps est-ce que Jenny travaille?
10.   Pourquoi est-ce qu'elle travaille beaucoup?
11.   Combien de fois par semaine est-ce que Jenny est libre à dix heures?
12.   Quand est-ce qu'elle est libre à midi?

B. Expressions utiles

Les cours[1]

anthropologie	droit *m*	musique
architecture	géographie	physique
astronomie	histoire	psychologie
botanique	littérature	sciences politiques *pl*
chimie	mathématiques *pl*	sociologie
commerce *m*	médecine	zoologie

Les études

étudier ⎫
travailler ⎰ ⎰ (un) peu
beaucoup
trop

aimer ⎫
détester ⎰ ⎰ le cours
le professeur
les travaux pratiques[2]

Le cours est ⎰ facile (difficile).
intéressant (ennuyeux).
utile (inutile).

C. *Posez des questions sur les parties soulignées.*[3]
(1) Jean-Paul est très sympathique. Nous déjeunons ensemble (2) au restaurant universitaire. Je suis libre à midi (3) deux fois par semaine. (4) Après le déjeuner, j'étudie (5) à la bibliothèque. Je rentre à la maison (6) à quatre heures et demie. Le cours de M. Dubois est (7) très intéressant. Il commence (8) à neuf heures du matin.

D. *Complétez le passage suivant.*
(1) Il/être/dix/heure/et/cours/français/être/terminé. (2) Je/quitter/classe/et/rencontrer/Jean-Paul/dans/couloir. (3) Je/montrer/livre/fran-

---

[1]All nouns in this list are feminine, except **commerce** and **droit**.
[2]*laboratory work*   This expression is always in the plural.
[3]*Ask questions with the underlined parts.* Begin questions with appropriate question words like **où** *where*, **qui** *who*, **comment** *how*, **à quelle heure** *what time*, and **quand** *when*. For example, the first item would be **Qui est sympathique?** and the fifth **Où est-ce que vous étudiez après le déjeuner?**

«Tu travailles
trop!»

çais/et/il/regarder/illustrations. (4) Nous/parler/de/cours/français/et/
de/professeur. (5) Jean-Paul/demander/combien/fois/par/semaine/je/
être/libre/à/dix/heure. (6) Je/déjeuner/avec/Jean-Paul/demain/à/midi.

E. *Jouez des rôles: faites un petit dialogue en faisant les changements de votre choix.[1]*
Vous rencontrez un camarade dans le couloir. Il est dans un cours de
botanique. Il n'aime pas le cours. Le cours est difficile et le professeur n'est
pas très sympathique. Il demande combien de temps vous travaillez pour le
cours. Vous aimez beaucoup le cours et vous étudiez deux heures tous les
jours.

F. Renseignements et opinions
1. Quel cours aimez-vous beaucoup? Pourquoi?
2. Quel cours n'aimez-vous pas? Pourquoi?
3. Quelle heure est-il? Où êtes-vous maintenant?

[1]*Play roles: Make up a short dialogue introducing your own changes.*

4. Combien de fois par semaine êtes-vous dans le cours de francais? À quelle heure est-ce qu'il commence?
5. À quelle heure déjeunez-vous? Déjeunez-vous seul ou avec quelqu'un?
6. Où est-ce que vous dînez? À quelle heure?

explications

TOUT D'ABORD

Store hours

   French department stores boast a brisk and lively business. They are always crowded, no matter what the time of day, and prices are usually lower than in the smaller specialty stores or **boutiques**. Department stores are usually open from 9:15 a.m. to 6:30 p.m., except Sundays and holidays. Most remain open until 9:30 p.m. twice a week. Other stores and offices close from noon to 2 p.m. for a long lunch break. Normal business and working hours are from 8 to 12 and from 2 to 6. Many stores are closed on Mondays.

   In France as in the rest of Europe, office, store, and museum hours, transportation schedules, and the starting times of concerts, plays, movies, and lectures are announced in terms of the twenty-four-hour clock.

FRENCH TIME		AMERICAN EQUIVALENT
10 h 10	dix heures dix	*10:10 a.m.*
12 h 30	douze heures trente	*12:30 p.m.*
20 h 40	vingt heures quarante	*8:40 p.m.*

2.1 VERBES DU PREMIER GROUPE

1. Verbs whose infinitive ends in **-er** /e/ are known as first conjugation verbs. They are conjugated like the verb below. Note that the **vous** form is pronounced like the infinitive and that four out of six forms are pronounced alike.

parl**er** /paʀle/ *to speak*

je parl**e**	/paʀl/	nous parl**ons**	/paʀlõ/
tu parl**es**	/paʀl/	vous parl**ez**	/paʀle/
il parl**e**	/paʀl/	ils parl**ent**	/paʀl/

The first person singular subject pronoun has two forms: **je** and **j'**. The latter occurs before a verb that begins with a vowel sound.

arriver *to arrive*

j'arrive	nous arrivons
tu arrives	vous arrivez
il arrive	ils arrivent

2.   The present indicative tense (*le présent de l'indicatif*) expresses an action or state that takes place in the present.[1] The present indicative corresponds to three different constructions in English.

je parle $\begin{cases} \textit{I speak} \\ \textit{I am speaking} \\ \textit{I do speak} \end{cases}$

3.   The third person plural ending **-ent** is silent. The difference between the third person singular (**il, elle**) and plural (**ils, elles**) can be heard only if there is liaison in the plural form between the subject pronoun and the verb.

il **regarde**	/ilRəgaRd/	elle **travaille**	/ɛltRavaj/
ils **regardent**	/ilRəgaRd/	elles **travaillent**	/ɛltRavaj/
il **arrive**	/ilaRiv/	elle **aime**	/ɛlɛm/
ils **arrivent**	/ilzaRiv/	elles **aiment**	/ɛlzɛm/

4.   Verbs ending in **-ayer**, such as **essayer** *to try, to try on* and **payer** *to pay for*, change the **y** in the stem to **i** in the present indicative, except for the **nous** and **vous** forms.[2]

j'essaie	nous essayons
tu essaies	vous essayez
il essaie	ils essaient

5.   In most cases, it is possible to make a question simply by inverting the subject pronoun and the verb (rather than adding **Est-ce que**). Note that in questions a hyphen is placed between the verb and the inverted pronoun.[3]

Vous parlez français.	→Parlez-**vous** français?
Vous travaillez trop.	→Travaillez-**vous** trop?

---

[1] We will be using this tense exclusively until Lesson 9.

[2] Other first conjugation verbs that show irregularities in spelling will be discussed in Lesson 7.4, p. 141.

[3] For the moment, we will concentrate on the **vous** form. Other forms will be discussed in Lesson 5.2, p. 100.

6. Imperative forms (*do something, don't do something*) are formed by deleting the subject pronoun. They are pronounced with a descending intonation.

INDICATIVE	IMPERATIVE
Vous arrivez à la classe.	→Arrivez à la classe!
Vous ne parlez pas à Paul.	→Ne parlez pas à Paul!

The **tu** form command drops the **s** of the ending **-es** (no difference in pronunciation).

INDICATIVE	IMPERATIVE
Tu regardes les robes.	→Regarde les robes!
Tu ne travailles pas trop.	→Ne travaille pas trop!

The **nous** form command corresponds to English *let's* (*do something*).

Parlons français!	*Let's speak French!*
Ne parlons pas!	*Let's not speak!*

2.2 CONTRACTION DE L'ARTICLE DÉFINI AVEC *À*

The definite articles **le** and **les** combine with the preposition **à** *to, in, at* to form **au** and **aux**. Both forms are pronounced /o/ (**aux** is pronounced /oz/ in liaison). In the examples below, **à** corresponds to *to*.

Voici le vendeur.	Je parle au vendeur.
Voici la vendeuse.	Je parle à la vendeuse.
Voici l'étudiant.	Je parle à l'étudiant.
Voici les médecins.	Je parle aux médecins.
Voici les étudiantes.	Je parle aux étudiantes.

2.3 CONTRACTION DE L'ARTICLE DÉFINI AVEC *DE*

1. The definite articles **le** and **les** combine with the preposition **de** *of, about, from* to form **du** /dy/ and **des** /de/ (/dez/ in liaison). In the examples below, **de** corresponds to English *of* or *about*.

Voilà le vendeur.	Je parle du vendeur.
Voilà la vendeuse.	Je parle de la vendeuse.
Voilà l'étudiant.	Je parle de l'étudiant.
Voilà les étudiants.	Je parle des étudiants.

2. Do not confuse the combined form **des** (**de** + **les**) and the plural indefinite article **des** (singular: **un, une**; see Lesson 1.1).

Voilà les clés **des** vendeurs.   *of the* (**de** + **les**)
Nous parlons **des** vendeurs.   *about the* (**de** + **les**)
Voilà **des** vendeurs.   *some* (plural of **un**)

2.4 NOMBRES CARDINAUX (DE 0 À 60)

0	**zéro**	/zeʀo/	17	**dix-sept**	/dissɛt/
1	**un (une)**	/ɛ̃/(/yn/)	18	**dix-huit**	/dizɥit/
2	**deux**	/dø/	19	**dix-neuf**	/diznœf/
3	**trois**	/tʀwɑ/	20	**vingt**	/vɛ̃/
4	**quatre**	/katʀ/	21	**vingt et un**	/vɛ̃teɛ̃/
5	**cinq**	/sɛ̃k/	22	**vingt-deux**	/vɛ̃tdø/
6	**six**	/sis/	29	**vingt-neuf**	/vɛ̃tnœf/
7	**sept**	/sɛt/	30	**trente**	/tʀɑ̃t/
8	**ḥuit**	/ɥit/	31	**trente et un**	/tʀɑ̃teɛ̃/
9	**neuf**	/nœf/	32	**trente-deux**	/tʀɑ̃tdø/
10	**dix**	/dis/	40	**quarante**	/kaʀɑ̃t/
11	**onze**	/õz/	41	**quarante et un**	/kaʀɑ̃teɛ̃/
12	**douze**	/duz/	45	**quarante-cinq**	/kaʀɑ̃tsɛ̃k/
13	**treize**	/tʀɛz/	50	**cinquante**	/sɛ̃kɑ̃t/
14	**quatorze**	/katɔʀz/	51	**cinquante et un**	/sɛ̃kɑ̃teɛ̃/
15	**quinze**	/kɛ̃z/	57	**cinquante-sept**	/sɛ̃kɑ̃tsɛt/
16	**seize**	/sɛz/	60	**soixante**	/swasɑ̃t/

1. Change in the pronunciation of final consonants sometimes occurs when the numbers are used as numerical adjectives before a noun.

BY ITSELF		BEFORE A CONSONANT		BEFORE A VOWEL	
1	/ɛ̃/	**un** livre	/ɛ̃/	**un** enfant	/ɛ̃n/
2	/dø/	**deux** livres	/dø/	**deux** enfants	/døz/
3	/tʀwɑ/	**trois** livres	/tʀwɑ/	**trois** enfants	/tʀwɑz/
5	/sɛ̃k/	**cinq** livres	/sɛ̃/	**cinq** enfants	/sɛ̃k/
6	/sis/	**six** livres	/si/	**six** enfants	/siz/
8	/ɥit/	**ḥuit** livres	/ɥi/	**ḥuit** enfants	/ɥit/
10	/dis/	**dix** livres	/di/	**dix** enfants	/diz/
20	/vɛ̃/	**vingt** livres	/vɛ̃/	**vingt** enfants	/vɛ̃t/

2. The word **ḥuit** begins with an **ḥ-aspiré** /aʃaspiʀe/, so there is no liaison between it and any preceding word. All instances of **h-aspiré** in this text are marked with a dot under the **h**: **ḥ**. The word **onze** also does not permit liaison.

Où sont les//**ḥuit** étudiants?
Nous cherchons les//**onze** livres.

3.   The invariable expression **il y a** corresponds to English *there is, there are*, in the general sense of *there exist(s)*.[1]

Combien de[2] chaises est-ce qu'il y a dans la classe?	*How many chairs are there in the classroom?*
Il y a vingt chaises dans la classe.	*There are twenty chairs in the classroom.*

2.5 L'HEURE

1.   Study the eight sentences of Oral Exercise A that go with Tableau III. Note that the word **heures** *o'clock*[3] (**heure** in the case of **une heure**) is always used for time expressions, except for **midi** *noon* and **minuit** *midnight.* **Neuf heures** is pronounced /nœvœʀ/. The phrase **est-il** is an inverted form of **il est**.

2.   The phrase **et demie** is used after the feminine noun **heure(s)**, **et demi** after the masculine nouns **midi** and **minuit**. In French, fifteen minutes past the hour is expressed by the phrase **et quart** /ekaʀ/, and a quarter to the hour by **moins le quart** /mwɛ̃lkaʀ/. **Moins** *less, minus* is used to indicate time remaining to the hour, but only in the second half of the hour.

3.   Use of the phrases **du matin** *in the morning,* **de l'après-midi** *in the afternoon,* and **du soir** *in the evening* is optional in French, as in English.

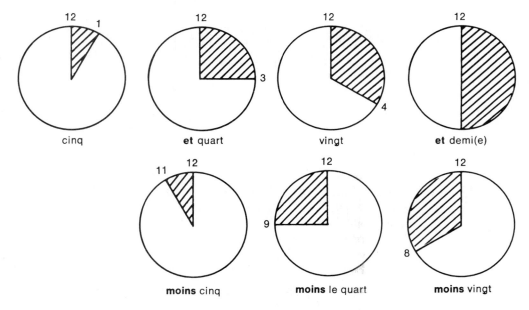

cinq   **et** quart   vingt   **et** demi(e)

moins cinq   **moins** le quart   **moins** vingt

[1] **Voilà** *there is, there are* is used for pointing out a person or a thing. (See Lesson 1.4)
[2] **Combien d'** before a vowel sound
[3] Literally, *hours*

2.6 *AVOIR*

1. Here is the conjugation of **avoir** /avwaʀ/ *to have*. Note that the third person plural is pronounced /ilzõ/ and /ɛlzõ/ in liaison. Be careful to distinguish between these forms and the third person plural forms of **être**: /ilsõ/, /ɛlsõ/ (see Lesson 1.6).

j'ai	/ʒe/	nous_avons	/nuzavõ/
tu **as**	/tya/	vous_avez	/vuzave/
il **a**	/ila/	ils_**ont**	/ilzõ/
elle **a**	/ɛla/	elles_**ont**	/ɛlzõ/

2. The negative form of **un**, **une**, and **des** is **de** (**d'** before a vowel sound).

Est-ce que M. Dubois a **des**_enfants?
— Non, il **n'**a **pas** d'enfants.

The negative of **il y a** is **il n'y a pas**.

Est-ce qu'il y a **un** livre sur la table?
— Non, il **n'**y a **pas de** livre sur la table.

vocabulaire[1]

Noms masculins

après-midi	·coin	midi	soir
·bâtiment	garçon	minuit	tableau
·campus	hôpital	mot	·temps
chapeau	·jour	numéro	vendeur
chat	laboratoire	quart	
cinéma	matin	restaurant	

Noms féminins

bibliothèque	·fois	lettre	robe
botanique	heure	maison	·semaine
boutique	·illustration	minute	télévision
chimie	jeune fille	page	université
·cité	leçon	psychologie	vendeuse

[1]Numerals are excluded.

Verbes

aimer	commencer	étudier	·quitter
arriver	déjeuner	·marcher	regarder
avancer	demander	·montrer	rentrer
avoir *irrég*	entrer	parler	travailler
chercher	essayer	payer	·trouver

Adjectifs

·chaque	·intéressant(e)	·petit(e)
demi(e)	·libre	possible
·difficile	ouvert(e)	·universitaire

Adverbes

aujourd'hui	·demain	·Pourquoi?	trop
aussi	·ensemble	·presque	
beaucoup	moins	·Quand?	
combien (de)	·plus tard	·seulement	

Autres expressions

à	·d'accord	·parce que
·À propos	·en général	·près (de)
À quelle heure?	il y a	Quelle heure est-il?
·à travers	·mais	si *conj*
·avec intérêt	moi aussi	tous les jours
·cela dépend	Oh! là! là!	
·c'est dommage	·par (semaine)	

Troisième Leçon

DÉCEMBRE
NOVEMBRE
OCTOBRE
SEPTEMBRE
AOÛT
JUILLET
JUIN
MAI
AVRIL
MARS
FÉVRIER
JANVIER

LUNDI	1	8	15	22	29
MARDI	2	9	16	23	30
MERCREDI	3	10	17	24	31
JEUDI	4	11	18	25	
VENDREDI	5	12	19	26	
SAMEDI	6	13	20	27	
DIMANCHE	7	14	21	28	

Tableau IV

conversations

A. C'est aujourd'hui lundi, le 21 septembre.

BILL   Quel jour est-ce aujourd'hui?

CHRISTINE   C'est aujourd'hui lundi.

BILL   Non, non, je demande la date.

CHRISTINE   La date? C'est le 21 septembre.

B. Le Calendrier

*Regardez ce Tableau. Il y a sept **jours** dans une **semaine** et douze **mois** dans une **année**. Répétez les jours de la semaine après moi...*
Combien de jours est-ce qu'il y a dans une semaine?
Quels jours avez-vous votre cours de français?
Quels sont les jours de congé?

Maintenant, répétez les mois de l'année...
Combien de mois est-ce qu'il y a dans une année?
Quels mois ont trente jours?
Quels mois ont trente et un jours?

C. C'est le livre du professeur.

CHARLES   Qu'est-ce que c'est?

FRANCOISE   C'est un livre.

CHARLES   Est-ce que c'est ton livre?

FRANCOISE   Non, c'est le livre du professeur.

NOVEMBRE	DÉCEMBRE 1977
☉ 6 h 39 à 16 h 29	☉ 7 h 24 à 15 h 55
1 M TOUSSAINT	1 J S* Florence
2 M Défunts	2 V S* Viviane
3 J S Hubert	3 S S* Fran Xavier G
4 V S Charles G	4 D S* Barbara
5 S S* Sylvie	5 L S Gérald
6 D S* Bertille	6 M S Nicolas
7 L S* Carine	7 M S Ambroise
8 M S Geoffroy	8 J Imm Concep
9 M S Théodore	9 V S P Fourier
10 J S Léon	10 S S Romaric ●
11 V ARMIS. 1918 ●	11 D S Daniel
12 S S Christian	12 L S* J F de Chantal
13 D S Brice	13 M S* Lucie
14 L S Sidoine	14 M S* Odile
15 M S Albert	15 J S* Ninon
16 M S* Marguerite	16 V S* Alice
17 J S* Élisabeth D	17 S S Judicael D
18 V S* Aude	18 D S Gatien
19 S S Tanguy	19 L S Urbain
20 D S Edmond	20 M S Théophile
21 L Présen. de Marie	21 M HIVER
22 M S* Cécile	22 J S* Fr. Xavière
23 M S Clément	23 V S Armand
24 J S* Flora	24 S S* Adèle
25 V S* Catherine L V	25 D N O Ë L V
26 S S* Delphine	26 L S Etienne
27 D Avent	27 M S Jean l'Ap
28 L S Jac de la Marc	28 M SS Innocents
29 M S Saturnin	29 J S David
30 M S André	30 V S Roger
	31 S S Sylvestre

exercices oraux

3.1 NOMBRES ORDINAUX; LA DATE

A. *Répétez après moi.*
Lundi est le premier jour de la semaine.
Mardi est le deuxième jour de la semaine.
Mercredi est le troisième jour de la semaine.

Jeudi est le quatrième jour de la semaine.
On continue de la même façon.
Maintenant, répondez aux questions.
1. Quel est le premier jour de la semaine?
2. Quel est le cinquième jour de la semaine?
3. Quel est le septième jour de la semaine?
4. Quel est le deuxième jour de la semaine?
On continue de la même façon.

B. *Répétez après moi.*
janvier, février, mars, avril, mai, juin, juillet, août, septembre, octobre,
novembre, décembre
Répondez aux questions.
1. Quel est le premier mois de l'année?
2. Quel est le troisième mois de l'année?
3. Quel est le neuvième mois de l'année?
4. Quel est le sixième mois de l'année?
On continue de la même façon.

C. *Répondez aux questions.*
1. Quels sont les jours de la semaine?
2. Combien de jours est-ce qu'il y a en septembre? Et en octobre?
3. Quand est-ce que l'hiver (/ivɛʀ/) commence? Et le printemps (/pʀɛ̃tɑ̃/)?
4. Quels sont les mois de l'automne (/ɔtɔn/)? De l'hiver?
5. Combien de temps est-ce que l'automne dure?
6. Quels sont les mois du printemps? De l'été (/ete/)?
7. Quelle est la date aujourd'hui?
8. Quelle est la date de Noël? Et la date de la fête nationale en France?

3.2 ALLER

A. **Exercice de contrôle**
Je vais au cinéma.

1.	Les étudiants	3.	Nous	5.	Le professeur
2.	Tu	4.	Vous	6.	Je

Je ne vais pas parler anglais en classe.

1.	Le professeur	3.	Tu	5.	Les étudiants
2.	Vous	4.	Nous	6.	Je

B. *Répondez aux questions.*
1. Comment allez-vous? Demandez à (Françoise) comment elle va.
2. Où allez-vous à midi? Demandez-moi[1] où je vais à midi.
3. Allez-vous au laboratoire de langues? Demandez à (Paul) s'il va au laboratoire.

[1] *Ask me*

BÉLIER
(21 mars-
20 avril.)

TAUREAU
(21 avril-
20 mai.)

GÉMEAUX
(21 mai-
21 juin.)

CANCER
(22 juin-
22 juillet.)

LION
(23 juillet-
23 août.)

VIERGE
(24 août-
22 septembre.)

BALANCE
(23 septembre-
23 octobre.)

SCORPION
(24 octobre-
22 novembre.)

SAGITTAIRE
(23 novembre-
21 décembre.)

CAPRICORNE
(22 décembre-
20 janvier.)

VERSEAU
(21 janvier-
19 février.)

POISSONS
(20 février-
20 mars.)

4. Où allez-vous après le cours de français? Demandez-moi où je vais après le cours.
5. Où allez-vous déjeuner demain? Demandez-moi où je vais déjeuner demain.

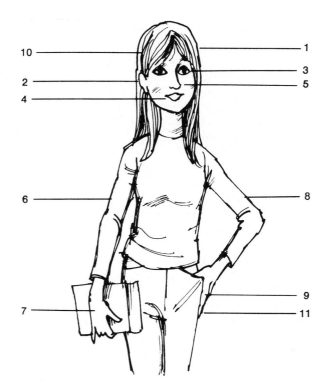

Tableau V

3.3 ADJECTIFS POSSESSIFS

A. *Nous allons parler de notre corps. Regardez et répétez après moi.*

1. Voici ma tête.
2. Voici mon oreille.
3. Voici mon œil (mes yeux).
4. Voici ma bouche.
5. Voici mon nez.
6. Voici mon bras droit.
7. Voici ma main droite.
8. Voici mon bras gauche.
9. Voici ma main gauche.
10. Voici mes cheveux.
11. Voici mes doigts.

B. *Maintenant, répondez aux questions d'après ces modèles.*
Où est votre nez?
Voilà mon nez.
Où sont vos oreilles?
Voilà mes oreilles.

1. Où est votre tête?
2. Où sont vos cheveux?
3. Où sont vos mains?
4. Où est votre main gauche?
5. Où est votre bras droit?

On continue de la même façon.

C. *Répondez aux questions d'après ces modèles.*
Est-ce que c'est mon nez? (bouche)
Non, ce n'est pas votre nez, c'est votre bouche!
Est-ce que ce sont mes yeux? (cheveux)
Non, ce ne sont pas vos yeux, ce sont vos cheveux!
1. Est-ce que c'est ma bouche? (nez)
2. Est-ce que c'est mon bras gauche? (bras droit)
3. Est-ce que ce sont mes yeux? (oreilles)
4. Est-ce que c'est mon oreille? (œil)

On continue de la même façon.

D. *Répondez aux questions d'après ces modèles.*
Où est le nez de (Paul)?
Voilà son nez.
Où sont les oreilles de (Marie)?
Voilà ses oreilles.
1. Où est la bouche de (Jean-Paul)?
2. Où sont les mains de (Charlotte)?
3. Où est le bras droit de (Pierre)?
4. Où sont les yeux de (Renée)?

On continue de la même façon.

E. *Répondez aux questions. Utilisez des adjectifs possessifs dans vos réponses.*
1. Avez-vous votre livre de français? Et votre cahier d'exercices?
2. Est-ce que j'ai mon livre? Et mon cahier d'exercices?
3. Avez-vous des photos de vos parents? Où sont leurs photos?
4. Est-ce que la maison de M. et Mme Rockefeller est à Paris? Où est leur maison?
5. Regardez-vous le livre de (Jacques)? Quel livre est-ce que vous regardez?
6. Est-ce que vous aimez votre classe? Comment est le professeur?
7. Regardez-vous votre montre? Quelle heure est-il?
8. Combien de doigts avez-vous? Et combien d'oreilles?

3.4 ADJECTIF INTERROGATIF

A. *Regardez le Tableau II. Posez des questions d'après ce modèle.*
J'arrive à la boutique.
À quelle boutique est-ce que vous arrivez?
1. J'arrive à la boutique.
2. Je regarde les robes.
3. J'entre dans la boutique.
4. Je cherche la vendeuse.

5. Je parle à la vendeuse.   7. J'aime la robe.
6. J'essaie la robe.   8. Je paie la robe.

B. *Nous posons des questions à Jean-Paul. Répétez après moi.*
Quel est votre nom?   Jean-Paul Chabrier.
Quelle est votre nationalité?   Je suis Français.
Quelle est votre profession?   Je suis étudiant.
Quelle est votre adresse?   27, rue de la Ferme.
Quel est votre sport préféré?   C'est le ski.
   Maintenant, posez des questions.

1. Monique Chabrier   9. Paul Wilson
2. Je suis Française.   10. 16, rue du Commerce
3. Je suis étudiante.
4. 27, rue de la Ferme   11. Elle est Canadienne.
5. C'est le tennis. /tenis/   12. 17, avenue Victor Hugo
                              13. Elle est infirmière.
6. Je suis professeur.   14. C'est le camping.
7. Je suis Américain.   15. Jacqueline Chaumière
8. C'est le football.[1]

C. *Comment est-ce que vous demandez l'heure? La date? Le nom d'une personne? Sa nationalité? Sa profession? Son adresse? L'adresse de ses parents?*

3.5 ADJECTIF DÉMONSTRATIF

A. *Regardez bien et ajoutez des phrases d'après ces modèles.*
Voilà un tableau.
Nous regardons ce tableau.
Voilà une porte.
Nous regardons cette porte.
Voilà des chaises.
Nous regardons ces chaises.

1. Voilà une porte.   6. Voilà des photos.
2. Voilà un crayon.   7. Voilà une jeune fille.
3. Voilà un étudiant.   8. Voilà des étudiantes.
4. Voilà des murs.   9. Voilà une étudiante.
5. Voilà un livre.   10. Voilà un cahier.

B. *Nous sommes dans une boutique. Ajoutez des phrases négatives d'après ce modèle.*

---

[1] **Le football** *soccer* is a very popular spectator sport in Europe. American football is not often played there.

J'entre dans la boutique.

Mais non,[1] **n'entrez pas dans cette boutique!**

1. Je parle à la vendeuse.
2. J'écoute le vendeur.
3. Je regarde la cravate.
4. Je regarde les chapeaux.
5. J'essaie le chapeau.
6. J'essaie les robes.
7. Je paie la chemise.
8. Je quitte la boutique.

3.6 VERBES DU DEUXIÈME GROUPE

A. Exercice de contrôle

Je finis mes devoirs[2].

1. Les étudiants
2. Nous
3. Tu
4. (Mireille)
5. Vous
6. Je

Je choisis mes cours.

1. Nous
2. (Robert)
3. Les étudiants
4. Tu
5. Vous
6. Je

Je n'obéis pas toujours aux agents[3].

1. Le professeur
2. Les étudiants
3. Tu
4. Vous
5. Nous
6. Je

B. *Maintenant, répondez aux questions.*

1. Obéissez-vous toujours aux agents? Et à vos parents?
2. Choisissez-vous vos cours? Est-ce que vos parents choisissent vos cours? Est-ce que je choisis mes étudiants?
3. Finissez-vous toujours vos devoirs? Et (Anne-Marie)? Est-ce que nous finissons les exercices oraux?
4. Réfléchissez-vous quand vous parlez? Est-ce que je réfléchis quand je parle? Est-ce que les étudiants réfléchissent quand ils donnent une réponse?

C. *Répondez affirmativement aux questions suivantes.*

1. Est-ce que vous choisissez cette chaise?
2. Est-ce que vous étudiez le français?
3. Avez-vous votre cahier d'exercices?
4. Est-ce que (Françoise) a son livre de français?
5. Est-ce qu'il y a des chaises dans la classe?
   Répondez négativement aux questions suivantes.
6. Est-ce que vous cherchez votre livre?
7. Est-ce qu'il y a des chats dans la classe?

---

[1] **Mais non** and **mais oui** are more emphatic than **non** and **oui**.
[2] **Devoirs** *homework* is usually in the plural unless it is modified by a phrase, as in **mon devoir de français** *my French homework.* In the first two exercises, be sure to make the possessive adjective agree with the subject (for example, **Tu finis tes devoirs**).
[3] **agents (de police)** *policemen* Note that **obéir** *to obey* takes **à** + noun.

Jules et Jim de
Truffaut.

Courtesy of Janus Films.

8.   Est-ce que (Jean-Paul) arrive en retard?
9.   Est-ce que je parle anglais maintenant?
10.   Est-ce que nous finissons la leçon?

application

A. Dialogue et questions

Allons au cinéma ce soir!

    C'est jeudi matin. Jean-Paul est dans le couloir. Il regarde sa montre.
Il est dix heures et quart. Le cours de Jenny ne finit peut-être[1] pas à
l'heure[2]. Ah, voilà Jenny. Elle parle à son professeur devant la porte de sa
classe. Bientôt, les deux étudiants quittent le bâtiment et vont au petit
restaurant près de la cité. Le garçon[3] apporte leur café.   5

JEAN-PAUL   Est-ce que vous avez des devoirs ce soir?
JENNY   Oui, le jeudi[4] il y a toujours un devoir de psychologie.
JEAN-PAUL   C'est dommage! Le ciné-club donne un film français.

---

[1] In negative sentences, **peut-être** *perhaps, maybe* comes before **pas**.
[2] **à l'heure**   *on time*
[3] **garçon**   *waiter* (literally, *boy*) The French equivalent of *waitress* is **serveuse**.
[4] **le jeudi** *on Thursdays, every Thursday*   When used before a day of the week, the definite
    article implies regular occurrence.

JENNY   Ah oui? quel film?

JEAN-PAUL   *Jules et Jim* de Truffaut.[1] C'est un des classiques.   10

JENNY   À quelle heure est-ce qu'il commence?

JEAN-PAUL   À sept heures. Et l'entrée est gratuite.

JENNY   Bon! Allons au cinéma ce soir.

JEAN-PAUL   Et le devoir de psychologie?

JENNY   Après le cinéma, peut-être.   15

(lignes 1–5)
1. Quel jour est-ce?
2. Où est Jean-Paul?
3. Pourquoi est-ce que Jean-Paul regarde sa montre?
4. Où est Jenny?
5. Où est-ce que Jenny et Jean-Paul vont?
6. Qui apporte leur café?
(lignes 6–15)
7. Quel devoir est-ce que Jenny a le jeudi?
8. Qui donne un film ce soir?
9. Quel film est-ce que le ciné-club donne?
10. À quelle heure est-ce qu'il commence?
11. Combien coûte l'entrée?
12. Quand est-ce que Jenny va étudier sa psychologie?

B. **Expressions utiles**

Le campus

Les étudiants sont
- au bâtiment de langues modernes.
- au laboratoire de langues.
- au restaurant universitaire.
- au stade.
- à l'université.
- à la piscine.
- à la cité (universitaire).
- à la librairie[2].
- à la bibliothèque.
- à la résidence.

Nous sommes dans
- une (salle de) classe.
- une salle de conférence[3].
- une salle de lecture[4].

[1] François Truffaut is one of the foremost film directors in France.
[2] **librairie**   *bookstore*
[3] **conférence**   *lecture*
[4] **lecture**   *reading*

Les langues vivantes[1]

le français	l'espagnol
l'allemand	l'hébreu
l'anglais	le japonais
l'arabe	le portugais
le chinois	le russe

C. *Posez des questions sur les parties soulignées.*
C'est aujourd'hui (1) le 29 septembre. Il est (2) deux heures et quart. Je suis (3) au laboratoire de langues. Je vais rentrer à la maison (4) à trois heures. J'ai un devoir (5) d'anglais (6) ce soir, mais je vais (7) au cinéma avec Roger. (8) Le ciné-club donne un film de Vadim. Le film est très intéressant.

D. *Jouez des rôles: faites un dialogue en faisant les changements de votre choix.*
Vous rencontrez un camarade dans le laboratoire de langues. Il est dans un cours d'allemand. Il passe deux ou trois heures au laboratoire chaque

«Allons au cinéma ce soir!» (Boulevard Haussmann, Paris)

[1] The gender of languages in French is masculine. The definite article is omitted only with **parler**: Je parle français (but J'étudie le français, Le français n'est pas difficile).

Elle fut la première...
LES DENTS DE LA MER
JAWS
UN FILM UNIVERSAL DISTRIBUE PAR CINEMA INTERNATIONAL CORPORATION   INTERDIT AUX MOINS DE 13 ANS

semaine. C'est beaucoup, mais il aime beaucoup son cours. Mlle Weiss est son professeur. Elle est très sympathique. Votre camarade va au cinéma ce soir. Le ciné-club donne un film allemand.

E. Renseignements et opinions

1. Quelle est la date aujourd'hui? Quelle heure est-il? Où est-ce que vous êtes maintenant?
2. Quand est-ce que l'automne commence? Quand est-ce qu'il finit? Aimez-vous l'automne?
3. Allez-vous au laboratoire de langues? Combien de fois par semaine? À quelle heure?
4. Aimez-vous les films français? Combien de fois par mois allez-vous au cinéma? Allez-vous au cinéma seul ou avec quelqu'un?
5. Quelle est la date de votre anniversaire? Et la date de l'anniversaire de votre mère? Demandez au professeur la date de son anniversaire.
6. Est-ce qu'il y a un restaurant universitaire sur notre campus? Où est le restaurant? Aimez-vous le restaurant?
7. Où allez-vous cet après-midi? À quelle heure?

explications

TOUT D'ABORD

French holidays

Holidays in France are a time for festivities, sumptuous feasts, and joyous celebrations. Many French holidays are religious in origin, dating back to the Middle Ages. On such days, all businesses close down and solemn worship services are held. In some towns and villages, religious processions take place. On Bastille Day, July 14, people commemorate the Revolution of 1789 by singing the *Marseillaise*, the French national anthem, and dancing in the streets. French workers receive at least twenty-four paid vacation days during the summer in addition to the legal holidays below.

1er janvier	Jour de l'An	*New Year's Day*
mars ou avril	Lundi de Pâques	*Monday after Easter*
1er mai	Fête du Travail	*May Day*
mai (un jeudi)	Ascension	*Ascension Day* (40 days after Easter)
mai ou juin	Lundi de Pentecôte	*Whit Monday* (49 days after Easter)
14 juillet	Fête Nationale	*Bastille Day*
15 août	Assomption	*Assumption Day*

1ᵉʳ novembre	**Toussaint**	*All Saints Day*
11 novembre	**Fête de la Victoire**	*Armistice Day*
25 décembre	**Noël**	*Christmas*

3.1 NOMBRES ORDINAUX; LA DATE

1. The ordinal numbers (*first, second, third*) are formed by adding **-ième** to the cardinal numbers. (**Premier** and **première** are exceptions.)

2. If the cardinal number ends in **e**, the **e** is dropped: **quatre → quatrième**. Note also the irregular formation in the case of **cinq → cinquième** and **neuf → neuvième**. Ordinal numbers are often represented by Roman numerals followed by **e** (or **ème**).

Iᵉʳ, Iᵉʳᵉ	premier, première	IXᵉ	neuvième
IIᵉ	deuxième[1]	Xᵉ	dixième
IIIᵉ	troisième	XIᵉ	onzième
IVᵉ	quatrième	XXᵉ	vingtième
Vᵉ	cinquième	XXIᵉ	vingt et unième
VIᵉ	sixième	XXXᵉ	trentième
VIIᵉ	septième	Lᵉ	cinquantième
VIIIᵉ	huitième	LXᵉ	soixantième

3. In France, Monday is considered the beginning of the week. Unlike English, days of the week and months are not capitalized unless they begin a sentence. Go over the French words for the days of the week and the months of the year given in Tableau IV. Note especially the pronunciation of the following words.

lundi /lɛ̃di/	**juin** /ʒɥɛ̃/
samedi /samdi/	**juillet** /ʒɥijɛ/
mars /maʀs/	**août** /u/, /ut/

4. Dates are preceded by the definite article **le**.

Quelle est la date de votre anniversaire?	*What is the date of your birthday?*
— C'est **le vingt-trois** novembre.	*It's November 23rd.*

The ordinal number is used only for the first of the month.

Quelle est la date aujourd'hui?	*What is today's date?*
— C'est **le premier** octobre.	*It's the first of October.*

[1] **Second** and **seconde** /sgõ/, /sgõd/ also occur, but usually only to denote the second item in a series of two.

5. The phrase **c'est** *it is* is used to express dates in French. **Aujourd'hui** *today* is never the subject of a sentence. The phrase **est-ce** is an inverted form of **c'est**, used in questions.

Quel jour **est-ce** aujourd'hui?	*What day is it today?*
— **C'est** (aujourd'hui) jeudi.	*It's Thursday (today).*

The phrase **il est** *it is* is used to express time in French.

Quelle heure **est-il?**	*What time is it?*
—**Il est** dix heures et quart.	*It's quarter past ten.*

6. Unlike English, dates and the days of the week in French are not preceded by a preposition.

Nous arrivons à Paris **mardi**.	*We arrive in Paris on Tuesday.*
L'hiver /ivɛR/ commence **le 22 décembre**.	*Winter begins on December 22.*

The definite article, occurring before a day of the week, corresponds to English *every*.

J'ai quatre cours **le lundi**.	*I have four classes on Mondays (every Monday).*

3.2 *ALLER*

Je **vais** à Paris. /vɛ/	Nous **allons** au restaurant.
Tu **vas** à Chicago. /va/	Vous **allez** à l'université.
Il **va** à Dijon. /va/	Ils **vont** au cinéma.

1. The verb **aller** *to go*, followed by an infinitive, expresses future action, as in the English construction *to be going (to do something)*.

Allez-vous **travailler** demain?	*Are you going to work tomorrow?*
— Non, je **vais regarder** la ·télévision.	*No, I'm going to watch television.*

2. **Aller** is also used in reference to health.

Comment **allez**-vous aujourd'hui?	*How are you today?*
— Je **vais** comme ci comme ça.	*I'm so so.*

3.3 ADJECTIFS POSSESSIFS

1.   Words corresponding to English *my, your, his, her, its, our,* and *their* are known as possessive adjectives. In French, unlike English, possessive adjectives agree in gender and number with the noun possessed, *not* with the possessor. The possessive adjectives for the first and second person singular are **mon** /mõ/ and **ton** /tõ/ before a masculine singular noun, **ma** and **ta** before a feminine singular noun.

Où est **mon** livre?	Voilà **ton** livre.
Où est **ma** montre?	Voilà **ta** montre.

If the noun following the possessive adjective begins with a vowel sound, **mon** /mɔn/ and **ton** /tɔn/ are used regardless of whether the noun is masculine or feminine.

MASCULINE
Où est **mon** hôtel?	Voilà **ton** hôtel.

FEMININE
Où est **mon** armoire?	Voilà **ton** armoire.

Mes and **tes** are used before both masculine and feminine plural nouns.

Où sont **mes** stylos?	Voilà **tes** stylos.
Où sont **mes** amis?	Voilà **tes** amis.
Où sont **mes** clés?	Voilà **tes** clés.

   2.   The third person singular possessive adjectives are **son**, **sa**, and **ses**. French does not distinguish between the gender of the *possessor* in the third person, so that each of these forms corresponds to English *his, her,* or *its,* depending on context.

le **livre** de **Paul**	→son livre	*his book*
le **livre** de **Marie**	→son livre	*her book*
le **mur** de **la maison**	→son mur	*its wall*
la **table** de **Jacques**	→sa table	*his table*
la **table** de **Jeanne**	→sa table	*her table*
la **porte** de **la maison**	→sa porte	*its door*
les **clés** de **Robert**	→ses clés	*his keys*
les **clés** de **Claire**	→ses clés	*her keys*
les **fenêtres** de **la maison**	→ses fenêtres	*its windows*

The form **son** is used before both masculine and feminine singular nouns that begin with a vowel sound.

MASCULINE
l'ami de **Marianne** →**son** ami *her friend*
FEMININE
l'armoire de **Charles** →**son** armoire *his wardrobe*
l'entrée de **la maison** →**son** entrée *its entrance*

3. The first, second, and third person plural possessive adjectives (English *our, your,* and *their*) are **notre, votre,** and **leur** before a singular noun, and **nos, vos,** and **leurs** before a plural noun. No distinction is made between the masculine and feminine genders of nouns. The final vowel /ə/ of **notre** and **votre** is dropped when followed by a vowel sound.[1]

FIRST PERSON PLURAL
Voilà **notre** /nɔtRə/ livre et **notre** /nɔtR/ armoire.
Voilà **nos** /no/ parents et **nos** amis /nozami/.
SECOND PERSON PLURAL
Voilà **votre** /vɔtR/ hôtel et **votre** /vɔtRə/ chambre.
Voilà **vos** enfants /vozɑ̃fɑ̃/ et **vos** /vo/ chaises.
THIRD PERSON PLURAL
Voilà **leur** /lœR/ livre et **leur** /lœR/ enfant.
Voilà **leurs** /lœR/ cahiers et **leurs** amis /lœRzami/.

4. This chart gives the forms of the possessive adjectives.

SINGULAR			PLURAL	
Before a Vowel	Before a Consonant		Before a Vowel	Before a Consonant
Masculine and Feminine	Masculine	Feminine	Masculine and Feminine	
mon	mon	ma	mes	mes
ton	ton	ta	tes	tes
son	son	sa	ses	ses
notre			nos	nos
votre			vos	vos
leur			leurs	leurs

[1] In colloquial French, **notre** /nɔtRə/ and **votre** /vɔtRə/ are often pronounced /nɔt/ and /vɔt/ before a word beginning with a consonant.

5. Vocabulary for parts of the body is introduced in 3.3.A of the oral exercises. **Bras** *arm*, like **cours**, adds no **s** in the plural. The plural of **œil** /œj/ *eye* is irregular: **yeux** /jø/. **Cheveux** *hair* usually occurs only in the plural. **Gauche** *left* is invariable, but **droit**/dʀwa/ *right* becomes **droite** /dʀwat/ after a feminine noun.

3.4 ADJECTIF INTERROGATIF

1. The interrogative adjective (English *which?, what?*) has four different forms in French. It agrees in gender and number with the noun it modifies. These forms are all pronounced alike (/kɛl/), except when there is liaison in the plural forms.

Mon livre est sur la table.
→**Quel** livre est sur la table?

Je cherche la vendeuse **française**.
→**Quelle** vendeuse est-ce que vous cherchez?

Vos clés sont dans ma serviette.
→**Quelles** clés sont dans votre serviette?

Vos étudiants parlent bien français.
→**Quels** étudiants parlent bien français?

2. The interrogative adjective may be separated from the noun it modifies by the verb **être**.

Quelle est votre **nationalité**?   *What is your nationality?*
— Je suis Française.

Quelle est votre **profession**?   *What is your profession?*
— Je suis ingénieur. /ɛ̃ ʒenjœʀ/

Quelle est votre **adresse**?   *What is your address?*
— 28, rue de Seine.

Quel est votre **sport** /spɔʀ/ préféré?   *What is your favorite sport?*
— C'est le camping. /kɑ̃piŋ/

Quel est votre **nom**?   *What is your name?*
— Georges Moreau.

3.5 ADJECTIF DÉMONSTRATIF

The demonstrative adjective has four written forms: **ce, cet, cette** *this, that,* and **ces** *these, those.* Cet occurs only before masculine singular nouns that begin with a vowel sound.

Ce professeur parle bien français.
Cet étudiant cherche son livre.
Cette étudiante essaie les robes.

Ces professeurs parlent bien français.
Ces étudiantes essaient les robes.

3.6 VERBES DU DEUXIÈME GROUPE

1. The infinitives of second conjugation verbs end in **-ir**. The plural persons of second conjugation verbs are all marked by the presence of **-iss-** between the stem and the ending. Note that the consonant /s/ is heard only in the plural forms.

finir /finiʀ/ *to finish*

je finis	/fini/	nous fin**iss**õns	/finisõ/
tu finis	/fini/	vous fin**iss**ez	/finise/
il finit	/fini/	ils fin**iss**ent	/finis/

2. The difference in pronunciation between the third person singular and plural forms lies in the absence or presence of the /s/ sound. Presence of liaison also indicates that the verb is in the plural.

il **choisit**	/il ʃwazi/	elle **obéit**	/ɛlɔbei/
ils **choisissent**	/il ʃwazis/	elles **obéissent**	/ɛlzɔbeis/

vocabulaire[1]

Noms masculins

agent (de	·classique	janvier	nom
police)	·congé	jeudi	novembre
anglais	décembre	juillet	octobre
août	devoir	juin	œil (*pl* yeux)
automne	dimanche	lundi	parent
avril	doigt	mai	printemps
bras	été	mardi	samedi
·café	février	mars	septembre
·calendrier	·film	mercredi	ski
camping	football	mois	sport
cheveux *pl*	garçon	nez	tennis
·ciné-club	hiver	Noël	vendredi

Noms féminins

adresse	chemise	France	oreille
année	cravate	infirmière	photo
avenue	date	langue	profession
bouche	·entrée	main	rue
Canadienne	fête	nationalité	tête

Verbes

aller *irrég*	·coûter	finir
·apporter	donner	obéir (à)
choisir	durer	réfléchir

Adjectifs

ce *irrég*	gauche	oral(e)
droit(e)	·gratuit(e)	préféré(e)
·français(e)	national(e)	quel(le)

Autres expressions

·à l'heure	·Bon!	mais non
après	demandez-moi	·peut-être
·bientôt	en	toujours

[1] Possessive adjectives and ordinal numbers are excluded.

Quatrième Leçon

Tableau VI

conversations

A. Charles est un peu dur d'oreille.

ANNE-MARIE   Je cherche M. Bernard.

CHARLES   Pardon, Mademoiselle. Qu'est-ce que vous cherchez?

ANNE-MARIE   Je cherche M. Bernard! Est-il ici?

CHARLES   Pardon, qui est-ce que vous cherchez?

ANNE-MARIE   Monsieur Bernard! Est-ce qu'il est ici?

CHARLES   Ah, vous cherchez M. Bernard? Il n'est pas ici.

B. C'est trop loin d'ici.

MICHEL   Allons au cinéma.

YVES   Mais il pleut à verse!

MICHEL   Comment! Vous n'avez pas de parapluie?

YVES   Si, mais le cinéma est trop loin d'ici.

C. Après la pluie, le beau temps.[1]

MICHEL   Est-ce qu'il pleut encore?

YVES   Non, il fait beau.

MICHEL   Bon. Allons au cinéma.

YVES   Mais non, il est trop tard!

exercices oraux

4.1 VERBES DU TROISIÈME GROUPE

A. Exercice de contrôle
Je réponds à la question.

1. (Marie)
2. Tu
3. Les étudiants
4. Vous
5. Nous
6. Je

[1] Vieux proverbe français

«Il pleure dans
mon cœur
Comme il pleut sur
la ville...»
(Montparnasse,
Paris)

Je ne vends pas mon livre de français!

1. (Michel)   3. Tu   5. Vous
2. (Michèle et Anne) 4. Nous   6. Je

B. *Maintenant, répondez à ces questions.*

1. Je pose des questions. Répondez-vous à mes questions? Est-ce que
   les étudiants répondent à mes questions?

2. Où est votre livre de français? Vendez-vous votre livre? Est-ce que je vends mon livre?

3. Est-ce que vous attendez le professeur? Est-ce que les étudiants attendent le professeur? Est-ce que j'attends les étudiants?

4. Je pose une question. Est-ce que vous entendez ma question? Demandez à (Claire) si elle entend ma question.

5. Est-ce que vous répondez aux lettres de vos parents? Est-ce qu'ils répondent à vos lettres?

6. Est-ce que vous attendez la fin du cours? Et (Eugène)? Et le professeur?

4.2 STRUCTURE DES PHRASES

A. *Posez des questions en employant des adverbes et des adjectifs interrogatifs d'après ces modèles.*

Je suis dans la classe.
Où êtes-vous?
Je déjeune à midi.
À quelle heure déjeunez-vous?

1. Je vais à mon cours.
2. J'arrive à neuf heures.
3. Je parle bien français.
4. Le cours est intéressant.
5. Je travaille deux heures.
6. Je déjeune à une heure.
7. Je suis au laboratoire.
8. Je vais très bien.

B. *Regardez ces phrases.*
1. Quel est le sujet de la première phrase?
2. Quel est le verbe?
3. Est-ce qu'il y a un adverbe?
4. Quel est le complément d'objet direct?
5. Est-ce qu'il y a un complément d'objet indirect?
On continue de la même façon.

C. *Regardez le Tableau VI. C'est Jean-Paul. Il est à Paris. Répétez après moi.*
1. Jean-Paul traverse la rue.
2. Il entre dans le restaurant.
3. Il choisit la table.
4. Il regarde le menu.
5. Il commande le repas à la serveuse.
6. Il finit le repas.
7. Il demande l'addition à la serveuse.
8. Il paie l'addition à la serveuse.
9. Il quitte le restaurant.
10. Il attend l'autobus.
11. Il monte dans l'autobus.
12. Il descend de l'autobus.

Maintenant, ajoutez des phrases d'après ce modèle.
Il traverse la rue.
Nous aussi, nous traversons la rue.
On continue avec toutes les phrases.

Maintenant, répondez à la question d'après ce modèle.
Vous ne traversez pas la rue?
Si¹, je traverse la rue.

4.3 PRONOMS INTERROGATIFS: SUJET

A. *Posez des questions d'après ce modèle.*
Je regarde (Marie-Claire).
Pardon, qui regarde (Marie-Claire)?
1. Je regarde (Jacqueline).
2. (Jacqueline) regarde le tableau.
3. Je pose des questions.
4. (Jean-Pierre) répond à mes questions.
5. (Marianne) parle bien français.
6. Je parle à (Robert).

B. *Posez des questions d'après ce modèle.*
Notre cours commence à dix heures.
Pardon, qu'est-ce qui commence à dix heures?
1. Notre cours finit à (onze) heures.
2. Mon cahier est sur la table.
3. Ma montre n'est pas sur la table.
4. Le français n'est pas difficile.
5. Cet exercice est facile.
6. Mon cours est très intéressant!

C. *Maintenant, faites des questions en employant* **qui** *ou* **qu'est-ce qui** *selon le cas.*²
1. (Jean-Jacques) parle très bien français.
2. Notre cours commence à (dix) heures.
3. Je suis votre professeur.
4. Mon cahier d'exercices est sur la table.
5. Cet exercice n'est pas difficile.
6. (Robert) n'a pas le cahier d'exercices.
7. (Jacques) est très sympathique.
8. Notre cours finit à (onze) heures.

---

¹**Si** *yes* is used to answer a negative question in the affirmative.
²*Now, make up questions using* **qui** *or* **qu'est-ce qui** *as the case may be.*

4.4 PRONOMS INTERROGATIFS: COMPLÉMENT D'OBJET DIRECT

A. *Posez des questions d'après ce modèle.*
Je cherche (Robert).
Qui est-ce que vous cherchez?

1. Je cherche (Marie).
2. J'écoute les étudiants.
3. J'attends mon ami.
4. Je regarde (Marianne).
5. Je déteste les agents.
6. J'aime mes étudiants.

B. *Faites des questions en employant **qu'est-ce que.***

1. Je cherche mon stylo.
2. Je regarde mon livre.
3. J'aime le français.
4. (Marie) étudie le français.
5. (Jean) regarde la montre.
6. (Paul) attend la fin du cours.

C. *Maintenant, posez des questions en employant **qui est-ce que** ou **qu'est-ce que** selon le cas.*

1. Je cherche la boutique.
2. Je traverse la rue.
3. Je regarde des chapeaux.
4. Je cherche la vendeuse.
5. J'essaie un chapeau.
6. J'attends la vendeuse.
7. Je paie le chapeau.
8. Je quitte la boutique.

4.5 PRONOMS INTERROGATIFS: COMPLÉMENT D'OBJET INDIRECT

A. *Posez des questions d'après ce modèle.*
Je déjeune avec un ami.
Avec qui déjeunez-vous?

1. Je parle à (Charles).
2. J'obéis aux agents.
3. Je réponds aux étudiants.
4. Je pense à mes parents.
5. Je parle de mes parents.
6. Je déjeune avec un ami.

B. *Posez des questions en employant **à quoi**, **avec quoi**, ou **de quoi**.*

1. Je pense à mon avenir.
2. Je parle de mon avenir.
3. Je réponds aux questions.
4. Je travaille avec un livre.
5. J'obéis aux lois.
6. Je parle de Paris.

C. *Maintenant, regardez le Tableau VI et posez une question sur la dernière partie de chaque phrase d'après ces modèles.*
Il traverse la rue.
Qu'est-ce qu'il traverse?
Il monte dans l'autobus.
Où est-ce qu'il monte?
Il descend de l'autobus.
D'où est-ce qu'il descend?

«Je vais aux sports d'hiver. Et vous?»

4.6 *FAIRE*

A. Exercice de contrôle
Je fais mon devoir de français.

1. Nous
2. (Pauline)
3. Tu
4. Vous
5. (Jacques et Michel)
6. Je

Je fais des fautes de grammaire.

1. Tu
2. (Françoise)
3. Vous
4. Les étudiants
5. Nous
6. Je

B. *Voici quelques questions.*

1. Est-ce que vous faites du camping? Qui fait du camping? Qui fait du ski?
2. Est-ce que je fais des fautes de grammaire? Et vous? Et (Jean-Pierre)?

3. Est-ce que vous faites toujours vos devoirs? Et (Marie-Anne)? Et (François)?

4. Est-ce que vous faites du tennis? En quelle saison?

C. *Regardez l'Illustration à la page 85. Répétez toutes les phrases après moi.*

Maintenant, regardez le Tableau VII. Faites une description du temps qu'il fait.[1]

Tableau VII

D. *Parlons un peu de notre région.*
1. Quel temps fait-il aujourd'hui?
2. Est-ce qu'il neige beaucoup en hiver?
3. Quand est-ce qu'il pleut souvent?
4. Quel temps fait-il en été? Et en automne?
5. Quel temps fait-il au printemps?

[1]*Describe the weather.*

6. Quand portez-vous un parapluie? Et des gants?
7. En quelle saison faites-vous du ski? En quelles saisons ne faites-vous pas de ski?
8. Quelle saison aimez-vous? Pourquoi?

E. Révision. *Répondez aux questions.*

1. Où faites-vous vos devoirs?
2. En quelle saison est-ce qu'il neige?
3. À quoi répondez-vous?
4. Qui attendez-vous?
5. Est-ce que je suis votre professeur?
6. Est-ce que je fais du sport?
7. Obéissez-vous toujours aux agents?
8. Qu'est-ce qui n'est pas difficile?

application

A. Dialogue et questions

Il fait trop frais.

C'est vendredi après-midi. Jean-Paul a rendez-vous[1] avec Jenny à trois heures et quart. Il regarde sa montre. Jenny est un peu en retard. Il regarde à droite et à gauche. Elle n'est pas là. Il marche de long en large[2] devant l'entrée du jardin botanique près de la cité universitaire. Voilà Jenny, avec sa bicyclette. Les deux étudiants font une promenade[3] dans le   5
jardin. Les arbres sont magnifiques en cette saison, car les feuilles commencent à[4] changer de[5] couleur. Le ciel est bleu et le soleil brille. Mais il fait du vent.

JENNY   Il fait beau cet après-midi.

JEAN-PAUL   Oui, mais il fait trop frais.   10

JENNY   Vous trouvez? Regardez ces beaux arbres.

JEAN-PAUL   On dirait que[6] l'hiver commence.

JENNY   Vous êtes drôle. L'automne ne dure pas très longtemps mais…

JEAN-PAUL   Est-ce qu'il fait très froid ici en hiver?

JENNY   Ah oui, il neige beaucoup en décembre et en janvier.   15

JEAN-PAUL   Est-ce que vous aimez les sports d'hiver?

JENNY   Ah oui, beaucoup. Je fais du ski et je patine aussi. Et vous?

JEAN-PAUL   Chaque hiver je fais du ski à Megève.

JENNY   Où est Mégève?

[1]**Avoir rendez-vous** *to have a date, an appointment* does not take an article in French.
[2]**de long en large** *to and fro*
[3]**faire une promenade** *to take a walk*
[4]When followed by an infinitive, **commencer** *to begin* requires the preposition **à** before the infinitive.
[5]**changer de** *to change* (from one thing to another)
[6]*It's as if* (literally, *One would say that*)

JEAN-PAUL   C'est une station de ski en Haute-Savoie, c'est-à-dire, dans   20
les[1]—*atchoum*! Excusez-moi.

JENNY   Il commence à faire froid. Rentrons à la cité.

(lignes 1–8)
1. Quel jour est-ce?
2. Où est Jean-Paul?
3. Qui est-ce qu'il attend?
4. Où est le jardin botanique?
5. Comment sont les arbres?
6. Quel temps fait-il?

(lignes 9–22)
7. Qu'est-ce qui commence, d'après Jean-Paul?
8. Quelle saison ne dure pas très longtemps?
9. Comment sont les hivers dans cette région?
10. Quel sport est-ce que Jenny pratique?
11. Où est-ce que Jean-Paul va chaque hiver?
12. Où est Megève?

B. Expressions utiles

Le temps et les saisons

Il fait beau (temps).
Il fait mauvais (temps).   } J'aime le beau temps.

Il fait froid.
Il fait chaud.   } Je déteste { le froid.
la chaleur.

Il pleut.
Il neige.   } Je n'aime pas { la pluie.
la neige.

Je préfère { le printemps à l'automne.
l'été à l'hiver.

En été
En hiver   } il fait { jour } { très tôt.
nuit }   très tard.

Les sports

Je fais { du camping, du yachting /jɔtiŋ/, du tennis,
de la gymnastique, de la natation,
du ski, du ski nautique, du cyclisme,
de la danse folklorique.

[1] Jean-Paul was about to say **dans les Alpes françaises** when he sneezed (**éternuer** *to sneeze*). France is divided into **départements**. Haute-Savoie is a **département** in the French Alps, and contains Mont Blanc, Europe's highest mountain.

Je joue souvent $\left\{\begin{array}{l}\text{au tennis, au hockey, au handball,} \\ \text{au golf, au basket-ball, au football.}\end{array}\right.$

Je regarde un jeu[1] de tennis.
J'assiste au match[2] de football.

Notre équipe est $\left\{\begin{array}{l}\text{bonne.} \\ \text{mauvaise.}\end{array}\right.$ Elle $\left\{\begin{array}{l}\text{gagne} \\ \text{perd}\end{array}\right\}$ $\left\{\begin{array}{l}\text{toujours.} \\ \text{souvent.}\end{array}\right.$

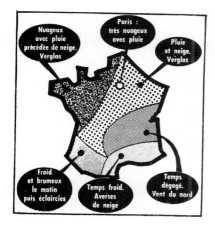

C. *Posez des questions sur les parties soulignées.*

C'est aujourd'hui (1) <u>samedi, le onze octobre</u>. Il est (2) <u>une heure</u>. Il fait (3) <u>très beau</u>. (4) <u>Le ciel</u> est bleu et le soleil brille. Les oiseaux chantent. Je fais une promenade (5) <u>avec mon ami Robert</u>. Nous sommes (6) <u>dans un parc</u>. Nous parlons (7) <u>de nos cours</u>. Nous parlons aussi (8) <u>de nos professeurs</u>. Il y a un étang dans le parc. (9) <u>Des enfants</u> jouent près de l'étang. Nous sommes sous un arbre et nous regardons (10) <u>les enfants</u>.

D. *Complétez le passage suivant.*

(1) Ce/être/aujourd'hui/dix/octobre. (2) Il/faire/chaud/et/très/beau/ce/après-midi. (3) Barbara et moi/nous[3]/faire/promenade/dans/jardin/botanique/université. (4) Nous/ne pas/avoir/cours/aujourd'hui/parce que/ce/être/samedi. (5) Soleil/briller/et/il y a/ne pas/nuages/dans/ciel. (6) Oiseaux/chanter/et/voler. (7) Nous/choisir/un/banc public/et/nous/regarder/les/beau[4]/arbre/de/jardin. (8) Jardin/être/magnifique/en/ce/saison. (9) Feuilles/arbres/commencer/changer/couleur. (10) Automne/durer/longtemps/dans/ce/région.

---

[1] **Jeu** (*pl* **jeux**) is a general term meaning *game* or *playing.*
[2] **Match** denotes a specific *set* or *competition* between two players or teams.
[3] When two or more first or second person subjects are combined, a "summary pronoun" is usually needed.
[4] Le pluriel de **beau** est **beaux**.

E. Renseignements et opinions

1. En quelle saison est-ce que nous sommes? Quel jour est-ce aujourd'hui? Quel temps fait-il maintenant? Et quelle heure est-il?
2. Aimez-vous l'été? Donnez deux raisons pourquoi vous aimez ou vous n'aimez pas l'été.
3. Aimez-vous l'hiver dans votre région? Donnez deux raisons pourquoi vous aimez ou vous n'aimez pas l'hiver dans votre région.
4. Qu'est-ce que vous faites tous les jours? Citez deux choses que vous faites tous les jours.
5. À qui pensez-vous souvent? Qui est cette personne?
6. Qu'est-ce que vous aimez comme sport, le tennis, le ski, ou la natation? Pourquoi?
7. Parlons de football américain. Regardez-vous les matchs de football à la télévision? Avons-nous une équipe de football à notre école? À votre avis[1], est-ce qu'elle est bonne, mauvaise, ou comme ci comme ça?

explications

TOUT D'ABORD

Le menu ou la carte?

The fame of French cuisine has spread to all corners of the world. Included in its great variety is everything from cheeses to meats cooked in the finest sauces and the most delicate pastries. Dining in a French restaurant can be a gastronomic delight. But first it helps to distinguish between two kinds of menus in French: **le menu** and **la carte**. **Le menu** consists of complete dinners at several different prices: **le menu à 20 francs**, **le menu à 30 francs**, and so forth. Each **menu** has its own choice of hors d'œuvres, entrées, and desserts. A more expensive way of dining is to order every item from **la carte** (cf. the English expression *to order à la carte*). This offers a wider choice of hors-d'œuvre, meat dishes, vegetables, and desserts. **La carte** corresponds to English *menu* (which came from French). Menu-related vocabulary is provided in the **Expressions utiles** of Lesson 5, and a typical restaurant menu in Lesson 23 (p. 426).

4.1 VERBES DU TROISIÈME GROUPE

1. The infinitives of third conjugation verbs end in **-re**. As with first and second conjugation verbs, the singular forms are all pronounced alike.

vendre	/vãdR/	*to sell*		
je vend**s**	/vã/		nous vend**ons**	/vãdõ/
tu vend**s**	/vã/		vous vend**ez**	/vãde/
il vend	/vã/		ils vend**ent**	/vãd/

[1]*In your opinion*

En Haute-
Savoie, près du
mont Blanc.

2. The distinction in spoken French between the third person singular and the third person plural lies in the fact that the consonant /d/ is pronounced in the plural form. Presence of liaison also indicates that the verb is in the plural.

il **descend**	/ildesã/	elle **répond**	/ɛlʀepõ/
ils **descendent**	/ildesãd/	elles **répondent**	/ɛlʀepõd/
il **attend**	/ilatã/	elle **entend**	/ɛlãtã/
ils **attendent**	/ilzatãd/	elles **entendent**	/ɛlzãtãd/

4.2 STRUCTURE DES PHRASES

Below is a summary of the basic French sentence patterns encountered thus far.

1. A sentence consists, at the very least, of a subject and a verb.

SUBJECT	VERB
Marie	travaille.
Nous	déjeunons.

2. The direct object "receives" the action of a transitive verb (one whose action is performed by the subject). It usually follows the verb.

SUBJECT	VERB	DIRECT OBJECT
Vous	regardez	la télévision.
Jacques	finit	ses devoirs.

Adverbs modify verbs. Adverbs denoting *manner* or *quantity* directly follow the verb and precede the direct object. Adverbs denoting *place* or *time* usually come at the end of a sentence.[1]

SUBJECT	VERB	ADVERB	DIRECT OBJECT	ADVERB
Jacques	finit	toujours	ses devoirs.	
Vous	écoutez	bien	le professeur.	
Elle	regarde	souvent	la télévision	ici.

3. The indirect object noun is preceded by the preposition **à**.[2] Verbs like **parler**, **obéir**, and **répondre** take an indirect object.

SUBJECT	VERB	ADVERB	INDIRECT OBJECT
Jenny	parle	souvent	à Jean-Paul.
Tu	obéis	toujours	à tes parents.
Vous	répondez	bien	**aux** questions.

[1] Adverbs of place or time may begin a sentence if they are stressed: **Ici, nous étudions le français; Maintenant, nous répondons aux questions.** In negative sentences, adverbs of manner come after **pas: Je n'entends pas bien le professeur.**
[2] Not all words or phrases beginning with the preposition **à** are indirect objects, however. They may be adverbial expressions of time and place: **à midi, à une heure, à Paris.**

Some transitive verbs may take both direct and indirect objects.

SUBJECT	VERB	DIRECT OBJECT	INDIRECT OBJECT
Nous Elle	payons montre	l'addition son livre	à la serveuse. à Jean-Paul.

4. The object of a preposition is a noun (or pronoun) preceded by a preposition other than **à**.

SUBJECT	VERB	OBJECT OF A PREPOSITION
Robert Jenny Nous	travaille danse parlons	**pour** Monsieur Raymond. **avec** Jean-Paul. **de** nos cours.

5. An adverbial phrase consists of a noun or noun phrase, often preceded by a preposition, that denotes time, place, quantity, or manner. Interrogatives that usually replace adverbial phrases are **quand** *when* or **à quelle heure** *what time*, **où** *where*, **combien (de)**[1] *how much*, and **comment** *how*.

TIME
Le cours commence **à neuf heures**.
   Quand est-ce que le cours commence?
   À quelle heure est-ce que le cours commence?
PLACE
J'étudie **dans ma chambre**.
   Où est-ce que vous étudiez?
QUANTITY
Je travaille **trois heures** tous les jours.
   Combien de temps est-ce que vous travaillez?
MANNER
Il regarde le livre **avec intérêt**.
   Comment est-ce qu'il regarde le livre?

6. The noun objects of many French verbs follow a pattern that differs from that of their English equivalents. Special attention should be paid to the verbs below.

attendre	J'**attends** le train.	*I* wait for *the train.*
chercher	Je **cherche** un taxi.	*I* look for *a taxi.*

[1] This construction is discussed in Lesson 5.3.

écouter	J'écoute la radio.	*I* listen to *the radio.*
regarder	Je **regarde** la maison.	*I* look at *the house.*
obéir	J'**obéis à** l'agent.	*I* obey *the policeman.*
répondre	Je **réponds à** Jean.	*I* answer *John.*
entrer	J'**entre dans** la classe.	*I* enter *the classroom.*
penser	Je **pense à** Paul.	*I* think of/about *Paul.*
demander	Je **demande** le livre **au** professeur.	*I* ask *the teacher* for *the book.*
payer	Je **paie** le livre **au** vendeur.	*I* pay *the clerk* for *the book.*

4.3 PRONOMS INTERROGATIFS: SUJET

1. The interrogative pronouns used as the subject of a sentence are **qui** /ki/ *who* when the subject is a human being, and **qu'est-ce qui** /kɛski/ *what* in all other cases.

Jean-Paul parle français.	→**Qui** parle français?
Mon livre est sur la table.	→**Qu'est-ce qui** est sur la table?

2. The interrogative pronouns **qui** and **qu'est-ce qui** are always in the third person singular, even when the subject they replace is in the plural.

Vous **mangez** la pomme.	→Qui **mange** la pomme?
Mes cours **commencent**.	→Qu'est-ce qui **commence**?

Qui tombe de l'arbre?

Qu'est-ce qui tombe du bureau?

3. Be careful not to confuse the interrogative adjective (**Quel(le)** *what*) with the invariable interrogative pronoun (**Qu'est-ce qui** *what*). The English equivalent of both is the same, but only the former always has a noun phrase with which it agrees in gender and number.

INTERROGATIVE ADJECTIVE
Quelle est votre **question?**   *What is your question?*
INTERROGATIVE PRONOUN
Qu'est-ce qui est intéressant?   *What is interesting?*

4.4 PRONOMS INTERROGATIFS: COMPLÉMENT D'OBJET DIRECT

The interrogative pronouns used as the direct object of a transitive verb are **qui est-ce que** /kiɛskə/ for human beings and **qu'est-ce que** /kɛskə/ in all other cases. Note that the **que** of **est-ce que** is reduced to **qu'** /k/ before a word beginning with a vowel sound.

Je cherche { le vendeur. / →qui est-ce que }   →**Qui est-ce que** vous cherchez?

Elle attend { sa mère. / →qui est-ce que }   →**Qui est-ce qu'** elle attend?

Je traverse { la rue. / →qu'est-ce que }   →**Qu'est-ce que** vous traversez?

Elle attend { le taxi. / →qu'est-ce que }   →**Qu'est-ce qu'** elle attend?

Qui est-ce qu'elle cherche?   **Qu'est-ce qu'elle cherche?**

4.5 PRONOMS INTERROGATIFS: COMPLÉMENT D'OBJET INDIRECT

1. The interrogative pronouns used as the indirect object are **à qui est-ce que** for human beings and **à quoi est-ce que** in all other cases.

Je réponds { au professeur. / →à qui est-ce que }   →**À qui est-ce que** vous répondez?

Je réponds { à la lettre. / →à quoi est-ce que } →**À quoi est-ce que** vous répondez?

2.   When an interrogative pronoun is used as the object of a preposition, the pattern is preposition + **qui est-ce que** for human beings, and preposition + **quoi est-ce que** in all other cases.

Je parle **de mon père.**	→**De qui est-ce que** vous parlez?
Il danse **avec Jenny.**	→**Avec qui est-ce qu'**il danse?

Je parle **de l'examen.**	→**De quoi est-ce que** vous parlez?
Il travaille **avec un livre.**	→**Avec quoi est-ce qu'**il travaille?

À qui est-ce qu'elle pense?   À quoi est-ce qu'elle pense?

4.6 *FAIRE*

1.   The verb **faire** *to do, to make* is irregular. Note that the -ai- of **faisons** is pronounced /ə/. Note also that when used with **faire**, the name of a sport is preceded by **de** + definite article.[1] In this case, the English equivalent of **faire** is usually *to play, to go.*

Je **fais** du sport.	*I play sports.*
Tu **fais** du tennis.	*You play tennis.*
Il **fait** du ski.	*He goes skiing. (He skis.)*
Nous **faisons** du camping. /fəzõ/	*We go camping.*
Vous **faites** du football. /fɛt/	*You play soccer.*
Ils **font** de la natation.	*They go swimming. (They swim.)*

[1] The definite article drops out in a negative sentence: **Je ne fais pas de sport; Tu ne fais pas de tennis.**

2. The verb **faire** is also used to express weather conditions, except in the case of **neiger** *to snow* and **pleuvoir** *to rain.*

Note the use of **en** with **été, automne, hiver,** and of **au** with **printemps.**

Il fait **chaud** en été.	*It's hot in summer.*
Il fait **beau**.	*It's nice weather.*
Il fait **du soleil**.	*It's sunny.*
Il fait **froid** en hiver.	*It's cold in winter.*
Il fait **frais** en automne.	*It's cool in the fall.*
Il fait **du vent** au printemps.	*It's windy in spring.*
Il fait très **mauvais**.	*It's very bad weather.*
Il **neige** en hiver.	*It snows in winter.*
Il **pleut**.	*It rains. (It's raining.)*

In a negative sentence, the **du** + noun construction becomes **de** + noun.

Il fait **du vent**. →Il ne fait pas **de vent**.

Il fait **beau**.
Il fait **du soleil**.
Il fait **chaud** en été.

Il fait **froid** en hiver.
Il **neige**.

Il fait **frais** en automne.

Il fait très **mauvais**.
Il fait **du vent** au printemps
Il **pleut**.

vocabulaire

Noms masculins

adverbe	·ciel	objet	sujet
ami	complément	parapluie	verbe
·arbre	gants *pl*	·rendez-vous	
autobus	·jardin	repas	
avenir	menu	soleil	

Noms féminins

addition	faute	loi	·région
·Alpes *pl*	·feuille	phrase	saison
·bicyclette	fin	·pluie	serveuse
·couleur	grammaire	·promenade	·station (de ski)
·entrée	lettre	question	

Verbes

attendre	détester	·patiner	répondre (à)
·briller	écouter	penser (à)	traverser
·changer (de)	entendre	porter	vendre
commander	faire *irrég*	poser	
descendre	monter	·pratiquer	

Adjectifs

·beau (belle; *pl*	·botanique	·dur(e)	indirect(e)
beaux, belles)	direct(e)	(d'oreille)	·magnifique
·bleu(e)	·drôle	facile	

Adverbes

·encore	·longtemps	souvent
·là	si	·tard

Autres expressions

·à droite et à gauche	il neige	qui est-ce que
·Atchoum!	il pleut (à verse)	quoi
·car	·loin (de)	
·c'est-à-dire	·oh	
·Comment!	·on dirait	
·de long en large	·que *conj*	
Il fait beau, chaud,	Quel temps fait-il?	
frais, froid, mauvais,	qu'est-ce que	
du soleil, du vent	qu'est-ce qui	

Cinquième Leçon

Tableau VIII

conversations

A. Hors-d'œuvre

GARÇON   Bonjour, Monsieur. Voulez-vous des hors-d'œuvre?

CLIENT   J'ai très faim aujourd'hui. Apportez-moi des huîtres.

B. Viande

GARÇON   Bien, Monsieur. Que voulez-vous comme viande?

CLIENT   J'ai très faim aujourd'hui. Apportez-moi un biftek avec beaucoup de frites.

C. Légumes

GARÇON   Bien, Monsieur. Que voulez-vous comme légumes?

CLIENT   J'ai très faim aujourd'hui. Apportez-moi des asperges.

D. Boisson

GARÇON   Bien, Monsieur. Et comme boisson?

CLIENT   J'ai très soif aujourd'hui. Apportez-moi de l'eau minérale et du vin rouge.

E. Addition

CLIENT   Garçon, l'addition, s'il vous plaît.

GARÇON   Voilà, Monsieur.

CLIENT   Oh! là! là! 50 F 45! Est-ce possible!

exercices oraux

5.1 PRENDRE, APPRENDRE, COMPRENDRE

A. Exercice de contrôle
Je prends mon petit déjeuner.

1. Vous
2. Tu
3. Le professeur
4. Les étudiants
5. Nous
6. Je

88

J'apprends et comprends le français.

1.	Nous	3.	Tu	5.	L'étudiant
2.	Les étudiants	4.	Vous	6.	Je

B. *Maintenant, posez-moi des questions.*
1. Demandez-moi quand je prends des bains.
2. Demandez-moi à quelle heure je prends le petit déjeuner.
3. Demandez-moi où je prends mon déjeuner.
4. Demandez-moi si j'apprends l'espagnol.
5. Demandez-moi si je comprends cette leçon.
6. Demandez-moi si je comprends mes étudiants.

C. *Répondez à ces questions.*
1. Prenez-vous un bain ou une douche?
2. Comprenez-vous votre professeur ou vos parents?
3. À quelle heure prenez-vous votre déjeuner?
4. Qu'est-ce que vous apprenez à faire dans ce cours?
5. Qui est-ce que vous comprenez bien?
6. Combien de repas prenez-vous par jour?

5.2 FORMES INTERROGATIVES: *N'EST-CE PAS* ET L'INVERSION

A. *Regardez le Tableau VI et posez des questions d'après ce modèle.*
Jean-Paul traverse la rue.
Jean-Paul traverse-t-il la rue?
1. Jean-Paul entre dans le restaurant.
2. Jean-Paul choisit la table.
3. Jean-Paul regarde le menu.
4. Jean-Paul commande le repas à la serveuse.
On continue de la même façon.

B. *Nous allons parler de deux étudiants. Ils vont déjeuner avec leur professeur. Vous allez poser des questions d'après ce modèle.*
Les étudiants sont à l'université.
Les étudiants sont-ils à l'université?
1. Les étudiants descendent l'escalier.
2. Le professeur descend l'escalier.
3. Le professeur va au restaurant universitaire.
4. Les étudiants marchent avec leur professeur.
5. Les étudiants et le professeur arrivent au restaurant.
6. Le restaurant est bondé.
7. Le professeur trouve une table libre.
8. Les étudiants déjeunent avec le professeur.
9. Les étudiants mangent beaucoup.
10. Le professeur paie le repas des étudiants.

Elle attend quelqu'un ... son ami, peut-être?

C. *Posez une question sur la partie répétée de chaque phrase,*[1] *d'après ce modèle.*

J'attends la serveuse. (la serveuse)
Qui attendez-vous?
1.   Je cherche un restaurant. (un restaurant)
2.   Je pense à mon déjeuner. (à mon déjeuner)
3.   Je cherche un restaurant parce que j'ai faim. (parce que j'ai faim)
4.   Je trouve un restaurant près du jardin botanique. (près du jardin botanique)
5.   J'entre dans le restaurant. (dans le restaurant)
6.   Je trouve une table libre dans un coin. (dans un coin)
7.   J'attends le garçon. (le garçon)
8.   Je parle au garçon. (au garçon)
9.   Je trouve le repas excellent. (excellent)
10.   Je paie l'addition au garçon. (l'addition)

5.3 ARTICLE PARTITIF

A. *Regardez le Tableau VIII. C'est une salle à manger. Répétez après moi.*
1.   une assiette
2.   une bouteille
3.   un couteau
4.   une cuillère

[1] *Ask a question based on the repeated portion of each sentence.*

5. une fourchette
6. un verre
7. des légumes *m*
    des carottes *f*
    des petits pois *m*
    des haricots verts *m*
8. du beurre
9. du pain

10. du poivre
11. du sel
12. du sucre
13. de la viande
14. le buffet
15. la nappe
16. la serviette

B. *Continuez à regarder le Tableau. Maintenant, répondez aux questions.*

1. Est-ce qu'il y a des bouteilles sur la table?
2. Et des couteaux?
3. Et des assiettes?
4. Et des clés?
5. Et des cahiers?
6. Et des verres?
7. Et du sel?
8. Et du sucre?
9. Et de l'eau?
10. Et du café?
11. Et du papier?
12. Et du pain?
13. Et du poivre?

C. *Ajoutez des phrases d'après ce modèle.*
    Il n'y a pas de sucre sur la table.
    Mais si, il y a du sucre sur la table!

1. Il n'y a pas de sel sur la table.
2. Il n'y a pas de vin sur la table.
3. Il n'y a pas d'assiettes sur la table.
4. Il n'y a pas de pain sur la table.
5. Il n'y a pas de beurre sur la table.
6. Il n'y a pas de légumes sur la table.

D. *Modifiez les phrases suivantes d'après ce modèle.*
    Il y a du jambon et du rosbif.
    Il y a beaucoup de jambon mais pas assez de rosbif.

1. Il y a des légumes et de la viande.
2. Il y a de l'eau et du vin.
3. Il y a du sucre et du sel.
4. Il y a du fromage et du pain.
5. Il y a des crayons et du papier.
6. Il y a des étudiants et des chaises.
7. J'ai de l'imagination et de la patience.
8. J'ai de l'argent et des amis.

E. *Modifiez les phrases en employant les expressions* **très peu, peu, assez, beaucoup** *ou* **trop**, *d'après ce modèle.*
    Le professeur a de la patience.
    Le professeur a beaucoup de patience!

1. Le professeur a de l'imagination.
2. Le professeur a de l'argent.
3. Le professeur prend du vin.
4. Le professeur pose des questions.
5. Les étudiants font des exercices.
6. Les étudiants ont de l'argent.
7. Les étudiants font des fautes.
8. Les étudiants ont de la patience.

F. *Maintenant, répondez aux questions en employant* **trop, beaucoup, peu, très peu, assez** *ou* **pas.**
1. Mangez-vous de la viande? Et votre mère? Et les végétariens?
2. Avez-vous de l'argent? Et vos parents? Et (Marie-Claire)?
3. Faites-vous des fautes de grammaire? Et le professeur? Et les étudiants?
4. Prenez-vous du vin? Et le professeur? Et vos parents?

5.4 *VOULOIR*

A. **Exercice de contrôle**
Je veux manger des huîtres.

1. Nous	3. Tu	5. Vous
2. Les touristes	4. Le guide	6. Je

Je ne veux pas faire mon travail.

1. Tu	3. Nous	5. Le professeur
2. Les étudiants	4. Vous	6. Je

B. *Répondez aux questions.*
1. Voulez-vous aller en France? Et le professeur?
2. Voulez-vous faire vos devoirs? Et (Jacqueline)?
3. Quel temps fait-il? Voulez-vous faire une promenade?
4. Que voulez-vous faire ce soir? À quelle heure?
5. Voulez-vous manger une pomme? Est-ce que j'ai une pomme?
6. Quelle heure est-il? Voulez-vous quitter la classe?

5.5 *BOIRE*

A. **Exercice de contrôle**
Je bois de la bière.

1. Vous	3. Tu	5. Les étudiants
2. Le professeur	4. Nous	6. Je

Je ne bois pas de champagne.

1. Nous	3. Tu	5. Vous
2. Les étudiants	4. Le professeur	6. Je

Vins de Bourgogne recommandés par Henri Frachot

 č

BOURGOGNE Rouge
(Réserve de l'Hôtel du Nord)
Vin léger, remarquable d'élégance

BOURGOGNES PASSETOUSGRAINS
Un Vin qui vous assurera de radieux souvenirs
(Edgar Schneider - Jours de France)

COTE DE BEAUNE-VILLAGES
Vin tendre et léger

VOLNAY
Vin parfaitement équilibré au goût suave et au bouquet délicat.

NUITS-SAINT-GEORGES
Vin généreux au très beau bouquet

B. *Répondez aux questions.*

1. Parlons tout d'abord de votre petit déjeuner.
   Est-ce que vous buvez du lait? du chocolat?
   Buvez-vous de la bière? du jus d'orange?
   Qu'est-ce que vous buvez au petit déjeuner?

2. Maintenant, parlons de votre déjeuner.
   Buvez-vous de l'eau? du café?
   Buvez-vous du thé? du Coca-Cola?
   Que buvez-vous au déjeuner?

3. Maintenant, nous allons parler de mon dîner. Vous allez poser des questions.
   Demandez-moi si je bois du Coca-Cola.
   Demandez-moi si je bois du champagne.
   Demandez-moi si je bois du jus de carotte.
   Qu'est-ce que je bois au dîner?

5.6 NOMBRES CARDINAUX (DE 61 À 1000)

A. *Lisez à haute voix les nombres suivants.*[1]
40, 41, 44, 49, 50, 51, 55, 58, 60, 61, 62, 63, 70, 71, 72, 75, 76, 77, 79, 80, 81, 82, 84, 89, 90, 91, 92, 93, 94, 95, 96, 97, 98, 99, 100, 101.

[1] *Read the following numbers out loud.*

B. *Maintenant, nous allons compter.*
1. Comptez par dix de 10 à 100.
2. Comptez par cinq de 5 à 50.
3. Comptez par cinq de 55 à 100.
4. Comptez par deux de 60 à 100.

C. *Lisez à haute voix les nombres suivants.*
188, 197, 124, 241, 269, 283, 313, 393, 373, 488, 555, 595, 616, 674, 699, 888, 824, 848, 926, 979, 999, 1000.

D. *Maintenant, parlons un peu de notre livre de français. Regardez votre livre et répondez aux questions.*
1. Combien de pages y a-t-il dans le livre?
2. À quelle page commence notre leçon? À quelle page est-ce qu'elle finit?
3. À quelle page commence la sixième leçon? Et la neuvième leçon?
4. Regardez la page 289. Quelle leçon y a-t-il à cette page? Et à la page 178?
5. À quelle page est la fin de la cinquième leçon? Et la fin de la seizième leçon?
6. À quelle page commence la vingt et unième leçon? À quelle page est-ce qu'elle finit?

application

A. **Dialogue et questions**

Vous avez un appétit d'oiseau!

Jenny et Jean-Paul ont faim[1]. Ils décident de[2] déjeuner ensemble. Ils sont à l'entrée du restaurant universitaire où il y a une queue interminable. Il est midi et quart. La salle à manger est bondée. Tout le monde[3] veut déjeuner à midi! Jenny et Jean-Paul font la queue[4] et regardent le menu. Ils attendent leur tour presque dix minutes. Ils prennent chacun un plateau, une serviette en papier[5], un couteau, une fourchette et une cuillère.   5

JENNY   Qu'est-ce que vous allez prendre comme viande?

JEAN-PAUL   Oh, je ne sais pas[6]... du rosbif. Et vous?

JENNY   Aujourd'hui il y a du jambon blanc.

JEAN-PAUL   Je prends aussi une salade, des haricots verts, des frites et du   10 pain. Vous ne voulez pas de pain?

[1] **avoir faim** *to be hungry*
[2] **Décider** *to decide* takes **de** before an infinitive.
[3] *Everybody*
[4] **faire la queue** *to stand in line*
[5] *a paper napkin*
[6] *I don't know*

Le déjeuner en famille.

JENNY   Non, je prends seulement des petits pois et une salade de fruits.
JEAN-PAUL   C'est tout? Et comme boisson?
JENNY   Un verre de lait écrémé.
JEAN-PAUL   Vous avez un appétit d'oiseau!   15
JENNY   Je suis au régime.
JEAN-PAUL   Il n'y a pas de table libre.
JENNY   Mais si, voilà une table, au fond, près de la caisse.
JEAN-PAUL   Vite, prenons la table!

    (lignes 1–6)
 1. Pourquoi est-ce que Jenny et Jean-Paul décident de déjeuner?
 2. Où sont-ils au début de cette scène?
 3. Quelle heure est-il?
 4. Comment est le restaurant?
 5. Pourquoi le restaurant est-il bondé?
 6. Qu'est-ce que Jenny et Jean-Paul regardent?
 7. Combien de temps attendent-ils leur tour?
 8. Que prennent-ils?
    (lignes 7–19)
 9. Qu'est-ce que Jenny prend comme viande?
10. Qu'est-ce que Jean-Paul prend comme viande?
11. Quels légumes prennent-ils?
12. Qu'est-ce que Jenny prend comme boisson?
13. Pourquoi est-ce qu'elle ne mange pas beaucoup?
14. Qu'est-ce que Jean-Paul ne trouve pas dans la salle à manger?

B. Expressions utiles

Le repas[1]

avoir $\begin{cases} \text{faim} \\ \text{soif} \\ \text{(un) bon appétit} \end{cases}$

$\left.\begin{array}{l} \text{commander} \\ \text{finir} \end{array}\right\}$ $\begin{cases} \text{un repas} \\ \text{le petit déjeuner} \\ \text{le déjeuner} \\ \text{le dîner} \end{cases}$

$\left.\begin{array}{l} \text{demander} \\ \text{payer} \end{array}\right\}$ l'addition $\begin{cases} \text{au garçon} \\ \text{à la serveuse} \end{cases}$

Viande et Volailles f

un bifteck	du rosbif
une saucisse	du jambon
du rôti de porc	du poulet
de la dinde	des œufs[2]
un sandwich au jambon (au fromage)	

Légumes m

des asperges *f*	du riz
des carottes *f*	une salade de tomates
des petits pois *m*	(de concombres)
des pommes de terre frites (des frites)	des épinards *m*
	des haricots verts *m*

Fruits m

une banane	une poire
une pomme	une orange
des cerises *f*	des fraises *f*
du raisin[3]	un pamplemousse

Boissons f

de la bière	du jus d'orange
du café	du jus de tomate
du lait	du chocolat
du vin	du Coca-Cola
du thé	de l'eau (minérale)

[1] This list provides the basic vocabulary for conversations and compositions, rather than a typical French menu. See the **Expressions utiles** of Lesson 23.
[2] The singular form is pronounced /œf/ and the plural /ø/.
[3] **Raisin** *grapes, grape* is a "noncount" noun in French.

«Qu'est-ce
que je vais
manger?» (Dans le
Quartier Latin,
Paris)

C. *Complétez le passage suivant.*
(1) Il/être/huit/heure/moins/quart. (2) D'habitude[1]./je/prendre/jambon/ou/œufs/et/un/petit pain[2]/ou/une tartine[3]/dans/salle à manger/de/résidence. (3) Mais/ce/matin/je/ne pas/avoir/le temps,/car/cours/commencer/dans/vingt/minute. (4) Il y a/vieux frigo[4]/au bout de/couloir.
(5) Nous/ne pas/faire/la cuisine,/mais/nous/garder/lait/jus d'orange/fromage/dans/frigo. (6) Je/regarder/dans/frigo;/il y a/lait/saucisses.
(7) Je/boire/lait. (8) Je/marcher/vite/car/je/être/en retard.

D. *Jouez des rôles: faites un dialogue en faisant les changements de votre choix.*
Vous demandez à Jean-Paul ce qu'il[5] mange au petit déjeuner en France. Il prend son petit déjeuner à sept heures et quart dans la salle à manger. Il ne

[1] *Usually*
[2] **petit pain** *roll, bun*
[3] *a piece of bread with butter and jam*
[4] **un frigo** Slang for **un réfrigérateur** *a refrigerator*
[5] **ce que** *that which, what*

boit pas de jus d'orange. Il boit du café au lait ou parfois du chocolat. Il ne mange pas de jambon ni[1] d'œufs. Il prend des croissants, des brioches ou des tartines. C'est un petit déjeuner typiquement français. Vous mentionnez que vous aussi, vous prenez du café et un toast. Vous ne mangez pas beaucoup parce que vous êtes d'habitude très pressé.

E. **Le tutoiement**[2]. *Lisez le passage suivant et répondez aux questions.*

Jenny et Jean-Paul décident de se tutoyer[3]. Le tutoiement est une chose délicate et présente des difficultés pour beaucoup d'Américains, car la distinction entre **vous** et **tu** n'existe pas en anglais. La «règle générale» est assez simple, et Jenny connaît[4] assez bien cette règle: on[5] tutoie les enfants et les animaux, et on se tutoie dans la majorité des familles françaises. Mais on ne tutoie pas tous les gens, même[6] s'ils sont du même[7] âge et même s'ils sont très sympathiques. Jean-Paul explique à Jenny que la majorité des étudiants français se tutoient aujourd'hui, même entre filles[8] et garçons, pour marquer leur camaraderie. Jenny est étudiante, et Jean-Paul aussi. D'ailleurs[9], ils se connaissent[10] très bien et ils sont de très bons amis.

1. Qu'est-ce que Jenny et Jean-Paul décident de faire?
2. Pour qui est-ce que le tutoiement présente des difficultés?
3. Qu'est-ce qui n'existe pas en anglais?
4. Quelle est la règle générale du tutoiement?
5. Pourquoi est-ce que les étudiants français se tutoient?

F. **Renseignements et opinions**
1. À quelle heure déjeunez-vous? Où? Et qu'est-ce que vous mangez d'habitude?
2. Buvez-vous du jus de tomate ou du jus d'orange au petit déjeuner? Qu'est-ce que vous buvez au dîner?
3. Combien de repas prenez-vous chaque jour? À quelle heure prenez-vous chaque repas? Où?
4. Regardez les **Expressions utiles**. Qu'est-ce que vous voulez comme viande et comme légumes? Que voulez-vous comme fruit et comme boisson? Mangez-vous ces choses d'habitude?

[1] *nor*
[2] The act of calling someone **tu** (rather than **vous**)
[3] **se tutoyer** *to call each other* **tu**
[4] *knows*
[5] *one, people*
[6] *even*
[7] *same*
[8] **jeunes filles**
[9] *Besides*
[10] **ils se connaissent** *they know each other*

5. Qu'est-ce que les Français mangent au petit déjeuner (d'après l'exercice D)? Qu'est-ce qu'ils ne mangent pas?
6. Est-ce que la forme «tu» des verbes est toujours la même que la forme «je»?
7. Qui est-ce que vous tutoyez? Pourquoi? Et qui est-ce que vous ne tutoyez pas? Pourquoi?

explications

TOUT D'ABORD

Les repas

Breakfast in France is usually less elaborate than in the United States. It consists of crescent-shaped rolls (**croissants**) or slices of French bread with butter and jam. Tea, hot chocolate, or strong coffee mixed with hot milk and sugar (**café au lait**) is also served. The French traditionally eat their main meal at noon. It consists of several courses, beginning with various appetizers (**ḥors-d'œuvre**) followed by a meat dish, potatoes, cooked vegetables, and bread. After that comes a salad, cheese, and a dessert of fresh fruit, pastry, or pudding. Supper is usually a light meal. It is served later than in the United States, typically about eight o'clock. It often includes soup, cold meat, vegetables, cheese, and bread. The French generally drink wine or mineral water with lunch and dinner. Coffee is served after dessert.

5.1 *PRENDRE, APPRENDRE, COMPRENDRE*

1. The verb **prendre** *to take* is conjugated like a third conjugation verb only in the singular. It is also used in the general sense of *to eat* and *to drink*.[1]

Je **prends** un bain.	/pʀɑ̃/
Tu **prends** une douche.	/pʀɑ̃/
Il **prend** son repas.	/pʀɑ̃/
Nous **prenons** le petit déjeuner[2].	/pʀənõ/
Vous **prenez** le déjeuner.	/pʀəne/
Ils **prennent** un verre de vin.	/pʀɛn/

2. **Apprendre** *to learn* and **comprendre** *to understand* are conjugated like **prendre**. Note that **apprendre** may be followed by a noun or by **à** + infinitive.

[1] **Manger** *to eat* is never used with nouns designating meals: **Je mange du pain** *I'm eating bread*; but **Je prends le déjeuner** *I'm eating lunch*.
[2] **le petit déjeuner** *breakfast*   **Déjeuner** can be a noun (*lunch*) or a verb (*to have lunch*).

J'**apprends** le français.	Je **comprends** le français.
Tu **apprends** l'espagnol.	Tu **comprends** l'espagnol.
Il **apprend** le chinois.	Il **comprend** le chinois.
Nous **apprenons** à patiner.	Nous **comprenons** nos parents.
Vous **apprenez** à faire du ski.	Vous **comprenez** la leçon.
Ils **apprennent** à danser.	Ils **comprennent** la question.

5.2 FORMES INTERROGATIVES: *N'EST-CE PAS* ET L'INVERSION

1. We saw in Lesson 1.2 that a statement may be changed into a question by adding **Est-ce que** at the beginning.

Est-ce que vous parlez français?

In colloquial French, it is also common to ask a question by changing the intonation from a declarative pattern to an interrogative pattern, with no other change in the sentence.

Vous parlez français?

2. A third way of forming a question is to add the invariable **n'est-ce pas?** at the end of a statement. This type of question usually implies that the speaker is expecting agreement or confirmation from the listener. Note that **n'est-ce pas** receives a rising intonation.

Vous parlez français, **n'est-ce pas?**
Elle est sympathique, **n'est-ce pas?**
Tu ne travailles pas, **n'est-ce pas?**

3. A fourth and final way to form a question is to invert the subject pronoun and the verb, except in the case of the **je** form.[1] Inverted forms are connected with a hyphen.

Nous attendons un taxi.	→**Attendons-nous** un taxi?
Vous faites du ski.	→**Faites-vous** du ski?
Tu prends le livre.	→**Prends-tu** le livre?

[1] In the case of a number of irregular verbs, it is possible to invert je and the verb. For example: **Suis-je malade?** (from **je suis**), **Ai-je votre réponse?** (from **j'ai**). In all other cases, one of the other three methods must be used for questions using the je form.

4.   Since the third person plural (**ils**, **elles**) verb forms always end in -**t**, this final -**t** is pronounced in liaison with the inverted subject pronoun. As a result, the inverted pronouns are always pronounced /til/ and /tɛl/.

Ils parlent français.	→**Parlent-ils** français?
Ils finissent la leçon.	→**Finissent-ils** la leçon?
Elles attendent un taxi.	→**Attendent-elles** un taxi?
Elles sont en classe.	→**Sont-elles** en classe?

5.   The third person singular subject pronouns are also pronounced /til/ and /tɛl/ in inversion. The source of this /t/ is the ending -**t** or -**d** of the verb form (**d** in liaison is always pronounced /t/).

Il finit son travail.	→**Finit-il** son travail?
Il attend Anne-Marie.	→**Attend-il** Anne-Marie?
Elle est à la maison.	→**Est-elle** à la maison?
Elle prend l'autobus.	→**Prend-elle** l'autobus?

If the verb form does not end in -**t** or -**d**, then -**t**- must be inserted between the verb and **il** or **elle** in order to bring about the pronunciation /til/ or /tɛl/. This means that in inversion, -**t**- must be inserted in the third person singular of all first conjugation verbs, as well as some irregular verbs.

Il **parle** au vendeur.   →**Parle-t-il** au vendeur?
Il **pose** une question.   →**Pose-t-il** une question?
Elle a dix francs.   →**A-t-elle** dix francs?

6.   If the subject of the sentence is a noun, the corresponding third person subject pronoun must be used in inversion. It is as though there were two subjects in such sentences—the subject noun before the verb, and the reduplicated subject pronoun after the verb.

Jean-Paul parle-t-il anglais?
Jenny attend-elle Jean-Paul?
Vos parents sont-ils à la maison?

7.   The interrogative pronouns discussed in Lesson 4.4 (direct object) and 4.5 (object of a preposition) contain **est-ce que**.

Qu'est-ce que consists of **Que** + **est-ce que**
Qui est-ce que consists of **Qui** + **est-ce que**
À qui est-ce que consists of **À qui** + **est-ce que**
De quoi est-ce que consists of **De quoi** + **est-ce que**

In all of these cases, **est-ce que** can be replaced by the inverted subject pronoun and the verb (except, of course, for the **je** form). This is also true for other question words, such as **pourquoi**, **quand**, and **comment**.

Qu'est-ce que vous faites?   →**Que** faites-vous?
De qui est-ce que vous parlez?   →**De qui** parlez-vous?
Pourquoi est-ce qu'il chante?   →**Pourquoi** chante-t-il?
Quand est-ce que nous arrivons?   →**Quand** arrivons-nous?

Lesson 8.5 will discuss what happens when the subject is a noun (in the third person).

5.3 ARTICLE PARTITIF

1.   The partitive article is used to denote unspecified or indefinite quantity. It is formed with the preposition **de** plus the definite article. Nouns that do not usually occur in the plural (known as "noncount" nouns) take **du**, **de la**, or **de l'**.

Voilà **du** beurre et **du** lait.   *butter and milk*
Avez-vous **de la** viande et **de la** crème?   *meat and cream*
Je cherche **de l'**argent et **de l'**eau.   *money and water*

Nouns that do occur in the plural (known as "count" nouns) take **des**, which is the plural form of **un** and **une**.

Prenez **des** pommes ou **des** poires.   *apples or pears*

In many cases, the partitive article corresponds to English *some* or *any*. Use of the partitive article is obligatory in French to express undetermined quantity, while use of *some* or *any* is often optional in English.

Avez-vous **du** vin?   *Do you have [some, any] wine?*
Prenez-vous **de la** crème?   *Do you take [some, any] cream?*

2. The negative form of the partitive article is **de** (**d'** before a vowel sound) in all cases, except after **être**. (The negative form of **un**, **une**, and **des** is also **de** or **d'**.)

Je prends **du** sucre.   →Je ne prends pas **de** sucre.
Je mange **de la** viande.   →Je ne mange pas **de** viande.
Je cherche **de l'**eau.   →Je ne cherche pas **d'**eau.

Count nouns following **de** or **d'** may be in either the singular or the plural.

Je fais **une** faute.   →Je ne fais pas **de** faute.
Je fais **des** fautes.   →Je ne fais pas **de** fautes.

But, after **être**:

C'est **du** papier.   →Ce n'est pas **du** papier.
C'est **une** table.   →Ce n'est pas **une** table.
Ce sont **des** médecins.   →Ce ne sont pas **des** médecins.

3. Following adverbial expressions of quantity such as **combien** *how much, how many*, **peu** *little, few*, **assez** *enough*, **beaucoup** *much, many*, and **trop** *too much, too many*, the partitive article is **de** (**d'** before a vowel sound).

peu de livres

assez de livres

beaucoup de livres   **trop de** livres

5.4 *VOULOIR*

1.   The verb **vouloir** /vulwaʀ/ *to wish*, *to want* may be followed by either a noun or an infinitive.

Je **veux** mon cahier.
Tu **veux** une photo de Jean-Paul?
Il ne **veut** pas de café.
Nous **voulons** poser une question.
Vous **voulez** déjeuner à midi?
Ils ne **veulent** pas apprendre la leçon.

2.   The expression **vouloir dire** corresponds to the English verb *to mean*. Note that in French, when one sentence is connected to another, becoming what is known as a "dependent clause," the conjunction **que** *that* must be added. In English, use of *that* is optional.

Que **voulez**-vous **dire**?	*What do you mean?*
—Je **veux dire** que vous parlez bien français.	*I mean (that) you speak French well.*
Qu'est-ce que «boire» **veut dire** en anglais?	*What does «boire» mean in English?*
—Cela **veut dire** «to drink».	*That means "to drink."*

5.5 *BOIRE* TO DRINK

Je **bois** du lait.   Nous **buvons** de la bière.
Tu **bois** de l'eau.   Vous **buvez** du vin.
Il **boit** du thé.   Ils **boivent** du chocolat.

5.6 NOMBRES CARDINAUX (DE 61 À 1000)

In French, numbers between 61 and 99 are counted in sets of twenty. Associate any number in the 60s and 70s with **soixante**, and any number in the 80s and 90s with **quatre-vingt**, and then add 1—9 for those in the 60s and 80s, and 10—19 for those in the 70s and 90s[1]. Note also that **et** occurs in 21, 31, 41, 51, 61, and 71 but not in 81, 91, 101, 201, and so on. The plural marker **s** appears only in **quatre-vingts** *eighty* and in multiples of **cent** not followed by another numeral (**deux cents, trois cents,** and so on).

60	soixante /swasɑ̃t/		80	quatre-vingts /katRəvɛ̃/
61	soixante **et un**		81	quatre-vingt-**un**
62	soixante-**deux**		82	quatre-vingt-**deux**
63	soixante-**trois**		83	quatre-vingt-**trois**
69	soixante-**neuf**		89	quatre-vingt-**neuf**
70	soixante-**dix**		90	quatre-vingt-**dix**
71	soixante **et onze**		91	quatre-vingt-**onze**
72	soixante-**douze**		92	quatre-vingt-**douze**
79	soixante-**dix-neuf**		99	quatre-vingt-**dix-neuf**

100	cent /sɑ̃/
101	cent un /sɑ̃ɛ̃/
102	cent deux
112	cent douze
180	cent quatre-vingts
200	deux cents
203	deux cent trois
333	trois cent trente-trois
500	cinq cents /sɛ̃sɑ̃/
666	six cent soixante-six /sisɑ̃ swasɑ̃tsis/
777	sept cent soixante-dix-sept /sɛtsɑ̃.../
888	huit cent quatre-vingt-huit /ɥisɑ̃.../
900	neuf cents
1000	mil, mille (Both are used and pronounced /mil/.)

vocabulaire[2]

Noms masculins

·appétit	·biftek	·client	déjeuner
argent	buffet	Coca-Cola	dîner
bain	champagne	couteau	escalier
beurre	chocolat	·début	espagnol

[1] In Switzerland, people often say **septante** (70), **octante** (80), and **nonante** (90), and in Belgium, **septante, quatre-vingts,** and **nonante.**
[2] Partitive articles and numerals are excluded.

·franc   jambon (·blanc)   petit déjeuner   thé
fromage   jus   petits pois *pl* ·tour
fruit   lait (·écrémé)   ·plateau   touriste
guide   légume   poivre   travail
ḥaricots   ·oiseau   rosbif   végétarien
  verts *pl* pain   sel   verre
ḥors-d'œuvre papier   sucre   vin

Noms féminins

·asperges *pl*   cuillère   mère   ·salle à manger
assiette   douche   nappe   ·scène
bière   eau   orange   serviette (·en
·boisson   fourchette   patience   papier)
bouteille   ·frites *pl* pomme   viande
·caisse   huître   ·queue
carotte   imagination   ·salade

Verbes

apprendre   comprendre   ·décider   vouloir *irrég*
  irrég   *irrég*   manger
boire *irrég* compter   prendre *irrég*

Adjectifs

bondé(e)   ·interminable   ·rouge
excellent(e)   ·minéral(e)

Autres expressions

·apportez-moi   ·c'est tout   ·mais si   ·vite
assez   ·chacun   ou   n'est-ce pas?
·au fond   ·comme   peu   ·s'il vous plaît
avoir faim,   ·être au régime tout d'abord
  ·soif   ·je ne sais pas ·tout le monde

Sixième Leçon

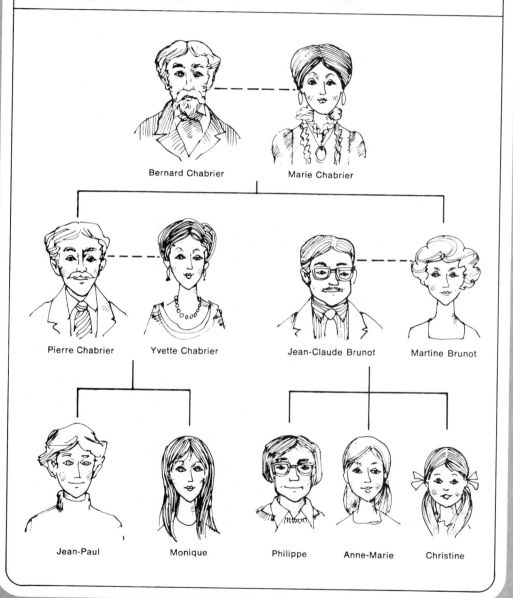

Bernard Chabrier — Marie Chabrier

Pierre Chabrier — Yvette Chabrier   Jean-Claude Brunot — Martine Brunot

Jean-Paul   Monique   Philippe   Anne-Marie   Christine

Tableau IX

conversations

A. *Regardez le Tableau. La famille Chabrier est à gauche et la famille Brunot à droite. Ils sont quatre dans la famille Chabrier. Regardez Jean-Paul.*

Jean-Paul est le **frère** de Monique.
Monique est la **sœur** de Jean-Paul.

Jean-Paul est le **fils** de M. et Mme Chabrier.
Monique est leur **fille**.
Jean-Paul et Monique sont leurs **enfants**.

M. Chabrier est le **père** de Jean-Paul. Il est ingénieur.
Mme Chabrier est la **mère** de Jean-Paul. Elle travaille dans un laboratoire.

M. Chabrier est le **mari** de Mme Chabrier.
Mme Chabrier est la **femme** de M. Chabrier.

Bernard Chabrier est le **grand-père** de Jean-Paul et de Christine.
Marie Chabrier est leur **grand-mère**.
Bernard et Marie Chabrier sont leurs **grands-parents**.

Jean-Paul est le **cousin** de Christine.
Monique est la **cousine** de Christine.

B. *Maintenant, regardez Christine Brunot. Elle est petite, très jeune et très jolie.*
Qui est la mère de Christine? Et qui est son père?
Qui est sa sœur? Et qui est son frère?
Qui est son cousin? Et qui est sa cousine?

C. *Voici encore des questions. Remarquez qu'il y a plusieurs réponses possibles à chaque question.*

Qui est Martine Brunot?	Qui est Yvette Chabrier?
Qui est Philippe Brunot?	Qui est Pierre Chabrier?

108

Un monsieur
aux cheveux gris,
aux yeux bruns, et à
moustache.

exercices oraux

6.1 PRONOM INDÉFINI: *ON*

A. *Il y a deux étudiants paresseux, Michel et Danielle. Ils ne veulent pas travailler! Ils ne vont pas en classe! Voici leur conversation. Ajoutez des phrases d'après ce modèle.*

MICHEL   Ne parlons pas au professeur!

DANIELLE   **D'accord, on ne va pas parler au professeur.**

1.	Ne faisons pas les devoirs!	6.	Regardons la télévision!
2.	N'allons pas en classe!	7.	Déjeunons en ville!
3.	Restons à la maison!	8.	Allons au cinéma!
4.	Prenons du vin!	9.	Prenons un taxi!
5.	Écoutons la radio!	10.	Rentrons à minuit!

B. *Nous allons parler de notre cours. Répondez à ces questions.*
1.   Quelle langue parle-t-on dans le cours?
2.   Qu'est-ce qu'on fait tous les jours?
3.   Qu'est-ce qu'on ne fait pas en classe?
4.   Que fait-on quand on a une question à poser?[1]

[1]On lève le **doigt** en France tandis qu'aux États-Unis on lève la **main**.

Une boucherie
cawchère.

5.   Quelle leçon va-t-on apprendre demain?
6.   Qu'est-ce qu'on va faire demain?
7.   Quand va-t-on au laboratoire?
8.   Que fait-on quand le cours est terminé?

C. *Répétez après moi.*
On vend du pain à la boulangerie.
On vend du bœuf à la boucherie.
On vend du jambon à la charcuterie.
On vend du sel et du poivre à l'épicerie.
On vend du beurre et du fromage à la laiterie.
On vend de l'aspirine à la pharmacie.
On vend des journaux au bureau de tabac.
      Maintenant, répondez aux questions.
1.   Où vend-on du pain?

Il n'y a plus
d'éclairs au
chocolat!

2. Où vend-on de l'aspirine?
3. Où vend-on du beurre?
4. Où vend-on du sel?
5. Que vend-on au bureau de tabac?
6. Que vend-on à la charcuterie?
7. Que vend-on à la boucherie?
8. Que vend-on à la laiterie?
9. Quels sont les ingrédients nécessaires pour faire une omelette au jambon? Où vend-on ces ingrédients?

6.2 EXPRESSIONS DE QUANTITÉ DÉFINIE, TOTALITÉ ET GÉNÉRALITÉ

A. *Répondez aux questions d'après ce modèle.*
Voulez-vous un abricot?
Non merci, je n'aime pas les abricots.

1. Voulez-vous une poire?
2. Voulez-vous des carottes?
3. Voulez-vous du lait?
4. Voulez-vous de la bière?
5. Prenez-vous des épinards?
6. Prenez-vous une pomme?
7. Prenez-vous du vin?
8. Prenez-vous du café?

B. *Complétez les phrases suivantes d'après ce modèle.*
Donnez-moi un verre de...
Donnez-moi un verre de lait (de vin, d'eau).

1. Donnez-moi une tasse de...
2. Donnez-moi un morceau de...
3. Donnez-moi une tranche de...
4. Donnez-moi une pincée de...
5. Donnez-moi un kilo de...
6. Donnez-moi un verre de...

C. *Regardez ce petit déjeuner magnifique!*

Tableau X

Voici le vocabulaire.

1. du bacon
2. du beurre
3. du café
4. des confitures *f*[1]
5. de la crème
6. du jus d'orange
7. du lait

8. un œuf
9. des saucisses *f*
10. des céréales *f*[2]
    un bol de céréales
11. du sucre
12. un toast /tost/

Maintenant, parlons du petit déjeuner.

1. Qu'est-ce que vous mangez au petit déjeuner?
2. Qu'est-ce que vous voulez manger demain matin?
3. Combien de tasses de café buvez-vous?
4. Comment mange-t-on des céréales?
5. Aimez-vous les saucisses? Et les œufs?
6. Qu'est-ce qu'on mange au petit déjeuner en France? (croissants, brioches, tartines)

6.3 ADJECTIF ATTRIBUT DU SUJET

A. *Nous allons parler d'une femme et de son mari. Il y a beaucoup de contrastes entre les deux. Répondez aux questions d'après ce modèle.*
    Cette femme est belle; et son mari?
    Elle est belle, mais il n'est pas beau.

1. Cette femme est petite; et son mari?
2. Cette femme est patiente; et son mari?
3. Cette femme est jeune; et son mari?
4. Cette femme est énergique; et son mari?
5. Cette femme est travailleuse; et son mari?
6. Cette femme est généreuse; et son mari?
7. Cette femme est heureuse; et son mari?

B. *Maintenant, ajoutez des phrases d'après ce modèle.*
    Cet homme est grand.
    Mais sa femme n'est pas grande.

1. Cet homme est pessimiste.
2. Cet homme est impatient.
3. Cet homme est bête.
4. Cet homme est mécontent.
5. Cet homme est vieux.
6. Cet homme est ennuyeux.
7. Cet homme est laid.
8. Cet homme est malheureux.

C. *Donnez le contraire de chaque adjectif.*

beau	heureux	long
bon	intelligent	optimiste
content	jeune	patient
grand	léger	travailleur

[1] **Confitures** *jam* est d'habitude au pluriel.
[2] **Céréales** *cereal* est d'habitude au pluriel.

Elle est charmante,
n'est-ce pas?

Maintenant, répondez aux questions d'après ce modèle.
Êtes-vous bête?
Mais non, je ne suis pas bête, je suis très intelligent(e)!

1. Êtes-vous pessimiste?
2. Êtes-vous mécontent(e)?
3. Êtes-vous vieux (vieille)?
4. Êtes-vous laid(e)?
5. Êtes-vous paresseux (-euse)?
6. Êtes-vous malheureux (-euse)?
7. Êtes-vous impatient(e)?
8. Êtes-vous bête?

D. *Nous allons parler de bons cours et de mauvais cours. Mettez le sujet de chaque phrase au pluriel.*
1. Votre cours est intéressant. Son cours est ennuyeux.
2. Votre livre est bon. Son livre est mauvais.
3. Votre étudiant est travailleur. Son étudiant est paresseux.
4. Votre question est facile. Sa question est difficile.
5. Votre classe est grande. Sa classe est petite.
6. Votre exercice est court. Son exercice est long.

E. *Répondez aux questions.*
1. Êtes-vous intelligent(e)? Et (Jacqueline)?
2. Êtes-vous petit(e)? Et (Jean-Jacques)?
3. Êtes-vous patient(e)? Et (Yvette)?

4. Votre chaise est-elle solide? Et mon bureau?
5. Est-ce que je suis imaginatif(-ive)? Et (Jeanne)?
6. Est-ce que je suis paresseux(-euse)? Et (Pierre)?

6.4 ADJECTIF QUALIFICATIF: PLACÉ APRÈS LE NOM

A. *Répondez aux questions d'après ces modèles.*
Je suis intelligent(e), n'est-ce pas?
Oh oui, vous êtes un professeur très intelligent!
Je suis pessimiste, n'est-ce pas?
Mais non, vous n'êtes pas un professeur pessimiste!
1. Je suis patient(e), n'est-ce pas?
2. Je suis médiocre, n'est-ce pas?
3. Je suis imaginatif(-ive), n'est-ce pas?
4. Je suis sympathique, n'est-ce pas?
5. Je suis paresseux(-euse), n'est-ce pas?
6. Je suis impatient(e), n'est-ce pas?

B. *Maintenant, répondez aux questions d'après ce modèle.*
Êtes-vous sérieux?
Oui, nous sommes des étudiants très sérieux.
1. Êtes-vous intelligents?
2. Êtes-vous travailleurs?
3. Êtes-vous attentifs?
4. Êtes-vous sympathiques?
5. Êtes-vous actifs?
6. Êtes-vous imaginatifs?

C. *Mettez tous les éléments de chaque phrase au pluriel d'après ce modèle.*
Je regarde un journal intéressant.
Nous regardons des journaux intéressants.
1. Je fais un exercice oral.
2. Je suis un étudiant très attentif.
3. J'ai une voiture japonaise.
4. J'ai un tableau très original.
5. Je suis un étudiant exceptionnel.
6. Je finis un exercice facile.

6.5 ADJECTIF QUALIFICATIF: PLACÉ AVANT LE NOM

A. *Modifiez les phrases suivantes d'après ces modèles.*
Cette étudiante est jolie.
C'est une jolie étudiante.
Cette étudiante est imaginative.
C'est une étudiante imaginative.
1. Cette étudiante est jeune.
2. Cet étudiant est sympathique.
3. Cette étudiante est travailleuse.

4. Cet étudiant est intelligent.
5. Ce professeur est patient.
6. Ce professeur n'est pas mécontent.
7. Cette photo est très belle.
8. Ce livre n'est pas petit.
9. Cette montre est bonne.
10. Ce livre n'est pas mauvais.

B. *Nous allons parler d'une promenade au jardin public. Mettez chaque nom au pluriel d'après ce modèle.*

Nous regardons un vieil arbre.

Nous regardons de vieux arbres.

1. Nous regardons un bel arbre.
2. Voilà une belle fleur.
3. Voilà une autre belle fleur.
4. Voilà une fleur exotique.
5. Il y a une belle fontaine.
6. Voilà un joli oiseau.
7. Voilà un autre oiseau.
8. Voilà une jeune fille.

C. *Ajoutez des phrases d'après ce modèle.*

Moi, j'ai un livre intéressant.

Nous aussi, nous avons des livres intéressants!

1. Moi, j'ai un oncle riche.
2. Moi, j'ai une tante généreuse.
3. Moi, j'ai une jolie cousine.
4. Moi, j'ai une bonne montre.
5. Moi, j'ai un beau tableau.
6. Moi, je cherche un restaurant français.
7. Moi, je cherche un journal intéressant.
8. Moi, je fais un exercice oral.

6.6 EMPLOI DE *IL EST* ET *C'EST*

A. *Répondez aux questions d'après ce modèle.*

Jean-Paul est Français; est-il sympathique?

Oui, c'est un Français sympathique.

1. Jean-Paul est étudiant; est-il jeune?
2. Jenny est Américaine; est-elle énergique?
3. Jenny est étudiante; est-elle travailleuse?
4. Monique est Française; est-elle jolie?
5. M. Chabrier est ingénieur; est-il sérieux?
6. M. Wilson est avocat; est-il bon?

B. *Faites trois phrases en employant trois adjectifs de votre choix, d'après ce modèle.*

Voilà un chien.

C'est un gros chien. C'est un chien paresseux. C'est un mauvais chien.

1. Voilà un professeur.
2. Voilà un étudiant.
3. Voilà des livres.

4. Voilà des jupes.
5. Voilà une femme idéale.
6. Voilà un agent de police.

C. *Faites deux phrases d'après ce modèle.*
Robert est un vendeur bavard.
Il est vendeur. Il est bavard.

1. (Janine) est une étudiante intelligente.
2. (Charles) est un étudiant sérieux.
3. (Paul) et (Michèle) sont des étudiants sympathiques.
4. Voici un livre. C'est un livre intéressant.
5. Voici une table. C'est une table solide.
6. Voici un professeur. C'est un professeur énergique.
7. Voici un étudiant. C'est un jeune étudiant.
8. Voici des chaises. Ce sont de petites chaises.
9. Voilà des chiens. Ce sont des chiens intelligents.
10. Voilà des journalistes. Ce sont des journalistes intelligents.

application

A. **Dialogue et questions**

Voilà ma famille.

Jenny et Jean-Paul finissent leur déjeuner. Jean-Paul veut un dessert et va chercher[1] une glace au chocolat[2]. Jenny prend un thé. Après le dessert, il montre plusieurs photos en couleur de sa famille. Sur la première photo, il y a un monsieur à moustache[3], une dame très élégante et une jolie jeune fille.　5

JENNY　Elle est jeune, ta mère.

JEAN-PAUL　Elle a quarante-sept ans[4]. Elle travaille dans un laboratoire.

JENNY　Et que fait ton père?

JEAN-PAUL　Il est ingénieur. Il travaille aux usines Peugeot.

JENNY　Et cette jolie jeune fille, est-ce ta sœur?　10

JEAN-PAUL　Oui, c'est ma sœur Monique. Elle est en Seconde au lycée[5].

[1]**aller chercher**　*to go get, to go for*
[2]**une glace au chocolat**　*a dish of chocolate ice cream*　Certain noncount nouns are treated as count nouns when the meaning implied is *a serving of* or a *portion of:* **Donnez-moi un café, Apportez-moi une glace.**
[3]**à moustache**　*with a mustache*　Note the use of **à**, corresponding in this construction to English *with*.
[4]*She is forty-seven years old.* **Avoir** is used to express age. The question word used in expressions of age is **quel âge**.
[5]**Lycée** is a public school in France, corresponding more or less to the American high school. French students begin their education at the age of six. The first grade is the **Onzième**, the second the **Dixième**, and so on. The last two grades are the **Première** and the **Classe Terminale**, approximately corresponding to the first two years of college in the United States in terms of educational level.

JENNY   Quel âge a-t-elle?

JEAN-PAUL   Quinze ans. Elle est bavarde, taquine et très coquette.

JENNY   Tout à fait comme moi! Est-ce que vous habitez à Paris?

JEAN-PAUL   Pas exactement. Nous sommes à Neuilly[1], dans la banlieue   15
parisienne.

(lignes 1–5)

1.   Qu'est-ce que Jean-Paul prend comme dessert?
2.   Qu'est-ce que Jenny boit?
3.   Qu'est-ce que Jean-Paul montre à Jenny?
4.   Quelle sorte de[2] photos montre-t-il?
5.   Combien de personnes y a-t-il sur la photo?
6.   Comment est Madame Chabrier?
     (lignes 6–16)
7.   Quel âge Mme Chabrier a-t-elle?
8.   Où travaille-t-elle?
9.   Quelle est la profession de M. Chabrier?
10. Comment est Monique, d'après Jean-Paul?
11. À quelle école va-t-elle?
12. Où habitent Jean-Paul et sa famille?

B. Expressions utiles

La famille

les parents { le père   (Papa) } { le mari
             { la mère   (Maman) } { la femme

les enfants { le fils /fis/ } { le frère
             { la fille /fij/ } { la sœur

les parents[3] { l'oncle } { le neveu } { le cousin
                { la tante } { la nièce } { la cousine

les grands-parents { le grand-père
                    { la grand-mère

les petits-enfants { le petit-fils
                    { la petite-fille

être { marié(e)/divorcé(e)
     { veuf/veuve
     { célibataire

[1] Neuilly-sur-Seine is just outside the Paris city limits, about a mile northwest of the Arc de Triomphe.

[2] **Quelle sorte de** (invariable)   *What kind of*

[3] **Parents** can mean either *parents* or *relatives*. The context usually clears up any ambiguity.

Les couleurs[1]
De quelle couleur[2] sont vos yeux?
—J'ai les yeux bleus (gris, bruns, noirs).
De quelle couleur sont vos cheveux?
—J'ai les cheveux bruns (noirs, blonds, châtain, roux, gris).

C. *Posez des questions sur les parties soulignées.*
Ma cousine Charlotte est en France. Elle est (1) à Aix-en-Provence.
Regardez cette photo en couleur. Oui, elle a les cheveux (2) blonds. Elle a
les yeux (3) bleus. Elle est très artiste. Elle a (4) vingt et un ans. Ce garçon
devant la voiture? C'est (5) Charles, un camarade de ma cousine. Il fait
beaucoup de sport. Il est (6) beau et musclé, n'est-ce pas? Il a (7) vingt-
deux ans. Non, il n'est pas Français, il est (8) Américain. Ses parents
habitent à Saint-Louis.

D. *Complétez le paragraphe suivant.*
(1) Voici/photo/mon/famille. (2) Père/être/journaliste;/il/ être/là,/
devant/ce/voiture/blanc. (3) Ce/jeune fille/à/cheveux/blond/être/
sœur;/elle/avoir/16/an. (4) Elle/faire/beaucoup/sport. (5) Hiver/elle/
patiner/faire/ski. (6) Été/faire/ski nautique/camping. (7) Elle/être/
bavard/taquin/mais/très/intelligent. (8) Nous/habiter/dans/rue/joli/
près/parc. (9) Voilà/photo/maison;/elle/être/vieux/mais/elle/être/beau/
n'est-ce pas? (10) Nous/aimer/beaucoup/maison.

E. *Jouez des rôles: faites un petit dialogue en faisant les changements de votre choix.*
Un étudiant montre une photo de sa sœur à son camarade. Le camarade
pose plusieurs questions au sujet de la jeune fille: son nom, son âge, ses
sports préférés, son passe-temps préféré[3], etc. La jeune fille va être avec
son frère pendant le weekend. Le camarade est content, car il veut faire la
connaissance de[4] cette belle jeune fille.

F. Composition. *Faites un portrait d'un membre de votre famille,
en y incorporant les réponses aux questions suivantes.*[5]
1. Quel est son prénom?
2. Quel âge a-t-il?
3. Où habite-t-il?
4. Quelle est sa profession?
5. Quel est son passe-temps préféré?

[1] Additional words denoting color are introduced in Lesson 7, p. 138.
[2] *What color* (literally, *Of what color*) Note the use of **De** in this expression.
[3] *hobby* (literally, *favorite pastime*)
[4] **faire la connaissance de** *to meet, to make the acquaintance of*
[5] Piece together the answers to these questions with additional details and sentences of your
    own so that your composition reads smoothly.

«Un kilo de cerises, s'il vous plaît.»

6. De quelle couleur sont ses cheveux (yeux)?
7. Quel sport pratique-t-il? (**Il** ou **Elle fait**...)
8. Comment est-il? Décrivez sa personnalité.

G. Renseignements et opinions

1. Regardez encore une fois le Tableau IX. Qui est Anne-Marie? Remarquez qu'il y a plusieurs réponses possibles.
2. De quelle couleur sont vos yeux? Et de quelle couleur sont vos cheveux?
3. Combien êtes-vous dans votre famille? Quels sont les membres de votre famille? Quel âge ont-ils?
4. Faites un petit portrait d'un étudiant ou d'une étudiante dans le cours de français. Comment est-il (elle)? Que fait-il (elle)? Qu'est-ce qu'il (elle) ne fait pas? Demandez à vos camarades de deviner de qui vous parlez.
5. Préparez deux questions à poser à votre professeur au sujet de sa famille.
6. Faites une liste des ingrédients nécessaires pour faire une omelette au jambon pour quatre personnes. Où est-ce qu'on achète ces ingrédients en France?

explications

TOUT D'ABORD

Les Magasins

When French people go shopping, they take along a shopping bag or basket. Large brown paper bags are not available in most stores! In fact, people think nothing of carrying home those delicious, long, hard-crusted loaves of bread (**baguettes**) without any wrapping whatsoever. Although supermarkets (**supermarchés**) and large chain stores have sprung up in every French city, most people still prefer the open market and individual specialty stores (butcher shop, dairy store, bakery) for fresher food and better, friendlier service. In contrast to the impersonal nature of the supermarket and department store, the merchants of specialty shops always greet each customer who enters with a hearty «bonjour Madame» or «bonjour Monsieur», and an equally warm «merci» and «au revoir» upon leaving. Here is a list of small stores and their products.

la boulangerie	bakery products, especially bread
la boucherie	beef, veal, and mutton
la boucherie chevaline	horsemeat
la charcuterie	pork and prepared meats (ham, sausages, pâté, and so on)
la confiserie	candy
l'épicerie	general grocery (seasonings, canned food, bottled mineral water, eggs)
la laiterie	milk, butter, cream, eggs, and cheese
la librairie	books, and sometimes paper products as well
la pâtisserie	pastry
la pharmacie	drugs, medecine, articles of personal hygiene
la papeterie	paper products (stationery, notebooks) and office supplies
le bureau de tabac	tobacco, stamps, newspapers, and magazines

6.1 PRONOM INDÉFINI: *ON*

1. Grammatically, **on** *one, they, you* is a third person singular subject pronoun. It is used in all cases where the subject is either indefinite or unspecified. It also corresponds to the passive voice (the passive voice is discussed in Lesson 17.4), as illustrated in the examples below. Note also that in inversion **on** is pronounced /tõ/. If the verb does not end in -**t** or -**d**, -**t**- must be inserted.

On ne fait pas cela.   *One doesn't do that. (You don't do that. That isn't done.)*

Parle-**t-on** français?   *Does one speak French? (Is French spoken?)*

Où vend-**on** du bœuf?   *Where do they sell beef? (Where is beef sold?)*

2.   In colloquial French, **on** is often used in place of **nous**.

On va manger à midi.   *We are going to eat at noon.*

On fait les exercices.   *We do the exercises.*

6.2 EXPRESSIONS DE QUANTITÉ DÉFINIE, TOTALITÉ ET GÉNÉRALITÉ

1.   In order to express a definite or specific quantity of a noncount noun, use this pattern: number + measuring unit + **de** + noun.

(a) **du** sel   **une pincée de** sel   *a pinch of salt*
(b) **du** sucre   **une cuillerée de** sucre   *a spoonful of sugar*
(c) **de la** viande **deux kilos de** viande   *two kilograms of meat*
(d) **du** pain   **trois morceaux de** pain *three pieces of bread*
(e) **du** jambon   **une tranche de** jambon   *a slice of ham*
(f) **du** vin   **deux verres de** vin   *two glasses of wine*

    2.   The idea of totality or generality is expressed by the definite article. A sentence like **Les chats sont des animaux** *Cats are animals* implies that *all* cats are *a part* of the general category of animals. In addition, abstract nouns are always preceded by the definite article. Unlike French, articles are not used in English to express totality or generality, or with abstract nouns.

Les perroquets sont **des** oiseaux.   *Parrots are birds.*
La chimie est **une** science.   *Chemistry is a science.*
Donnez-moi **la** liberté ou **la** mort. *Give me freedom or death.*

    3.   Certain verbs in French express generality and always take definite rather than partitive articles. Among these verbs are **aimer** *to like*, **préférer** *to prefer*, and **détester** *to dislike*.

Elle **a des** chats parce qu'elle **aime les** chats.
Il **ne veut pas de** carottes; il **déteste les** carottes.

6.3 ADJECTIF ATTRIBUT DU SUJET

Adjectives agree in gender and number with the noun they modify. Three basic types of singular adjectives occur in French: 1) those that make no gender distinction in either spoken or written French; 2) those that make this distinction only in written French; and 3) those that make this distinction in both spoken and written French.

    1.   Some adjectives are invariable, that is, they show no distinction at all between masculine and feminine gender. These adjectives all end in **-e**.[1]

Jacques est **optimiste**; Marie est **optimiste**.
Le plan est **acceptable**; la réponse est **acceptable**.
Paul est **énergique**; sa sœur est **énergique**.
Le problème est **difficile**; la question est **difficile**.
Jean-Paul est **jeune**; Monique est **jeune**.

[1]A large number of French adjectives that end in **-iste**, **-able**, **-ible**, and **-ique** have English cognates: **pessimiste**, **réaliste**; **probable**, **sociable**; **possible**, **visible**; **historique**, **psychologique**. The suffix **-iste** often corresponds to both *-ist* and *-istic* in English.

2. Some adjectives show gender distinction only in written French. The masculine form ends in -**al**, -**el**, -**r**, or a vowel other than -**e**, and the feminine form ends in -**ale**, -**elle**, -**re**, or -**e**.[1]

Le plan est **original**; la réponse est **originale**.
Le plan est **naturel**; la réponse est **naturelle**.
Le chat est **noir**; la voiture est **noire**.
Le ciel est **bleu**; la robe est **bleue**.

3. A large number of adjectives show gender distinction in both spoken and written French.

A. The masculine form ends in a consonant (not pronounced). The feminine form ends in a consonant (usually the same consonant) plus -**e** (the consonant is pronounced).

Charlot est **petit**; Christine est **petite**.
Michel est **généreux**; sa femme est **généreuse**.[2]
Le fromage est **mauvais**; la soupe est **mauvaise**.
René est **grand**; Rose n'est pas très **grande**.
Le sucre est **blanc**; la voiture est **blanche**.[3]
Mon stylo est **bon**; la montre est **bonne**.[4]
Ce vase est **italien**; cette voiture est **italienne**[4].

B. Adjectives whose masculine form ends in -**if** /if/ have a feminine form that ends in -**ive** /iv/.[5]

Jean est **attentif**; Sylvie est **attentive**.
Roger est **actif**; sa mère est **active** aussi.

C. Some adjectives show more marked differences between the masculine and feminine forms.

Roger est **beau**; Yvette est **belle**.
Le vendeur est **nouveau**; la vendeuse est **nouvelle**.

---

[1] Many French adjectives whose masculine form ends in -*al* or -*el* have English cognates that end in -*al*: **national**, **régional**; **artificiel**, **visuel**.
[2] The ending -**eux** is pronounced /ø/ and -**euse** is pronounced /øz/. Some adjectives ending in -**eux** have English cognates ending in -*ous*: **dangereux**, **religieux**, **harmonieux**, **curieux**. Exceptions include **paresseux** *lazy* and **heureux** *happy*.
[3] Note that the feminine form ends in -**che**. Frais /fʀɛ/ undergoes a similar change: **fraîche** /fʀɛʃ/.
[4] Most adjectives whose masculine form ends in -**n** (indicating a nasal vowel) have a feminine form that ends in -**nne** (an oral vowel and a nasal consonant sound): /bõ/, /bɔn/; /italjɛ̃/, /italjɛn/.
[5] Most of these adjectives have English cognates ending in -*ive*: **impulsif**, **affirmatif**, **négatif**, **imaginatif**.

Cet hôtel est **vieux**; cette maison est **vieille**. /vjɛj/
Cet homme est **fou**; cette femme est **folle**.
Paul est **travailleur**; Jeanne est **travailleuse**.

4. Most adjectives form their plural by adding **-s** to the singular.

Mes cousines sont **petites** et **jolies**.

If the adjective ends in **-s** or **-x**, no plural marker is added.

Ces livres sont **vieux** et **mauvais**.

Note also that if the nouns to be modified consist of both masculine and feminine genders, the masculine plural form of the adjective is used.

Paul et Marie sont **jeunes** et **intelligents**.

5. If the masculine singular adjective ends in **-al**, it changes its ending to **-aux** in the plural. If it ends in **-eau** in the singular, it becomes **-eaux** in the plural (similar to nouns like **journal**, **journaux**; **tableau**, **tableaux**).

Ce sont des exercices **oraux**.
Ces arbres sont vraiment **beaux**.

The feminine plural of these adjectives is formed by adding **-s** to the feminine singular form.

Ce sont des questions **orales**.
Ces maisons sont vraiment **belles**.

6.4 ADJECTIF QUALIFICATIF: PLACÉ APRÈS LE NOM

Most adjectives follow the noun they modify.

Je cherche un livre **intéressant**.
J'apprends une langue **difficile**.
Vous êtes des étudiants **travailleurs**.

6.5 ADJECTIF QUALIFICATIF: PLACÉ AVANT LE NOM

1. About a dozen commonly used adjectives always precede the noun they modify.[1]

[1] Before a word beginning with a vowel sound, the masculine singular form of all these adjectives (except **gros**) is pronounced like the feminine singular form because of liaison: **le petit arbre** /ptit/. **le mauvais enfant** /movɛz/. In liaison, **gros** is pronounced /gʀoz/. in contrast to the feminine **grosse** /gʀos/. **Beau, vieux,** and **nouveau** become **bel, vieil,** and **nouvel**; they are pronounced like their feminine forms.

Voilà un **gros** chauffeur et une **grosse** voiture.
Voilà un **petit** bureau et une **petite** chaise.
Voilà un **bon** livre et une **bonne** lampe.
Voilà un **mauvais** stylo et une **mauvaise** montre.
Voilà un **joli** corsage et une **jolie** jupe.
Voilà un **jeune** médecin et une **jeune** infirmière.
Voilà un **autre** chapeau et une **autre** chemise.
Voilà un **haut** mur et une **haute** tour.
Voilà un **beau** jardin et une **belle** maison.
Voilà un **vieux** bâtiment et une **vieille** maison.
Voilà un **nouveau** vendeur et une **nouvelle** vendeuse.

2.   The plural indefinite article **des** becomes **de** when the plural noun is preceded by an adjective (**un(e)** + singular adjective + singular noun becomes **de** + plural adjective + plural noun).

J'ai **une belle** cravate.   →J'ai **de belles** cravates.
C'est **un bon** fruit.   →Ce sont **de bons** fruits.
Voilà **un autre** livre.   →Voilà **d'autres** livres.

When the adjective follows the noun, **des** does not change.

J'ai **une** cravate **bleue**.   →J'ai **des** cravates **bleues**.
C'est **un** fruit **vert**.   →Ce sont **des** fruits **verts**.
Voilà **un** livre **intéressant**.   →Voilà **des** livres **intéressants**.

3.   In a few cases, the adjective and the noun it modifies are considered inseparable. In such expressions, **des** rather than **de** is used.

des jeunes filles   *girls*
des grands magasins   *department stores*
des petits pois   *peas*
des petits gâteaux   *cookies*
des grands-parents   *grandparents*
des petits-enfants   *grandchildren*

6.6 EMPLOI DE *IL EST* ET *C'EST*

1.   We saw in Lesson 1.6 that when a noun denoting nationality or profession follows **être**, the indefinite article **un**, **une**, or **des** is omitted. However, the indefinite article is used if the noun is modified by an adjective.

Je suis Américaine.   Je suis **une jeune** Américaine.
Nous sommes étudiants.   Nous sommes **des** étudiants **sérieux**.
Vous êtes médecin.   Vous êtes **un** médecin **généreux**.

2. In French, sentences involving the third person can begin with either **il est** + noun or **c'est un** + noun. In the examples below, there is virtually no difference in meaning between the sentences on the left (**il est** pattern) and those on the right (**c'est un** pattern). Those beginning with **il, elle, ils,** and **elles** could be answers to questions like **Quelle est sa (leur) profession?** or **Que fait-il (font-ils)?** Those beginning with the invariable pronoun **ce** could be answers to questions like **Qui est-ce?** or **Qui est là?**

Il est ingénieur.	**C'est un** ingénieur.
Elle est étudiante.	**C'est une** étudiante.
Ils sont Français.	**Ce sont** des Français.

3. If the noun denoting nationality or profession is modified by an adjective, **ce** (rather than **il, elle, ils,** or **elles**) must be used.

Il est vendeur. ⎫
Il est patient. ⎭ →**C'est un** vendeur patient.

Elle est Américaine. ⎫
Elle est jeune. ⎭ →**C'est une** jeune Américaine.

Ils sont médecins. ⎫
Ils sont généreux. ⎭ →**Ce sont des** médecins généreux.

4. The construction article + noun requires the use of **c'est** or **ce sont** in the third person (rather than **il est, elle est, ils sont,** or **elles sont**).

C'est un garçon.	**C'est un** chat.
C'est une femme.	**C'est une** maison.
Ce sont des cousins.	**Ce sont des** oiseaux.

5. **C'est** + adjective is used to refer to an idea, expressed or understood, or to a statement.

C'est bête!	*It (That) is stupid!*
Est-ce nécessaire?	*Is it (that) necessary?*
C'est ennuyeux, n'est-ce pas?	*It (That) is boring, isn't it?*

vocabulaire

Noms masculins

abricot	bacon	bureau de tabac	·dessert
·âge	bœuf	chien	·enfant
·an	bol	·cousin	épinards *pl*
avocat	bureau	croissant	·fils

·frère · ingénieur · ·lycée · oncle
·grands-parents · ingrédient · mari · ·père
·grand-père · journaliste · morceau · taxi
homme · kilo · œuf · toast

Noms féminins

aspirine · ·dame · jupe · ·sœur
·banlieue · ·école · laiterie · tante
boucherie · épicerie · ·moustache · tartine
(chevaline) · ·famille · omelette · tasse
boulangerie · femme · pharmacie · tranche
brioche · ·fille · ·personne · ·usine
céréales *pl* · fleur · pincée · ville
charcuterie · fontaine · poire · voiture
confitures *pl* · ·glace (au · police
cousine · chocolat) · radio
crème · ·grand-mère · saucisse

Verbes

·habiter · lever

Adjectifs

actif (-ive) · exceptionnel (le) · long (longue) · pessimiste
attentif (-ive) · exotique · lourd(e) · ·plusieurs *pl*
autre · généreux · malheureux · riche
bavard(e) · (-euse) · (-euse) · sérieux (-euse)
beau *irrég* · grand(e) · mauvais(e) · solide
bête · gros (grosse) · mécontent(e) · ·taquin(e)
bon (bonne) · heureux (-euse) · médiocre · travailleur
content(e) · idéal(e) · nécessaire · (-euse)
·coquet(te) · imaginatif (-ive) · optimiste · vieux *irrég*
court(e) · impatient(e) · original(e)
·élégant(e) · intelligent(e) · paresseux
énergique · japonais(e) · (-euse)
ennuyeux · laid(e) · ·parisien(ne)
(-euse) · léger (légère) · patient(e)

Autres expressions

·avoir quinze · ·exactement · ·Quel âge
ans · non merci · avez-vous?
·d'après · on · ·quelle sorte de
en ville · pour · ·tout à fait

Septième Leçon

Tableau XI

conversations

*Regardez le Tableau.[1] Jean-Paul est à gauche. Il porte un **veston** (2), une **cravate** (4), une **chemise** (1) et un **pantalon** (7). Il ne porte pas d'**imperméable** (18). Il ne prend pas son **parapluie** (21). Regardez Jenny. Elle porte une **veste** (12), un **corsage** (11) et une **jupe** (14). Elle ne porte pas de **pull** (20). Elle ne porte pas de **gants** (23).*

Jenny porte-t-elle un pantalon? Qui porte un pantalon? Est-ce que le
    veston de Jean-Paul a des **poches** (6)? Et la veste de Jenny?
Quand portez-vous des gants? Et un parapluie? Et un **manteau** (19)?
Quand portez-vous des vêtements chauds? Et quand il fait chaud?
Regardez vos camarades. Qui porte une jupe? Qui porte un **blue-jean**? Qui
    porte un pull?
Regardez mes **vêtements**. Est-ce que j'ai des poches? Combien de poches?
Qu'est-ce que j'ai dans ma poche?

exercices oraux

7.1 *DIRE*

A. Exercice de contrôle
Je dis bonjour au professeur.

1.	Nous	3.	Tu	5.	Vous
2.	(Jacques)	4.	Les étudiants	6.	Je

Je dis que je comprends le français.

1.	Le professeur	3.	Tu	5.	Les étudiants
2.	Vous	4.	Nous	6.	Je

B. *Répondez à ces questions.*
1. Qu'est-ce que je dis quand j'arrive au cours? Et qu'est-ce que vous
    dites?
2. Que dites-vous quand le cours est terminé? Et qu'est-ce que je dis?

[1] Le vocabulaire de ce tableau est sur la bande magnétique.

130

Jean-Paul   Monique   Philippe   Christine

Tableau XII

3. Que dit-on quand on rencontre un ami dans la rue? Et quand on rencontre un professeur?
4. Comment dit-on «I'm a student» en français? Et comment dit-on «Je pose une question» en anglais?
5. Regardez vos camarades. À qui dites-vous «tu»? Dites à (Hélène) qu'elle est travailleuse. Dites à (Jacques) qu'il est beau.

7.2 COMPARATIF DE L'ADJECTIF

A. *Regardez le Tableau XII et dites après moi.*
(Monique) Elle est aussi grande que Philippe.
(Philippe) Il est aussi grand que Monique.

(Jean-Paul) Il est plus grand que Monique.

(Christine) Elle est moins grande que Philippe.

(Monique et Philippe) Ils sont plus grands que Christine, et ils sont moins grands que Jean-Paul.

Maintenant, répondez aux questions.

1. Qui est aussi grand que Philippe?
2. Qui est plus grand que Philippe?
3. Qui est moins grand que Philippe?
4. Qui est plus petit que Philippe?
5. Qui est plus grand que Christine?
6. Qui est plus petit que Jean-Paul?

B. *Maintenant, regardez les quatre lettres.*

1. Comparez la lettre de Jean-Paul et la lettre de Christine.
2. Comparez la lettre de Christine et la lettre de Monique.
3. Comparez la lettre de Jean-Paul et la lettre de Monique.

C. *Répondez aux questions.*

1. Êtes-vous aussi grand que moi? Est-ce que je suis plus petit que vous?
2. (Étienne) est-il plus grand que vous? (Martine) est-elle plus petite que (Sophie)?
3. Êtes-vous aussi jeune que moi? Qui est plus jeune que vous?
4. Êtes-vous aussi intelligent que moi? Qui est plus travailleur que vous?
5. Mon français est-il moins bon que votre français? Regardez mes cheveux; sont-ils plus longs que vos cheveux?

7.3 SUPERLATIF DE L'ADJECTIF

A. *Regardez le Tableau XII et répondez aux questions.*

1. Qui est le plus grand [petit]?
2. Quelle est la lettre la plus longue [courte]?
3. Quelle est la lettre la moins longue [courte]?

B. *Regardez le Tableau VII. (p. 74) Regardez le premier dessin et donnez un nom à chaque personne. Maintenant, comparez (Robert) et (Jacques), d'après ces modèles.*

Robert est plus grand que Jacques.

Jacques n'est pas aussi grand que Robert.

Jacques est plus jeune que Robert.

Regardez le deuxième dessin et donnez un nom à chaque membre de la famille. Comparez M. (Dubois), Mme (Dubois) et leurs deux enfants.

C. *Répondez aux questions.*

1. Qui est la personne la plus grande [jeune] de la classe?
2. Qui porte la jupe la plus courte [longue]?
3. Qui a les cheveux les plus longs [courts]?

4. Qui parle français avec le meilleur accent?
5. Qui est le professeur le plus patient [énergique] de l'université?
6. Qui donc est le meilleur professeur du monde?

D. *Faites des phrases d'après ces indications.*

1. Comparez un manteau et un corsage en employant les adjectifs **grand, cher, léger** et **lourd**.
2. Comparez un éléphant, un tigre, un lion et une souris en employant les adjectifs **grand** et **féroce**.
3. Choisissez plusieurs restaurants dans votre ville et comparez leur cuisine en employant les adjectifs **bon** et **mauvais**.
4. Choisissez plusieurs bâtiments sur votre campus ou dans votre ville et comparez ces bâtiments en employant les adjectifs **grand, haut, ancien, beau** et **laid**.

7.4 VERBES DU PREMIER GROUPE

A. *Je suis dans une boutique. Je vais acheter une ceinture. Ajoutez des phrases d'après ce modèle.*

Je cherche la vendeuse.
Vous cherchez la vendeuse.

1. Je regarde les ceintures.
2. J'essaie plusieurs ceintures.
3. Je préfère la ceinture blanche.
4. J'appelle la vendeuse.
5. J'achète la ceinture.
6. Je paie la ceinture.

B. *Répondez aux questions.*

1. Nettoyez-vous votre chambre? Combien de fois par mois?
2. Qu'est-ce que vous employez pour écrire? Et pour manger?
3. Quelle saison préférez-vous?
4. Qu'est-ce que vous répétez en classe? Après qui?
5. Quand levez-vous la main en classe? En France, est-ce qu'on lève la main?

7.5 *VENIR*

A. Exercice de contrôle
Je viens au cours de français.

1. Nous
2. Les étudiants
3. Tu
4. Le professeur
5. Vous
6. Je

Je viens de faire un exercice.

1. Les étudiants
2. Vous
3. Tu
4. Nous
5. Tout le monde
6. Je

B. *Répondez aux questions.*

1. De quelle ville venez-vous? Demandez à (Claire) d'où elle vient.
2. À quelle heure venons-nous au cours? À quelle heure est-ce que je viens?

3. Regardez votre montre. Quelle heure est-il? Qu'est-ce que vous venez de faire?

4. Regardez. Je ferme mon livre. Qu'est-ce que je viens de faire? Quel verbe venons-nous d'apprendre?

C. Révision. *Répondez aux questions.*

1. Qu'est-ce qu'on dit au professeur quand le cours est terminé?
2. À qui dites-vous «tu»?
3. Êtes-vous moins jeune que votre professeur?
4. Qui parle français avec le meilleur accent?
5. Qu'est-ce que vous nettoyez de temps en temps?
6. Voilà (Jean-Jacques). De quelle ville vient-il?
7. Qu'est-ce que vous employez pour manger?
8. Est-ce que les tigres sont plus grands que les chats?
9. Voilà (Charlotte). Est-ce que vous êtes plus jeune que (Charlotte)?
10. Achetez-vous des fleurs aujourd'hui?
11. En quelle saison fait-on du ski?
12. Voilà la fin de cet exercice. Qu'est-ce que vous venez de faire?

7.6 NOMBRES DÉCIMAUX

A. *Répondez aux questions.*

1. Il y a 1,609 kilomètres dans un mille. Combien de kilomètres y a-t-il dans dix milles?
2. Il y a 30,5 centimètres dans un pied. Combien de centimètres y a-t-il dans dix pieds?
3. Il y a 2,54 centimètres dans un pouce. Combien de centimètres y a-t-il dans dix pouces?
4. Il y a 454 grammes dans une livre. Combien de kilos y a-t-il dans dix livres?
5. Il y a 2,205 livres dans un kilo. Combien de livres y a-t-il dans deux kilos?
6. Combien coûte votre livre de français? Et combien coûte le cahier d'exercices?

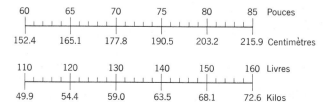

B. *Voici encore des questions.*[1]

1. Combien mesurez-vous? Dites, par exemple: «Je mesure un mètre soixante-douze».
2. Demandez à (Charlotte) combien elle mesure. Est-elle plus grande que vous?
3. Combien pesez-vous? Dites, par exemple: «Je pèse quatre-vingts kilos».
4. Demandez à (Charles) combien il pèse. Est-il plus léger que vous?
5. Maintenant, devinez combien je mesure. Devinez aussi combien je pèse!

application

A. Dialogue et questions

C'est la meilleure solution!

Dans deux semaines, la sœur de Jean-Paul va avoir seize ans. Il veut trouver un joli cadeau pour son anniversaire. Quelque chose de petit et de léger[2], car il va envoyer le cadeau par avion[3]. Il cherche dans plusieurs magasins près du campus mais il ne trouve pas le «cadeau miracle[4]». D'ailleurs[5], c'est la fin du mois et il n'a pas beaucoup d'argent. Enfin, il 5
décide de consulter Jenny.

JENNY   Quelque chose pour sa chambre? Un petit bibelot?

JEAN-PAUL   Non, elle a déjà trop de bibelots.

JENNY   Un transistor? Un téléviseur portable?

JEAN-PAUL   Dis donc[6], je ne suis pas millionnaire! 10

JENNY   D'après le journal, il y a des vêtements en solde en ville.

JEAN-PAUL   Quelle sorte de vêtements?

JENNY   Des gants, des corsages, des jupes, des pull-overs[7] ...

JEAN-PAUL   Un pull-over...c'est peut-être la meilleure solution.

JENNY   Quelle est la taille de Monique? 15

JEAN-PAUL   Trente-huit, je pense.

JENNY   Trente-huit! Ah oui, c'est le système français. Quel est l'équivalent américain?

JEAN-PAUL   Je ne sais pas[8] ...Monique est un peu plus petite que toi.

---

[1] *Here are some more questions.*
[2] **Quelque chose** *something* is modified by **de** + masculine adjective.
[3] **par avion**   *by airmail*
[4] *perfect gift*
[5] *Besides*
[6] *Say*
[7] /pulovɛʀ/. or, more commonly. **des pulls** /pul/. /pyl/
[8] *I don't know*

«Comment trouvez-vous mon ensemble?»

(lignes 1–6)
1.   Quel âge Monique a-t-elle en ce moment?
2.   Quand va-t-elle avoir seize ans?
3.   Pourquoi Jean-Paul cherche-t-il un cadeau léger?
4.   Qu'est-ce qu'il ne trouve pas?
5.   Pourquoi n'a-t-il pas beaucoup d'argent?
6.   Qui décide-t-il de consulter?
    (lignes 7–19)
7.   Qu'est-ce que Jenny propose d'abord comme cadeau?
8.   Pourquoi Jean-Paul n'accepte-t-il pas cette idée?

9. Qu'est-ce que Jenny suggère ensuite?
10. Qu'est-ce qu'il y a en ville aujourd'hui?
11. Quelle est la taille de Monique?
12. Comparez Jenny et Monique.

«Le corsage
est ravissant, et il
est en solde. Je
l'achète!»

B. Expressions utiles

Les vêtements (Tableau XI)

1.	une chemise	13.	une ceinture
2.	un veston	14.	une jupe
3.	un bouton		(12 + 14. un tailleur)
4.	.une cravate	15.	des bas *m* (un collant)
5.	un mouchoir	16.	des chaussures à talon haut
6.	une poche	17.	un sac à main
7.	un pantalon	18.	un imperméable
	(2 + 7. un complet)	19.	un manteau
8.	des chaussettes *f*	20.	un pull-over
9.	des chaussures *f*	21.	un parapluie
10.	un ruban	22.	un chapeau
11.	un corsage (une blouse)	23.	des gants *m*
12.	une veste		

une jupe de¹ { coton / soie / nylon / rayonne   des gants de¹ { laine / cuir / plastique

¹Either **de** or **en** can be used. **En** is usually used after **être**: **Cette robe est en coton.**

Les couleurs

beige	jaune	rouge
blanc (blanche)	gris	vert
bleu	noir	violet (violette)
brun	rose	

mots invariables

marron	un sac marron, une robe marron
orange	un manteau orange, des jupes orange

nuances[1]

clair	une jupe vert clair
foncé	une robe rouge foncé
pâle	une chemise bleu pâle
vif	une cravate bleu vif

C. *Posez des questions sur les parties soulignées.*
C'est aujourd'hui (1) vendredi. L'anniversaire de mon frère est dans cinq jours. Il va avoir (2) vingt ans. Je veux trouver (3) un joli cadeau pour (4) mon frère, mais je n'ai pas beaucoup d'argent (5) parce que c'est la fin du mois. Qu'est-ce que je vais acheter? Il aime (6) la lecture[2]. Je vais donc (7) en ville (8) cet après-midi. Je vais chercher des livres (9) de voyages ou d'histoire[3]. (10) Un livre, ça ne coûte pas trop cher!

D. *Complétez le paragraphe suivant.*
(1) Anniversaire/mère/être/dans/deux/semaine. (2) Je/vouloir/ trouver/quelque chose/petit/léger/pour/son/anniversaire,/car/je/aller/ envoyer/cadeau/par avion. (3) Je/chercher/dans/plusieurs/magasin/ près/campus/mais/je/ne pas/trouver/cadeau miracle. (4) Je/aller/ en/ville/et/passer/devant/petit/boutique. (5) Je/regarder/vitrine. (6) Tiens!/il y a/joli/broches/bracelets/indien. (7) Je/entrer/boutique/ et/attendre/vendeuse. (8) Prix/être/raisonnable. (9) Je/acheter/ broche/plus/beau/pour/mère.

E. *Jouez des rôles: faites un dialogue en faisant les changements de votre choix.*
L'anniversaire de votre frère est dans quelques jours. Vous voulez trouver le «cadeau miracle» pour votre frère mais vous n'avez pas beaucoup d'argent. Vous consultez un de vos camarades. Votre frère veut des choses chères comme un appareil photographique[4] ou un magnétophone. Vous

---

[1] When these words are used with an adjective of color, the adjective remains masculine singular: **une jupe grise**, but **une jupe gris foncé**.
[2] Attention: **Lecture** veut dire *reading* en anglais.
[3] **Quelle sorte de**...?
[4] **appareil photographique** *camera*

n'êtes pas millionnaire! Votre camarade propose plusieurs choses comme cadeau.

F. Renseignements et opinions

1. Quel est le bâtiment le plus haut de votre ville? Est-il plus haut que la Tour Eiffel?
2. Êtes-vous aussi énergique aujourd'hui qu'hier? Quel jour êtes-vous le (la) plus énergique? Et quel jour êtes-vous le (la) plus fatigué(e)?
3. Où habitent vos parents? Quelle est la personne la moins âgée de votre famille? Quel âge a-t-il (elle)?
4. Que portez-vous quand il fait très froid? Et quand il fait très chaud?
5. Quels vêtements portez-vous en ce moment? De quelle couleur sont-ils?
6. De quelles couleurs est le drapeau Américain? Et le drapeau français? Quelle est votre couleur préférée, le rouge, le bleu, ou le blanc?
7. À quelle heure venez-vous au cours de français? Combien de temps est-ce qu'il dure? Est-ce que c'est le cours le plus facile pour vous?

explications

Tu es vraiment "IN"...

..."ÉGALABLE"!!!

JoYeux ANNiVERSAiRE!

TOUT D'ABORD

La taille et la pointure

The French use the metric system for measurement. The metric system was developed in France and was first proposed as one of the reforms during the Revolution of 1789. It became the legal standard of measure in 1840. Many other nations have adopted it since then.

In French, two words meaning *size* are used in connection with clothing: **la pointure** is used for shoes, gloves, and socks; **la taille** is used with other items of clothing. The chart gives typical sizes for clothes and their American equivalents.

CORSAGES, PULLS		CHEMISES		AUTRES VÊTEMENTS			
				DAMES		HOMMES	
France	U.S.	France	U.S.	France	U.S.	France	U.S.
40	32	36	14	38	10	46	36
42	34	37	$14\frac{1}{2}$	40	12	48	38
44	36	38	15	42	14	50	40
46	38	39	$15\frac{1}{2}$	44	16	52	42
48	40	40	16	46	18	54	44

7.1 *DIRE*

1.   **Dire** *to say, to tell* is one of three French verbs whose **vous** form in the present indicative does not end in **-ez**. These three verb forms are **vous êtes** (Lesson 1.6), **vous faites** (Lesson 4.6), and **vous dites**. The *accent circonflexe* occurs only in **vous êtes**.

Je **dis** la vérité à tout le monde.
Tu **dis** des sottises à tout le monde!
Il **dit** son opinion.
Nous **disons** bonjour au professeur.
Vous **dites** au revoir aux étudiants.
Ils **disent** la vérité à leurs parents.

2.   **Dire** is often followed by **que** + sentence. In French, **que** is always used in this pattern, whereas in English, use of *that* is optional.

Il **dit que** Monique a quinze ans. *He says (that) Monique is fifteen years old.*

Dites-vous **que** le cours est terminé? *Are you saying (that) the class is over?*

7.2   COMPARATIF DE L'ADJECTIF

1.   The construction **aussi** + adjective + **que** *as... as* expresses equality in comparison. **Plus** + adjective + **que** *more . . . than* and **moins** + adjective + **que** *less . . . than* express inequality. Compare the sentences below with Tableau XII of the oral exercises.

Monique est **aussi** grande **que** Philippe.
Philippe est **aussi** grand **que** Monique.
Jean-Paul est **plus** grand **que** Monique et Philippe.
Monique et Philippe sont **plus** grands **que** Christine.
Christine est **moins** grande **que** les autres.
Monique et Philippe sont **moins** grands **que** Jean-Paul.

2.   The comparative forms of the adjectives **bon** and **mauvais** are irregular: **meilleur** /mɛjœʀ / and **pire**.

Ce vin est **meilleur que** mon vin.
Ce vin est **pire que** le vin de Robert.

In conversational French, **pire** is often replaced by the regular form **plus mauvais**.

Ce vin est **plus mauvais que** le vin de Robert.

7.3 SUPERLATIF DE L'ADJECTIF

1. The superlative of adjectives is formed by adding the definite article immediately before the comparative pattern.

Jean-Paul est **le plus** grand.
Christine est **la moins** grande.
Jean-Paul est **le moins** petit.
Christine est **la plus** petite.

2. The only preposition used after the superlative of an adjective is **de**.

Nous avons de beaux arbres **dans** le jardin.
   Mais voilà le plus bel arbre **du** jardin.
Il y a de bons professeurs **à** l'université.
   Mais voilà le meilleur professeur **de** l'université.

7.4 VERBES DU PREMIER GROUPE

First conjugation verbs (-**er** verbs), introduced in Lesson 2.1, contain several subclasses that show irregularities in either spelling or the last vowel of the stem.

1. **Manger** and **commencer** type
In spoken French, verbs of this type are completely regular. But their written forms change to make orthography conform to pronunciation. In order to represent the /ʒ/ and /s/ sounds before -**ons**, an **e** is inserted in verbs like **manger**, and **c** becomes **ç** in verbs like **commencer**.

manger /mãʒe/ *to eat*	**commencer** /kɔmãse/ *to begin*
je **mange**	je **commence**
tu **manges**	tu **commences**
il **mange**	il **commence**
nous **mangeons**	nous **commençons**
vous **mangez**	vous **commencez**
ils **mangent**	ils **commencent**

Other verbs conjugated like **manger** and **commencer**:

nager	to swim	**effacer**	*to erase*
corriger	to correct	**prononcer**	*to pronounce*

2. **Payer**, **employer**, and **essuyer** type
Verbs whose infinitive ends in -**yer** retain the **y** in the **nous** and **vous** forms. In all other forms the **y** becomes **i**. (**Payer** type was presented in Lesson 2.1.)

payer *to pay for*
je paie /pɛ/
tu paies
il paie

nous **payons**
vous **payez**

/pɛjõ/

ils paient /pɛ/

employer *to use*
j'emploie /ãplwa/
tu emploies
il emploie

nous **employons**
vous **employez**

/ãplwajõ/

ils emploient /ãplwa/

essuyer *to wipe*
j'essuie /esɥi/
tu essuies
il essuie

nous **essuyons**
vous **essuyez**

/esɥijõ/

ils essuient /esɥi/

Other verbs conjugated like **payer**, **employer**, and **essuyer**:

essayer to try	envoyer *to send*	ennuyer *to bore,*
	nettoyer *to clean*	*to bother*

3. Répéter type

Verbs whose infinitive ends in **é** /e/ + consonant + **er** change the **é** /e/ to **è** /ɛ/ in all but the **nous** and **vous** forms.

répéter /Repete/ *to repeat*
je répète /Repɛt/
tu répètes /Repɛt/
il répète /Repɛt/

nous **répétons**	/Repetõ/
vous **répétez**	/Repete/

ils répètent /Repɛt/

Other verbs conjugated like **répéter**:

compléter	*to complete*	préférer	*to prefer*
espérer	*to hope*	suggérer	*to suggest*

4. Acheter and appeler type

Verbs whose infinitive ends in **e** + consonant + **er** either change **e** to **è**, or double the consonant. The sound /ɛ/ occurs only in the forms that have undergone this change.

acheter /aʃte/ *to buy*
j'achète /aʃɛt/
tu achètes /aʃɛt/
il achète /aʃɛt/

nous **achetons**	/aʃtõ/
vous **achetez**	/aʃte/

ils achètent /aʃɛt/

appeler /aple/ *to call*
j'appelle /apɛl/
tu appelles /apɛl/
il appelle /apɛl/

nous **appelons**	/aplõ/
vous **appelez**	/aple/

ils appellent /apɛl/

Other verbs conjugated like **acheter**:

amener *to bring*   lever *to raise*

Other verbs conjugated like **appeler**:

épeler *to spell*   jeter *to throw*

7.5 *VENIR*

Je **viens** à midi.   Nous **venons** de Montréal.   /mõʀeal/
Tu **viens** au cours.   Vous **venez** de Québec.
Il **vient** à Ottawa.   Ils **viennent** ensemble.

Venir *to come*, followed by **de** + infinitive, expresses action occurring in the immediate past. It is the equivalent of English *to have just done (something).*

Qu'est-ce que vous **venez de** faire?   *What have you just done?*
—Je **viens de** parler à Paul.   *I've just spoken to Paul.*

Other verbs conjugated like **venir**:

devenir *to become*   revenir *to come back*

7.6 NOMBRES DÉCIMAUX

In French, unlike English, a comma (**une virgule**) is used in place of a decimal point. The word «**virgule**» is included in any expression of decimals.

0,2	zéro **virgule** deux
3,14	trois **virgule** quatorze
3,142	trois **virgule** cent quarante-deux

The word «**virgule**» is omitted when measuring units are being expressed.

un **pouce** = 2,54 cm   deux centimètres cinquante-quatre
un **pied** = 30,5 cm   trente centimètres cinq
un **mille** = 1,609 km   un kilomètre six cent neuf
un **gallon**[1] = 3,785 l   trois litres sept cent quatre-vingt-cinq
un **kilomètre** = 0,621 mille zéro mille six cent vingt et un
une **livre** = 454 g   quatre cent cinquante-quatre grammes

[1]Un gallon américain. Il y a 4,545 litres dans un gallon **impérial**.

20,50F	vingt francs cinquante
1,25F	un franc vingt-cinq
0,40F	zéro franc quarante [1]

vocabulaire [2]

Noms masculins

accent	corsage	manteau	·pull(-over)
·anniversaire	éléphant	mètre	·système
·bibelot	·équivalent	mille	·téléviseur
·blue-jean	gramme	·millionnaire	tigre
·cadeau	·imperméable	monde	·transistor
(miracle)	kilomètre	·pantalon	·veston
camarade	lion	pied	·vêtements pl
centimètre	·magasin	pouce	

Noms féminins

ceinture	·idée	·solution	·veste
chambre	livre	souris	
cuisine	·poche	·taille	

Verbes

·accepter	deviner	mesurer	rencontrer
acheter	dire irrég	nettoyer	répéter
appeler	employer	peser	·suggérer
comparer	·envoyer	préférer	venir irrég
·consulter	fermer	·proposer	

Adjectifs

·américain(e)	·chaud(e)	ḥaut(e)
ancien(ne)	cher (chère)	meilleur(e)
blanc (blanche)	féroce	·portable

Autres expressions

aussi...que	·Dis donc!	·en solde	par exemple
·d'abord	écrire	·ensuite	plus...que
·d'ailleurs	·en ce moment	moins...que	·quelque chose
·déjà	·enfin	·par avion	

[1] Note that one can also say quarante centimes
[2] Numerals are excluded.

Huitième
Leçon

Tableau XIII

conversations

A. La voiture de sport. *Regardez le Tableau[1]. C'est la voiture de Jean-Paul.*

Combien de **roues** (10) a-t-elle?

Combien de **portières** (8) a-t-elle?

Le **moteur** est-il à l'avant ou à l'arrière?

Où est le **coffre** (3)?

Combien de **phares** (6) a-t-elle?

Avez-vous une voiture? Quelle est la marque de votre voiture? Est-elle en bon état?

*Maintenant, regardez la **bicyclette**. C'est la bicyclette de Jenny.*

Combien de **pneus** (7) a-t-elle?

Combien de **phares** (5) a-t-elle?

A-t-elle un **réservoir à essence**?

Avez-vous une bicyclette? Quelle est la marque de votre bicyclette?

Combien de **vitesses** a-t-elle?

B. Voilà la voiture.

MIREILLE   Alors, quoi de neuf?

PIERRE   Je viens d'acheter une voiture.

MIREILLE   Ah oui? Où est ta voiture?

PIERRE   La voilà.

exercices oraux

8.1 PRONOMS PERSONNELS (COMPLÉMENTS): TROISIÈME PERSONNE

A. *Regardez le Tableau XIII et répondez aux questions d'après ce modèle.*

Où est le clignotant?

[1] Le vocabulaire de ce tableau est sur la bande magnétique.

146

Le clignotant? Je le cherche... le voilà!

1. Où sont les phares?
2. Où est le moteur?
3. Où sont les pneus?

4. Où est la portière?
5. Où est le coffre?
6. Où est l'essuie-glace?

B. *Regardez. J'ai mon livre; le voilà. J'ai ma montre; la voilà. Répondez aux questions d'après ce modèle.*

Avez-vous votre livre?

Oui, je l'ai; le voilà.

1. Avez-vous votre montre?
2. Avez-vous votre peigne?
3. Avez-vous votre cahier?

4. Avez-vous votre stylo?
5. Avez-vous votre portefeuille?
6. Avez-vous vos chaussures?

C. *Je vais mentionner des choses très bêtes. Vous allez ajouter des phrases négatives d'après ce modèle.*

Je prends mon petit déjeuner en classe.

Mais non, vous ne le prenez pas en classe!

1. Je prends mon déjeuner en classe.
2. J'obéis toujours aux agents.
3. Je ressemble beaucoup à (Philippe).
4. Je parle au président des États-Unis.
5. Je vends mon livre à (Anne-Marie).
6. J'écoute la radio en classe.

D. *Voici un petit dialogue. Écoutez et répétez.*

Je ne prête pas mon livre au professeur.

CHARLES   As-tu ton livre?
DENISE   Oui, le voilà.
CHARLES   Le prêtes-tu au professeur?
DENISE   Non, je ne le lui prête pas!

Maintenant, faites d'autres dialogues.

Je ne prête pas ma voiture au professeur.
Je ne donne pas ma bicyclette au professeur.
Je ne montre pas mes devoirs au professeur.
Je ne prête pas ma montre aux enfants.

E. *Répondez à ces questions.*

1. Est-ce que je donne mon argent aux étudiants?
2. Est-ce que je raconte mes ennuis aux étudiants?
3. Est-ce que je prête ma voiture aux étudiants?
4. Est-ce que j'explique la leçon aux étudiants?
5. À qui est-ce que j'explique la leçon?
6. Voici mon livre; est-ce que je le montre à (Marie)?

«Monsieur l'agent,
votre pneu
arrière est crevé!»

8.2 *SAVOIR*

A. **Exercice de contrôle**
Je ne sais pas toujours la vérité.

1. Le professeur
2. Les étudiants
3. Tu
4. Nous
5. Vous
6 Je

Je sais que je parle bien français.

1. Nous	3. Les étudiants	5. Vous
2. Tu	4. Le professeur	6. Je

B. *Maintenant, répondez à ces questions.*

1. Qui sait jouer du piano? Votre mère sait-elle jouer du piano?
2. Qui sait jouer au bridge? Vos parents savent-ils jouer au bridge?
3. Savez-vous conduire une voiture? Et moi?
4. Savez-vous jouer de la guitare? Et du violon?
5. Savez-vous nager? Et (Michèle)?

C. *Répondez aux questions en employant les pronoms appropriés.*

1. Savez-vous ma nationalité [mon âge]?
2. Savez-vous mon adresse [numéro de téléphone]?
3. Savez-vous que je suis intelligent [travailleur]?
4. Est-ce que je sais votre nom [adresse]?

8.3 *CONNAÎTRE*

A. Exercice de contrôle
Je connais mon professeur.

1. Nous	3. L'étudiant	5. Vous
2. Tu	4. Les étudiants	6. Je

Je ne connais pas Paris.

1. Vous	3. L'étudiant	5. Nous
2. Tu	4. Les étudiants	6. Je

B. *Répondez aux questions.*

1. Est-ce que vous connaissez (Brigitte)? Est-ce que je connais vos parents?
2. Connaissez-vous notre ville? Quelle ville est-ce que je connais bien?
3. Connaissez-vous notre école? Demandez à (Martine) si elle la connaît.
4. Qui connaissez-vous bien? Qui est-ce que (Jules) connaît bien?

C. *Répétez les expressions suivantes en ajoutant Je sais, Je sais que ou Je connais devant chaque expression.*

1. ...le nom du professeur.	8. ...votre histoire.
2. ...le président de l'université.	9. ...vos ennuis.
3. ...mon voisin de gauche.	10. ...quel âge vous avez.
4. ...il parle bien français.	11. ...votre adresse.
5. ...il est très intelligent.	12. ...vous êtes patient.
6. ...son numéro de téléphone.	13. ...vos amis.
7. ...jouer au tennis.	14. ...la leçon d'aujourd'hui.

8.4 PRONOMS PERSONNELS (COMPLÉMENTS):
PREMIÈRE ET DEUXIÈME PERSONNES

A. *Répondez aux questions.*
1. Est-ce que je vous parle? Me parlez-vous? (Jacques) me parle-t-il?
2. Est-ce que je vous comprends? Me comprenez-vous? Qui vous comprend bien?
3. Est-ce que vous me détestez? Est-ce que je vous déteste? Détestez-vous vos voisins?
4. Est-ce que je vous ressemble? Me ressemblez-vous? Ressemblez-vous à (Anne)?

B. *Ajoutez des phrases d'après ces modèles.*
Je donne mon crayon à (Renée).
Vous le lui donnez.
Je vous donne mon crayon.
Vous me le donnez.
1. Je montre mon stylo à (Jeanne).
2. Je vous montre mon stylo.
3. J'explique la leçon aux étudiants.
4. Je vous explique la leçon.
5. Je pose les questions aux étudiants.
6. Je vous pose la question.
7. Je vous dis la vérité.
8. Je ne vous prête pas ma voiture.

C. *Répondez aux questions.*
1. Qui vous explique la leçon?
2. Où est votre montre? Me vendez-vous votre montre?
3. Est-ce que je vous raconte mes ennuis?
4. Faites-vous vos devoirs? Me montrez-vous vos devoirs?
5. Vos parents vous disent-ils toujours la vérité?
6. Où est (Marie)? Vous montre-t-elle ses devoirs?
7. Est-ce que je connais vos ennuis? Me les racontez-vous?
8. Voici la dernière question. À qui est-ce que je la pose?

8.5 FORME INTERROGATIVE: L'INVERSION

A. *Posez des questions d'après ces modèles.*
(Michel) regarde le tableau.
Que regarde Michel?
(Janine) est là-bas.
Où est Janine?
1. (Guy) fait un exercice.
2. (Anne) est en classe.
3. (Yves) va très bien.
4. (Jacques) regarde sa montre.
5. (Louis) répond à la question.
6. (Jean) est sympathique.

7. (Paul) dit la vérité.
8. (Sylvie) va au cinéma.
9. (Marie) parle à (Paul).
10. (René) chante bien.

B. *Maintenant, posez autant de questions que possible sur la partie répétée[1], d'après ce modèle.*

Jean-Paul va à Paris. (à Paris)
Où est-ce que Jean-Paul va?
Où Jean-Paul va-t-il?
Où va Jean-Paul?

1. Jean-Paul demeure à Neuilly. (à Neuilly)
2. Jean-Paul arrive à New York. (à New York)
3. Son avion arrive à trois heures. (à trois heures)
4. Jean-Paul chante une chanson. (une chanson)
5. Jean-Paul chante très bien. (très bien)
6. Jean-Paul chante très bien la chanson. (la chanson)
7. Jean-Paul chante parce qu'il est heureux. (parce qu'il est heureux)
8. Jean-Paul cherche un taxi. (un taxi)
9. Jean-Paul parle au chauffeur. (au chauffeur)
10. Jean-Paul descend du taxi devant son hôtel. (devant son hôtel)
11. Jean-Paul cherche son camarade. (son camarade)
12. Jean-Paul déjeune avec son camarade. (avec son camarade)

8.6 *POUVOIR*

A. **Exercice de contrôle**
Je peux comprendre mes parents.

1. Nous	3. Vous	5. Les étudiants
2. Tu	4. Mon voisin	6. Je

Je ne peux pas comprendre mon professeur!

1. Les étudiants	3. Tu	5. L'étudiant
2. Nous	4. Vous	6. Je

B. *Répondez aux questions.*

1. Pouvez-vous me comprendre? Est-ce que je peux vous comprendre?
2. Pouvez-vous comprendre vos parents? (Louise) peut-elle vous comprendre?
3. Peut-on fumer en classe? Peut-on boire en classe?
4. Où peut-on regarder la télévision? Quand peut-on quitter la classe?
5. Pouvez-vous toucher le plafond? Qu'est-ce que je ne peux pas faire en classe?
6. Voici un proverbe: «vouloir, c'est pouvoir.» Quel est son équivalent anglais?

---

[1]*Now, ask as many questions as possible with the repeated part. In a few cases, only two ways may be used to ask questions.*

Un parking
souterrain à Paris

application

A. **Dialogue et questions**

Elle est mignonne, ta voiture.

Jean-Paul vient d'acheter une voiture d'occasion[1]. C'est une Fiat[2],
modèle 72. Elle est plus ou moins en bon état, sauf quelques bricoles à faire
réparer[3] çà et là[4]. Elle est très petite, bien sûr[5]. Il y a juste assez de place
pour deux personnes, et le coffre à bagages est minuscule. Mais elle
consomme peu d'essence. Elle est plus maniable que les grosses voitures   5
américaines. Jean-Paul est content de sa Fiat. Il la lave et la cire. Il va chez
Jenny pour la lui montrer.

JEAN-PAUL   Voilà ma Fiat. Comment la trouves-tu?

JENNY   Elle est mignonne, ta voiture. Est-ce que je peux l'essayer?

JEAN-PAUL   Mais bien sûr. Voici la clé.   10

JENNY   Pas de ceintures de sécurité?

JEAN-PAUL   Si, les voilà.

---

[1] The adjectival phrase **d'occasion** *second-hand, used* is the opposite of **neuf, neuve** *brand-
new*; the adjective **usé** means *worn out* or *threadbare.*
[2] All car names are feminine in French.
[3] **à faire réparer** *to have repaired* **Faire** + infinitive is equivalent to English *to have (something)
done.*
[4] *here and there.*
[5] *of course*

JENNY   Bon, je mets le moteur en marche . . .¹

JEAN-PAUL   Attends, n'oublie pas le frein à main.

JENNY   Ça y est², et je passe en première.   15

JEAN-PAUL   Aïe, doucement!

JENNY   Sais-tu que ton clignotant ne marche pas?³

JEAN-PAUL   Oui, il y a quelques bricoles à faire réparer.

JENNY   Elle roule bien, ta voiture.

JEAN-PAUL   Attention! tu vas brûler un feu rouge!⁴   20

(lignes 1—7)

1. Quelle sorte de voiture Jean-Paul vient-il d'acheter?
2. En quel état est la voiture?
3. Qu'est-ce qu'il y a à faire réparer?
4. Combien de places y a-t-il dans la voiture?
5. Comment est le coffre à bagages?
6. Quelles voitures sont moins maniables que la Fiat?
7. De quoi Jean-Paul est-il content?
8. Pourquoi va-t-il chez Jenny?

(lignes 8—20)

9. Comment Jenny trouve-t-elle la voiture?
10. Qu'est-ce qu'elle veut faire?
11. Qu'est-ce que Jean-Paul donne à Jenny?
12. Qu'est-ce qu'elle cherche?
13. Qu'est-ce qu'elle met en marche?
14. Qu'est-ce qui ne marche pas?

elf distribution

B. Expressions utiles

La voiture (Tableau XIII)

1. le capot
2. le clignotant
3. le coffre (à bagages)
4. l'essuie-glace
5. le feu arrière
6. les phares *m*
7. le pneu /pnø/
8. la portière
9. le rétroviseur
10. la roue
11. le siège (le siège avant, le siège arrière)
12. le volant
13. le réservoir à essence

La bicyclette (Tableau XIII)

1. le frein
2. la chaîne
3. le garde-boue
4. le guidon

¹**Mettre** + noun + **en marche** means *to set something in motion* or *to start something.*
²*(It's) done!*
³**Marcher** means *to run* or *to work* when referring to a machine.
⁴*You're going to run a red light* (literally, *you're going to burn a red light*)! **Un feu vert** *a green light;* **un feu jaune** *a yellow light.*

5. le phare (projecteur)
6. la pédale
7. le pneu
8. le porte-bagages

9. le réflecteur
10. la roue (la roue avant, la roue arrière)
11. la selle

Autres expressions

mettre[1] $\left\{\begin{array}{l}\text{le moteur}\\\text{la voiture}\end{array}\right\}$ en marche

conduire[2]
arrêter
garer
faire réparer
louer
$\left.\right\}$ $\left\{\begin{array}{l}\text{la voiture}\\\text{le camion}\\\text{la camionnette}\\\text{le poids lourd}\end{array}\right.$

changer de vitesse
avoir une panne (du moteur)
avoir une crevaison
aller $\left\{\begin{array}{l}\text{en voiture}\\\text{à bicyclette}\end{array}\right.$
faire du cyclisme

C. *Posez des questions sur les parties soulignées.*
Je viens d'acheter (1) une voiture. C'est une Toyota. Elle est (2) rouge. Voilà ma voiture, (3) devant ce bâtiment. Elle est (4) petite, mais très pratique. Elle prend peu de place, et (5) elle consomme peu d'essence. Venez avec moi. Faisons (6) une promenade dans ma nouvelle voiture. Je sais très bien (7) conduire. Je suis un chauffeur (8) expérimenté.

D. *Complétez le passage suivant.*
(1) Mon/mère/venir de/acheter/voiture/sport. (2) Elle/être/petit,/donc/très/maniable/et/facile/à garer. (3) Le/voilà,/près/entrée/bâtiment. (4) Elle/être/mignon,/n'est-ce pas? (5) Elle/avoir/quatre/vitesse/et/pouvoir/facilement/dépasser/160 km/à l'heure[3]. (6) Vous/vouloir/essayer/le? (7) Voici/clés/voiture. (8) Siège/être/dur/mais/il/être/confortable. (9) Ne pas/oublier/ceinture/sécurité/et/ne pas/aller/trop/vite. (10) Vitesse/être/limité/à/40/km/heure/ici.

E. *Voici une petite annonce. Jouez des rôles: faites un dialogue entre la personne qui veut vendre la voiture et la personne qui veut l'acheter.*
VENDS Ren. 10 mod. 72. rouge int. noir. Très bon ét. Vitesses autom., direct. assist. nomb. acces. Prix à débattre. Visible sam. et dim. à part. de 16 h. BONNEAU, 67 rue des Moines.

(*Interprétation*)
Je vends une Renault 10, modèle 72. L'extérieur de la voiture est rouge, et l'intérieur noir. Elle est en très bon état. Elle a les vitesses automatiques[4], la direction assistée[5], et de nombreux accessoires. Le prix est à débattre[6].

---

[1] conjugué à peu près comme les verbes du troisième groupe: **je mets, tu mets, il met, nous mettons, vous mettez, ils mettent**.
[2] verbe irrégulier (Leçon 10.1)
[3] normally written **160 km/h** and read **160 kilomètres-heure** (or à l'heure).
[4] **vitesses automatiques** *automatic transmission*
[5] **direction assistée** *power steering*
[6] *The price is negotiable* (literally, *price is to be discussed*).

Vous pouvez la regarder samedi et dimanche à partir de[1] 4 heures de l'après-midi. BONNEAU (nom), 67 rue des Moines.

Voici quelques suggestions.
La personne qui «inspecte» la voiture n'est pas trop contente de la voiture. Elle essaie la voiture et remarque qu'il y a des choses à faire réparer (par exemple, les freins sont trop mous, le siège arrière est abîmé, la radio ne marche pas, etc.).

F. Renseignements et opinions

1. Voulez-vous une voiture? Quelle sorte de voiture? Pourquoi?
2. Comparez une grosse voiture et une petite voiture. Utilisez les expressions telles que: **confortable, place, maniable, consommer (essence), coûter cher.**
3. Avez-vous une voiture ou une bicyclette? Quelle sorte de voiture (de bicyclette)? En quel état est-elle? Comment marche-t-elle?
4. Vos parents ont-ils une voiture? Quand est-ce que vous l'utilisez?
5. Qu'est-ce que vous pouvez faire en classe? Et qu'est-ce que vous ne pouvez pas faire?
6. Qu'est-ce que vous savez très bien faire? Quand le faites-vous? Quand est-ce que vous ne le faites pas?

Préférez-vous les grosses voitures américaines? (Usine Renault)

[1]à partir de *beginning, from . . . on*

explications

TOUT D'ABORD

Les Voitures

The first self-propelled car was invented by a Frenchman, Joseph Cugnot. In 1769 he mounted a coal-fired steam engine to the front of a three-wheel cart. It had front-drive, so to speak. Today the French automobile industry ranks fourth in the world—after the U.S., Japan, and West Germany, and before England and Italy. There are three major companies in France: Renault-Saviem (Saviem produces mainly buses), Peugeot-Citroën, and Chrysler-France (Simca).

Traffic regulations in France are quite similar to those in the United States. International signs (some of which are listed in Lesson 10) are standard on all the roads. Unless otherwise posted, maximum speed on the open road is 90 km, with a lower speed on weekends, and 60 km in the cities. In nearly all cities, honking the horn is strictly forbidden, except in emergencies. The cost of gasoline is almost twice as high as in the United States. A newly licensed driver has to place a round sign, 15 cm in diameter and containing the number 90, on the rear of the car for a full year. It means the driver must not exceed 90 km an hour.

8.1 PRONOMS PERSONNELS (COMPLÉMENTS): TROISIÈME PERSONNE[1]

1. Third person object pronouns are identical in form with the definite article. The object pronoun is placed immediately before the verb.

Je comprends $\left\{ \begin{array}{l} \text{mon père.} \\ \rightarrow \text{le} \end{array} \right\}$ →Je **le** comprends.

Je vends $\left\{ \begin{array}{l} \text{la voiture.} \\ \rightarrow \text{la} \end{array} \right\}$ →Je **la** vends.

J'aime $\left\{ \begin{array}{l} \text{Jacqueline.} \\ \rightarrow \text{la} \end{array} \right\}$ →Je **l'**aime.

Je regarde $\left\{ \begin{array}{l} \text{les étudiants.} \\ \rightarrow \text{les} \end{array} \right\}$ →Je **les** regarde.

In negative sentences, **ne** precedes the object pronoun.

Vous ne faites pas **vos devoirs.** →Vous ne **les** faites pas.
N'avez-vous pas **votre cahier?** →Ne **l'**avez-vous pas?

2. Clauses introduced by such words as **que** *that* **pourquoi** *why,*

---

[1] It might be helpful to review the distinction between direct and indirect objects (Lesson 4.2) before studying this lesson.

and **comment** *how* can be replaced by the invariable pronoun **le**, which corresponds more or less to English *it* or *so*.

Nous comprenons $\left\{ \begin{array}{l} \text{que vous cherchez une voiture.} \\ \rightarrow\text{le} \end{array} \right\}$ → Nous **le** comprenons.

Jean-Paul explique $\left\{ \begin{array}{l} \text{pourquoi les étudiants se tutoient.} \\ \rightarrow\text{le} \end{array} \right\}$ → Jean-Paul **l'**explique.

3. Third person indirect object pronouns are **lui** and **leur**. They replace **à** + noun denoting human beings (and animals).[1]

Je ne parle pas $\left\{ \begin{array}{l} \text{au professeur.} \\ \rightarrow\text{lui} \end{array} \right\}$ →Je ne **lui** parle pas.

Je ressemble $\left\{ \begin{array}{l} \text{à Gisèle.} \\ \rightarrow\text{lui} \end{array} \right\}$ →Je **lui** ressemble.

Je réponds $\left\{ \begin{array}{l} \text{à mes parents.} \\ \rightarrow\text{leur} \end{array} \right\}$ →Je **leur** réponds.

4. When both direct and indirect object pronouns occur together, **le, la,** or **les** precedes **lui** or **leur**.

Vous donnez **les cadeaux à cet enfant.** →Vous **les lui** donnez.

Nous montrons **la voiture à nos camarades.** →Nous **la leur** montrons.

Le facteur **les lui** apporte.

L'étudiant **les lui** paie.

[1] The pronoun that replaces **à** + noun denoting a thing or an idea is discussed in Lesson 13.2.

8.2 *SAVOIR*

1. The verb **savoir** *to know* is followed by a noun (denoting a thing or an idea), by **que** + clause, or by an infinitive. It is used in the sense of knowing something for certain (for example, through study or memorization).

Je **sais** la réponse.
Tu **sais** ta leçon.
Il **sait** faire du ski.
Nous **savons** votre nom et votre adresse.
Vous **savez** mon numéro de téléphone.
Ils **savent** que Jean-Paul va acheter une voiture.

2. When **savoir** is followed by an infinitive, it corresponds to English *to know how to do* (*something*). Note below that **jouer à** refers to sports and games, while **jouer de** refers to musical instruments.

Je **sais jouer aux** cartes. Nous **savons jouer du** piano.
Tu **sais jouer au** bridge. Vous **savez jouer de la** guitare.
Il **sait jouer au** tennis. Ils **savent jouer du** violon.

Tu sais jouer
du piano?

Non, mais je sais jouer
aux cartes.

8.3 *CONNAÎTRE*

The verb **connaître** *to know* is used in the sense of being acquainted with or being familiar with something. It is always used in connection with people and places. The *accent circonflexe* occurs only before **t**.

Je **connais** Jean-Paul.   Nous **connaissons** la route.
Tu **connais** ce journal.   Vous **connaissez** bien cette histoire.
Il **connaît** cette ville.   Ils **connaissent** ce morceau de musique.

8.4 PRONOMS PERSONNELS (COMPLÉMENTS): PREMIÈRE ET DEUXIÈME PERSONNES

1.   The first and second person pronouns (**me, te, nous, vous**) can serve as either direct or indirect object.

DIRECT OBJECT   INDIRECT OBJECT
Il **me** regarde.   Il **me** parle. (parler à)
Il **t'**attend.   Il **te** répond. (répondre à)
Il **nous** comprend.   Il **nous** obéit. (obéir à)
Il **vous** cherche.   Il **vous** ressemble. (ressembler à)

2.   When **me, te, nous** or **vous** (indirect object) and **le, la** or **les** (direct object) occur together, the indirect object precedes the direct object.

Elle **me** donne **le livre**.   →Elle **me le** donne.
Elle **te** vend **la moto**.   →Elle **te la** vend.
Elle **nous** montre **les photos**.   →Elle **nous les** montre.
Elle **vous** apporte **les disques**.   →Elle **vous les** apporte.

8.5 FORME INTERROGATIVE: L'INVERSION

This lesson deals with the use of question words with a noun subject.[1]

1.   In the case of most question words, either **est-ce que** (Pattern 1), inversion of the verb and the corresponding subject pronoun (Pattern 2), or simple inversion of the verb and the noun subject (Pattern 3) may be used.

À quelle heure **est-ce que** Jean-Paul déjeune?
À quelle heure Jean-Paul **déjeune-t-il**?
À quelle heure **déjeune** Jean-Paul?

Où **est-ce que** Jenny étudie?
Où Jenny **étudie-t-elle**?
Où **étudie** Jenny?

À qui **est-ce que** les étudiants parlent?
À qui les étudiants **parlent-ils**?
À qui **parlent** les étudiants?

[1]Question words with a pronoun subject were discussed in Lesson 5.2.

Combien **est-ce que** ce livre coûte?
Combien ce livre **coûte-t-il?**
Combien **coûte** ce livre?

2.   A few exceptions to the rule above occur.
A. In the case of **qui** *whom* (direct object) and **pourquoi**, only Patterns 1 and 2 are possible.

Qui **est-ce que** Jean-Paul attend?
Qui Jean-Paul **attend-il?**
~~Qui attend Jean-Paul?[1]~~

Pourquoi **est-ce que** ces étudiants travaillent?
Pourquoi ces étudiants **travaillent-ils?**
~~Pourquoi travaillent ces étudiants?~~

B. **Que** *what* (direct object) cannot be followed directly by any noun; as a result, only Patterns 1 and 3 are possible.

Qu'**est-ce que** Jean-Paul fait?
~~Que Jean-Paul fait-il?~~
Que **fait** Jean-Paul?

C. If a question contains a direct object (in addition to the question word, noun subject, and verb), then Pattern 3 is impossible. In the examples below, the direct object is in italics.

À quelle heure est-ce que Jean-Paul prend *son déjeuner?*
À quelle heure Jean-Paul **prend-il** *son déjeuner?*
~~À quelle heure prend Jean-Paul *son déjeuner?*~~

Où **est-ce que** Jenny étudie *sa leçon?*
Où Jenny **étudie-t-elle** *sa leçon?*
~~Où étudie Jenny *sa leçon?*~~

À qui **est-ce que** Jenny montre *son livre?*
À qui Jenny **montre-t-elle** *son livre?*
~~À qui montre Jenny *son livre?*~~

Comment **est-ce que** les étudiants chantent *la chanson?*
Comment les étudiants **chantent-ils** *la chanson?*
~~Comment chantent les étudiants la chanson?~~

8.6 *POUVOIR*

1.   The verb **pouvoir** *to be able, can* is conjugated like **vouloir** (Lesson 5.4).

je **peux**	nous **pouvons**
tu **peux**	vous **pouvez**
il **peut**	ils **peuvent**

[1]This sentence is acceptable only if **Qui** is the subject: *Who is waiting for Jean-Paul?*

Il ne **sait** pas conduire!

Il ne **peut** pas conduire!

2.   **Pouvoir** is followed directly by an infinitive.

Pouvez-vous aller au cinéma?   *Can you go to the movies?*

In English, *can* may imply either *to know how to* or *to be able to* (physically, at a given moment). In French, however, a distinction must be made between **savoir** *to know how to*, and **pouvoir** *to be able to*.

Sait-elle nager? }
Peut-elle nager? } *Can she swim?* { (Does she know how?)
{ (She knows how, but can she right now?)

3. When an infinitve takes object pronouns, the object pronouns immediately precede the infinitive, not the conjugated verb.

Pouvez-vous **comprendre mes ennuis?** → Oui, je peux **les comprendre.**

Voulez-vous **prêter le livre à Marianne?** → Non, je ne veux pas **le lui prêter.**

vocabulaire [1]

Noms masculins

bridge	·état	peigne	proverbe
chauffeur	États-Unis *pl*	phare	·réservoir (à
clignotant	·feu (rouge)	piano	essence)
coffre (·à	·frein (à main)	plafond	téléphone
bagages)	hôtel	pneu	violon
ennui	·modèle	portefeuille	voisin
essuie-glace	moteur	président	

Noms féminins

·bricole	guitare	portière	vérité
chanson	·marque	·roue	·vitesse
chaussures *pl*	·place	·sécurité	

Verbes

·brûler	expliquer	nager	ressembler
chanter	fumer	·oublier	·rouler
·cirer	jouer	·passer	savoir *irrég*
connaître *irrég*	·laver	pouvoir *irrég*	toucher
·consommer	·marcher	prêter	
demeurer	mettre	raconter	

Adjectifs

anglais(e)	·maniable	·minuscule
dernier(-ière)	·mignon(ne)	·quelques *pl*

Autres expressions

·Aïe!	·ça y est	·juste
·à l'arrière	·chez	là-bas
·à l'avant	conduire	·(mettre) en marche
·Attention!	·d'occasion	·plus ou moins
·bien sûr	·doucement	·Quoi de neuf?
·çà et là	·faire réparer *irrég*	·sauf

[1]Object pronouns are excluded.

Neuvième Leçon

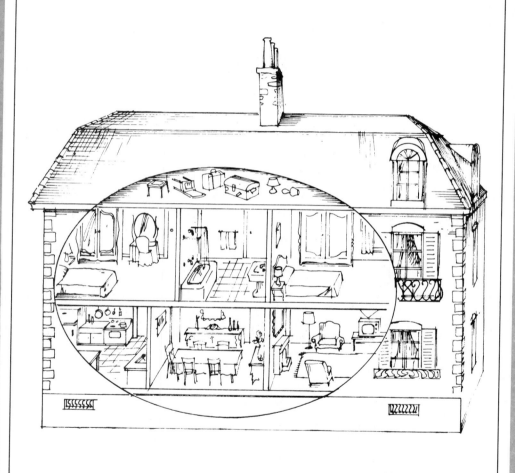

Tableau XIV

conversations

A. Je vous présente Jacqueline (présentation formelle).

PROFESSEUR   Bonjour, Charles.

CHARLES   Bonjour, Monsieur. Permettez-moi de vous présenter Jacqueline Dupré.

PROFESSEUR   Très heureux de vous connaître, Mademoiselle.

JACQUELINE   Enchantée de faire votre connaissance, Monsieur.

B. Je te présente Philippe (entre très bons amis).

FRANÇOIS   Bonjour, Sophie. Je te présente mon copain, Philippe Gassier.

PHILIPPE   Bonjour. Comment allez-vous?

SOPHIE   Bien, merci. François m'a souvent parlé de vous.

C. *Regardez le Tableau XIV. C'est la maison des Brunot. Les Brunot
habitent à Dijon. Dijon est à trois heures de voiture de Paris.*

La **salle de bains** est au-dessus de la **salle à manger**. Qu'est-ce qu'il y a au-
dessus de la **cuisine**? Et au-dessus de la **salle de séjour**?

La cuisine est au-dessous d'une **chambre**. Qu'est-ce qu'il y a au-dessous
de la salle de bains? Et au-dessous de la chambre à droite?

Cette maison a deux **étages**: le **rez-de-chaussée** et l'**étage supérieur**.
Qu'est-ce qu'il y a au rez-de-chaussée? Et à l'étage supérieur?

Où est le **sous-sol**? Où est le **grenier**? Où y a-t-il des **armoires**? Et des **lits**?

exercices oraux

9.1 *DORMIR*

A. Exercice de contrôle
Je dors dans ma chambre.

1. Vous	3. Les étudiants	5. Nous
2. Le professeur	4. Tu	6. Je

Je ne dors pas assez.

1. Nous
2. Le professeur
3. Les étudiants
4. Tu
5. Vous
6. Je

B. *Maintenant, répondez aux questions.*

1. Combien de temps dormez-vous chaque jour? Demandez à (Henri) combien de temps il dort.
2. Est-ce que vous dormez bien? Demandez-moi comment je dors.
3. Dormez-vous en classe? Où dormez-vous? Où est-ce que (Suzanne) dort?
4. Quand est-ce que vous voulez dormir? Allez-vous dormir maintenant?

9.2 PASSÉ COMPOSÉ: AVEC L'AUXILIAIRE *AVOIR*

A. **Exercice de contrôle**

J'ai regardé la télé[1] hier soir.

1. Nous
2. Tu
3. L'étudiant
4. Les étudiants
5. Vous
6. Je

Je n'ai pas fini mes devoirs.

1. L'étudiant
2. Tu
3. Vous
4. Les étudiants
5. Nous
6. Je

B. *Répondez aux questions d'après ce modèle.*
Allez-vous déjeuner?
Mais non, j'ai déjà déjeuné!

1. Allez-vous étudier?
2. Allez-vous manger?
3. Allez-vous finir les devoirs?
4. Allons-nous étudier la Leçon 8?
5. Allons-nous prendre le petit déjeuner?
6. (Jacques) va-t-il répondre à ma question?
7. (Gisèle) va-t-elle choisir mon cours?
8. (Danielle) va-t-elle regarder son livre?

C. *Parlons de Jean-Paul. Il est avec un camarade. Il vient d'acheter une voiture. C'est une Fiat. Écoutez ces phrases, puis mettez chaque phrase au passé composé.*

1. Nous attendons le vendeur.
2. Le vendeur nous dit bonjour.
3. Nous parlons au vendeur.
4. Il montre des voitures.
5. Nous regardons des voitures.
6. Jean-Paul choisit une Fiat.
7. Il veut essayer la voiture.
8. Le vendeur nous donne la clé.
9. Nous mettons le moteur en marche.

[1]télévision

10. Nous écoutons le moteur.
11. Nous essayons la voiture.
12. Jean-Paul prend le volant.
13. Le vendeur nous vend la voiture.
14. Jean-Paul achète la Fiat.

D. *Voici l'histoire d'un accident d'automobile. Écoutez bien, et mettez chaque phrase au passé composé.*
1. Jacques apprend à conduire.
2. Nous sommes dans une ville.
3. Je ne connais pas la ville.
4. Nous ne dormons pas.
5. Nous buvons du café.
6. Jacques prend le volant.
7. Il fait froid.
8. Il pleut.
9. Il y a un camion.
10. Jacques ne peut pas ralentir.
11. Nous avons un accident.
12. Comprenez-vous cette histoire?

E. *Maintenant, parlons d'hier soir. Moi, j'ai travaillé. Qu'est-ce que vous avez fait? Répondez à ces questions.*
1. Avez-vous regardé la télévision? Qui a regardé la télévision?
2. Avez-vous fait vos devoirs? Qui n'a pas fait les devoirs?
3. Qu'est-ce que vous avez bu au dîner? Qu'est-ce que vous avez mangé comme viande?
4. Avez-vous nettoyé votre chambre? Qui a pris un bain? Qui a pris une douche?
5. Qui a travaillé hier soir? Combien de temps avez-vous travaillé? Où?
6. Qu'est-ce que vous avez fait hier soir? Mentionnez deux choses.

9.3 *PARTIR* ET *SORTIR*

A. Exercice de contrôle
Je pars pour Paris.

1. Le professeur	3. Tu	5. Nous
2. Vous	4. Les étudiants	6. Je

Je sors de la classe.

1. Les étudiants	3. Nous	5. Tu
2. Vous	4. Le professeur	6. Je

B. *Répondez à ces questions.*
1. Sortez-vous ce soir? Et (Jeanne) sort-elle ce soir?
2. Quand est-ce que les vacances[1] commencent? Quand partez-vous en vacances[2]?
3. Est-ce que je sors de la classe maintenant? Quand est-ce que je sors de la classe?
4. Quels jours est-ce que vous ne sortez pas? Et (Jean-Jacques)?

---
[1]**vacances** *f pl*   *vacation*
[2]**en vacances**   *on vacation*

«Alors, on part
en vacances?»

9.4 PASSÉ COMPOSÉ : AVEC L'AUXILIAIRE *ÊTRE*

A. Exercice de contrôle
Je suis allé au cinéma.

1.	Nous	3.	Vous	5.	Tu
2.	Les étudiants	4.	Le professeur	6.	Je

Je ne suis pas resté à la maison.

1.	Vous	3.	Tu	5.	Nous
2.	Les étudiants	4.	Le professeur	6.	Je

B. *Mettez les phrases suivantes au passé composé.*

1. Je descends de ma chambre.
2. Nous sortons de la maison.
3. Nous partons à huit heures.
4. Je vais en classe.
5. J'arrive au bâtiment.
6. J'entre dans la classe.
7. Je sors de la classe.
8. Nous allons en ville.
9. Nous rentrons à la maison.
10. Je monte dans ma chambre.
11. Vous restez au rez-de-chaussée.
12. Nous ressortons ce soir.

C. *Regardez le Tableau II (Leçon 2). Mettez chaque phrase au passé composé d'après ce modèle.*

Elle arrive à la boutique.

ÉTUDIANT A **Est-elle arrivée à la boutique?**

ÉTUDIANT B **Oui, elle est arrivée à la boutique.**

Maintenant, regardez le Tableau VI (Leçon 4). Faites des phrases d'après ce modèle.

Qui a traversé la rue?

ÉTUDIANT A **Jean-Paul a traversé la rue.**

ÉTUDIANT B **Moi, je n'ai pas traversé la rue.**

D. *Nous allons parler d'une visite. Mettez chaque phrase au passé composé.*

1. Je vais chez mon oncle avec un ami.
2. Je lui téléphone ce matin.
3. Nous partons à neuf heures.
4. Il pleut et il neige.
5. Il ne fait pas beau temps.
6. La chaussée est glissante.
7. Nous ne faisons pas bon voyage[1].
8. Je ne veux pas continuer.
9. Mais nous arrivons chez mon oncle.
10. Ma tante sort de la maison.
11. Nous entrons dans la maison.
12. Nous dînons ensemble dans la salle à manger.
13. Mon ami parle de sa famille.
14. Nous jouons aux cartes.
15. Je monte dans ma chambre.
16. Je prends un bain chaud.

E. *Répondez aux questions.*

1. Quelle est la date de votre anniversaire? En quelle année êtes vous né? (Dites, par exemple: «Je suis né en dix-neuf cent soixante.»)
2. À quelle heure êtes-vous arrivé au cours? À quelle heure est-ce que je suis arrivé?
3. Où êtes-vous allé hier soir? Demandez à (Jeanne) où elle est allée.
4. Quand êtes-vous allé au laboratoire de langues? Et à la bibliothèque?
5. Parlons de samedi dernier. Qui est sorti samedi dernier? Où êtes-vous allé? Qui est rentré très tard? À quelle heure? Qui est resté à la maison? Pourquoi?

9.5 PRONOMS *CECI, CELA, ÇA*

A. *Répondez aux questions, affirmativement ou négativement selon le cas, d'après ce modèle.*

[1]**faire bon voyage** *to have a good trip*

Dites-vous que je suis bête?

Non, je ne dis pas cela!

1. Dites-vous que je suis paresseux?
2. Comprenez-vous que je suis très patient?
3. Savez-vous que je suis votre professeur?
4. Savez-vous que mon père est millionnaire?
5. Dites-vous que vous parlez français?
6. Avez-vous acheté cela?
7. Voulez-vous ceci?
8. Voulez-vous ceci ou cela?

B. *Ajoutez* Ça, c'est vrai *ou* Ce n'est pas vrai, ça! *d'après ces modèles.*

Je parle bien français.

Ça, c'est vrai.

Je ne parle pas français.

Ce n'est pas vrai, ça!

1. J'ai de bons étudiants.
2. J'ai dix-neuf ans.
3. Je suis marié; j'ai un enfant.
4. Nous avons parlé français hier.
5. J'ai bu du champagne ce matin.
6. Je suis né en France.
7. Je connais bien Paris.
8. Vous parlez bien français.
9. Vous faites toujours vos devoirs.
10. Vous avez regardé la télévision hier soir.
11. Vous êtes allé au cinéma hier soir.
12. Vous êtes arrivé en retard aujourd'hui.
13. Vous ne comprenez pas cette leçon.
14. Voici la dernière phrase.

application

A. Dialogue et questions

Je te présente Jean-Paul.

Les Wilson[1] ont invité Jean-Paul à passer les vacances de Thanksgiving chez eux[2]. Jean-Paul et Jenny partent mardi matin. Le voyage prend plus longtemps que d'habitude[3], car il y a une tempête de neige inattendue en route. Il fait nuit quand ils arrivent à la ville où demeurent les parents de Jenny. Jenny arrête la voiture devant une maison de style   5

---

[1] Proper names are not pluralized in French.

[2] **chez eux** *at their house* **Chez** means *to, at,* or *in the home of,* and, by extension, *in the shop* (or *office) of:* **Je vais chez Marie, je vais chez le dentiste.**

[3] **plus longtemps que d'habitude** *longer than usual* By itself, **d'habitude** means *usually.*

colonial. Monsieur Wilson sort de la maison. Jenny descend de la voiture et l'embrasse affectueusement.

JENNY   Papa, je te présente Jean-Paul.

JEAN-PAUL   Enchanté de faire votre connaissance, Monsieur.

M. WILSON   Très heureux de vous connaître, Jean-Paul. Jenny m'a souvent   10
parlé de vous.

JENNY   Où est maman?

M. WILSON   Elle est allée chercher tante Alice. À propos¹, j'ai entendu à la radio qu'il y a eu une tempête de neige à Toledo.

JEAN-PAUL   Oui, mais le voyage n'a pas été trop pénible.   15

JENNY   Papa parle bien français, n'est-ce pas, Jean-Paul?

JEAN-PAUL   En effet. Votre français est impeccable. Où avez-vous appris à si² bien parler?

M. WILSON   À l'université, il y a longtemps³.

JEAN-PAUL   Vous avez vraiment bonne mémoire.   20

JENNY   En plus⁴, nous passons chaque été dans un petit village près du Lac Champlain.

M. WILSON   Oui, et presque tout le monde parle français dans le village.

JEAN-PAUL   J'ai remarqué que vous n'êtes pas très loin de Montréal.

JENNY   C'est à quatre heures de voiture d'ici. Dis, Papa, allons à Montréal   25
vendredi!

(lignes 1–7)

1. Où Jean-Paul va-t-il passer ses vacances?
2. À quelle heure est-ce que Jean-Paul et Jenny partent?
3. Quel temps fait-il en route?
4. Pourquoi le voyage prend-il plus longtemps que d'habitude?
5. Quelle sorte de maison les Wilson habitent-ils?
6. Quand M. Wilson sort-il de la maison?

(lignes 8–26)

7. À qui est-ce que Jenny présente Jean-Paul?
8. De qui Jenny a-t-elle souvent parlé?
9. Où est la mère de Jenny?
10. Pourquoi est-ce qu'ils n'ont pas fait bon voyage?
11. Comment est le français de Monsieur Wilson?
12. Où a-t-il appris à si bien parler?
13. Où les Wilson passent-ils chaque été?
14. À quelle distance est Montréal de la ville des Wilson?

---

¹*By the way*

²Si as an intensifier corresponds to *so* in English: **si bien** *so well*, **si joli** *so pretty*. Note that **bien** comes before the infinitive **parler**.

³**il y a longtemps** *a long time ago*   **Il y a** + a specific period of time expresses a given amount of "time ago": **il y a dix ans** *ten years ago*.

⁴*Besides, moreover* (pronounced /ãplys/)

B. Expressions utiles

Les présentations
Permettez-moi de vous présenter } Jean-Paul Chabrier.
Je vous présente
(Je suis) enchanté de faire votre connaissance.
Enchanté, Monsieur (Madame, Mademoiselle).
(Je suis) très heureux de vous connaître, Monsieur.

La maison

La maison a
- un toit (rouge, gris-bleu).
- un grenier.
- un étage supérieur.
- un rez-de-chaussée.
- un sous-sol.

Les pièces[1] :
- une salle de séjour (un salon[2])
- une cuisine
- une salle à manger
- une salle de bains
- un bureau (un cabinet de travail)
- des chambres (à coucher)
- une chambre d'amis

Il y a
- un garage.
- une pelouse.
- un jardin.

La chambre est
- au bout
- au fond } de l'escalier.
- à gauche } du couloir.
- à droite
- au-dessus } de la salle de séjour.
- au-dessous

Cette chambre donne sur[3]
- la cour.
- la rue.
- le parking.

L'appartement est { dans un immeuble moderne.
{ au troisième étage[4].

[1] *rooms*
[2] **un salon**   *a drawing room*   Normally found in a very large house.
[3] *looks out on*
[4] *on the fourth floor* (**le premier étage**   *second floor*; **le rez-de-chaussée**   *first (ground) floor*)

C. *Posez des questions sur les parties soulignées.*

Je suis (1) professeur de français. J'ai commencé à apprendre le français (2) à quatorze ans[1]. Après quatre ans de français à la «high school», je suis allée à l'université où j'ai appris (3) l'espagnol. J'ai aussi continué à apprendre (4) le français. J'ai terminé mes études (5) il y a six ans[2]. Ensuite, je suis allée (6) en France. J'ai passé (7) un an à Paris. (8) Après mon retour aux États-Unis, je suis rentrée à l'université, où j'ai étudié la littérature (9) française. (10) Les romans contemporains m'intéressent beaucoup.

D. *Complétez le passage suivant.*

(1) Mon/parents/habiter/dans/beau/maison/près/le Lac Érie. (2) Mon/chambre/être/à/étage/supérieur,/au-dessus/cabinet/travail/père. (3) Je/rentrer/avec/Jean-Paul/à/8/heure/hier/soir[3]. (4) Voyage/être/pénible/parce que/il y a/tempête/neige/inattendu/en route. (5) Père/sortir/maison/quand/nous/arriver/devant/maison. (6) Je/présenter/Jean-Paul/père. (7) Je/monter/dans/chambre/et/je/prendre/bain/chaud. (8) Nous/dîner/très/tard. (9) Nous/parler/jusqu'à/un/heure/matin.

E. *Jouez des rôles: faites un dialogue en faisant les changements de votre choix.*

Vous allez à la réunion du Cercle Français. Vous rencontrez un de vos camarades à la réunion. Il vous présente son camarade de chambre[4]. Cet étudiant parle très bien français, mais avec un léger accent. Il est Canadien. Il est né dans un village près de Québec. Il étudie l'architecture à l'université. Vous l'invitez à prendre un café et des petits gâteaux avec vous.

F. Composition. *Faites une description de la maison (ou de l'appartement) de vos parents en y incorporant les réponses aux questions suivantes.*

1. Dans quelle sorte de rue est la maison de vos parents?
2. La maison est-elle en brique? En pierre? En bois?
3. Combien de pièces y a-t-il?
4. Faites un plan approximatif de la maison.
5. Où est la salle de séjour? La cuisine? La salle de bains? Votre chambre?
6. Où prenez-vous vos repas? Avec quelle pièce est-ce que la cuisine communique?
7. Comment est votre chambre?

---

[1] *at the age of fourteen*
[2] Quand . . . ?
[3] Mettez tous les verbes au passé composé à partir de cette phrase.
[4] **camarade de chambre** *roommate*

F. Renseignements et opinions

1. Donnez une des dates les plus importantes de votre vie et expliquez pourquoi elle est importante.

2. À quelle heure êtes-vous sorti(e) de la maison hier matin? Quand êtes-vous rentré(e)?

3. À qui avez-vous parlé ce matin? Quand avez-vous fait sa connaissance?

4. Comment présentez-vous un copain[1] à votre professeur? Et comment le présentez-vous à un autre copain?

5. Quand est-ce que les vacances de Thanksgiving (ou de Pâques) commencent? Quand partez-vous en vacances?

6. Avez-vous un transistor? Écoutez-vous la radio? Avez-vous écouté la radio hier?

7. Préparez une question à poser à votre professeur au sujet de sa maison (ou de son appartement).

Un grand
immeuble moderne.

[1]un copain (une copine)   *a pal, a close friend*

Maison de
Gertrude Stein, rue
Fleurus, Paris.

explications

TOUT D'ABORD

French homes

You will recognize a French house almost immediately in any picture. Nearly all windows have exterior shutters (**volets**), often louvered, which are closed at night. The windows are hinged vertically (**fenêtres à deux battants**), whereas most American houses have windows that are raised and lowered (**fenêtres à guillotine**). Many rooms above the ground floor have large glass doors (**portes-fenêtres**) that open onto a very small balcony—known as "French doors" in English. Instead of built-in closets, the French use large wardrobe closets (**armoires**), which stand in the bedroom. **La salle de bains** is where you wash or take a bath. The toilet is separate, in a small room that is called **les w.-c.** (pronounced **vé-cé**), short for "water closet." Homes (and hotels) in France are not heated as much as they are in the U.S. People just wear heavier clothes. In some hotels and apartment buildings the stairway and hall light switches are timed to switch off after a few minutes (this is called **la minuterie**).

Every apartment building has a **concierge**, usually a woman, who is at the same time doorkeeper, janitor, and building manager. She takes care of the mail, messages, and deliveries, keeps the stairs and the courtyard clean, makes certain that no stranger enters the building without her clearance, and, to be sure, usually keeps up-to-date on all the news and gossip about the residents. The **concierge** is as unique a French institution as the café.

9.1 *DORMIR* TO SLEEP

je **dors**	nous **dormons**
tu **dors**	vous **dormez**
il **dort**	ils **dorment**

Most irregular verbs (except for highly irregular verbs like **être**, **avoir**, and **aller**) have singular forms that are all pronounced alike; the **je** and **tu** forms often end in **-s** or **-x**, and the **il**, **elle** form ends in **-t** or **-d**. In the plural forms, the stem has one or both of the following characteristics:

(a) It contains a stem-final consonant that is not present or heard in the singular forms.

savoir	/v/	je **sais**; nous **savons**
connaître	/s/	je **connais**; nous **connaissons**
dormir	/m/	je **dors**; nous **dormons**

(b) If the stem vowel undergoes a change, this change occurs only in the **nous** and **vous** forms.

vouloir	/ø, œ/→/u/	je **veux**; nous **voulons**
venir	/jɛ̃/→/(ə)/	je **viens**; nous **venons**
boire	/wa/→/y/	je **bois**; nous **buvons**

9.2 PASSÉ COMPOSÉ: AVEC L'AUXILIAIRE *AVOIR*

The *passé composé* is a verb tense denoting action completed in the past. It consists of the present tense of the auxiliary verb **avoir** or **être** and the past participle of the verb expressing the action. Verbs that take **avoir** are discussed below. Those that take **être** are discussed in Lesson 9.4.

1. The past participle of regular verbs is formed by replacing the infinitive endings **-er**, **-ir**, and **-re** with **-é**, **-i**, and **-u** respectively.

parler	finir	répondre
j'ai parlé	j'ai fini	j'ai répondu
tu **as** parlé	tu **as** fini	tu **as** répondu
il **a** parlé	il **a** fini	il **a** répondu
nous **avons** parlé	nous **avons** fini	nous **avons** répondu
vous **avez** parlé	vous **avez** fini	vous **avez** répondu
ils **ont** parlé	ils **ont** fini	ils **ont** répondu

The *passé composé* usually corresponds to three English constructions.

Nous avons chanté. $\begin{cases} \textit{We sang.} \\ \textit{We have sung.} \\ \textit{We did sing.} \end{cases}$

2. Below is a list of irregular verbs introduced so far that are conjugated with **avoir**.

A. -u ending

avoir	J'ai **eu** /y/ un accident.
boire	J'ai **bu** du café.
connaître	J'ai **connu** cette personne.
pouvoir	J'ai **pu** dormir.
savoir	J'ai **su** la réponse.
vouloir	J'ai **voulu** rentrer.
pleuvoir	Il a **plu** hier soir.

B. -is ending

mettre	J'ai **mis** mon imperméable.
prendre	J'ai **pris** mon parapluie.
apprendre	J'ai **appris** le français.
comprendre	J'ai **compris** la situation.

C. others

être	J'ai **été** très content.
dire	J'ai **dit** bonjour.
dormir	J'ai **dormi** huit heures.
faire	J'ai **fait** une promenade.

3. In the negative construction, **ne** immediately precedes the auxiliary verb, and **pas** immediately follows it. In other words, the auxiliary verb is negated, and the past participle follows **pas**.

J'**ai** parlé.	→Je n'**ai pas** parlé.
Vous **avez** mangé.	→Vous n'**avez pas** mangé.

Inversion occurs between the subject pronoun and the auxiliary.

As-tu répondu?   →N'as-tu pas répondu?
Avez-vous compris?   →N'avez-vous pas compris?

9.3 *PARTIR* ET *SORTIR*

1.   **Partir** *to leave* and **sortir** *to go out* are conjugated the same way.

je **pars**	je **sors**
tu **pars**	tu **sors**
il **part**	il **sort**
nous **partons**	nous **sortons**
vous **partez**	vous **sortez**
ils **partent**	ils **sortent**

2.   **Partir**, **sortir**, **quitter**, and **laisser** all correspond to the English verb *to leave.* **Partir** is an intransitive verb, and can occur without any complement, or with **de** + noun, or **pour** + noun. **Sortir** *to go out* (of a place, such as a room or a building) is also an intransitive verb; it too can occur without any complement, or it may be followed by **de** + noun.

Il part.	Il sort.
Il part **de sa maison.**	Il sort **de sa maison.**
Il part **pour Paris.**	

Quitter is a transitive verb, and cannot be used without a direct object denoting a place or a person. **Laisser** *to leave behind* (someone or something) must have a direct object denoting a person or thing, and usually also a complement denoting the place where the person or thing is left.

Elle quitte **son mari.**	Elle laisse **son enfant** chez Paul.
Elle quitte **sa maison.**	Elle laisse **son livre** à la maison.
Elle quitte **Paris.**	

9.4   PASSÉ COMPOSÉ: AVEC L'AUXILIAIRE *ÊTRE*

1.   About a dozen verbs, commonly known as ''verbs of motion,'' are conjugated with **être**. Some, however, do not necessarily imply motion as such (for example, **rester** *to stay, to remain*).

aller	Il est **allé** à Paris.	*He went to Paris.*
venir	Il est **venu** de Rome.	*He came from Rome.*
entrer	Il est **entré.**	*He came in (entered).*
sortir	Il est **sorti.**	*He went out (left).*
partir	Il est **parti.**	*He left.*
arriver	Il est **arrivé.**	*He arrived.*

monter	Il est **monté**.	*He went up* (*got on*).
descendre	Il est **descendu**.	*He went down* (*got off*).
rester	Il est **resté** ici.	*He stayed here.*
tomber	Il est **tombé** de là.	*He fell from there.*
naître[1]	Il est **né** en 1960.	*He was born in 1960.*
mourir[2]	Il est **mort** en 1889.	*He died in 1889.*

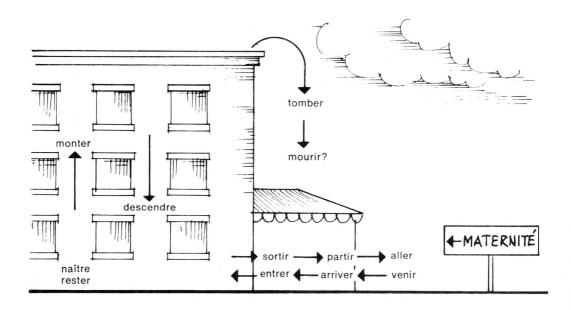

2. Verbs derived from those above (through the addition of a prefix) are also conjugated with **être**.

devenir	Il est **devenu** pâle.	*He became pale.*
revenir	Il est **revenu**.	*He came back.*
repartir	Il est **reparti**.	*He left again.*
ressortir	Il est **ressorti**.	*He went out again.*
rentrer	Il est **rentré**.	*He came home.*

3. The past participle of verbs conjugated with **être** must agree in gender and number with the subject. This agreement is not heard, except in the case of the past participle of **mourir: mort, morte**.

Es-tu **sortie** hier soir, Monique?
—Oui, je **suis allée** au cinéma.

[1] **Naître** is irregular. In the present tense, it is conjugated like **connaître**.
[2] **Mourir**, an irregular verb, will be discussed in Lesson 23.4.

Jenny et Jean-Paul **sont**-ils **arrivés?**
—Oui, ils **sont venus** avec leurs amis.

Louis XIV (quatorze) **est mort** en 1715 (dix-sept cent quinze).
Marie-Antoinette **est morte** en 1793.

9.5 PRONOMS *CECI, CELA, ÇA*

1. The pronouns **ceci** *this* and **cela** *that* refer to an object not specifically named, or to a statement or an idea. In colloquial French, **cela** is often shortened to **ça.**

J'ai trouvé **ceci** dans votre livre.
Vous comprenez bien **cela,** n'est-ce pas?
Quand est-ce qu'il vous a dit **ça?**
C'est **ça.**   *That's right (That's it).*
Goûtez **ceci;** c'est très bon.
Buvez **cela;** c'est bon pour votre santé.

2. In colloquial French, the subject pronoun **ce** in **c'est** may be stressed by adding **ça** at either the beginning or the end of the statement.

C'est vrai.	*It's true.*
Ça, c'est vrai.	*That's true.*
C'est vrai, **ça?**	*Is that true?*

vocabulaire

Noms masculins

accident	·grenier	rez-de-	·village
camion	·lac	chaussée	volant
·copain	·lit	·sous-sol	voyage
·étage	·papa	·style	

Noms féminins

·armoire	·connaissance	·mémoire	télé
cartes *pl*	·cuisine	·présentation	·tempête
chaussée	histoire	·salle de bains	(de neige)
chose	·maman	·salle de séjour	vacances *pl*

Verbes

·arrêter	être né(e)(s)	·passer	rester
continuer	*irrég*	·présenter	sortir *irrég*
dîner	·inviter	ralentir	téléphoner
dormir *irrég*	mentionner	·remarquer	
·embrasser	partir *irrég*	ressortir *irrég*	

Adjectifs

·colonial(e)	glissant(e)	marié(e)	vrai(e)
·enchanté(e)	·impeccable	·pénible	
·formel(le)	·inattendu(e)	·supérieur(e)	

Autres expressions

·affectueuse- ment	ça	·en plus	·il fait nuit
·à quelle distance	ceci	·en route	·il y a longtemps
	cela	·entre	·permettez-moi
·au-dessous de	·chez eux	faire bon voyage	·si (bien)
·au-dessus de	·d'habitude	hier	·vraiment
	·en effet		

Dixième Leçon

La signalisation routière

 chaussée rétrécie

 sens interdit

 défense de tourner à gauche (à droite)

 stationnement interdit

 croisement

 chaussée glissante

 arrêt obligatoire

 dépassement interdit

 travaux

 vitesse maximum

 croisement avec une route sans priorité

 passage pour piétons

 enfants

 double virage, le premier à droite

 double virage, le premier à gauche

 virage à droite

 virage à gauche

Tableau XV

conversations

Regardons le Tableau.[1] *Lisons toutes les expressions... Maintenant, répondez aux questions.*

Quels panneaux indiquent qu'on doit ralentir et faire attention? Pourquoi doit-on ralentir ?

Quels panneaux indiquent qu'on doit arrêter la voiture? Expliquez pourquoi.

Quand est-ce qu'on ne peut pas stationner?

Quand est-ce qu'on ne peut pas doubler une autre voiture?

Avez-vous un permis de conduire? Quand avez-vous appris à conduire?

Quelle sorte de chauffeur êtes-vous? Observez-vous toujours le code de la route?

exercices oraux

10.1 *CONDUIRE, TRADUIRE*

A. **Exercice de contrôle**

Je conduis très prudemment.

1.	Mon père	3.	Nous	5.	Vous
2.	Mes parents	4.	Tu	6.	Je

Je traduis une phrase en anglais.

1.	Le professeur	3.	Nous	5.	Vous
2.	Les étudiants	4.	Tu	6.	Je

B. *Répondez aux questions.*

1. Comment conduisez-vous quand il neige? Pourquoi?
2. Savez-vous conduire un camion? Une ambulance?
3. Comment traduit-on «Slow down!» en français? Traduisons-nous beaucoup de phrases en classe?

[1] Le vocabulaire de ce tableau est sur la bande magnétique.

4. Quel pays produit beaucoup de voitures? Et quel pays produit beaucoup de vin?

5. Détruisez-vous votre livre de français? Pourquoi (pas)?

On roule sur
une autoroute.

10.2 FORMES NÉGATIVES: *NE . . . JAMAIS* ET *NE . . . PLUS*

A. **Exercice de contrôle**

Je ne parle plus anglais en classe.

1. Le professeur	3. Tu	5. Nous
2. Vous	4. Les étudiants	6. Je

Je n'ai jamais compris mon professeur!

1. Tu	3. Nous	5. Vous
2. Les étudiants	4. Cet étudiant	6. Je

B. *Parlons maintenant d'un étudiant paresseux. Je vous donne une description, et vous allez changer chaque phrase d'après ce modèle.*

Il ne parle pas français.

C'est vrai, il n'a jamais parlé français!

1. Il ne parle pas en classe.   2. Il n'écoute pas le prof[1].

[1] **Prof** veut dire **professeur**.

3. Il ne fait pas ses devoirs.
4. Il n'étudie pas sa leçon.
5. Il ne va pas au labo[1].

6. Il ne comprend pas les questions.
7. Il ne répond pas aux questions.
8. Il ne va pas en classe.

C. *Maintenant, imaginez que vous êtes cet étudiant. Vous allez répondre à mes questions d'après ce modèle.*

Parlez-vous français?

Ah, mais non, je ne parle plus français!

1. Parlez-vous au prof?
2. Allez-vous au labo?
3. Faites-vous vos devoirs?
4. Étudiez-vous votre leçon?

5. Écoutez-vous le prof?
6. Répondez-vous aux questions?
7. Allez-vous au cours?
8. Comprenez-vous le français?

D. *Répondez aux questions.*

1. Avez-vous jamais voyagé dans un avion supersonique? Et dans un sous-marin?
2. Êtes-vous jamais allé à Montréal? Et à Québec? Avez-vous jamais visité l'université Laval?
3. Avez-vous jamais mangé des croissants?[2] Avez-vous jamais bu du café au lait?
4. Qu'est-ce qu'on ne fait jamais dans ce cours? Indiquez trois choses.
5. Observez-vous le code de la route? Qu'est-ce que vous ne faites jamais quand vous conduisez?

10.3 IMPARFAIT DE L'INDICATIF

A. Exercice de contrôle

Je ne parlais pas français quand j'étais petit.

1. Tu
2. Ma voisine
3. Mes voisins
4. Vous
5. Nous
6. Je

J'aimais les bonbons quand j'avais huit ans.

1. Ma voisine
2. Vous
3. Tu
4. Nous
5. Mes voisins
6. Je

B. *Ajoutez des phrases d'après ce modèle.*

Je parle français maintenant.

L'année dernière je ne parlais pas français.

1. Je suis dans un cours de français maintenant.
2. Nous parlons français maintenant.
3. Nous avons un cours difficile maintenant.
4. J'ai beaucoup de travail maintenant.
5. Vous êtes un bon professeur maintenant.
6. Vous comprenez bien les étudiants maintenant.

---

[1] **Labo** veut dire **laboratoire**.
[2] Attention: **des** devient **de** dans une phrase négative.

C. *Maintenant, parlons un peu de votre passé.*
1. À dix ans[1], où demeuriez-vous? À quelle école alliez-vous? Avec qui jouiez-vous souvent? Quelle sorte d'enfant étiez-vous?
2. À douze ans, qu'est-ce que vous aimiez manger? Quelle sorte d'élève étiez-vous? Obéissiez-vous à vos parents?
3. À quatorze ans, qu'est-ce que vous aimiez faire? Sortiez-vous avec des garçons [des filles]? Qui est-ce que vous ne compreniez pas bien?
4. À seize ans, avec qui sortiez-vous souvent? Comment était-il [-elle]?
5. Maintenant, vous pouvez poser quelques questions sur mon passé!

D. *Avez-vous bonne mémoire? Nous allons parler de notre premier jour de classe.*
1. Quelle était la date du premier jour de classe?
2. Est-ce que vous étiez en classe?
3. Aviez-vous votre livre de français?
4. Quel temps faisait-il?
5. Saviez-vous que j'étais votre professeur?
6. Connaissiez-vous (Jean-Pierre)?
7. Qu'est-ce que nous avons fait?
8. Où êtes-vous allé après le cours?

⑧ **E.** *Nous allons parler d'un voyage en voiture. Mettez chaque phrase au passé d'après ce modèle.*

Je vais trop vite; l'accident arrive[2].
J'allais trop vite quand l'accident est arrivé.
1. Il est tard; je sors de la maison.
2. Je suis fatigué; je pars.
3. Il fait nuit; je quitte la ville.
4. Il pleut; je prends la route.
5. Je roule vite; j'arrive dans le virage.
6. La chaussée est glissante; je double un camion.
7. Ma voiture est dans le virage; je freine.
8. Ma voiture dérape; je freine.[3]
9. Je suis en sueur; je regagne la chaussée.

10.4 *VOIR*

⑧ **A. Exercice de contrôle**
Je vois une voiture de police.

1. Nous	3. Les étudiants	5. Vous
2. Le professeur	4. Tu	6. Je

[1]Quand vous aviez dix ans
[2]**Arriver** dans ce sens est un équivalent de *to happen.*
[3]Employez le passé composé dans ces deux phrases; les deux actions ont eu lieu (*took place*) presque simultanément.

Je vois que cette leçon est facile.

1. Vous   3. Tu   5. Nous
2. Le professeur   4. Les étudiants   6. Je

B. *Répondez aux questions.*

1. Qu'est-ce que vous voyez dans cette classe? Et sur ma table? Et par la porte [fenêtre]?
2. Qui avez-vous vu hier? Qui est-ce que je ne vois pas aujourd'hui?
3. Qui allez-vous voir ce soir? Qui est-ce que je vais voir en classe demain?
4. Que voyez-vous par la fenêtre de votre chambre? Demandez-moi quel film j'ai vu le mois dernier.

10.5 *DEVOIR*

A. Exercice de contrôle

Je dois étudier mon français.

1. Les étudiants   3. Nous   5. Vous
2. Tu   4. L'étudiant   6. Je

Je fais beaucoup de fautes; je dois être fatigué.

1. Le professeur   3. Tu   5. Nous
2. Vous   4. Les étudiants   6. Je

B. *Ajoutez des phrases d'après ces modèles.*

Vous travaillez trop. (fatigué)

Vous devez être fatigué.

Cette dame parle bien français. (Française)

Elle doit être Française.

1. Cet étudiant ne travaille pas. (paresseux)
2. Ces dames parlent très bien français. (Françaises)
3. Vous avez beaucoup d'argent. (riche)
4. Je ne vais pas très bien. (malade)
5. Cet homme n'entend pas le bruit. (sourd)
6. Ces étudiants ne comprennent pas la question. (bête)
7. Vous savez les réponses. (intelligent)
8. Vous n'avez pas pris votre petit déjeuner. (avoir faim)

C. *Répondez à ces questions.*

1. Est-ce que je vous dois de l'argent? Devez-vous de l'argent à (Roger)?
2. À quelle heure devez-vous venir à mon cours? À quelle heure le cours doit-il finir?
3. Qu'est-ce que nous devons faire en classe? Indiquez deux autres choses que nous devons faire.
4. Vous faites beaucoup de choses tous les jours, n'est-ce pas? Indiquez deux choses que vous devez faire aujourd'hui.

5. Qu'est-ce que vous avez dû faire hier soir? Et qu'est-ce que j'ai dû faire hier soir?

application

A. Dialogue et questions

Il y a eu un accident.

C'est vendredi soir. Jenny et Jean-Paul sont allés à Montréal. Ils y ont passé toute la journée et ils doivent maintenant rentrer à la maison. Il fait froid et il commence à pleuvoir. Jean-Paul est un chauffeur prudent et expérimenté. Il va plus lentement que d'habitude car la visibilité est mauvaise. D'ailleurs, il y a beaucoup de circulation et la route à deux voies[1] est très dangereuse. À la sortie d'un village une voiture double la Fiat de Jean-Paul et disparaît[2] dans la pluie. Une demi-heure après, Jean-Paul et Jenny voient des voitures de police et une ambulance.

JENNY   Qu'est-ce que c'est? On nous fait signe de ralentir.

JEAN-PAUL   Il y a eu un accident, on dirait[3].

JENNY   Et regarde la voiture dans le fossé.

JEAN-PAUL   Oh! là! là! C'est un vrai tas de ferraille!

JENNY   Tiens, c'est la voiture qui nous a doublés[4] il y a une demi-heure.

JEAN-PAUL   Oui, elle a dû déraper dans le virage.

JENNY   Elle allait beaucoup trop vite quand elle nous a doublés.

JEAN-PAUL   Regarde ce poids lourd. Il a dû entrer en collision avec la voiture.

JENNY   J'espère que le chauffeur n'a pas été tué.

JEAN-PAUL   Moi aussi. Voilà, on nous fait signe de passer.

(lignes 1–8)
1. Où Jenny et Jean-Paul ont-ils passé la journée?
2. Quel temps fait-il?
3. Quelle sorte de chauffeur est Jean-Paul?
4. Comment est la visibilité?
5. Quelle sorte de route est très dangereuse?
6. Où est-ce qu'une voiture double la Fiat?
7. Quand Jean-Paul et Jenny voient-ils une ambulance?
(lignes 9–19)
8. Pourquoi fait-on signe de ralentir?
9. Qu'est-ce qui est dans le fossé?

---

[1] **la route à deux voies**   *the two-lane road*
[2] *disappears*, du verbe **disparaitre**, conjugué comme **paraitre**
[3] *it seems* (literally, *one would say*)
[4] The past participle of a transitive verb agrees in gender and number with the preceding direct object. This construction is discussed in Lesson 11.1.

10. Quelle voiture est-ce?
11. Qu'est-ce qui est arrivé à la voiture?
12. Qu'est-ce qui est arrivé au poids lourd?
13. Qu'est-ce que Jenny espère?
14. Pourquoi y a-t-il une ambulance? (Le chauffeur a été blessé.)

Il y a eu un
accident, on dirait.

B. Expressions utiles

Le chauffard et l'agent

Le chauffard
- ne tient [garde] pas sa droite.
- ne fait pas attention (aux autres).
- n'allume pas son clignotant.
- tourne à droite et à gauche.
- klaxonne constamment.
- double une voiture dans le virage.
- brûle un feu rouge.
- prend un sens /sãs/ interdit [unique][1].
- fait du [roule à] 150 km (à l') heure.
- démolit le mur d'une maison.
- écrase [blesse, tue] un piéton.
- est arrêté par la police.
- paie une amende (lourde).

[1] *one-way street* (**une rue à double sens**   *a two-way street*)

$$\text{L'agent} \begin{cases} \text{constate une infraction à la loi.} \\ \text{fait signe au chauffeur d'arrêter [de ralentir].} \\ \text{dresse une contravention au chauffeur (pour excès} \\ \qquad \text{de vitesse, stationnement interdit).} \end{cases}$$

C. *Complétez le passage suivant.*

(1) Je/venir de/éviter/accident/grave. (2) Je/revenir/ville/où/habiter/ mon/tante. (3) Il pleuvoir/et/visibilité/être/mauvais. (4) Je/rouler/sur/ route de campagne. (5) Il y a/voiture/sport/derrière/moi. (6) Tout d'un coup[1]./chauffeur/allumer/phares/et/klaxonner. (7) Il/me/doubler/dans/ virage;/il/faire/du/150 km/h. (8) Il/déraper/et/voiture/presque[2]/quitter/ chaussée. (9) Mais/il/pouvoir/regagner/chaussée/et/disparaître/dans/ pluie. (10) Je/être/en sueur/et/je/être/furieuse.

D. *Jouez des rôles: faites un dialogue en faisant les changements de votre choix.*

Vous roulez sur une route de campagne avec un camarade. Une voiture vous double à toute vitesse. Vous remarquez que la voiture roule trop vite et que le chauffeur est très imprudent (utilisez les **Expressions utiles**). Un peu plus tard, vous voyez des voitures de police. On vous fait signe de ralentir. Il y a une voiture renversée dans le fossé. C'est la même voiture qui vous a doublés. Vous remarquez que la chaussée est glissante parce qu'il pleut. Vous pensez que la voiture a dérapé dans le virage.

E. *Récitez ce dialogue, puis posez des questions sur les parties soulignées.*

ROGER   (1) Ma voiture neuve ne marche pas.

MÉCANICIEN   Eh bien, Monsieur, on va (2) la regarder de près[3].

ROGER   Cette voiture m'a coûté (3) les yeux de la tête[4].

MÉCANICIEN   Eh bien, Monsieur, on essaie de trouver (4) quelque chose.

ROGER   (5) Je déteste cette voiture!

MÉCANICIEN   Eh bien, Monsieur, votre voiture est en (6) parfait état. Elle marche (7) bien.

ROGER   Voyons! Elle ne marche pas du tout[5].

MÉCANICIEN   Eh bien, Monsieur, vous n'avez plus (8) d'essence dans le réservoir.

---

[1] *Suddenly*

[2] Mettez l'adverbe entre l'auxiliaire et le participe passé.

[3] *closely*

[4] **coûter les yeux de la tête**   *to cost a fortune*

[5] **pas du tout**   *not at all*

F. Renseignements et opinions

1. Avez-vous un permis de conduire? Quand avez-vous conduit une voiture pour la première fois? Aviez-vous peur? Étiez-vous en sueur? Comment avez-vous conduit?

2. Regardez le Tableau XV. Indiquez trois choses qu'on ne doit jamais faire quand on roule sur la route.

3. Avez-vous une voiture ou une moto? Comment marche-t-elle? Avez-vous jamais eu un accident? Êtes-vous jamais tombé(e) en panne d'essence?

4. Que buvez-vous au petit déjeuner? Et qu'est-ce que vous ne buvez jamais? Et que buvez-vous de temps en temps? Avez-vous bu cela la semaine dernière?

5. Qu'est-ce que vous faisiez quand vous aviez dix ans? Le faites-vous toujours?

6. Préparez une question à poser à votre professeur au sujet de son enfance.

On parle français à Saint Martinville, Louisiane.

explications

TOUT D'ABORD

The French in Early America

You may have wondered about the origin of some of the French place names in the United States, such as Joliet, Detroit, Duluth, Champlain, and St. Louis. The French came to the New World very early. The first Frenchman to explore North America was **Jacques Cartier**. Beginning in 1534 he made three long voyages to America. He discovered the St. Lawrence River and went upstream until he saw a small mountain. He planted a cross on its summit in the name of the French king and called it **Mont réal** (**réal** meaning **royal** in modern French). Another explorer, **Samuel de Champlain**, explored the shores of Central America as well as Acadia (present-day Nova Scotia and Prince Edward Island) and New England. In 1608 he founded Québec, which was to become the capital of **la Nouvelle France**. Rumors of a great river flowing southward persisted in New France. The governor, **Frontenac**, asked **Louis Joliet** and **Père Marquette** to explore south of the St. Lawrence River. With a few companions they reached Minnesota, and paddled 3000 miles down the Mississippi.

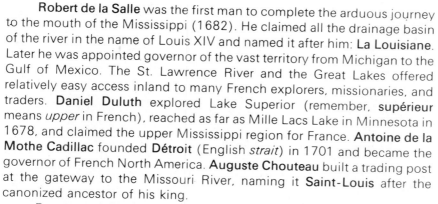

Robert de la Salle was the first man to complete the arduous journey to the mouth of the Mississippi (1682). He claimed all the drainage basin of the river in the name of Louis XIV and named it after him: **La Louisiane**. Later he was appointed governor of the vast territory from Michigan to the Gulf of Mexico. The St. Lawrence River and the Great Lakes offered relatively easy access inland to many French explorers, missionaries, and traders. **Daniel Duluth** explored Lake Superior (remember, **supérieur** means *upper* in French), reached as far as Mille Lacs Lake in Minnesota in 1678, and claimed the upper Mississippi region for France. **Antoine de la Mothe Cadillac** founded **Détroit** (English *strait*) in 1701 and became the governor of French North America. **Auguste Chouteau** built a trading post at the gateway to the Missouri River, naming it **Saint-Louis** after the canonized ancestor of his king.

France and England waged a series of wars in order to build an empire. The wars waged in America are known as the French and Indian Wars. The British occupied Acadia in 1755. Mistrustful of people who appeared to have better rapport with the Indians and whose language, religion, and customs were different, they deported many French settlers all the way from New England to Louisiana (note the connection between the words **Acadien** and **Cajun**). Québec fell in 1759, and the Treaty of Paris (1763) extended British rule to all of Canada and the areas east of the Mississippi River. England passed a law in 1774 guaranteeing the French in Canada the right to their language, their law, and the Roman Catholic faith. That is why Canada has two official languages today.

The rest of the story is well-known. The acquisition of new territories and the cost of fighting long wars prompted the British to seek a "reorganization" of their colonial empire and new ways for paying their war debts. Why not tax the colonists for some of it? And so, the end of this chapter is also, in some measure, the beginning of U.S. history.

10.1 *CONDUIRE, TRADUIRE*

Je **conduis** prudemment.   Nous **conduisons** lentement.
Tu **conduis** très mal.   Vous **conduisez** un camion.
Il **conduit** une Toyota.   Ils **conduisent** très bien.
    J'ai **conduit** cette voiture.

Other verbs conjugated like **conduire**:

produire	*to produce*	**construire**	*to construct*
traduire	*to translate*	**détruire**	*to destroy*

10.2 FORMES NÉGATIVES: *NE . . . PLUS* ET *NE . . . JAMAIS*

1.   The negative adverbs **plus** *not any more, no longer* and **jamais** *never* occupy the same position in a sentence as **pas**.

On ne fume pas.

Il ne fume plus.

Il ne fume jamais.

Michel **ne** comprend **pas** la question.   *doesn't understand*
Michel **ne** comprend **plus** la leçon.   *no longer understands*

Michel **ne** comprend **jamais** la situation. *never understands*
Michel **n'a pas** compris la question. *didn't understand*
Michel **n'a plus** compris la leçon. *no longer understood*
Michel **n'a jamais** compris la situation. *never understood*

2. **Jamais** can be used also in an affirmative interrogative sentence. In such cases, it corresponds to English *ever*.

Êtes-vous **jamais** allée en Europe, Marie? *ever*
—Oui, j'y suis allée l'été dernier.
Avez-vous **jamais** visité ce musée? *ever*
—Non, je **ne** l'ai **jamais** visité. *never*

10.3 IMPARFAIT DE L'INDICATIF

1. The imperfect is a past tense. It is formed by taking the **nous** form of the present tense and replacing the ending **-ons** with the imperfect tense endings **-ais** /ɛ/, **-ait** /ɛ/, **-ions** /jõ/, **-iez** /je/, and **-aient** /ɛ/.

nous **parl**ons	nous **finiss**ons	nous **vend**ons
je **parl**ais	je **finiss**ais	je **vend**ais
tu **parl**ais	tu **finiss**ais	tu **vend**ais
il **parl**ait	il **finiss**ait	il **vend**ait
nous **parl**ions	nous **finiss**ions	nous **vend**ions
vous **parl**iez	vous **finiss**iez	vous **vend**iez
ils **parl**aient	ils **finiss**aient	ils **vend**aient

boire	(nous **buv**ons)	je **buv**ais, tu **buv**ais, etc.
prendre	(nous **pren**ons)	je **pren**ais, tu **pren**ais, etc.
avoir	(nous **av**ons)	j'**av**ais, tu **av**ais, etc.
manger	(nous **mange**ons)	je **mange**ais, tu **mange**ais, etc.

Être is the only verb whose imperfect stem does not derive from the **nous** form of the present tense.

j'**étais**	nous **étions**
tu **étais**	vous **étiez**
il **était**	ils **étaient**

The imperfect form of **pleuvoir** *to rain* is **pleuvait**.

Il **pleuvait** à verse quand je suis rentrée.

Je **dormais** beaucoup quand **j'étais** petit.

2.   One of the functions of the imperfect tense is to denote *habitual or repeated action in the past.* In English, such actions are either implied in the past tense of the verb or expressed by the construction *would* or *used to.*

L'année dernière **j'allais** au cinéma deux fois par mois.	*I went, I used to go*
Elle parlait français à huit ans (quand elle avait huit ans).	*She spoke, she would speak, she used to speak*
Nous jouions souvent avec nos cousins quand **nous habitions** à Dijon.	*We played, we would play, we used to play/we lived, we used to live*

3.   The imperfect tense also implies a state of affairs (how things were, what was going on, or what one was doing) at a given point in the past. In this sense, the imperfect corresponds to the English past progressive tense (*was, were doing*). The *passé composé* implies an action that occurred once or intermittently in the past.

A. Two actions were going on at the same time.

Je **regardais** la télévision ～～→
Tu **tricotais** ～～→
→Je **regardais** la télévision   *I was watching television while*
   pendant que tu **tricotais**.   *you were knitting.*

Je regardais la télévision pendant que tu tricotais.

B. One action took place while something else was going on.

Je **dormais** ～～～━━━→
Elle **a frappé** à la porte ━━━
→Je **dormais** quand elle **a**   *I was sleeping when she knocked*
   frappé à la porte.   *at the door.*

C. Two things happened simultaneously or one after the other.

J'ai **entendu** le train ━━━┐
J'ai **freiné** ━━━━━┘
→J'ai **freiné** quand j'ai   *I braked when I heard the train.*
   entendu le train.

Je dormais quand elle **a frappé** à la porte.

4.   Certain verbs usually denote a state of affairs or a condition rather than an action (for instance, **ressembler, avoir, être, savoir, pouvoir, vouloir**). They are therefore often used in the imperfect tense. When such verbs are used in the *passé composé*, however, they imply some kind of action rather than a condition.

Il **savait** la réponse.	*He knew the answer* (at the time, all the time).
Il **a su** la réponse.	*He found out (came up with) the answer.*
Il **voulait** sortir.	*He wanted to leave* (he may or may not have left).
Il **a voulu** sortir.	*He tried to leave* (he wanted to leave and probably did something about it).

Il **pouvait** répondre.	*He was able to answer* (whether or not he answered is not implied).
Il **a pu** répondre.	*He managed to answer* (he was able to answer and he probably did).
Il **avait** peur.	*He was afraid.*
Il **a eu** peur.	*He got scared.*

The distinction between the *passé composé* and the imperfect is sometimes rather subtle. But a good "feel" for it will come with practice.

10.4 *VOIR* TO SEE

Je **vois** un virage.
Tu **vois** une voiture de police.
Il **voit** une ambulance.
Nous **voyons** que le virage est dangereux.
Vous **voyez** qu'il y a eu un accident.
Ils **voient** un accident grave.
    J'ai **vu** un accident.

Other verbs conjugated like **voir**:

revoir   *to see again*   **prévoir**   *to foresee*

10.5 *DEVOIR*

1.   **Devoir** + noun means *to owe* (*something*), and **devoir** + infinitive means *must, have to*.

Je **dois** de l'argent à Robert.	*I owe Robert some money.*
Tu me **dois** une fortune!	*You owe me a fortune!*
Il **doit** cent francs.	*He owes a hundred francs.*
Nous **devons** faire attention.	*We must pay attention.*
Vous **devez** obéir au code de la route.	*You must obey driving rules.*
Ils **doivent** payer une amende.	*They have to pay a fine.*
J'ai **dû** ralentir.	*I had to slow down.*

2.   Used with an infinitive, **devoir** may imply either obligation (*must, have to, had to*) or conjecture (*must, must have*).

Vous **devez** partir.	*You must (have to) leave.*
Vous **avez dû** partir.	*You must have left (had to leave).*
Vous **devez** être fatigué.	*You must be tired.*
Vous **avez dû** être fatigué.	*You must have been tired.*

3. In the imperfect, **devoir** is equivalent with the English construction *was, were (supposed) to.*

Il **devait** venir.	*He was supposed to come.*
Il **a dû** venir.	*He had to come (must have come).*
Je **devais** étudier.	*I was supposed to study.*
J'**ai dû** étudier.	*I had to study.*

vocabulaire

Noms masculins

·arrêt	·dépassement	pays	·signe
avion	élève	·permis (de	sous-marin
bonbon	·fossé	conduire)	·stationnement
bruit	labo	·piéton	·tas
café au lait	·panneau	·poids lourd	·travaux *pl*
code	·passage	prof	virage
·croisement	passé	·sens	

Noms féminins

ambulance	élève	·priorité	·visibilité
·circulation	·expression	route (·à deux	voisine
·collision	·ferraille	voies)	
·défense	fille	·signalisation	
·demi-heure	·journée	·sortie	

Verbes

arriver	·disparaître	indiquer	·tourner
conduire *irrég*	*irrég*	observer	traduire *irrég*
déraper	doubler	produire *irrég*	visiter
devoir *irrég*	·espérer	regagner	voir *irrég*
détruire *irrég*	freiner	·stationner	voyager

Adjectifs

·blessé(e)	·expérimenté(e)	·maximum	·routier (-ière)
·dangereux	fatigué(e)	obligatoire	sourd(e)
(-euse)	·interdit(e)	·prudent(e)	supersonique
double	malade	·rétréci(e)	·tué(e)

Autres expressions

à dix ans	(ne) jamais	(ne) plus	·toute la journée
en sueur	·lentement	prudemment	

Onzième Leçon

conversations

A. J'ai mal à la tête.

PROFESSEUR   Comment allez-vous?
DANIEL   Pas très bien, Monsieur.
PROFESSEUR   Mais qu'est-ce qu'il y a?
DANIEL   J'ai mal à la tête.

B. Je me brosse les cheveux.

JEAN-PAUL   Alors, tu viens?
MONIQUE   Tout de suite.
JEAN-PAUL   Dépêche-toi!
MONIQUE   Le temps de me brosser les cheveux.

C. Ne quittez pas!

JACQUES   Allô, c'est toi, Monique?
MME CHABRIER   Non, ici Mme Chabrier. Qui est à l'appareil, s'il vous plaît?
JACQUES   Je m'excuse, Madame. Ici Jacques Lépine.
MME CHABRIER   Ne quittez pas, je vais chercher Monique.

exercices oraux

11.1 ACCORD DU PARTICIPE PASSÉ

A. *Remplacez les noms par les pronoms appropriés d'après ce modèle. (Levez le doigt si le participe passé est au féminin.)*
   J'ai posé la question.
   Je l'ai posée.

1. J'ai regardé le tableau.
2. J'ai cherché les réponses.
3. J'ai fait les exercices.
4. J'ai traduit les phrases.
5. J'ai posé les questions.
6. J'ai écouté le professeur.
7. J'ai appris les mots.
8. J'ai fini la leçon.

B. *Maintenant, répondez aux questions en employant les pronoms appropriés.*

1. Avez-vous fait vos devoirs? Demandez à (Jacques) s'il a fini ses devoirs.
2. Avez-vous compris cette leçon? Demandez à (Marie) si elle a appris les règles.
3. Avez-vous conduit ma voiture? (Jeanne) a-t-elle conduit ma voiture?
4. Avez-vous regardé la télévision? (Pauline) a-t-elle écouté la radio?
5. Avez-vous compris ma dernière question? Est-ce qu'on a fini cet exercice?

11.2 *ÉCRIRE*

A. Exercice de contrôle
J'écris peu de lettres.

1. Le professeur	3. Les étudiants	5. Nous
2. Vous	4. Tu	6. Je

Je n'écris pas de lettres en classe.

1. Tu	3. Nous	5. Les étudiants
2. Ma voisine	4. Vous	6. Je

B. *Répondez aux questions.*

1. Écrivez-vous souvent à vos parents? Vos parents vous écrivent-ils?
2. Écrivez-vous des lettres en classe? Où écrivez-vous vos lettres?
3. Combien de lettres écrivez-vous par semaine? Les écrivez-vous à la machine[1] ou à la main?
4. Qui a écrit cela au tableau? Savez-vous qui a écrit *l'Étranger?*

11.3 VERBES RÉFLÉCHIS : AUX TEMPS SIMPLES

A. Exercice de contrôle
Je me couche très tard.

1. Le professeur	3. Tu	5. Vous
2. Les étudiants	4. Nous	6. Je

Je ne me lève pas très tôt.

1. Tu	3. Les étudiants	5. Le professeur
2. Vous	4. Nous	6. Je

B. *Ajoutez des phrases d'après ce modèle.*
Jenny se lève à sept heures et demie.
Moi aussi, je me lève à sept heures et demie.

1. Jenny se brosse les dents.   2. Elle se lave la figure.

---

[1] écrire à la machine. *to type*

3. Elle se brosse les cheveux.
4. Elle s'habille vite.
5. Elle se dépêche.

6. Elle se promène à midi.
7. Elle se repose après le dîner.
8. Elle se couche à minuit.

C. *Ajoutez des phrases affirmatives ou négatives d'après ces modèles.*

Je ne me lave pas la figure.
Mais si, vous vous lavez la figure!
Je me repose en classe.
Mais non, vous ne vous reposez pas en classe!

1. Je ne me brosse pas les dents.
2. Je m'appelle Napoléon Bonaparte.
3. Je me déshabille dans la classe.
4. Je ne me coupe pas les ongles.
5. Je me coupe le nez.
6. Je me lève à midi.
7. Je ne m'appelle pas (nom du professeur).
8. Je ne m'amuse pas au cinéma.
9. Je me couche à midi.
10. Je ne m'habille pas dans ma chambre.

D. *Répondez aux questions d'après ce modèle.*
Vous habillez-vous dans la rue?
Je ne m'habille pas dans la rue; je m'habille dans ma chambre!

1. Vous levez-vous à midi?
2. Vous appelez-vous Jean-Paul?
3. Vous coupez-vous les doigts?
4. Vous déshabillez-vous dans la classe?
5. Vous promenez-vous dans la classe?
6. Vous lavez-vous la figure dans la classe?

E. *Répondez aux questions.*

1. Comment vous appelez-vous? Et votre voisin de gauche? Demandez-moi comment je m'appelle.
2. À quelle heure vous levez-vous? Et votre voisin? Demandez-moi à quelle heure je me lève.
3. Où est-ce que vous vous habillez? Et vos camarades? Demandez-moi où je m'habille.
4. Où est-ce que vous vous reposez? Et vos parents? Demandez-moi où je me repose.
5. À quelle heure vous couchez-vous? Et votre voisin? Demandez-moi à quelle heure je me couche.

F. *Ajoutez des phrases appropriées d'après ce modèle.*
Mes cheveux sont trop longs. (se couper)
Alors, coupez-vous les cheveux.

1. Mes mains sont trop sales. (se laver)

2. Je suis très fatigué.   (se reposer)
3. Il est minuit et je suis très fatigué.   (se coucher)
4. Mes cheveux sont sales.   (se laver)
5. Mes cheveux sont trop longs.   (se couper)
6. Je suis en retard.   (se dépêcher)
7. Je veux prendre une douche.   (se déshabiller)
8. J'ai mal à la tête.   (se coucher et se reposer)
9. Je ne veux pas rester au lit.   (se lever)
10. Je ne veux pas parler à l'agent.   (se cacher)

11.4 VERBES RÉFLÉCHIS : AUX TEMPS COMPOSÉS

A. Exercice de contrôle
Je me suis couché à minuit.

1. Le professeur
2. Les étudiants
3. Nous
4. Tu
5. Vous
6. Je

Je ne me suis pas levé très tôt.

1. Les étudiants
2. Tu
3. Le professeur
4. Vous
5. Nous
6. Je

B. *Mettez les phrases suivantes au passé composé.*
1. Je me lève à sept heures.
2. Maman se lève à sept heures moins dix.
3. Nous nous brossons les cheveux.
4. Je m'habille dans ma chambre.
5. Mes parents s'habillent dans leur chambre.
6. Papa se lave la figure dans la salle de bains.
7. Nous nous dépêchons.
8. Je vais à l'école, et papa va à son bureau.
9. Je rentre à quatre heures, et maman rentre à sept heures.
10. Nous nous couchons à onze heures et demie.

C. *Répondez aux questions.*
1. À quelle heure vous êtes-vous levé ce matin? Demandez-moi à quelle heure je me suis levé.
2. Où est-ce que vous vous êtes brossé les dents? Demandez-moi où je me suis habillé.
3. Quand est-ce que vous vous êtes coupé les ongles? Demandez-moi quand je me suis coupé les ongles.
4. Où est-ce que vous vous êtes lavé la figure? Demandez-moi où je me suis lavé la figure.
5. À quelle heure vous êtes-vous couché hier soir? Demandez-moi quand je me suis couché.

D. *Racontez ce passage au passé; puis remplacez le sujet (Jean-Paul) par la première personne du singulier.*
Jean-Paul *se lève* de bonne heure. Il *est* seulement six heures et demie

quand il *se réveille*. Il *s'habille* rapidement et *va* à la cuisine. Tout le monde *dort* encore. Il *regarde* par la fenêtre. Il *fait* beau et le ciel *est* bleu. Il *décide* de faire une petite promenade avant de manger. Monique *se lève* quand il *sort* de l'appartement. Les rues *sont* presque désertes. Il *fait* frais. Il *a* faim. Il *rencontre* sa voisine, Madame Jonas, dans la rue. Il lui *dit* bonjour. Elle *va* chez le boulanger. Il *bavarde* avec elle pendant quelques minutes. Quand il *rentre*, Monique et sa mère *préparent* le petit déjeuner dans la cuisine.

11.5 NOMBRES CARDINAUX (APRÈS 1000)

A. *Lisez les phrases suivantes.*
1. Christophe Colomb /kɔlõ/ a découvert l'Amérique en 1492.
2. Jacques Cartier a commencé son exploration du Canada en 1534.
3. Le Père Marquette et Louis Joliet ont découvert le Mississippi en 1673.
4. Daniel Duluth a commencé son exploration du lac Supérieur en 1678.
5. Robert de la Salle est arrivé à l'embouchure du Mississippi en 1682.
6. Antoine de Cadillac a fondé Détroit en 1701.
7. La date de la déclaration de l'indépendance américaine est le 4 juillet 1776.
8. Le marquis de la Fayette et le comte de Rochambeau sont arrivés à Philadelphie vers 1777.
9. La date de la prise de la Bastille est le 14 juillet 1789.
10. Jean-Jacques Audubon est né en Louisiane le 4 mai 1780; il est mort en 1851.

B. *Lisez les chiffres suivants d'après les modèles.*

1. La population des plus grandes villes de France

Paris   2.600.000   8.200.000

Il y a deux millions six cent mille habitants à Paris, et huit millions deux cent mille habitants dans l'agglomération de Paris.

	VILLE	AGGLOMÉRATION
		(la ville et la banlieue)
Paris	2.600.000	8.200.000
Lyon	530.000	1.075.000
Marseille	890.000	965.000
Lille	191.000	882.000
Bordeaux	270.000	555.000
Toulouse	371.000	440.000
Nantes	260.000	394.000
Nice	323.000	393.000

Tableau XVI

2.   La longueur des fleuves de France

La Loire   1.012 km
La Loire a mille douze kilomètres de cours.

La Loire	1.012 km		Le Rhin	1.298 km
Le Rhône	812 km		La Meuse	450 km
La Seine	776 km		La Moselle	550 km
La Garonne	575 km			

C. *Répondez aux questions.*
1.   Combien d'étudiants y a-t-il dans notre université?
2.   Quelle est la population de notre ville?
3.   Quelle est la population de la plus grande ville de notre état?
4.   Quelle est la population de la capitale de notre état?
5.   Quelle est la population des États-Unis?
6.   Mon numéro de téléphone est (765 43 21). Quel est votre numéro de
     téléphone?

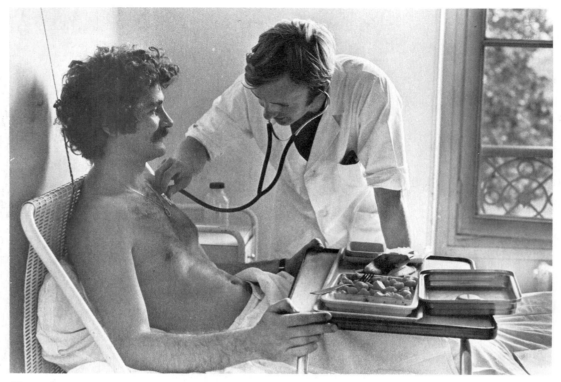

«Vous allez
beaucoup mieux.»

application

A. Dialogue et questions

J'ai la grippe!

 C'est jeudi. Jean-Paul n'est pas venu chercher Jenny après son cours
d'histoire. Elle l'attend vingt minutes à l'entrée du bâtiment. Il a peut-être
séché son cours! Jenny trouve une cabine téléphonique, décroche le
récepteur et compose son numéro. Pas de réponse . . . Elle raccroche le
récepteur et décide d'aller à la bibliothèque. Elle rentre à la maison à midi. 5
Dès qu'elle s'approche de la porte de sa chambre, elle entend le téléphone
sonner.

JEAN-PAUL Allô[1] . . . c'est toi, Jenny? Ici, Jean-Paul.

JENNY Bonjour, Jean-Paul. Tu n'es pas venu me chercher ce matin.

JEAN-PAUL Je m'excuse, Jenny, mais je suis allé voir un médecin. 10

JENNY Mais qu'est-ce qu'il y a? Tu allais bien avant-hier.

JEAN-PAUL Je me suis levé ce matin avec un mal de tête épouvantable.
 J'avais de la fièvre.

---

[1] *Hello,* used only when speaking on the telephone

JENNY   Pauvre Jean-Paul! On dirait que tu as la grippe!

JEAN-PAUL   C'est ça, on m'a donné une ordonnance.   15

JENNY   J'espère que ce n'est pas grave.

JEAN-PAUL   Non, mais le docteur m'a dit de me reposer tout le week-end.

JENNY   Tout le week-end! Pauvre Jean-Paul! Est-ce que tu as besoin de quelque chose?

JEAN-PAUL   Non, merci. Je vais me recoucher tout de suite.   20

(lignes 1–7)

1. Qu'est-ce que Jean-Paul n'a pas fait ce matin?
2. Combien de temps Jenny l'a-t-elle attendu?
3. D'où est-ce qu'elle a téléphoné à Jean-Paul?
4. Jean-Paul était-il à la maison?
5. Quand est-ce que Jenny entend le téléphone sonner?

(lignes 8–20)

6. Où est-ce que Jean-Paul était ce matin?
7. Comment allait-il avant-hier?
8. Comment allait-il quand il s'est levé ce matin?
9. Qu'est-ce qu'on lui a donné?
10. Qu'est-ce que le docteur lui a dit?
11. Qu'est-ce qu'il va faire tout de suite?

B. Expressions utiles

Le téléphone

téléphoner à
rappeler } quelqu'un

décrocher
raccrocher } le récepteur

La ligne est occupée.
On ne répond pas.
J'ai le mauvais numéro.
On a coupé (rétabli) la communication.

chercher le numéro dans
consulter } l'annuaire *m*

Allô!
Qui est à l'appareil, s'il vous plaît?
Ici, Jean-Paul (Jean-Paul est à l'appareil).
Ne quittez pas, s'il vous plaît.

La santé

être
tomber } malade: aller { bien, mieux
{ mal, plus mal

être blessé $\begin{cases} \text{au genou} \\ \text{au pied} \end{cases}$: faire un pansement

se casser $\begin{cases} \text{le bras} \\ \text{la jambe} \end{cases}$: avoir $\begin{cases} \text{le bras en écharpe} \\ \text{la jambe dans un plâtre} \end{cases}$

avoir mal $\begin{cases} \text{à la tête, au dos, aux dents, à la gorge,} \\ \quad \text{à la poitrine, à l'estomac /lεstɔma/} \end{cases}$

avoir $\begin{cases} \text{de la température, de la fièvre,} \\ \quad \text{un rhume, une laryngite, la grippe} \end{cases}$

prendre $\begin{cases} \text{des médicaments} \\ \text{un cachet (d'aspirine)} \\ \text{une pilule} \\ \text{une cuillerée (de sirop)} \end{cases} \begin{cases} \text{avant (après) chaque repas} \\ \text{quatre fois par jour} \\ \text{toutes les deux heures} \end{cases}$

C. *Posez des questions sur les parties soulignées.*
Pauvre Anne! Elle a la jambe dans un plâtre et marche avec des béquilles. Savez-vous pourquoi? Elle est allée dans le Colorado faire du ski avec ses parents. Elle espérait rencontrer des (1) jeunes gens sympathiques, bien sûr. Elle a acheté (2) des pantalons de ski, des chaussures, des pulls . . . Mais (3) le premier jour des vacances elle a eu un accident. Elle est rentrée dans un arbre et elle est tombée (4) la tête la première dans la neige! Elle n'a pas pu (5) se relever et son moniteur a dû (6) l'emmener chez (7) le médecin. Elle s'est cassé (8) la jambe. Mais elle était heureuse (9) parce que son moniteur, très beau et très sympathique, est venu la voir tous les soirs.

D. *Complétez le paragraphe suivant en employant les éléments indiqués.*
(1) Hier matin,/je/se lever/avec/mal de tête/épouvantable. (2) Je/ne pas/prendre/petit déjeuner/parce que/je/ne pas/avoir/faim. (3) Je/remonter/dans/chambre/et/je/se recoucher/tout de suite. (4) Je/aller/voir/médecin,/car/je/tousser/et/avoir/mal/gorge. (5) Je/penser/ce/être / rhume, / mais / médecin / regarder / mon / gorge, / prendre / mon / température/et/me/dire/je/avoir/une laryngite. (6) Ce/ne pas/être/grave/et/ça/ne pas/aller/durer/longtemps. (7) Je/devoir/prendre/cuillerée / sirop / tout / trois / heure / et / cachet / aspirine / deux / fois / jour. (8) Je/ne pas/pouvoir/parler. (9) Ce/être/triste/car/je/aimer/passer/heures/à/téléphone. (10) Et/que/je/aller/faire/si/mon/ami/me/téléphoner?

E. *Complétez le dialogue suivant.*
MME VERNIN   . . . ?
ANDRÉ   Pardon, je ne vous entends pas. Qui est à l'appareil, s'il vous plaît?

MME VERNIN   . . . .

ANDRÉ   Ah oui, bonjour, Madame.

MME VERNIN   . . . ?

ANDRÉ   Non, Madame. Il vient de sortir. Il est allé à l'université.

MME VERNIN   . . . ?

ANDRÉ   À cinq heures ou à cinq heures et demie. Voulez-vous laisser un message?

MME VERNIN   . . . .

ANDRÉ   Bon. C'est pour quelle date?

MME VERNIN   . . . .

ANDRÉ   D'accord, Madame.

MME VERNIN   . . . .

ANDRÉ   De rien[1], Madame.

F. Renseignements et opinions

1. Comment vous appelez-vous? Quelle est votre nationalité? Êtes-vous étudiant(e) de troisième année?
2. À quelle heure êtes-vous rentré(e) hier? À quelle heure vous êtes-vous couché(e)? À quelle heure vous êtes-vous levé(e)? Combien de temps avez-vous dormi?
3. À qui écrivez-vous souvent? Cette personne vous répond-elle tout de suite? Où est cette personne?
4. Avez-vous jamais eu la grippe ou une laryngite? Comment savez-vous que c'était la grippe (ou une laryngite)?
5. Vous pouvez parler avec la bouche. Quelles autres choses pouvez-vous faire avec la bouche?
6. Avez-vous jamais séché un cours? Quand? Et pourquoi?
7. Tout le monde connaît assez bien les avantages du téléphone. Quels sont les inconvénients du téléphone?

explications

TOUT D'ABORD

À votre santé[2]

    An American complains of an "upset" stomach; a French person suffers from **mal au foie** (an "upset" liver), a term that covers many symptoms of indigestion. The French place great faith in the ability of the local **pharmacien** to supply them with a remedy for minor illnesses, and may purchase either aspirin tablets or medicine in liquid form, contained in small capsules (**ampoules**). In more serious cases, the doctor is called. If hospitalization is required, the French can go to a state-owned hospital or

---

[1]*You're welcome (Don't mention it)*

[2]or **à la bonne vôtre**, said when drinking a toast to someone

to a small, privately owned clinic (**la clinique**). The French Social Security system reimburses 75% of the doctor's fees and the cost of medication.

The French government promotes good health for its citizens. An example of this is its policy toward pregnancy and childbirth. An expectant mother receives financial aid equivalent to 25% of her husband's salary. In addition, her medical expenses are almost entirely covered, and she even receives a sum of money (about $160 every six months for one year) to cover extra expenses for the baby. A working woman receives a three-to four-month maternity leave at half pay, while still qualifying for the supplement of 25% of her husband's earnings. A wife with two or more children receives a certain sum every month to defray part of the expenses in raising her children. This allowance, known as **allocations familiales**, is given directly to the wife.

11.1 ACCORD DU PARTICIPE PASSÉ

1.   We saw in Lesson 9.4 that the past participle of verbs conjugated with **être** ("verbs of motion") agrees in gender and number with the subject.

Marie et Jacqueline ne sont pas **venues**.

2.   The past participle of verbs that take a direct object ("transitive verbs") agrees in gender and number with the direct object, if it precedes the verb. In most cases, this agreement is not evident from pronunciation.

Avez-vous **acheté** les robes?	→Je **les** ai **achetées**.
Avez-vous **fini** vos devoirs?	→Je **les** ai **finis**.
Avez-vous **vendu** la voiture?	→Je l'ai **vendue**.

If the past participle ends in a consonant, however, the difference between the masculine and feminine forms can be heard.

J'ai **fait** $\begin{cases} \text{mon lit.} \\ \text{cette robe.} \end{cases}$ →Je l'ai **fait**. / →Je l'ai **faite**.

Il a **compris** $\begin{cases} \text{mes ennuis.} \\ \text{les règles.} \end{cases}$ →Il **les** a **compris**. / →Il **les** a **comprises**.

11.2 *ÉCRIRE* TO WRITE

J'**écris** un devoir sur[1] la musique.
Tu **écris** un article sur Samuel de Champlain.
Il **écrit** un mot au tableau.
Nous **écrivons** des phrases dans nos cahiers.

---

[1]**écrire sur**   *to write about (someone, something)*

Vous **écrivez** beaucoup de lettres.
Ils **écrivent** souvent à leurs amis.
J'ai **écrit** une composition.

Other verbs conjugated like **écrire**:

décrire   *to describe*
inscrire   *to inscribe, to write in*

11.3 VERBES RÉFLÉCHIS : AUX TEMPS SIMPLES

1.   Reflexive verbs in French, like those in English (*to enjoy oneself, to hurt oneself*), are accompanied by a reflexive pronoun, and they denote an action performed and borne by the subject. In dictionary listings, **se** precedes the infinitive and indicates a reflexive construction. (**Se** is also the third person singular and plural reflexive pronoun.)

se coucher   *to go to bed*

je **me** couche	nous **nous** couchons
tu **te** couches	vous **vous** couchez
il **se** couche	ils **se** couchent
elle **se** couche	elles **se** couchent
on **se** couche	

2.   The reflexive pronoun directly precedes the verb. Below are examples of inversion and negation with reflexive verbs.

Tu **te** reposes.	→**Te reposes**-tu?
Elle **se** repose.	→**Se repose**-t-elle?
Vous **vous reposez**.	→**Vous reposez**-vous?

Je **me** lève.	→Je ne **me** lève pas.
Il **se** lève.	→Il ne **se** lève pas.
Nous **nous levons**.	→Nous ne **nous** levons pas.

Elle ne **s'habille** pas.	→Ne **s'habille**-t-elle pas?
Vous ne **vous habillez** pas.	→Ne **vous habillez**-vous pas?

3.   In a negative command, the subject is dropped. In an affirmative command, the subject is dropped and the reflexive pronoun *follows* the verb (**te** becomes **toi**); a hyphen is inserted between the verb and the pronoun. Remember, in the imperative, first conjugation verbs (**-er** verbs) drop the **s** of the **tu** form (Lesson 2.1.6).

Tu **te** lèves.	→Ne **te** lève pas!	→**Lève-toi!**
Nous **nous levons**.	→Ne **nous** levons pas!	→**Levons-nous!**
Vous **vous** levez.	→Ne **vous** levez pas!	→**Lèvez-vous!**

Je **m'appelle** Hibou.

Je **me lève** à huit heures.

Je **me lave** la figure.

Je **me promène** dans le bois.

Je **me cache** derrière un arbre.

Je **me couche** à six heures. Bonne nuit!

4. Below are some typical reflexive verbs used in the oral exercises.[1]

s'amuser	*to have fun* (literally, *to amuse oneself*)
s'appeler[2]	*to be called, one's name is* (literally, *to call oneself*)
se brosser	*to brush oneself*
se cacher	*to hide (oneself)*
se dépêcher	*to hurry*
s'habiller	*to get dressed* (literally, *to dress oneself*)
se déshabiller	*to get undressed* (literally, *to undress oneself*)
se laver	*to wash oneself*
se lever[3]	*to get up* (literally, *to raise oneself*)
se promener[3]	*to take a walk* (literally, *to walk oneself*)
se reposer	*to rest*
se réveiller	*to wake up* (literally, *to wake oneself*)

5. In most cases, the reflexive pronoun is the direct object. In some cases, however, the reflexive pronoun may be the indirect object. If the action is performed by the subject upon itself, the reflexive pronoun is the direct object.

Je **me** brosse.	*I brush myself.*
Vous **vous** lavez.	*You wash yourself.*

If the action is performed by the subject upon a part of his own body, the part of the body is the direct object, and the reflexive pronoun is the indirect object. In this case, the definite article is used instead of a possessive adjective.

Je **me** brosse **les dents**.	*I brush my teeth.*
Vous **vous** lavez **la figure**.	*You wash your face.*

Below are some verbs used in the above ways.

se brosser	(les dents, les cheveux)	*to brush*
se casser	(le bras, la jambe)	*to break*

[1] Some of these verbs can be used as nonreflexive transitive verbs if the action is performed by the subject on someone or something else.

Elle **amuse** les enfants.	Elle **lave** sa voiture.
Elle **appelle** un taxi.	Elle **cache** son argent.
Elle **promène** son chien.	Elle **réveille** son père.

[2] S'appeler, like jeter, doubles the stem consonant: **je m'appelle**.

[3] Se lever and se promener, like acheter, have an *accent grave* on certain forms: **je me lève, je me promène** (see Lesson 7.4.4).

se couper	(les ongles, le doigt)	*to cut*
se fouler	(la cheville)	*to sprain*
se laver	(les mains, la figure)	*to wash*

11.4 VERBES RÉFLÉCHIS : AUX TEMPS COMPOSÉS

1. All reflexive verbs take **être** as the auxiliary verb in compound tenses[1]. If the reflexive pronoun is the direct object, the past participle agrees in gender and number with it.

Je **me** suis **levé** (**levée**).
Tu **t'**es **levé** (**levée**).
Il **s'**est **levé**; elle **s'**est **levée**.
Nous **nous** sommes **levés** (**levées**).
Vous **vous** êtes **levé** (**levée, levés, levées**).
Ils **se** sont **levés**; elles **se** sont **levées**.

2. If the reflexive pronoun is the indirect object, the past participle does not agree with it. The past participle must agree with the direct object pronoun, however, which precedes the past participle.

Je me suis **lavé** la figure.	→Je me **la** suis **lavée**.
Elle s'est **coupé** les cheveux.	→Elle se **les** est **coupés**.
Il s'est **brossé** les dents.	→Il se **les** est **brossées**.

11.5 NOMBRES CARDINAUX (APRÈS 1000)

1. Instead of a comma, a period (**un point**) is used in French with numbers in the thousands and millions. **Mil(le)** does not add an **s** in the plural. Note that **un** is used in **un million**, and **de** + noun is used when **million(s)** is not followed by a smaller number.

1.000	**mille**
2.000	**deux mille**
2.500	**deux mille cinq cents**
3.640	**trois mille six cent quarante**
10.011	**dix mille onze**
258.300	**deux cent cinquante-huit mille trois cents**
1.000.000 habitants	**un million d'**habitants
3.500.000 voitures	**trois millions cinq cent mille** voitures

---

[1] A *compound tense* consists of an auxiliary verb and a past participle. (The *passé composé* is the only compound tense studied thus far.) A *simple tense* consists of a conjugated verb form alone. (The present and imperfect indicative are simple tenses.)

2. Years between 1100 and 1999 are usually read in multiples of **cent(s)** rather than mil...cent(s).

1142	onze cent quarante-deux
1871	dix-huit cent soixante et onze
1980	dix-neuf cent quatre-vingts

3. Telephone numbers are given in three groups of numbers, usually a three-digit number followed by two two-digit numbers.

033 32 45	zéro trente-trois, trente-deux, quarante-cinq
121 07 16	cent vingt et un, zéro-sept, seize
765 00 02	sept cent soixante-cinq, zéro-zéro, zéro-deux

The old system used three letters, rather than numbers, for the telephone exchange: **INV**alides, **DAN**ton, **OD**Éon, **SÉG**ur, **ÉTO**ile. Telephone numbers are still sometimes listed this way.

| DAN. 25 12 | DANton, vingt-cinq, douze |
| ODÉ. 16 95 | ODÉon, seize, quatre-vingt-quinze |

vocabulaire [1]

Noms masculins

·appareil	cours	habitant	·récepteur
appartement	·docteur	·mal (de tête)	Rhin
boulanger	état	marquis	Rhône
Canada	étranger	Mississippi	·week-end
comte	fleuve	ongle	

Noms féminins

agglomération	embouchure	Loire	population
Amérique	exploration	longueur	prise
Bastille	·fièvre	Louisiane	règle
·cabine	figure	machine	Seine
capitale	Garonne	Meuse	
déclaration	·grippe	Moselle	
dent	indépendance	·ordonnance	

Verbes

s'amuser	·s'approcher	se brosser	·composer
s'appeler	bavarder	se cacher	se coucher

[1] Reflexive pronouns and numerals are excluded.

se couper   ·s'excuser   préparer   se réveiller
·décrocher   fonder   se promener   ·sécher
se dépêcher   s'habiller   ·raccrocher   ·sonner
se déshabiller   se laver   ·se recoucher
écrire *irrèg*   se lever   se reposer

Adjectifs

désert(e)   ·grave   sale
·épouvantable   ·pauvre   ·téléphonique

Autres expressions

·allô   ·c'est ça   ·Qu'est-ce qu'il y a?
avant (de)   de bonne heure   rapidement
·avant-hier   découvert   tôt
·avoir besoin de   ·dès que   ·tout de suite
·avoir mal à la tête   pendant (que)   vers

Douzième
Leçon

Tableau XVII

conversations

A. *Regardez la carte d'Europe.*[1]

Quelle est la capitale de la France? Comment s'appellent les habitants de Paris?

Quelle est la capitale de l'Allemagne Fédérale? Quelle langue parle-t-on en Allemagne?

Regardez la France. Quels sont ses pays voisins? Quelles langues parle-t-on dans ces pays?

B. *Voici le nom de quelques personnes célèbres. Identifiez leur nationalité et leur profession* (écrivain, peintre ou compositeur).

Botticelli	Gœthe	Debussy
Balzac	Verdi	Dante
Goya	Matisse	Hugo

C. En route.

MICHEL   Qu'est-ce qu'il y a, Monsieur? Je n'ai rien fait.

L'AGENT   Si, vous avez dépassé la limite de vitesse.

MICHEL   Je roulais seulement à 70 km à l'heure.

L'AGENT   Je sais bien, Monsieur. La limite de vitesse est 40 kilomètres à l'heure ici.

exercices oraux

12.1 NOMS GÉOGRAPHIQUES ET PRÉPOSITIONS

A. *Faites des phrases d'après ces modèles.*

Paris, France, Français

ÉTUDIANT A   **Paris est la capitale de la France.**

ÉTUDIANT B   **Les habitants de la France s'appellent les Français.**

1. Madrid, Espagne, Espagnol
2. Rome, Italie, Italien
3. Lisbonne, Portugal, Portugais
4. Bruxelles, Belgique, Belge

[1]La première partie des **Expressions utiles** est enregistrée sur la bande magnétique.

5. Dublin, Irlande, Irlandais
6. Berne, Suisse, Suisse

7. Londres, Angleterre, Anglais
8. La Haye, Pays-Bas, Hollandais

    B. *Maintenant, parlons de pays étrangers.*

1. Quelle est la capitale de la Suisse? Quelles langues parle-t-on en Suisse? Quels sont les pays voisins de la Suisse? Quelles langues parle-t-on dans ces pays?

2. Connaissez-vous bien la géographie? Où se trouvent les pays suivants?

    Monaco   Liechtenstein   Andorre

3. La monarchie existe dans plusieurs pays. Dans quels pays d'Europe existe-t-elle?

4. La plaque internationale: si vous amenez une voiture en Europe, vous devez acheter une petite plaque ovale qui indique le pays d'immatriculation. Quels pays est-ce que ces plaques représentent?[1]

    A   DK   I
    B   E   MC
    CH   F   NL
    D   GB   USA

[1]Voici les pays (non pas dans l'ordre donné dans la question!): Suisse (Confédération Helvétique), Monaco, Belgique, Allemagne, Angleterre, États-Unis, Italie, Autriche, Danemark, France, Espagne, Pays-Bas.

«Peut-être, un jour, moi aussi…» (Sénégal)

C. *Parlons maintenant des États-Unis.*

1. Voici le nom de quelques villes américaines. Dans quel état est chaque ville?

Bâton Rouge	Détroit	Saint-Cloud
Beaumont	Du Bois	Saint-Louis
Boisé	Duluth	Louisville
Cœur d'Alène	Eau Claire	Pierre
Des Moines	Fond du Lac	Terre Haute

2. Quel est le plus grand état? Comment s'appelle le plus petit état?
3. Où est la Louisiane? Quels sont les états voisins de la Louisiane? Et les états voisins du Colorado?
4. Dans quel état êtes-vous né? Et vos parents?
5. Quelle est la date de la fête nationale? De quel état vient notre président? Et notre vice-président?

12.2 PRONOMS PERSONNELS TONIQUES

A. Exercice de contrôle
Je vais rentrer chez moi.

1. Tu	4. Vous	7. (Marie et Thérèse)
2. Les étudiants	5. Nous	8. Je
3. (Jacques)	6. (Marie)	

B. *Répondez aux questions.*

1. Êtes-vous plus travailleur que (Gisèle)? (Jeanne) est-elle plus travailleuse que vous?
2. Êtes-vous fâché contre moi? Et contre vos voisins?
3. Avez-vous peur de vos professeurs? Et de vos parents?
4. Voulez-vous déjeuner avec (Jean-Pierre)? Et avec (Marie-Claire)?

C. *Regardez vos camarades dans la classe. Répondez aux questions d'après ce modèle.*

Avec qui voulez-vous déjeuner?
Avec lui! (Avec elle! Avec vous!)

1. Avec qui voulez-vous étudier?	7. De qui n'avez-vous pas peur?
2. À qui est-ce que je parle?	8. Qui est très travailleur?
3. Qui regardez-vous?	9. Chez qui voulez-vous déjeuner?
4. Qui parle bien français?	
5. Qui veut connaître Paris?	10. Avec qui étudiez-vous?
6. Avec qui voulez-vous sortir?	

D. *Je vais parler de moi-même*[1]*. Dites «moi aussi», «pas moi», «moi non plus» ou «moi, si» après chaque phrase.*

1. Je suis professeur.
2. Je vais bien aujourd'hui.

---

[1] **-même(s)** ajouté aux pronoms personnels toniques correspond à *self, selves* en anglais.

3. Je suis très intelligent.
4. Je parle bien français.
5. Je ne suis pas paresseux.

6. Je ne parle pas chinois.
7. Je ne suis pas étudiant.
8. J'aime manger des escargots.

On continue de la même façon.

12.3 FUTUR ET FUTUR ANTÉRIEUR

A. Exercice de contrôle
Je parlerai français quand je serai en France.
1. Tu
2. Nous
3. Mes camarades
4. Mon camarade
5. Vous
6. Je

Je travaillerai après que j'aurai regardé la télévision.
1. Le professeur
2. Vous
3. Les étudiants
4. Tu
5. Nous
6. Je

B. *Regardez le Tableau VI. Faites des phrases d'après ces modèles.*
Quand il aura traversé la rue, il entrera dans le restaurant.
Quand il sera entré dans le restaurant, il choisira la table.

C. *Nous allons parler d'un voyage en Europe. Mettez chaque phrase au futur.*
1. Je voyage en Europe cet été.
2. Je peux améliorer mon français.
3. Je pars avec mes parents.
4. Le voyage dure un mois.
5. Nous prenons un avion.
6. Nous arrivons à Paris.
7. Mes parents vont en Italie.
8. Je les vois en Suisse.
9. Je veux rester à Paris.
10. Il fait chaud en Europe.
11. Je connais bien Paris.
12. Je prends des photos.
13. Mes parents sont en Suisse.
14. J'écris des lettres.
15. J'envoie des cartes postales.
16. Nous rentrons en juillet.

D. *Répondez aux questions d'après ce modèle.*
Regardez-vous la télévision aujourd'hui?
Non, mais je la regarderai demain.
1. Écrivez-vous à vos parents aujourd'hui?
2. Téléphonez-vous à votre ami aujourd'hui?
3. Avez-vous votre cahier d'exercices?
4. Faites-vous vos devoirs aujourd'hui?
5. Apprenez-vous le dialogue aujourd'hui?
6. Les étudiants finissent-ils les exercices?
7. Est-ce que je finis mon travail aujourd'hui?

E. *Répondez aux questions en employant le futur.*
1. Quand partez-vous en vacances?
2. Où allez-vous pendant les vacances?
3. Où dînerez-vous ce soir?
4. Quels vêtements porterez-vous demain?

«Mais bien sûr
que je parle
français!» (Maroc)

5.   À quelle heure vous lèverez-vous?
6.   Serez-vous en classe demain?

12.4   *LIRE*

   A.   Exercice de contrôle
   Je lis beaucoup de livres.

1. Nous	3. Vous	5. Tu
2. Le professeur	4. Les étudiants	6. Je

Je ne lis pas de lettres en classe.

1. Le professeur
2. Tu
3. Vous
4. Nous
5. Les étudiants
6. Je

B. *Répondez aux questions.*

1. Lisez-vous des journaux? Est-ce je lis des journaux français?
2. Lisez-vous des romans? Est-ce que je lis assez?
3. Avez-vous lu des poèmes français? Demandez à (Jacques) s'il a lu des poèmes.
4. Qu'est-ce que nous lisons en classe? Quand lirons nous un dialogue?

12.5 FORMES NÉGATIVES: *NE . . . RIEN* ET *NE . . . PERSONNE*

A. *Vous allez être en contradiction avec moi. Ajoutez des phrases négatives d'après ces modèles.*

J'achète tout.

Mais non, vous n'achetez rien!

Je connais tout le monde.

Mais non, vous ne connaissez personne!

1. Je sais tout.
2. Je fais tout.
3. Je réponds à tout.
4. Je comprends tout le monde.
5. Je lis tout.
6. Je parle de tout.
7. J'obéis à tout le monde.
8. Je déteste tout le monde.
9. Je connais tout le monde.
10. J'achète tout.

Maintenant, ajoutez des phrases d'après ces modèles.

J'achète tout.

Mais non, vous n'avez rien acheté!

Je connais tout le monde.

Mais non, vous n'avez connu personne!

B. *Répondez négativement d'après ce modèle.*

Avez-vous vu quelque chose?

Non, je n'ai rien vu.

1. Avez-vous acheté quelque chose?
2. Avez-vous vu quelqu'un?
3. Avez-vous répondu à quelqu'un?
4. Avez-vous fait quelque chose?
5. Avez-vous pensé à quelque chose?
6. Avez-vous dit quelque chose?
7. Est-ce que quelque chose est arrivé ce matin?
8. Est-ce que quelqu'un est venu vous voir?

C. *Répondez aux questions.*

1. Y a-t-il quelqu'un à la porte?

2. Y a-t-il quelqu'un derrière (François)?
3. Avez-vous quelque chose dans la main?
4. Avez-vous voyagé dans un sous-marin?
5. Voulez-vous raconter vos ennuis?
6. Allez-vous toujours à la «high school»?
7. Y a-t-il quelque chose sous votre chaise?
8. Pensez-vous toujours à l'été dernier?
9. Faites-vous toujours trop de fautes?
10. Avez-vous mangé des escargots?

application

A. Dialogue et questions

Allons à Paris!

C'est lundi soir. Jean-Paul vient de finir un devoir sur le voyage de
Benjamin Franklin à Paris.[1] Pour se détendre un peu, il mange une pomme
et regarde le journal de l'université. Tout d'un coup[2], son visage s'éclaire.
En bas de[3] la dernière page on annonce des vols pour Londres et Paris. Le
voyage coûte seulement trois cents dollars, aller et retour[4]. Quelle   5
chance![5] Les vacances d'hiver, qui commencent juste après les examens,
durent un mois entier. Jean-Paul a assez d'argent car il a fait des économies[6] Il pourra donc rentrer à Paris. Il prend des ciseaux et découpe
l'annonce. Le lendemain matin il voit Jenny dans le couloir et lui montre
l'annonce du journal.   10

JENNY   Qu'est-ce que c'est?

JEAN-PAUL   Regarde cette annonce. Le club de tourisme organise huit vols
pour l'Europe.

JENNY   Hum... trois cents dollars, aller et retour, de New York à Paris. Ce
n'est vraiment pas cher!   15

JEAN-PAUL   C'est pour rien.[7] Je vais rentrer en France pendant les vacances.

JENNY   Quelle chance tu as!

---

[1] Benjamin Franklin went to Paris as an ambassador from the newly independent United
States (1777) in order to seek assistance from France in the Revolutionary War. Many
Frenchmen joined the war, the most famous being the Marquis de Lafayette and the
Count de Rochambeau, whose regular soldiers fought side by side with the Min-
utemen.
[2] *Suddenly*
[3] *At the bottom of* (opposite of **en ḥaut de**)
[4] *round trip*
[5] *What good luck!*
[6] **faire des économies** *to save money*
[7] *It's a steal.*

JEAN-PAUL	Veux-tu venir avec moi? Tu pourras loger chez mes parents.
JENNY	Je ne sais pas...je vais demander à mon père.
JEAN-PAUL	Ce sera agréable de célébrer la fin des examens à Paris.
JENNY	Et je ferai la connaissance de ta famille.
JEAN-PAUL	Oui, et on montera en haut de la Tour Eiffel, on visitera le Louvre, le Quartier Latin, Montmartre, l'Île de la Cité...il y a tant de[1] choses à voir!

20

25

(lignes 1–10)
1. Qu'est-ce que Jean-Paul vient de finir?
2. Pourquoi Jean-Paul regarde-t-il le journal?
3. Où trouve-t-il l'annonce pour les vols?
4. Combien coûte le voyage?
5. Combien de temps durent les vacances d'hiver?
6. Pourquoi Jean-Paul a-t-il assez d'argent?
7. Pourquoi découpe-t-il l'annonce?
   (lignes 11–25)
8. Qu'est-ce que Jean-Paul annonce à Jenny au sujet de ses vacances?
9. Où Jenny pourra-t-elle loger à Paris?
10. À qui va-t-elle parler avant d'accepter l'invitation?
11. Qu'est-ce qui sera agréable?
12. En haut de quelle tour monteront-ils à Paris?
13. Qu'est-ce qu'il y a à voir à Paris?

B. Expressions utiles

Pays, capitales, habitants (Tableau XVII)

Pays féminins
1. la France, Paris, Français
2. l'Allemagne de l'est, Berlin, Allemands
3. l'Allemagne de l'ouest, Bonn, Allemands
4. l'Angleterre (la Grande-Bretagne), Londres, Anglais
5. l'Autriche, Vienne, Autrichiens
6. la Belgique, Bruxelles /bRysεl/, /bRyksεl/, Belges
7. l'Espagne, Madrid, Espagnols
8. l'Irlande, Dublin/dyblἕ/, Irlandais
9. l'Italie, Rome, Italiens
10. la Suisse, Berne, Suisses

Pays masculins
11. le Danemark, Copenhague, Danois
12. le Luxembourg, Luxembourg, Luxembourgeois
13. les Pays-Bas, La Haye/laε/, Hollandais
14. le Portugal, Lisbonne, Portugais

[1]**tant de** *so much, so many*

Moyens de transport

$$\left.\begin{array}{l} \text{aller} \\ \text{arriver} \\ \text{partir} \\ \text{venir} \\ \text{voyager} \end{array}\right\} \left\{\begin{array}{l} \text{à bicyclette} \\ \text{à pied} \\ \text{par le train} \\ \text{en voiture} \\ \text{en avion} \\ \text{en bateau} \\ \text{en autobus} \\ \text{en autocar} \end{array}\right.$$

faire de l'auto-stop

C. *Posez des questions sur les parties soulignées.*
Ma sœur et moi, nous allons en France (1) l'été prochain. Nous allons prendre un vol (2) organisé par une agence de voyage de notre ville. Je rêve de visiter la France (3) depuis que j'ai commencé à apprendre le français. J'attends donc (4) avec impatience la fin de l'année scolaire. Je vais acheter tous les guides de tourisme avant notre départ (5) pour organiser de bons itinéraires. Ma sœur va chercher (6) une liste des auberges de jeunesse[1]. J'ai déjà acheté (7) plusieurs «Guides verts» Michelin. (8) Ces guides sont précieux. Pour chaque région de la France, il y a (9) des plans de villes[2], l'histoire et la description des endroits intéressants, avec beaucoup d'illustrations.

D. *Complétez le passage suivant.*
(1)   Club/tourisme/notre/université/aller/organiser/vols/pour/Europe.
(2) Voyage/ne pas/coûter cher/et/je/avoir/assez/argent/car/je/faire/ économies.   (3) Je/pouvoir/passer/presque/deux/mois/Europe.   (4) Nous/arriver/Londres/21/juin.   (5) De là,/nous/aller/France.   (6) Je/ visiter/beaucoup/monument/quand/je/être/Paris! (7) Je/faire/progrès/ en/français/car/je/ne   pas/parler/un/mot/de/anglais/quand/je/être/ France.   (8) Je/prendre/beaucoup/photo/et/je/envoyer/cartes/profes- seur/français.   (9) Je/boire/champagne/manger/escargots!   (10) Je/ attendre/avec/impatience/fin/année/scolaire.

E. *Jouez des rôles: faites un dialogue en faisant les changements de votre choix.*
Le journal annonce un voyage pour Haïti organisé par le club de tourisme de l'université. De New York à Port-au-Prince, aller et retour, 200 dollars. D'après le journal, il y a d'excellents hôtels à Haïti[3]. On trouve aussi beaucoup de petits hôtels peu chers[4] mais confortables à Port-au-Prince. Vous demandez à vos parents si vous pouvez aller à Haïti. Vous pourrez

---

[1] **auberges de jeunesse**   *youth hostels*
[2] **plans de villes**   *city maps*
[3] On utilise les mêmes prépositions pour les noms d'îles que pour les noms de villes. **à Porto Rico, à Cuba.**
[4] pas chers

prendre des bains de soleil, nager, et faire du ski nautique. Vous pourrez pratiquer un peu votre français. Pour convaincre vos parents, vous leur montrez un numéro de *National Geographic* où il y a de belles photos de Port-au-Prince.

F. Renseignements et opinions

1. Que ferez-vous ce soir? Mentionnez trois ou quatre choses en ordre chronologique.
2. Où préférez-vous habiter, à New York, à Mexico[1] ou à Paris? Pourquoi?
3. Quel temps fera-t-il demain? Comment le savez-vous?
4. Si vous voulez essayer de faire quelque chose de très différent ce week-end, que ferez-vous? Mentionnez deux choses.
5. Parlons un peu du Canada. Quelle langue parle-t-on au Canada? Quelle est sa capitale? Comment s'appellent ses habitants? Comment s'appelle sa plus grande ville?
6. Quels sont les avantages et les inconvénients d'un voyage en groupe?

[1] capitale du Mexique

La Martinique..
un coin de
France pas
comme les autre

explications

TOUT D'ABORD

Les pays francophones

French is spoken not only in France but in many parts of the world. Other European countries where French is a major language include Belgium, Switzerland, Luxembourg, and Monaco. As for North America, French has been spoken in French Canada, parts of New England, and Louisiana for more than two centuries—ever since France attempted to maintain **la Nouvelle France** in the New World.

France, like England, pursued a colonial expansion policy in the nineteenth century and acquired vast territories in Asia (Indochina), Africa, and other parts of the world. Nearly all of these colonies are now independent, although most still have cultural ties with France. In Africa, French is either the official language or one of two official languages in Algeria, Cameroon, Republic of Central Africa, Congo (Brazzaville), Gabon, Mali, Malagasy Republic (Madagascar), Mauritania, Niger, Senegal, Togo, Upper Volta, Zaire (former Belgian colony), and several others. Although they have little to do with French currency, the words **franc** and **centime** are used in most of these countries to designate standard monetary units.

French is also spoken in French Polynesia and New Caledonia (in Oceania) and in four overseas **départements** (Martinique and Guadeloupe in the West Indies, French Guiana in South America, and the island of Réunion in the western part of the Indian Ocean). Creole French—a mixture of French and Black African languages—is still used in Haiti and parts of Louisiana.

12.1 NOMS GÉOGRAPHIQUES ET PRÉPOSITIONS

1. Study the following chart.[1]

CONTINENTS[2]	COUNTRIES			CITIES[3]	ENGLISH EQUIVALENTS
	Feminine	*Masculine*	*Plural*		
en	en	au	aux	à	*in, at, to*
de	de	du	des	de	*of, about, from*

Ils sont **en** Afrique et ils viennent **d'**Europe.
Jean-Paul voyage **en** Suisse; il vient **de** France.

---

[1] The names of European countries and their capitals are given in the **Expressions utiles** of this lesson.

[2] The names of continents in French are feminine. They may be followed by **du Sud** /syd/ *South*, **de l'Ouest** /wɛst/ *West*, **du Nord** /nɔʀ/ *North*, or **de l'Est** /ɛst/ *East*: **en Amérique du Sud, en Afrique du Nord**.

[3] **Dans** *inside* is used for a location *within* a city.

Ce monsieur va **au** Mexique; il est venu **du** Japon.
Cette dame habite **aux** États-Unis; elle vient **des** Pays-Bas.
Jenny est **à** Paris; elle vient **de** Syracuse.

2.   Some states in the United States are feminine in French, and take the same prepositions as feminine countries.[1]

la Californie	la Louisiane
la Floride	la Pennsylvanie
la Georgie	la Virginie

North and South Carolina and West Virginia are also considered feminine, but in their case either **en** or **dans** may be used. (**Dans** requires use of the definite article.)

en   } { Caroline du Nord (du Sud)
dans la } { Virginie de l'Ouest

The rest of the states are masculine and usually take **dans** + definite article and **du** (or **de l'**).[2]

dans le Maine et **dans** l'Ohio
dans le Colorado et **dans** l'Utah
L'université **du** Michigan est à Ann Arbor.

12.2   PRONOMS PERSONNELS TONIQUES

1.   The stressed personal pronouns (also known as disjunctive pronouns) follow the preposition.

Je rentre chez **moi.**	**Nous** rentrons chez **nous.**
Tu rentres chez **toi.**	**Vous** rentrez chez **vous.**
Il rentre chez **lui.**	**Ils** rentrent chez **eux.**
Elle rentre chez **elle.**	**Elles** rentrent chez **elles.**
On rentre chez **soi.**	

2.   In French, subject pronouns (**je, tu, il,** etc.) cannot be stressed. For emphasis, the corresponding stressed pronoun is placed at either the beginning or the end of the sentence.

Moi, je vais en France. }
Je vais en France, **moi**. }   *I am going to France.*

Toi, tu parles italien? }
Tu parles italien, **toi**? }   *Do you speak Italian?*

[1] These states and **Caroline** are about the only ones ending in -*a* in English whose ending is changed to -**e** in French ("gallicized").
[2] **Hawaii** is treated like a city: **Je vais à Hawaii; elle vient de Hawaii.**

Use of the third person subject pronoun is optional when the stressed pronoun begins the sentence.

Lui ne part pas.
Lui, il ne part pas. ⎫
Il ne part pas, **lui**. ⎬   He *isn't leaving.*

Elles ne fument pas.
Elles, elles ne fument pas. ⎫
Elles ne fument pas, **elles**. ⎬   They *don't smoke.*

    3.   The stressed pronoun can be used as a single-word answer to a question. If the verb in the question takes a preposition, the preposition must precede the stressed pronoun.

Je fume.   Moi aussi.   Pas moi!

Je ne fume pas.   Ni moi non plus!   Moi, si.

Qui parle français?   —Moi, Monsieur.
À qui obéissez-vous?   —À elle.
Chez qui demeure Jean-Paul?   —Chez elle.
Pour qui travailles-tu?   —Pour eux.

4.   Study these expressions.

Je vais en Europe cet été.
—**Moi aussi**.   *So am I. (Me, too.)*
—**Pas moi**.   *I'm not. (Not me.)*

Je ne comprends pas cette phrase.
—**(Ni) moi non plus**.   *Neither do I. (Me, neither.)*
—**Moi, si**.   *I do.*

12.3   FUTUR ET FUTUR ANTÉRIEUR

1.   The future tense endings are -ai, -as, -a for the singular, and -ons, -ez, -ont for the plural. Note that four of the endings (-ai, -as, -a, and -ont) are identical with forms of the present tense of **avoir**. For second and third conjugation verbs, these endings are simply attached to the infinitive. The third conjugation verbs drop the final **e** of the infinitive first.

finir		vendre	
je finir**ai**	/finiʀe/	je vendr**ai**	/vãdʀe/
tu finir**as**	/finiʀa/	tu vendr**as**	/vãdʀa/
il finir**a**	/finiʀa/	il vendr**a**	/vãdʀa/
nous finir**ons**	/finiʀõ/	nous vendr**ons**	/vãdʀõ/
vous finir**ez**	/finiʀe/	vous vendr**ez**	/vãdʀe/
ils finir**ont**	/finiʀõ/	ils vendr**ont**	/vãdʀõ/

2.   In principle, the future tense of first conjugation verbs is also formed by adding the future endings to the infinitive. In terms of *pronunciation*, however, it is more practical to say that it is formed by adding -rai, -ras, -ra, -rons, -rez, and -ront to the first person singular form of the present tense.[1] Compare the pronunciation of the infinitive, the present singular, and the future in the following verbs.

donner	/dɔne/	employer	/ãplwaje/
je donne	/dɔn/	j'emploie	/ãplwa/
je donnerai	/dɔnʀe/	j'emploierai	/ãplwaʀe/
nous donnerons	/dɔnʀõ/	nous emploierons	/ãplwaʀõ/

[1] In other words, if any pronunciation and spelling change occurs in the present singular form, that change is kept in *all* forms of the future tense. See Lesson 7.4.

acheter	/aʃte/	appeler	/aple/
j'achète	/aʃɛt/	j'appelle	/apɛl/
j'achèterai	/aʃɛtRe/	j'appellerai	/apɛlRe/
nous achèterons	/aʃɛtRõ/	nous appellerons	/apɛlRõ/

Verbs whose infinitive ends in **é** + consonant + **er** retain the **é** of the stem in the future tense forms, even though it is pronounced /ɛ/ throughout (and would normally be spelled **è**).

répéter	/Repete/	céder	/sede/
je répète	/Repɛt/	je cède	/sɛd/
je répéterai	/RepɛtRe/	je céderai	/sɛdRe/
nous répéterons	/RepɛtRõ/	nous céderons	/sɛdRõ/

   3.   Below are the future stems of irregular verbs learned thus far.

     A.   Irregular future stem

avoir	aur-	vous aurez	/ɔRe/
être	ser-	vous serez	/s(ə)Re/
aller	ir-	vous irez	/iRe/
devoir	devr-	vous devrez	/dəvRe/
envoyer[1]	enverr-	vous enverrez	/ãvɛRe/
faire	fer-	vous ferez	/f(ə)Re/
pouvoir	pourr-	vous pourrez	/puRe/
savoir	saur-	vous saurez	/sɔRe/
venir	viendr-	vous viendrez	/vjɛ̃dRe/
voir	verr-	vous verrez	/vɛRe/
vouloir	voudr-	vous voudrez	/vudRe/
pleuvoir	pleuvr-	il·pleuvra	/plœvRa/

     B.   Regular future stem

boire	boir-	je boirai
conduire	conduir-	je conduirai
connaître	connaîtr-	je connaîtrai
dire	dir-	je dirai
dormir	dormir-	je dormirai
écrire	écrir-	j'écrirai
mettre	mettr-	je mettrai
partir	partir-	je partirai
prendre	prendr-	je prendrai
sortir	sortir-	je sortirai

[1]This verb is irregular only in the future tense. In the present and imperfect tenses, it is conjugated like **employer** and **nettoyer**.

4. The future perfect tense (*le futur antérieur*) consists of the future tense of the auxiliary verb plus the past participle of the verb expressing the action. It denotes an action that will have been completed in the future before another future action occurs. It is equivalent to English *will have* + past participle.

j'**aurai** parlé	je **serai** parti(e)
tu **auras** mangé	tu **seras** sorti(e)
il **aura** compris	il **sera** arrivé
nous **aurons** déjeuné	nous **serons** rentré(e)s
vous **aurez** étudié	vous **serez** descendu(e) (s)
ils **auront** chanté	ils **seront** revenus

5. In French, if the *main clause* of a sentence is in the future tense, the *dependent clause* (introduced by conjunctions like **quand** and **lorsque** *when*, **dès que** and **aussitôt que** *as soon as*, and **après que** *after*) must also be in the future tense. Unlike English, which uses the present or present perfect tense in the dependent clause, both clauses in French must be in the future tense.

Je **verrai** Marie quand j'**arriverai** à Paris.	*I* will see *Marie when I* arrive *in Paris.*
Elle **partira** aussitôt qu'elle **aura vu** Paul.	*She* will leave *as soon as she has seen Paul.*

6. The verb of a dependent clause introduced by **si** *if* in French is in the present tense in a statement referring to future action.

Je **viendrai** si je **suis** libre.	*I* will come *if I am free.*
Si vous **allez** à Paris, vous **verrez** la Tour Eiffel.	*If you* go *to Paris, you* will see *the Eiffel Tower.*

12.4 *LIRE* TO READ

Je **lis** un journal.	Nous **lisons** un poème.
Tu **lis** un article.	Vous **lisez** des lettres.
Il **lit** l'annonce.	Ils **lisent** beaucoup.

J'ai **lu** un poème de Prévert.
Je **lirai** cette lettre à Gisèle.

Other verbs conjugated like **lire**:

élire *to elect*
relire *to read again*

12.5 FORMES NÉGATIVES: *NE . . . RIEN* ET *NE . . . PERSONNE*

1.   **Rien** *nothing* and **personne** *no one* are the opposite of **quelque chose** *something* and **quelqu'un** *someone*. The placement of these negative words varies according to their function in a given sentence. In the examples below, they are the *subject*. (Note that **ne** still precedes the verb.)

Cet examen est facile.	→**Rien** n'est facile.	*Nothing is easy.*
Denise comprend cela.	→**Personne ne** comprend cela.	*No one understands that.*

2.   **Rien** and **personne** can be the *direct object* of a verb. In a simple tense, they both follow the verb.

Je vois **ton livre**.	→Je **ne** vois **rien**.	*I see nothing.*
Je vois **ton amie**.	→Je **ne** vois **personne**.	*I see nobody.*

In a compound tense, **rien** (like **pas**, **plus**, and **jamais**) precedes the past participle, whereas **personne** follows it.

J'ai vu **ton livre**.	→Je n'ai **rien** vu.	*I saw nothing.*
J'ai vu **ton amie**.	→Je n'ai vu **personne**.	*I saw nobody.*

Il **n'y a rien** sur le bureau.
Rien n'est sur le bureau.

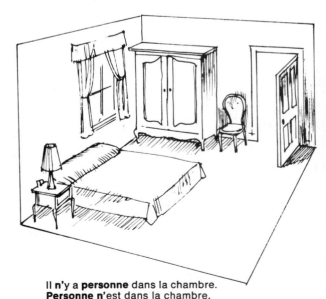

Il **n'y a personne** dans la chambre.
Personne n'est dans la chambre.

3. As the *indirect object* and *object of a preposition*, **rien** and **personne** occupy the same position as the corresponding noun object.

Il obéit **aux règles.** → Il n'obéit **à rien.**
Il obéit **aux agents.** → Il n'obéit **à personne.**
Il parle **de l'examen.** → Il ne parle **de rien.**

Il a obéi **aux règles.** → Il n'a obéi **à rien.**
Il a obéi **aux agents.** → Il n'a obéi **à personne.**
Il a parlé **de l'examen.** → Il n'a parlé **de rien.**

4. Both **rien** and **personne** may be used as *single-word negative answers.* If the verb in the question takes a preposition, the preposition must also precede **rien** or **personne** in the answer.

Qu'est-ce qui se passe? — **Rien!**
Qui sait la réponse? — **Personne!**
À quoi pensez-vous? — **À rien!**
De qui parlez-vous? — **De personne!**

5. If **rien, personne, quelque chose,** or **quelqu'un** is modified by an adjective, **de** + masculine adjective is used.

As-tu trouvé **quelque chose de facile?**
—Non, je n'ai **rien** trouvé **de facile.**
As-tu rencontré **quelqu'un d'intéressant?**
—Non, je n'ai vu **personne d'intéressant.**

vocabulaire[1]

Noms masculins

·aller et retour
Andorre
·ciseaux *pl*
·club (de
   tourisme)
Colorado
·compositeur
Dakota du sud
Danemark
dialogue
·dollar
·écrivain

escargot
est
·examen
Idaho
Iowa
Kansas
Kentucky
·lendemain
Liechtenstein
·Louvre
·Luxembourg
Michigan

Minnesota
Missouri
Monaco
Nebraska
New Mexico[2]
nord
Ohio
Pays-Bas *pl*
·peintre
poème
Portugal
·Quartier Latin

roman
sud
Texas
Utah
vice-président
·visage
·vol
Wisconsin
Wyoming

[1] Stressed personal pronouns are excluded.
[2] On dit également **Nouveau Mexique.**

Noms féminins

Allemagne	carte (postale)	·invitation	plaque
(Fédérale)	Espagne	Irlande	Suisse
Angleterre	Europe	Italie	·Tour Eiffel
·annonce	géographie	·limite	
Autriche	·Île de la Cité	monarchie	
Belgique	immatriculation	Pennsylvanie	

Verbes

améliorer	·découper	exister	se trouver
amener	·dépasser	lire *irrég*	
·annoncer	·se détendre	·loger	
·célébrer	·s'éclairer	·organiser	

Adjectifs

·agréable	·entier (-ière)	international(e)	suisse
allemand(e)	espagnol(e)	irlandais(e)	suivant(e)
belge	fâché(e)	italien(ne)	voisin(e)
·célèbre	·flamand (e)	oval(e)	
chinois(e)	hollandais(e)	portugais(e)	

Autres expressions

après que	·donc	·hum	(ne) rien
·au sujet de	·en bas de	non plus	tant (de)
avoir peur (de)	·en haut de	(ne) personne	tout *pron*
·c'est pour rien	·faire des	·Quelle chance!	·tout d'un coup
contre	économies	quelqu'un	

Treizième
Leçon

CREPES

Beurre et Sucre
Grand Marnier
Rhum
Confiture
Sarrasin Beurre

1F75
1F50

conversations

A. M. Dubois nous invite.

JENNY Écoute, es-tu libre jeudi soir?

JEAN-PAUL Oui, mais pourquoi?

JENNY M. Dubois nous invite à dîner.

JEAN-PAUL Ah oui? c'est gentil de sa part de m'inviter.

B. Acceptez-vous ou refusez-vous?

1. Mme Dubois vous offre du gâteau. Vous acceptez.

MME DUBOIS Vous en voulez?

VOUS Oui, s'il vous plaît. Hmm...votre gâteau est délicieux.

2. Mme Dubois vous offre du champagne.

MME DUBOIS Un peu de champagne?

VOUS Non merci, Madame. Je ne bois pas d'alcool. (*ou bien*: Merci, Madame. Une larme, s'il vous plaît.)

3. Mme Dubois vous sert un dessert.

MME DUBOIS Vous en voulez encore?

VOUS Je veux bien. Seulement un tout petit peu, s'il vous plaît. (*ou bien*: Merci beaucoup. J'ai très bien mangé. Tout a été délicieux.)

exercices oraux

13.1 *S'ASSEOIR*

A. Exercice de contrôle
Je m'assieds devant le professeur.

1. (Jacqueline)
2. (Jean et Marc)
3. Nous
4. Vous
5. Tu
6. Je

Je ne m'assieds pas au fond de la classe.

1. Nous
2. Tu
3. (Jacqueline)
4. Vous
5. Les étudiants
6. Je

238

B. *Répondez aux questions.*

1. Est-ce que je m'assieds dans cette classe? Vous asseyez-vous près de moi? Pourquoi (pas)?
2. Devant qui est-ce que je suis assis? Entre quels étudiants êtes-vous assis?
3. Quand est-ce que je m'assieds sur ma chaise? Quand vous asseyez-vous sur votre lit?
4. Qui est assis au fond de la classe? Demandez à (Anne-Marie) derrière qui elle est assise.
5. Quel est le contraire d'«être assis»? Êtes-vous debout? Quel est le contraire de «s'asseoir»? Quand est-ce que vous vous levez dans la classe?

13.2 EMPLOI DE Y

A. *Répondez aux questions en employant y.*

1. Répondez-vous aux questions?
2. Pensez-vous aux examens?
3. Venez-vous au cours?
4. Allez-vous au labo?
5. Déjeunez-vous en classe?
6. Obéissez-vous aux lois?

B. *Remplacez chaque nom par le pronom approprié d'après ces modèles.*

Il répond à la question.
Il y répond.
Il pense à son père.
Il pense à lui.
Il parle à son père.
Il lui parle.

1. Il répond à son frère.
2. Il parle à son père.
3. Il pense à son avenir.
4. Il vient à la maison.
5. Il obéit aux règles.
6. Il obéit à sa mère.
7. Il pense à sa sœur.
8. Il ressemble à son père.
9. Il travaille à son projet.
10. Il pense à ses parents.

C. *Répondez aux questions en employant les pronoms appropriés.*

1. Êtes-vous à la maison [en classe] maintenant?
2. Répondez-vous au professeur [à ma question]?
3. Obéissez-vous toujours aux lois [aux agents]?
4. Ce livre est-il à vous? À qui est ce stylo?
5. Pensez-vous à votre avenir [à vos parents]?
6. Allez-vous au laboratoire [au cinéma]?
7. Faites-vous des exercices [vos devoirs] en classe?
8. Voulez-vous aller en France [à Paris]?

13.3 *RECEVOIR*

A. **Exercice de contrôle**
Je reçois des cadeaux à Noël.

1. Vous
2. Mes parents
3. Nous
4. Tu
5. Tout le monde
6. Je

Je suis occupé; je ne reçois pas d'amis aujourd'hui.

1. Le professeur
2. Vous
3. Tu
4. Mes parents
5. Nous
6. Je

B. *Répondez aux questions.*

1. Que recevez-vous à Noël? De qui recevez-vous de l'argent?
2. Avez-vous jamais reçu un télégramme? Qui vous l'a envoyé?
3. Recevez-vous des amis chez vous? (Jeanne) reçoit-elle des amis?
4. Recevez-vous de bonnes notes[1] dans ce cours? Quelle sorte de notes voulez-vous recevoir?

13.4 EMPLOI DE *EN*

A. *Répondez aux questions en employant le pronom* **en**.

1. Buvez-vous du lait [de l'eau] au petit déjeuner?
2. Mangez-vous des œufs [frites] au petit déjeuner?
3. Buvez-vous du vin [champagne] au déjeuner?
4. Écrivez-vous des lettres [phrases] en classe?
5. Voyons-nous des chats [chiens] dans la classe?
6. Faisons-nous des devoirs [exercices] en classe?

B. *Répondez aux questions en employant* **beaucoup**, **trop**, **peu**, *ou* **assez**.

1. Avez-vous de l'argent?
2. Avez-vous du travail?
3. Faites-vous des exercices?
4. Lisons-nous des phrases?
5. Est-ce que j'ai de l'imagination?
6. Est-ce que je pose des questions?
7. Est-ce que j'ai de la patience?
8. Faisons-nous des exercices?

C. *Voici une recette imaginaire pour un punch. Ajoutez des phrases d'après ce modèle.*

Je mets une bouteille de vin blanc sec dans le bol.
Bon, vous en mettez une bouteille dans le bol.

1. Je mets une demi-tasse de sucre dans le bol.
2. Je mets deux tasses de jus d'orange.
3. Je mets un peu de cognac.
4. Je mets deux bouteilles de vin blanc sec.
5. Je mets dix tranches d'oranges.

[1] notes *grades* (d'excellentes notes, d'assez bonnes notes, des notes passables, des notes médiocres, de mauvaises notes)

6. Je mets une bouteille d'eau gazeuse.
7. Est-ce que je peux y mettre d'autres choses?

D. *Répondez aux questions en employant les pronoms appropriés.*
1. Parlez-vous souvent de votre cours [professeur]?
2. Avez-vous besoin de vos camarades [cahiers]?
3. Êtes-vous content de vos professeurs [cours]?
4. Avez-vous peur des examens [agents de police]?
5. Combien de doigts [jambes, oreilles] avez-vous?
6. Combien de chaises [portes, fenêtres] voyez-vous ici?

13.5 PRONOMS COMPLÉMENTS: RÉVISION

A. *Faisons une révision des pronoms compléments. Regardez le Tableau VI et répondez aux questions d'après ce modèle.*
Est-ce qu'il traverse la rue?
Il la traverse, mais moi, je ne la traverse pas.

B. *Voici un autre exercice de révision. Vous allez à un magasin pour acheter quelque chose. Répondez affirmativement en employant des pronoms.*
1. Allez-vous en ville?
2. Traversez-vous cette rue?
3. Entrez-vous dans ce magasin?
4. Attendez-vous la vendeuse?
5. Parlez-vous à la vendeuse?
6. Répondez-vous à ses questions?
7. Avez-vous besoin d'argent?
8. Choisissez-vous des cravates?
9. Sortez-vous du magasin?
10. Prenez-vous l'autobus?
11. Montez-vous dans l'autobus?
12. Descendez-vous de l'autobus?

C. *Voici l'histoire d'une soirée[1] sympathique. Ajoutez des questions en remplaçant chaque nom par le pronom approprié d'après ce modèle.*
J'ai vu Jenny chez le professeur.
Ah oui? vous l'avez vue chez lui?
1. J'ai vu Jean-Paul hier.
2. Je suis allé chez mon professeur.
3. J'y ai emmené Anne.
4. J'ai présenté Anne au professeur.
5. Le professeur nous a montré ses diapositives.
6. Nous avons parlé de la France.

[1]**Soirée** means *evening party* as well as *evening* (the second meaning is implied here).

7. Jean-Paul nous a parlé de Paris.
8. Nous avons vu les diapositives dans la salle à manger.
9. Le professeur a mis des disques sur son électrophone.
10. Mme Dubois a dansé avec son mari et avec Jean-Paul.
11. Après, elle a fait des crêpes.
12. Nous avons mangé des crêpes.
13. Anne a bu un peu de vin.
14. Nous sommes sortis de la maison à minuit.

Il y a tant de bonnes choses à manger! (Club Méditerranée, Martinique)

13.6 LES FRACTIONS

A. *Voici quelques problèmes de mathématiques. Répondez aux questions.*
1. Quelle est la moitié de 30? Et le tiers de 30? Et deux tiers de 30?

2. Quel est le quart de 36? Et le tiers de 36? Et la moitié de 36? Et deux tiers de 36?

3. Quelle est la moitié de 360? Et quel est le quart de 360? Et quel est le tiers de 360?

B. *Répondez aux questions en employant les fractions appropriées.*

1. Il y a 27 leçons dans notre livre. À peu près[1] combien de leçons avons-nous finies[2]?

2. Il y a 26 exercices de prononciation dans le livre. À peu près combien d'exercices avons-nous finis?

3. Il y a quatre exercices dans la Leçon 13.4. Combien d'exercices avons-nous faits?

4. J'ai acheté des petits gâteaux. J'ai maintenant un quart [un tiers] des petits gâteaux. Combien est-ce que j'en ai mangé?

5. J'avais beaucoup de travail hier soir. J'en ai fini seulement la moitié [un tiers]. Combien de travail est-ce que je n'ai pas fini?

6. J'avais 18 dollars sur moi ce matin. J'ai dépensé 6 [12, 9] dollars. Combien d'argent est-ce que j'ai dépensé?

application

A. Dialogue et questions

Chez les Dubois

La fin du semestre approche. Monsieur Dubois et sa femme Sylvie reçoivent les étudiants ce soir. M. Dubois est Américain, mais ses grands-parents sont venus de France il y a soixante ans. Mme Dubois est Française; elle est venue aux États-Unis il y a deux ans. Elle fait de l'excellente cuisine française et ce soir elle va servir des crêpes flambées[3].   5
Presque tout le monde est dans la salle de séjour. Un tiers des étudiants sont assis sur le tapis. On sonne à la porte.

JENNY Bonsoir, Monsieur.

M. DUBOIS Bonsoir, Jenny. Bonsoir, Jean-Paul. Entrez donc[4]. Par ici.

JENNY Nous sommes désolés d'arriver en retard. Est-ce que nous sommes   10
les derniers?

M. DUBOIS Oui, mais ça ne fait rien[5]. Laissez vos manteaux dans la première chambre à droite.

JENNY Oui, Monsieur, merci.

M. DUBOIS Je vous présente ma femme. Sylvie, voici Jenny et Jean-Paul.   15

[1]a peu près *approximately*
[2]Note that the past participle **finies** agrees with the preceding direct object, **leçons**.
[3]**Crêpes** are very thin pancakes made of milk, sugar, flour, and eggs, served with fruit syrup or jam and liqueur. **Flambé** means flamed in a chafing dish just before serving.
[4]**Donc** is often used to emphasize a verb: **entrez donc** *do come in*, **asseyez-vous donc** *do sit down.*
[5]*that doesn't make any difference, it doesn't matter*

«Voulez-vous écouter encore de la musique?»

MME DUBOIS   Je suis heureuse de faire votre connaissance.

JEAN-PAUL   Enchanté, Madame. C'est gentil de votre part de m'avoir invité.

MME DUBOIS   Ça me fait plaisir de faire votre connaissance, Monsieur. Passez donc à la salle de séjour.

JENNY   Bonsoir, tout le monde. Est-ce qu'on peut s'asseoir près de la   20 cheminée, Madame?

MME DUBOIS   Bien sûr. Je vous passe les coussins.

(lignes 1–7)

1. Qui est-ce que les Dubois reçoivent ce soir?
2. D'où est-ce que les grands-parents de M. Dubois sont venus?
3. Quand est-ce que Mme Dubois est venue aux États-Unis?
4. Quelle sorte de cuisinière est Mme Dubois?
5. Qu'est-ce qu'elle va servir?
6. Qui est assis sur le tapis?

(lignes 8–22)

7. Qui arrive le dernier?
8. Où laisse-t-on les manteaux?
9. Qu'est-ce que Jean-Paul dit à propos de l'invitation?
10. Où est-ce que Mme Dubois mène Jenny et Jean-Paul?

11. Où Jenny veut-elle s'asseoir?
12. Qu'est-ce que Mme Dubois lui passe?

B. Expressions utiles

La soirée

Les invités

Il y a $\left\{ \begin{array}{l} \text{beaucoup} \\ \text{trop} \end{array} \right\}$ de monde.

$\left. \begin{array}{l} \text{L'hôtesse} \\ \text{L'hôte} \end{array} \right\}$ est à la porte.

On $\left\{ \begin{array}{l} \text{tire le tapis.} \\ \text{pousse les chaises dans un coin.} \\ \text{boit, mange, chante et danse.} \\ \text{enlève son veston et sa cravate.} \end{array} \right.$

Conversation

faire la connaissance de quelqu'un

$\left. \begin{array}{l} \text{rencontrer} \\ \text{reconnaître} \end{array} \right\}$ quelqu'un

rompre le silence (la glace)

chercher (désespérément) des sujets de conversation
attirer l'attention de quelqu'un

trouver quelqu'un $\left\{ \begin{array}{l} \text{charmant} \\ \text{bavard} \end{array} \right.$

discuter $\left\{ \begin{array}{l} \text{sérieusement} \\ \text{avec passion} \end{array} \right\}$ d'un problème social

Le buffet et les rafraîchissements[1]

des canapés
des petits gâteaux[2]
des petits fours[2]
des amuse-gueule

du punch /põʃ/
un bol à punch
des verres

C. *Posez des questions sur les parties soulignées.*

J'ai été invité chez (1) M. et Mme Bernard, des amis de mes parents. J'ai emmené Marianne, la fille de nos voisins. Quand nous sommes arrivés, il y avait déjà beaucoup de monde. Mme Bernard portait une robe (2) de soie

---

[1] Pour les boissons, consultez les **Expressions utiles** de la Leçon 5.
[2] On emploie **des** et non pas **de** (**des jeunes filles**, **des petits pois**).

très élégante. Sa fille, Lisette, qui a (3) <u>quinze ans,</u> portait une jupe très courte, et attirait l'attention de beaucoup de jeunes gens. Quelqu'un a mis un disque (4) <u>de danse</u> sur l'électrophone et on a commencé à danser. Pour «protéger» Marianne contre les jeunes gens qui la trouvaient (5) <u>charmante</u> et qui voulaient danser avec elle, je l'ai invitée à prendre un peu de champagne et de caviar (6) <u>dans un coin du salon.</u> Nous avons fait la connaissance (7) <u>d'un couple canadien</u> et nous avons bavardé (8) <u>pendant une demi-heure.</u> En somme[1], c'était une soirée (9) <u>un peu ennuyeuse</u> (10) <u>parce que nous connaissions très peu de gens</u> et la plupart des invités étaient beaucoup plus âgés que nous.

D. *Complétez le passage suivant en employant les éléments indiqués.*
(1) Robert/donner/petit/soirée/chez/lui/hier/soir. (2) Je/y/aller/vers/neuf/heure/demi/et/il y a/déjà/beaucoup/monde/dans/petit/appartement. (3) On/danser/chanter/discuter/avec/passion/de/problèmes/social/national/international. (4) On/boire/bière/et/jus (*pl*)/fruits/avec/un peu/gin/ou/rhum. (5) Je/trouver/Marie/assis/sur/tapis,/le/pieds/nu/et/le/dos/contre/pieds/fauteuil. (6) Je/sortir/souvent/avec/elle/année/dernier/mais/nous/rompre/après/dispute. (7) Elle/être/ravissant/hier/soir/et/je/danser/avec/elle. (8) Je/passer/soirée/merveilleux. (9) Je/rentrer/très/tard. (10) Aujourd'hui/je/se lever/midi/avec/mal de tête/épouvantable.

E. *Faites un petit dialogue basé sur le paragraphe suivant en faisant les changements de votre choix.*
Vous allez organiser une petite soirée pour fêter l'anniversaire de votre ami(e) qui aura vingt ans. Vous avez acheté des serviettes en papier et des cuillères et des verres en plastique. Vous êtes avec une camarade et vous vous occupez des[2] derniers préparatifs. Vous avez fait un gâteau au chocolat et elle met de petites bougies sur le gâteau. Vous lui montrez comment vous allez faire le punch (par exemple: des jus de fruits, de l'eau gazeuse, des tranches d'oranges et d'ananas, quelques cuillerées de sucre, du sirop de grenadine, du champagne, du vin blanc sec, du rhum, du gin, du whisky, etc.).

F. *Avez-vous jamais donné une soirée? Faites une description de cette soirée en y incorporant les réponses aux questions suivantes.*
1. Quand avez-vous donné cette soirée? Pourquoi? Où?
2. Qui est-ce que vous y avez invité? Combien de personnes?
3. À quelle heure est-ce que le premier invité est arrivé?
4. Qu'est-ce que vous avez servi[3] comme rafraîchissements?

---

[1] *In short*
[2] **s'occuper de** *to take care of*
[3] du verbe **servir**, conjugué comme **dormir** et **partir**

5. Comment était la soirée? Comment savez-vous qu'on s'est bien amusé (qu'on s'est ennuyé) à la soirée?
6. À quelle heure est-ce que les invités sont partis?
7. Qu'est-ce que vous avez fait après? Que pensez-vous de cette soirée?

G. Renseignements et opinions

1. De quoi aviez-vous peur quand vous étiez petit(e)? En avez-vous toujours peur?
2. À qui pensez-vous souvent? Pensez-vous à cette personne en ce moment? Est-ce qu'elle pense à vous? Comment le savez-vous?
3. En quelle année êtes-vous né(e)? Quelle est la date de votre anniversaire? Comment fêterez-vous votre anniversaire cette année?
4. Conduisez-vous une voiture? Avez-vous jamais reçu une contravention pour excès de vitesse ou pour stationnement interdit? Quand?
5. Êtes-vous né(e) aux États-Unis? D'où est-ce que vos ancêtres sont venus? Quelle langue parlaient-ils? Comment le savez-vous?
6. Faites un portrait imaginaire de M. Dubois, le professeur de français de Jenny. Mentionnez son âge, sa nationalité, ses traits physiques, sa personnalité.

explications

TOUT D'ABORD

Holiday seasons

Christmas is a joyous occasion in France. As in the United States, store windows are beautifully decorated and lit up. On Christmas Eve, many families attend a special midnight mass (**la messe de minuit**) and afterwards have a festive dinner known as **le réveillon** (verb: **réveillonner**). They invite their relatives and friends over, or go out to a restaurant. Most restaurants feature special entertainment for the evening and early morning hours. In the morning, families gather around their Christmas tree and open presents. Children are delighted by the small gifts **Père Noël** (Santa Claus) has left in their shoes.

Most French families also celebrate Epiphany on January 6. On this day they place figurines of the three kings in a miniature manger, and some exchange important gifts to commemorate the coming of the Magi. They serve the traditional **galette des rois**, a cake with one bean in it. The person who finds the bean (**la fève**) in his or her piece of cake becomes king or queen for the evening. Below are some commonly used greetings of the Christmas and New Year season.

Joyeux Noël (et Bonne Année)!
Bonnes vacances et bonne année!
Bonne année et bonne santé!

«Joyeux Noël
et bonne année!»

Je vous souhaite un joyeux Noël
(Mes) meilleurs souhaits pour Noël (et la nouvelle année).

13.1 *S'ASSEOIR*

je m'**assieds**	/asje/	nous nous **asseyons**	/asɛjõ/
tu t'**assieds**	/asje/	vous vous **asseyez**	/asɛje/
il s'**assied**	/asje/	ils s'**asseyent**	/asɛj/

Je me suis **assis(e)** sur la chaise.
Je m'**assiérai** près d'eux.

The verbs **se lever** *to get up* and **s'asseoir** *to sit down* denote actions. **Être debout** *to be standing* and **être assis(e)(s)** *to be seated* denote states of being. Since **debout** is an adverb, it remains invariable.

LE PROFESSEUR   Levez-vous, s'il vous plaît.
L'ÉTUDIANTE   Oui, Monsieur.
(Elle se lève; elle est debout maintenant.)
LE PROFESSEUR   Merci, Mademoiselle. Asseyez-vous.
L'ÉTUDIANTE   Bien, Monsieur.
(Elle s'assied; elle est assise maintenant.)

13.2 EMPLOI DE Y

1. Prepositions indicating locations (**à, dans, devant, en, derrière**) + noun denoting a thing or a place are replaced by the pronominal adverb **y** *there.*

Je vais **au cinéma.**	→J'**y** vais.
Elle entre **dans la salle.**	→Elle **y** entre.
Ils sont **devant la porte.**	→Ils **y** sont.
Elles arrivent **en France.**	→Elles **y** arrivent.

2. The indirect object **à** + noun denoting human beings (and animals) is replaced by **lui** or **leur** (see Lesson 8.1).

Je réponds **à la serveuse.**	→Je **lui** réponds.
Il obéit **aux agents.**	→Il **leur** obéit.

The indirect object **à** + noun denoting a thing or an idea is replaced by **y**. In this construction, **y** no longer corresponds to English *there.*

Je réponds **à la lettre.**	→J'**y** réponds.	*I answer* it.
Je travaille **à ce projet.**	→J'**y** travaille.	*I work* on it.[1]
Il obéit **aux lois.**	→Il **y** obéit.	*He obeys* them.

3. A few verbs require **à** + stressed pronoun (rather than **me, te, lui, leur** before the verb). For example: **penser à** *to think about* and **être à** *to belong to.*

À qui est ce cendrier?	—Il est **à moi.**
À qui sont ces clés?	—Elles sont **à eux.**
À qui pensez-vous?	—Je pense **à lui.**

But **à** + noun denoting a thing or an idea becomes **y**.

Pensez-vous **aux vacances?**	—Oui, nous **y** pensons.

13.3 *RECEVOIR*

The conjugation pattern of **recevoir** *to receive* is similar to that of **devoir** (Lesson 9.5). Note that **ç** does not occur before **e**.

je **reçois**	nous **recevons**
tu **reçois**	vous **recevez**
il **reçoit**	ils **reçoivent**

    J'ai **reçu** un télégramme.
    Je **recevrai** des cadeaux à Noël.

[1]Depending on the context, **J'y travaille** could also mean *I work there.*

13.4 EMPLOI DE *EN*

1.   The pronoun **en** replaces any noun preceded by the partitive article (Lesson 5.3). In the sentences below, **en** corresponds to English *some, any*. In the expression **il y a**, **en** immediately follows **y**: **il y en a**.

Avez-vous **du vin?**	—Oui, j'**en** ai.
Mangez-vous **de la viande?**	—Oui, nous **en** mangeons.
Y a-t-il **des médecins** ici?	—Non, il n'y **en** a pas ici.

2.   In expressions of quantity (such as **beaucoup de, trop de, un peu de**), **de** + noun may be replaced by **en**. In the following sentences, **en** corresponds to English *of it* or *of them*.

Nous avons **beaucoup de livres.**	→Nous **en** avons **beaucoup.**
Ils ne boivent pas **trop de vin.**	→Ils n'**en** boivent pas **trop.**
Y a-t-il **assez de médecins** ici?	→Y **en** a-t-il **assez** ici?

3.   **En** may replace any noun preceded by a number. In French, a number is normally not used without a noun or **en**. In the sentences below, **en** corresponds to English *of them*.

Nous avons **cinq livres.**	→Nous **en** avons **cinq.**
Elle a **deux frères.**	→Elle **en** a **deux.**
Il y a **vingt étudiants** ici.	→Il y **en** a **vingt** ici.

4.   The preposition **de** *about, of* + noun denoting human beings is replaced by **de** + stressed pronoun.

Je parle **de mes parents.**	→Je parle **d'eux.**
Il a besoin **de**[1] **Marianne.**	→Il a besoin **d'elle.**
Tu n'as pas peur **de**[2] **l'agent.**	→Tu n'as pas peur **de lui.**
Il est content **de la serveuse.**	→Il est content **d'elle.**

De + noun denoting a thing, an idea, or a place is replaced by **en**. (This construction parallels that of **à** + noun discussed in Lesson 13.2.2.)

Je parle **de mes vacances.**	→J'**en** parle.
Il a besoin **de la table.**	→Il **en** a besoin.
Tu n'as pas peur **des examens.**	→Tu n'**en** as pas peur.
Il est content **de la voiture.**	→Il **en** est content.
Elle sort **de la maison.**	→Elle **en** sort.

[1]avoir besoin de   *to need*
[2]avoir peur de   *to be afraid of*

13.5 PRONOMS COMPLÉMENTS: RÉVISION

1. Below is a chart of the personal pronouns and the lessons in which they were discussed.

SUBJECT	DIRECT OBJECT		INDIRECT OBJECT	REFLEXIVE	STRESSED
je	me			me	moi
tu	te			te	toi
il	le	lui			lui
elle	la			se	elle
on					soi
nous	nous			nous	nous
vous	vous			vous	vous
ils	les	leur			eux
elles				se	elles
Lesson 1.6	Lesson 8.1 and 8.4			Lesson 11.3	Lesson 12.2

2. **Me**, **te**, **nous**, **vous**, and **se** can be either direct or indirect object pronouns (**se** being exclusively a reflexive pronoun). **Le**, **la**, and **les** are the third person direct object pronouns. **Lui** and **leur** are the third person indirect object pronouns. **Y** replaces any locative preposition + noun, as well as **à** + noun denoting things. **En** replaces any partitive article + noun, as well as **de** (preposition) + noun denoting things. A given sentence cannot have more than two object pronouns before the verb. The following chart indicates the sequence of five groups of object pronouns before the verb.

$$
\text{subject} + \text{(ne)} + \begin{Bmatrix} \text{me} \\ \text{te} \\ \text{se} \\ \text{nous} \\ \text{vous} \end{Bmatrix} + \begin{Bmatrix} \text{le} \\ \text{la} \\ \text{les} \end{Bmatrix} + \begin{Bmatrix} \text{lui} \\ \text{leur} \end{Bmatrix} + \mathbf{y} + \mathbf{en} + \begin{Bmatrix} \text{auxiliary} \\ \text{or} \\ \text{verb} \end{Bmatrix} + \text{(pas)}
$$

(pronoun groups) I →   II →   III →   IV → V

13.6 LES FRACTIONS

Fractions in French are read in more or less the same pattern as they are in English.

1/2	une **moitié**		1/5	un **cinquième**
1/3	un **tiers** /tjɛR/		1/6	un **sixième**
1/4	un **quart**		2/7	**deux-septièmes**
2/3	deux **tiers**		7/8	**sept-huitièmes**
3/4	trois **quarts**		9/10	**neuf-dixièmes**

vocabulaire

Noms masculins

·alcool	électrophone	·semestre
cognac	·gâteau	·tapis
contraire	petits	télégramme
·coussin	gâteaux *pl*	tiers
disque	projet	

Noms féminins

·cheminée	demi-tasse	·larme	prononciation
crêpe	diapositive	moitié	
·cuisinière	jambe	note	

Verbes

·approcher	dépenser	·mener	refuser
s'asseoir *irrég*	emmener	·passer	
danser	·laisser	recevoir *irrég*	

Adjectifs

assis(e)	·désolé(e)	occupé(e)
·délicieux (-euse)	·flambé(e)	sec (sèche)
	gazeux (-euse)	

Autres expressions

à peu pres	·ça ne fait rien	être à	·un tout petit peu
·à propos de	·c'est gentil de votre part	·il offre	y
au fond de		·ou bien	
·bonsoir	debout	·par ici	
·ça me fait plaisir	en	·servir, elle sert	
	·entrez donc	·je veux bien	

Quatorzième Leçon

conversations

A. Au voleur!

MLLE LA ROCHE Monsieur, quelqu'un a volé ma valise dans l'aéroport!

L'AGENT Avez-vous vu la personne qui l'a volée?

MLLE LA ROCHE Oui, il était plus grand et plus fort que vous, Monsieur, mais pas aussi beau.

L'AGENT Je vous aide tout de suite, Mademoiselle!

B. Qu'est-ce qu'il y a?

LE DOUANIER N'avez-vous rien à déclarer?

LE VOYAGEUR Non, Monsieur.

LE DOUANIER Voulez-vous ouvrir cette valise, s'il vous plaît.

LE VOYAGEUR Bien sûr. Oh! là! là!

LE DOUANIER Qu'est-ce qu'il y a, Monsieur?

LE VOYAGEUR J'ai perdu ma clé!

exercices oraux

14.1 *OUVRIR* ET *OFFRIR*

A. Exercice de contrôle
J'ouvre les fenêtres quand j'ai chaud.

1.	Le professeur	3.	Tu	5.	Les étudiants
2.	Vous	4.	Nous	6.	Je

J'offre un cadeau à mes parents.

1.	Tu	3.	Les enfants	5.	Nous
2.	L'enfant	4.	Vous	6.	Je

B. *Répondez à ces questions.*

1. Qu'est-ce qu'on ouvre quand on a chaud? Qu'est-ce que j'ouvre quand j'arrive en classe?

2. Regardez la porte: est-elle ouverte ou fermée? Regardez mon livre: est-il ouvert ou fermé?

3. Est-ce que la porte de votre chambre est fermée à clé? Quand est-ce que vous la fermez à clé?

254

4. Qui a découvert l'Amérique?[1] Savez-vous qui a découvert le radium /Radjɔm/?
5. Avez-vous jamais offert des fleurs à quelqu'un? Quand offrez-vous un bouquet de fleurs?

14.2 PRONOMS RELATIFS: SUJET

A. *Nous allons parler de Jean-Paul. Il est dans un restaurant. Reliez[2] les deux phrases d'après ce modèle.*

Jean-Paul entre dans le restaurant; le restaurant est petit.
Jean-Paul entre dans le restaurant qui est petit.

1. Jean-Paul traverse la rue; la rue est large[3].
2. Il entre dans le restaurant; le restaurant est très sympa[4].
3. Il choisit la table; la table est dans un coin.
4. Il parle à la serveuse; la serveuse est très jolie.
5. Il regarde le menu; le menu est sur la table.
6. Il commande le repas à la serveuse; la serveuse parle bien anglais.
7. Il commande le dessert; le dessert n'est pas cher.
8. Il quitte le restaurant; le restaurant est près de la gare.

«Êtes-vous déjà monté dans un avion supersonique?»

B. *Maintenant, nous allons parler d'un voyage en avion. Reliez les deux phrases d'après ce modèle.*

Voilà le pilote; il est beau.
Voilà le pilote qui est beau.

1. Voilà une hôtesse; elle est Française.
2. Voilà l'avion; il est en retard.

[1] Christophe Colomb /kRistɔf kɔlõ/
[2] *Join*
[3] Attention: **large** signifie *wide* ou *broad*.
[4] **sympathique**

3. Voilà le pilote; il monte à bord.
4. Voilà un siège; il est confortable.
5. Voilà le billet; il est tombé par terre.
6. Voilà les passagers; ils montent à bord.

14.3 PRONOMS RELATIFS: COMPLÉMENT D'OBJET DIRECT

A. *Reliez les deux phrases d'après ce modèle.*
Voilà la rue; Jean-Paul traverse la rue.
Voilà la rue que Jean-Paul traverse.
1. Voilà le restaurant; Jean-Paul cherche le restaurant.
2. Voilà la serveuse; Jean-Paul connaît la serveuse.
3. Voilà le menu; Jean-Paul a regardé le menu.
4. Voilà le repas; Jean-Paul a commandé le repas.
5. Voilà l'addition; Jean-Paul a demandé l'addition.
6. Voilà l'addition; Jean-Paul a payé l'addition.
7. Voilà le pourboire; Jean-Paul a laissé le pourboire.
8. Voilà le restaurant; Jean-Paul quitte le restaurant.

B. *Reliez les deux phrases d'après ce modèle.*
Voilà le pilote; je le connais.
Voilà le pilote que je connais.
1. Voilà l'hôtesse; je la connais.
2. Voilà l'avion; je l'attends.
3. Voilà le passager; je le cherche.
4. Voilà l'hôtesse; je la trouve belle.
5. Voilà le journal; je l'ai acheté.
6. Voilà la valise; je l'ai ouverte.

C. *Reliez les deux phrases avec **qui** ou **que** selon le cas, d'après ces modèles.*
L'hôtesse est Française; l'hôtesse monte à bord.
L'hôtesse qui monte à bord est Française.
L'hôtesse est Française; je connais l'hôtesse.
L'hôtesse que je connais est Française.
1. Le pilote est Français; le pilote monte à bord.
2. Les passagers sont Américains; je connais les passagers.
3. L'avion descend; l'avion est en retard.
4. Les journaux sont sous le siège; j'ai acheté les journaux.
5. La valise est très lourde; j'attends la valise.
6. Les bagages sont ouverts; on a inspecté les bagages.
7. La valise est lourde; la valise arrive.
8. L'autobus est là-bas; vous cherchez l'autobus.

D. *Maintenant, parlons un peu de notre cours. Répondez aux questions d'après ces modèles.*

Quel livre vous intéresse?
Voilà le livre qui m'intéresse.
Quel livre regardez-vous?
Voilà le livre que je regarde.

1. Quelle photo vous intéresse?
2. Quel étudiant connaissez-vous bien?
3. Quel étudiant vous connaît bien?
4. Quel livre est à vous?
5. Quelle porte regardez-vous?
6. Quel étudiant parle bien français?

14.4 PRONOMS RELATIFS: APRÈS UNE PRÉPOSITION

A. *Posez des questions d'après ce modèle.*
Je parle de ma voiture.
Où est la voiture dont vous parlez?

1. Je parle d'une photo.
2. J'ai besoin d'un livre.
3. Je parle de mon patron.
4. J'ai peur de mon patron.
5. Je parle d'un étudiant.
6. Je suis content de l'étudiant.

B. *Posez des questions d'après ces modèles.*
Je pense à un étudiant.
Où est l'étudiant à qui vous pensez?
Je pense à un journal.
Où est le journal auquel vous pensez?

1. Je pense à une voiture.
2. Je pense à un garçon.
3. Je réponds à une lettre.
4. Je compte sur un livre.
5. J'obéis aux ordres.
6. Je travaille avec un livre.
7. Je danse avec un étudiant.
8. Je sors avec une jeune fille.

C. *Exercice de révision: reliez les deux phrases en employant le pronom relatif approprié, d'après ce modèle.*

Voilà la lettre; Jean-Paul y a répondu.
Voilà la lettre à laquelle Jean-Paul a répondu.

1. Voilà l'hôtesse; Jean-Paul a parlé à l'hôtesse.
2. Voilà le passeport; Jenny pense au passeport.
3. Voilà le passeport; Jenny a besoin du passeport.
4. Voilà le tapis roulant; les bagages arrivent sur le tapis roulant.
5. Voilà le douanier; Jean-Paul le connaît.
6. Voilà l'aéroport; l'aéroport est très moderne.
7. Voilà les passagers; les passagers sont Américains.
8. Voilà le pays; Jenny va écrire un article sur le pays.

«J'espère que
ce n'est pas du vin
de Californie?»

D. *Regardez autour de vous. Répondez aux questions d'après ce modèle.*

Qui connaissez-vous bien?
Voilà l'étudiant que je connais bien.

1. Qui connaissez-vous bien?
2. Qui vous connaît bien?
3. Qui vous intéresse beaucoup?
4. Avec qui voulez-vous sortir?
5. À qui pensez-vous souvent?
6. À qui dites-vous bonjour?
7. Quel livre est à vous?
8. Avec quoi écrivez-vous?
9. Quelle porte ouvrez-vous?
10. De quoi avez-vous besoin?
11. Que regardez-vous?
12. Où avez-vous écrit votre nom?

14.5 *QU'EST-CE QUE C'EST QUE*

A. *Je vais vous donner quelques définitions. Écoutez bien et posez-moi la question d'après ce modèle.*

C'est un employé des postes qui distribue les lettres.
Qu'est-ce que c'est qu'un facteur?

1. C'est une forme géométrique qui a trois côtés. (triangle)
2. C'est une personne qui sert des repas dans un restaurant.

3. C'est un instrument portatif qui indique l'heure.
4. Ce sont des personnes dont la profession est de vendre.
5. Ce sont des plats qu'on sert au début d'un repas.
6. C'est un plat qu'on sert à la fin d'un repas.
7. C'est le total d'une note de restaurant.
8. C'est quelqu'un qui ne peut pas voir. (aveugle)

B. *Maintenant, donnez la définition de ces mots.*
1. Qu'est-ce que c'est qu'une montre?
2. Qu'est-ce que c'est qu'un dessert?
3. Qu'est-ce que c'est qu'un étudiant?
4. Qu'est-ce que c'est que des devoirs?
5. Qu'est-ce que c'est que des hors-d'œuvre?
6. Qu'est-ce que c'est que le petit déjeuner?
7. Qu'est-ce que c'est qu'un Français?
8. Qu'est-ce que c'est qu'un vendeur?

application

A. Dialogue et questions

Nous survolons Paris!

L'avion a quitté New York vers huit heures du soir. Pour beaucoup de passagers le voyage est fatigant, mais pour Jenny et Jean-Paul le temps passe vite. Jenny, aidée par Jean-Paul, met au point[1] un projet de devoir que son professeur lui a suggéré de faire pendant les vacances. Elle va écrire une série de comptes rendus[2] sur Paris et la France, pour lesquels elle aura deux heures de «crédit». Voilà l'hôtesse qui annonce qu'on va survoler l'Angleterre dans quelques minutes. Les passagers qui dormaient se réveillent, s'étirent et bâillent. Jenny regarde par le hublot mais elle ne voit rien, car non seulement il fait nuit mais il y a beaucoup de brouillard. On sera bientôt en France! L'avion commence sa longue descente vers Roissy[3].   5 ... 10

JENNY   Qu'est-ce qu'on va faire quand on sera descendu de l'avion?

JEAN-PAUL   D'abord nous irons dans le Hall d'Arrivée. On y contrôle[4] les passeports.

JENNY   Et ensuite?   15

JEAN-PAUL   Ensuite nous irons chercher nos bagages qui arriveront sur un tapis roulant.

JENNY   Et nous passerons la douane?

[1] **mettre au point:** perfectionner ou compléter quelque chose pour avoir un bon résultat
[2] **comptes rendus** *reports*
[3] L'aéroport Charles de Gaulle, situé à 28 km du centre de Paris. C'est le plus grand aéroport d'Europe.
[4] vérifie

JEAN-PAUL   C'est ça. J'espère que ça ne prendra pas longtemps.

JENNY   Moi aussi. Quelle heure as-tu?   20

JEAN-PAUL   À ma montre il est sept heures. Il est deux heures du matin à
New York, tu te rends compte[1]?

JENNY   Oui, je sais qu'il y a un décalage de cinq heures entre Paris et New
York.[2]

JEAN-PAUL   Écoute, l'hôtesse annonce que nous survolons Paris!   25

JENNY   Nous y voilà,[3] enfin. As-tu attaché ta ceinture[4]?

(lignes 1—11)

1. Quand l'avion a-t-il quitté New York?
2. Comment est-ce que les passagers trouvent le voyage?
3. Que fait Jenny dans l'avion?
4. Quelle sorte de devoir va-t-elle faire pendant ses vacances?
5. Qu'est-ce que l'hôtesse annonce?
6. Que font les passagers qui se réveillent?
7. Pourquoi Jenny ne voit-elle rien par le hublot?
   (lignes 12—26)
8. Que feront les passagers quand ils seront descendus de l'avion?
9. Qu'est-ce qui se passe dans le Hall d'Arrivée?
10. Sur quoi arrivent les bagages?
11. Qu'est-ce qui prend parfois beaucoup de temps?
12. Quel est le décalage horaire entre Paris et New York?
13. Que font les passagers quand l'avion commence sa descente?
14. Où est Roissy?

B. Expressions utiles

À l'aéroport

choisir
prendre } une ligne (compagnie) aérienne

retenir (réserver)
avoir } une place

confirmer } { ses réservations
annuler } { son départ

manquer { l'avion
          { le départ

[1]se rendre compte (de)   *to realize, to be aware (of)*
[2]sauf pendant les saisons où on a une «heure d'été» aux États-Unis
[3]*Here we are*
[4]ceinture de sécurité

prendre ⎫ ⎧ le billet
recevoir ⎭ ⎨ la carte d'embarquement (qui indique la place
　　　　　 ⎩ 　　dans l'avion)

laisser les bagages au comptoir
payer un supplément

L'avion

le pilote
une hôtesse (de l'air) ⎫ ⎧ monter à bord (embarquer)
les passagers (voyageurs) ⎭ ⎨ descendre (débarquer)

　　　　　　　 ⎧ un siège
dans l'avion: ⎨ une ceinture (de sécurité)
　　　　　　　 ⎨ un hublot
　　　　　　　 ⎩ une cabine pressurisée

Le vol

　　　　　 ⎧ décoller (de l'aéroport)
l'avion: ⎨ survoler un fleuve (l'océan, la terre)
　　　　　 ⎩ atterrir (à l'aéroport)

　　　　　　　　　 ⎧ agréable.
Le voyage est ⎨ monotone.
　　　　　　　　　 ⎩ désagréable.

avoir le mal de l'air
rencontrer un trou d'air

　　C. *Si vous allez en France et si vous restez dans un hôtel, vous devez remplir la «fiche de voyageur». Posez une question qui correspond à chaque numéro.*[1]

1. Nom (écrire en majuscules):
2. Prénoms:
3. a. Né le _____ (date)　　b. à _____ (lieu)
4. Pays:
5. Profession:
6. Domicile habituel:
7. Nationalité:
8. a. Passeport: Numéro _____　　b. delivré[2] le _____ (date)
　　c. à _____ (lieu)　　　　　　　d. par _____

---

[1] Par exemple: 1. **Quel est votre nom?** ou **Comment vous appelez-vous?**; 6. **Quel est votre domicile habituel** (*permanent address*)? ou **Où demeurez-vous?**
[2] delivré *issued*

D. *Complétez le passage suivant en employant les éléments indiqués.*[1]

(1) Me/voilà/France! (2) Notre/avion/décoller/vers/neuf/heure/soir. (3) Quand / il / être / sept / heure / Paris, / il / être / seulement / deux / heure / matin/New York,/à cause de/décalage/de/temps. (4) Il y a/beaucoup/ monde / dans / Hall d'Arrivée / et / Jean-Paul / me / expliquer / que / haut-parleur[2]/venir de/annoncer/arrivée/plusieurs/vol/international. (5) D'abord,/on/contrôler/notre/passeports. (6) Ensuite,/nous/aller chercher/notre/bagages/qui/arriver/sur/tapis/roulant/et/ nous/ passer/ douane. (7) Douanier/me/poser/question/habituel:/vous/ne rien/avoir/à déclarer? (8) Puis/il/me/demander/de/ouvrir/un/de/mon/valises,/dans/ lequel/il y a/seulement/sous-vêtements!

E. *Jouez un rôle: faites un dialogue en faisant les changements de votre choix.*

Vous allez rendre visite à votre oncle qui habite à une heure d'avion de votre ville. Vous êtes assis(e) à côté d'une vieille dame qui n'a jamais voyagé en avion. Elle est inquiète, surtout à cause du mauvais temps. L'avion prend de l'altitude, rencontre des trous d'air et chaque fois c'est une crise pour la pauvre dame. Vous essayez de la calmer. Vous lui dites qu'il n'y a pas de danger.

F. *Avez-vous jamais voyagé en avion? Écrivez une composition sur votre voyage en y incorporant les réponses aux questions suivantes.*
1. Quelle ligne (compagnie) aérienne avez-vous prise?
2. Comment avez-vous retenu votre place dans l'avion, et comment avez-vous confirmé vos réservations?
3. Combien de valises aviez-vous?
4. Comment êtes-vous allé(e) à l'aéroport?
5. Comment étaient les hôtesses?
6. Comment était le vol? Avez-vous rencontré quelqu'un d'intéressant?
7. Comment avez-vous trouvé le repas?
8. Qu'est-ce que vous avez fait après l'arrivée de l'avion à destination?

G. Renseignements et opinions
1. Parlons des vacances. Combien de temps durent les vacances de Noël? Et les vacances de Pâques?
2. Quand ouvrez-vous la porte de votre chambre? Est-elle ouverte ou fermée maintenant? Quand est-ce que vous la fermez à clé?
3. Racontez une anecdote pour illustrer ce proverbe: «Chien qui aboie ne mord pas.»
4. Qu'est-ce qu'on fait à la douane? Et que font les douaniers?
5. Faites une ou deux phrases pour illustrer la signification de l'expression «décalage horaire».

---

[1] À partir de cette leçon, faites cet exercice en employant les temps passés appropriés quand c'est nécessaire.
[2] *loudspeaker*

6. Décrivez brièvement ce qu'on fait à l'aéroport depuis le moment de l'arrivée de l'avion jusqu'au moment où on sort de l'aéroport.

«Où est la douane?» (Aéroport Charles de Gaulle)

explications

TOUT D'ABORD

Le Pourboire

When you travel in France you will find that the custom of tipping is more widespread than in the United States. Not only are tips given to waiters, porters, and taxicab drivers, but also to ushers in theaters, guides in museums, and attendants in public restrooms. The word **pourboire**, which literally means "for drinking," is supposed to be a gratuity that these workers receive in addition to their wages. In reality, however, the workers depend on tips for their living. Americans have earned a reputation as heavy tippers when traveling abroad. It is, of course, much safer to overtip someone than to commit a faux pas by undertipping. The story goes that a taxicab driver once returned a tip to an embarrassed lady, saying sarcastically, «Madame, j'accepte un pourboire, mais non pas la charité.» Whom do you tip, then, and how much should you leave? Here is what is expected of a customer in France.

Restaurants and Cafés

All restaurants and cafés must indicate on the menu and the bill whether or not the service charge is included (**service compris** or **service non compris**). If it is included, it is usually 12–15%. If it is not included, that same amount should be left. Some customers leave a very small extra tip of one franc or so even when the service charge is included.

Hotels

You will find that the service charge (12–15%) is almost always included on the bill, except for the baggage porter. Most hotels also include breakfast in their charge, whether it is eaten or not.

Baggage Porters

The baggage porters in hotels, railroad stations, and airports should be tipped at least one franc for each piece of baggage.

Theaters and Movies

You do not walk in and find your own seat in movie houses and theaters. The usher (usually a woman, **l'ouvreuse**) is always tipped from 50 centimes to one franc per ticket, depending on how expensive the tickets are or how elegant the place is.

Taxis

The usual tip is 10–20% of the fare, depending on the distance and the quality of service.

Public Restrooms

Washrooms are kept clean by elderly attendants. The tip expected is 20 to 50 centimes.

Museums and Monuments

After a guided tour of a monument (a château, cathedral, and so on), most visitors tip the guide from 50 centimes to one franc, depending on the quality of the tour.

14.1 *OUVRIR* ET *OFFRIR*

Ouvrir *to open* is conjugated like a first conjugation verb in the present tense.

J'**ouvre** la fenêtre.	Nous **ouvrons** la boîte.
Tu **ouvres** la porte.	Vous **ouvrez** la valise.
Il **ouvre** la lettre.	Ils **ouvrent** le paquet.

J'ai **ouvert** la porte.
J'**ouvrirai** la fenêtre.

Other verbs conjugated like **ouvrir**:

couvrir	*to cover*	**offrir**	*to offer*
découvrir	*to discover, to uncover*	**souffrir**	*to suffer*

14.2 PRONOMS RELATIFS: SUJET

Relative pronouns are used to "embed" one sentence into another. The sentence into which another is embedded is known as the *main clause*. The sentence that is embedded is known as the *relative clause*. The relative pronoun is always placed at the beginning of the relative clause, while the relative clause itself is placed immediately after the noun in the main clause that is its *antecedent*. Note that **qui** *who, which, that* replaces the subject of the relative clause, and is used for both persons and things.

Voilà **la serveuse**. $\left\{ \begin{array}{l} \textbf{La serveuse} \\ \rightarrow qui \end{array} \right\}$ *parle français.*

→Voilà **la serveuse** *qui parle français.*

Voilà **le restaurant**. $\left\{ \begin{array}{l} \textbf{Le restaurant} \\ \rightarrow qui \end{array} \right\}$ *est cher.*

→Voilà **le restaurant** *qui est cher.*

Le pilote parle français. $\left\{ \begin{array}{l} \textbf{Le pilote} \\ \rightarrow qui \end{array} \right\}$ *monte à bord.*[1]

→**Le pilote** *qui monte à bord* parle français.

L'avion est en retard. $\left\{ \begin{array}{l} \textbf{L'avion} \\ \rightarrow qui \end{array} \right\}$ *arrive de Paris.*

→**L'avion** *qui arrive de Paris* est en retard.

[1]**monter à bord** *to go on board, to board* (a plane or a ship)

**Voilà le garçon qui tombe
de la table!**

**Voilà le vase qui tombe
de la table!**

14.3 PRONOMS RELATIFS: COMPLÉMENT D'OBJET DIRECT

The relative pronoun **que** (**qu'** before a vowel sound) replaces the direct object of the verb in the relative clause. It is used for both persons and things.

Voilà **la serveuse**. *Vous connaissez* $\begin{cases} \text{la serveuse.} \\ \rightarrow que \end{cases}$

→Voilà **la serveuse** *que vous connaissez.*

Voilà **le menu**. *Vous allez regarder* $\begin{cases} \text{le menu.} \\ \rightarrow que \end{cases}$

→Voilà **le menu** *que vous allez regarder.*

L'hôtesse est jolie. *Il a vu* $\begin{cases} \text{l'hôtesse.} \\ \rightarrow que \end{cases}$

L'hôtesse *qu'il a vue*[1] est jolie.

Les journaux sont ici. *Jenny a acheté* $\begin{cases} \text{les journaux.} \\ \rightarrow que \end{cases}$

→**Les journaux** *que Jenny a achetés*[1] sont ici.

[1]Since the direct object **que** precedes the past participle of these transitive verbs, the latter agrees in gender and number with it.

Voilà le garçon **qu'** elle cherche.

Voilà le vase **qu'** elle cherche.

14.4 PRONOMS RELATIFS : APRÈS UNE PRÉPOSITION

1.   In the case of the preposition **de**, the relative pronoun **dont** *of which, of whom, whose* replaces the preposition **de** + noun in the relative clause. **Dont** is used for both persons and things.

Voilà **le professeur**. Nous parlons $\begin{cases} \textbf{du professeur}. \\ \rightarrow dont \end{cases}$

→Voilà **le professeur** *dont nous parlons.*

Voilà **les examens**. *Nous avons peur* $\begin{cases} \textbf{des examens}. \\ \rightarrow dont \end{cases}$

→Voilà **les examens** *dont nous avons peur.*

Où est **l'enfant**? *Le père* $\begin{cases} \textbf{de l'enfant} \\ \rightarrow dont \end{cases}$ *est malade.*

→Où est **l'enfant** *dont le père est malade?*

Voilà la lettre **dont** elle a besoin!   Voilà le garçon **dont** elle a besoin!

2.   With prepositions other than **de**, it is usually necessary to distinguish between persons and things. In these cases, preposition + **qui** replaces a noun denoting human beings.

Où est la lettre **à laquelle** elle pense?

Où est le garçon **à qui** elle pense?

Voilà l'**étudiant**. *J'ai parlé* $\left\{\begin{array}{l}\text{à l'étudiant.} \\ \rightarrow \textit{à qui}\end{array}\right.$

→Voilà l'**étudiant** *à qui j'ai parlé.*

La dame est ma tante. *Vous travaillez* $\left\{\begin{array}{l}\text{pour la dame.} \\ \rightarrow \textit{pour qui}\end{array}\right.$

→**La dame** *pour qui vous travaillez* est ma tante.

A noun that does not denote human beings is replaced by **lequel, laquelle, lesquels,** or **lesquelles.** If the preposition is **à**, then **lequel, lesquels,** and **lesquelles** combine with it to form **auquel, auxquels,** and **auxquelles** respectively.

Voici **la lettre**. *J'ai répondu* $\left\{\begin{array}{l}\text{à la lettre.} \\ \rightarrow \textit{à laquelle}\end{array}\right.$

→Voici **la lettre** *à laquelle j'ai répondu.*

Où sont **les livres?** *Vous pensiez* $\left\{\begin{array}{l}\text{aux livres.} \\ \rightarrow \textit{auxquels}\end{array}\right.$

→Où sont **les livres** *auxquels vous pensiez?*

La machine est neuve. *Il travaille* $\left.\begin{array}{l}\text{avec la machine} \\ \rightarrow \textit{avec laquelle}\end{array}\right\}$

→**La machine** *avec laquelle il travaille* est neuve.

14.5 *QU'EST-CE QUE C'EST QUE*

The interrogative phrase **Qu'est-ce que c'est que** *What is, What are* is invariable. It is used when asking for a definition or a description. The answer usually begins with **c'est** or **ce sont**.

Qu'est-ce que c'est qu'un facteur?
—**C'est** un employé des postes qui distribue les lettres.

Qu'est-ce que c'est qu'un hexagone?
—**C'est** une forme géométrique qui a six côtés égaux.

Qu'est-ce que c'est que des hors-d'œuvre?
—**Ce sont** des plats qu'on sert au début d'un repas.

vocabulaire

Noms masculins

aéroport	·crédit	instrument	radium
bagages *pl*	·décalage	passager	siège
billet	douanier	passeport	tapis roulant
bouquet	employé	patron	total
·brouillard	facteur	pilote	triangle
·compte rendu	·hall d'arrivée	plat	·voyageur
côté	·hublot	pourboire	

Noms féminins

·descente	gare	poste
·douane	hôtesse	·série
forme	note	valise

Verbes

·aider	·déclarer	intéresser	tomber
·attacher	découvrir *irrég*	offrir *irrég*	·voler
·bâiller	distribuer	ouvrir *irrég*	
compter (sur)	·s'étirer	·perdre	
·contrôler	inspecter	·survoler	

Adjectifs

aveugle	·fort(e)	large	sympa
confortable	géométrique	moderne	
·fatigant(e)	·horaire	portatif (-ive)	

Autres expressions

à bord
·Au voleur!
avoir chaud
dont
fermer à clé

lequel, laquelle, lesquels,
  lesquelles *pron rel*
·mettre au point
·non seulement . . . mais
·nous y voilà

·parfois
par terre
que, qui *pron rel*
qu'est-ce que c'est que
·se rendre compte

Paris, Ville Lumière

Photo du haut: Sous les ponts de Paris   Photo du bas: Une vieille rue de Bourbon-Lancy

Divers visages de la France

Une jeune institutrice à Mali

Avant d'assister au match

Un snack-bar à Nanterre

Pays de la bonne cuisine

Les voyages ouvrent l'appétit

Dans un champ de blé,
près de Chartres

Un village tranquille
dans la Vallée de la Loire

Château de Milandes

Le Mont Saint-Michel

Quinzième Leçon

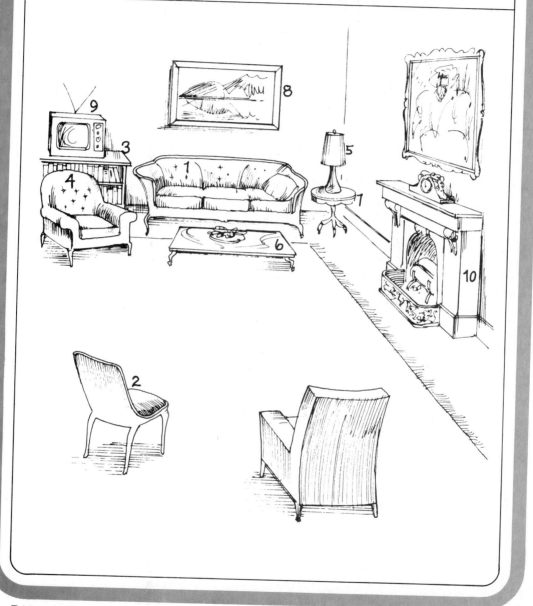

Tableau XVIII

conversations[1]

Regardez le Tableau XVIII.

Voyez-vous le **sofa** et la **table basse**? Où est la table basse?
Trouvez la **table ronde**. Où est-elle par rapport au sofa?
Où est le **poste de télévision**?

Regardez le Tableau XIX.

Voyez-vous la **cuisinière** et la **casserole**? Où est la casserole?
Regardez le **lave-vaisselle** et le **frigo**. Où est le lave-vaisselle?
L'**évier** est à droite. Qu'y a-t-il au-dessus de l'évier?

Tableau XIX

Regardez le Tableau XX.

Quelle **pièce** est-ce? Où est la **table de nuit**? Que voyez-vous sur la table?
Trouvez la **commode**. Qu'y a-t-il au-dessus de la commode? Et sur la
    commode?
Voyez-vous la **coiffeuse**? Qu'y a-t-il à côté de la **porte-fenêtre**?

[1]Le vocabulaire de ces tableaux est enregistré sur la bande magnétique.

Tableau XX

Regardez le Tableau XXI.
Qu'est-ce que c'est? Voyez-vous le **lavabo**? Où sont les **robinets**? Où est la
glace?
Regardez la **baignoire**. Où sont les **serviettes de bain**?

Tableau XXI

exercices oraux

15.1 IMPÉRATIF ET PRONOMS COMPLÉMENTS

A. *Nous allons parler des meubles. Je vais vous demander où mettre chaque meuble. Répondez d'après ce modèle.*

Je mets le lit dans la cuisine?

Non, ne l'y mettez pas; mettez-le dans la chambre!

1. Je mets le frigo dans la chambre?
2. Je mets le lit dans la salle de bains?
3. Je mets l'armoire dans la cuisine?
4. Je mets les fauteuils dans la salle à manger?
5. Je mets le sofa dans la salle de bains?
6. Je mets la commode dans les w.-c.? /vese/

B. *Regardez le Tableau VI et ajoutez des phrases d'après ce modèle.*

Je vais traverser la rue.

ÉTUDIANT A   **Mais non, ne la traversez pas!**
ÉTUDIANT B   **Mais si, traversez-la!**

C. *Répondez aux questions d'après ce modèle.*

Nous allons faire nos devoirs?

Ne les faisons pas aujourd'hui; faisons-les demain.

1. Nous allons faire les exercices?
2. Nous allons étudier la leçon?
3. Nous allons répondre aux questions?
4. Nous allons apprendre le dialogue?
5. Nous allons aller au laboratoire?
6. Nous allons parler des examens?
7. Nous allons passer l'examen[1]?
8. Nous allons montrer nos devoirs au professeur?

D. *Ajoutez des phrases d'après ce modèle.*

Je ne suis pas heureux.

Mais soyez heureux!

1. Je ne suis pas content.
2. Je suis trop timide.
3. J'ai peur de vous.
4. Je suis en retard.
5. Je n'ai pas confiance en vous.
6. Je ne sais pas la réponse.
7. Je n'ai pas de patience.
8. Je suis impatient.

[1]**passer un examen** se présenter à un examen (**réussir à un examen** *to pass a test*)

15.2 ADJECTIF *TOUT*

A. *Répondez en employant* **tout** *ou* **toute** *d'après ce modèle.*
Avez-vous étudié cette leçon?
J'ai étudié toute la leçon (ou **Je n'ai pas étudié toute la leçon**).
1. Avez-vous compris cette leçon?
2. Avons-nous fait l'exercice précédent?
3. Allons-nous apprendre le dialogue?
4. Allons-nous étudier ce livre?
5. Avez-vous copié la phrase qui est au tableau?
6. Pouvez-vous voir le tableau?
7. Avez-vous votre argent ici?

B. *Répondez aux questions d'après ce modèle.*
Avec-vous étudié les exemples?
J'ai étudié (ou **Je n'ai pas étudié**) **tous les exemples.**
1. Avez-vous fait vos devoirs?
2. Comprenez-vous mes questions?
3. Allons-nous faire les exercices oraux?
4. Employez-vous les «expressions utiles»?
5. Apprenons-nous les dialogues?
6. Faites-vous les exercices écrits?
7. Connaissez-vous les étudiants dans ce cours?

C. *Maintenant, répondez aux questions en employant* **tout** *ou* **tous** *d'après ce modèle.*
Comment sont vos camarades?
Tous mes camarades sont paresseux (travailleurs, sympathiques).
1. Comment sont vos camarades?
2. Comment sont vos professeurs?
3. Comment sont vos cours?
4. Comment est ce livre?
5. Comment trouvez-vous cet exercice?

15.3 PLUS-QUE-PARFAIT DE L'INDICATIF

A. *Exercice de contrôle. Mettez toutes les phrases au plus-que-parfait.*
1. Je mets un manteau.
2. Vous prenez un parapluie.
3. Ils achètent des rideaux.
4. Je me dépêche.
5. Tu nettoies ta chambre.
6. Elle va au magasin.
7. Nous déjeunons ensemble.
8. Elle rentre à midi.

B. *Modifiez les phrases suivantes d'après ce modèle.*
Je suis à l'heure parce que je me suis dépêché.
J'étais à l'heure parce que je m'étais dépêché.

1. Je suis en retard car je suis rentré tard.
2. J'ai faim parce que je n'ai pas déjeuné.
3. Il fait froid car il a neigé.
4. Je mets le pull que ma mère m'a envoyé.
5. Je téléphone à Marie; elle m'a donné son numéro.
6. Je sais son adresse; elle me l'a donnée.
7. J'arrive chez Marie; mais elle est déjà partie.
8. Je trouve le message qu'elle m'a laissé.

C. *Nous allons parler de Jenny et de Jean-Paul. Ajoutez **Je savais que** devant chaque phrase en faisant le changement de temps[1] nécessaire.*

1. Jean-Paul est né à Paris.
2. Sa sœur s'appelle Monique.
3. Elle a seize ans.
4. Jean-Paul est venu aux États-Unis en août.
5. Il étudie l'histoire des États-Unis.
6. Il connaît Jenny Wilson.
7. Le père de Jenny est avocat.
8. Jean-Paul a passé ses vacances chez les Wilson.
9. Jenny est arrivée à Paris.
10. Jenny loge chez les Chabrier.
11. Monique a rangé ses affaires.
12. Jenny va partager sa chambre.

15.4 ADVERBES DE QUANTITÉ

A. *Regardez le Tableau XII et répondez aux questions.*

1. Regardez les livres. Qui lit autant que Monique?
2. Qui lit plus que Monique?
3. Qui lit moins que Monique?
4. Qui lit le plus?
5. Qui lit le moins?
6. Regardez les lettres. Qui écrit autant que Philippe?
7. Qui écrit plus que Philippe?
8. Qui écrit moins que Philippe?
9. Qui écrit le plus?
10 Qui écrit le moins?

B. *Maintenant, parlons de nous. Répondez aux questions.*

1. J'ai dix dollars sur moi. Avez-vous autant d'argent sur vous? Qui a plus [moins] d'argent que moi? Qui a le plus [moins] d'argent?

[1] *tense*

2. On travaille beaucoup dans ce cours. Travaillez-vous autant que (Marianne)? Qui travaille plus que vous?

3. (Pauline), combien de cours avez-vous aujourd'hui? Qui a autant [plus, moins] de cours qu'elle? Qui a le plus de cours aujourd'hui?

4. (Jean-Pierre), vous avez beaucoup d'imagination. Est-ce que j'ai autant d'imagination que vous? Qui a trop d'imagination?

5. (Jacqueline), combien d'argent avez-vous sur vous? Combien en aviez-vous hier? Avez-vous plus d'argent aujourd'hui qu'hier?

6. Que veut dire le proverbe «Autant de têtes, autant d'avis»? Donnez-moi un exemple pour l'illustrer.

On reçoit des amis.

application

A. Dialogue et questions

Quelle jolie chambre!

La voiture roule rapidement sur l'autoroute du nord. Jenny regarde le paysage. De chaque côté de l'autoroute s'élèvent de grands immeubles et

des usines, tout à fait[1] comme aux États-Unis. Mais pourtant[2], elle est bien
en France: la preuve, Jenny n'a jamais entendu tant de[3] français de sa vie[4]!
Tout le monde parle en même temps, Monsieur et Madame Chabrier qui   5
sont assis devant, Jean-Paul et Monique qui sont à l'arrière[5] avec Jenny.
Bientôt, ils arrivent à l'immeuble. Après une visite rapide de l'appartement,
Monique emmène Jenny dans sa chambre. Il y a deux lits, une commode,
une coiffeuse et un petit bureau. Une grande armoire occupe presque tout
un mur. Sur un autre mur sont collées des photos et des affiches, au-   10
dessous[6] desquelles se trouve une étagère avec des poupées, des livres,
des disques et des bibelots. Deux fenêtres avec des rideaux à carreaux[7]
donnent sur[8] la rue.

JENNY   Quelle jolie chambre tu as, Monique.

MONIQUE   Tu trouves?[9] J'ai mis tout l'après-midi à la nettoyer[10].   15

JENNY   J'espère que je ne te dérangerai pas trop.

MONIQUE   Mais non, je suis sûre que nous nous entendrons[11] très bien.

JENNY   Je voudrais[12] défaire mes valises.

MONIQUE   Bonne idée! Mets-les sur mon lit.

JENNY   Oh! là! là! toutes mes robes sont chiffonnées!   20

MONIQUE   Tu pourras les repasser demain. Donne-les-moi.

JENNY   Il y a de la place dans ton armoire?

MONIQUE   Oh oui, avec tes robes, pour une fois j'aurai une armoire bien
    remplie!

JENNY   Ouf, je suis crevée. Le voyage a été agréable, mais tout de même[13]   25
    assez fatigant.

MONIQUE   Assieds-toi sur ton lit et repose-toi un peu.

    (lignes 1–13)
1.   Où est-ce que la voiture roule?
2.   Qu'est-ce qu'il y a de chaque côté de l'autoroute?
3.   À quoi ressemble le paysage?
4.   Comment Jenny sait-elle qu'elle est en France?
5.   Où sont Monique et Jean-Paul?
6.   Qu'est-ce que Jenny fait après son arrivée chez les Chabrier?
7.   Quels meubles se trouvent dans sa chambre?

[1]vraiment, exactement
[2]**Mais pourtant** marque une opposition plus forte que **mais**.
[3]une si grande quantité de
[4]depuis qu'elle est née
[5]**à l'arrière**   derrière
[6]sous
[7]**rideaux à carreaux**   *checkered curtains*
[8]s'ouvrent sur
[9]*Do you think so?*
[10]**mettre** + time + **à** + infinitive: *to put in (a certain amount of time doing something)*
[11]**s'entendre**   *to get along (with one another), to understand one another*
[12]*I would like*
[13]**tout de même**   *just the same*

(lignes 14–27)
8. Comment Jenny trouve-t-elle la chambre de Monique?
9. Qu'est-ce que Monique a fait tout l'après-midi?
10. De quoi Monique est-elle sûre?
11. Comment sont les robes de Jenny?
12. Quand va-t-elle les repasser?
13. L'armoire de Monique était-elle pleine avant l'arrivée de Jenny?
14. Comment a été le voyage de Jenny?

B. Expressions utiles

La Maison

la salle de séjour (Tableau XVIII)

1. un canapé (un sofa)
2. une chaise
3. une étagère (une bibliothèque)
4. un fauteuil
5. une lampe
6. une table basse
7. une table ronde
8. un tableau (une peinture)
9. un poste de télévision
10. une cheminée

la cuisine à l'américaine[1] (Tableau XIX)

1. une casserole
2. une cuisinière électrique (*ou* le gaz)
3. un évier
4. un fer à repasser
5. un four
6. un lave-vaisselle
7. un placard
8. une poêle /pwal/
9. un poste de radio
10. un réfrigérateur (un frigo)
11. un robinet

4 pièces
Surface habitable : 133 m²
(Appartement modèle)

la chambre (*à coucher*) (Tableau XX)

1. une armoire
2. des bibelots
3. une coiffeuse (avec une glace)
4. une commode
5. des disques
6. un électrophone
7. une (porte-)fenêtre
8. un lit
   une couverture
   un drap
   un oreiller
9. un réveille-matin (un réveil)
10. un rideau
11. une table de nuit

la salle de bains (Tableau XXI)

1. une baignoire
2. une douche
3. une glace
4. un lavabo
5. un robinet (d'eau chaude, d'eau froide)
6. du savon
7. une serviette de bain

la salle à manger (voir le Tableau VIII)

[1] à l'américaine   *American-style*

C. *Complétez le passage suivant en employant les éléments indiqués*[1].
(1) M./Mme Chabrier/Monique/nous/attendre/quand/nous/descendre/ḥall/arrivée. (2) Monique/porter/pull/je/choisir/pour/elle/avec/Jean-Paul/et/que/il/lui/envoyer/pour/son/anniversaire. (3) Nous prendre/autoroute du nord,/qui/ressembler/tout à fait/à/autoroute/américain,/avec/usines/et/grand/immeubles/moderne/chaque/côté. (4) Après/visite/rapide/appartement,/je/défaire/valises. (5) Tout/robes/être/chiffonné! (6) Monique/les/mettre/dans/son/grand/armoire. (7) Je/aller/les/repasser/demain. (8) Monique/être/joli/sympathique. (9) Son/chambre/être/plus/grand/mon/chambre/à/États-Unis. (10) Elle/avoir/aussi/plus/bibelots/que/moi.

D. *Jouez des rôles: voici une petite annonce. Faites un dialogue entre le propriétaire et la personne qui visite le studio.*
Tr. beau stud., impec. mblé., c. cuis. bns, w-c., balcon, park. 6ᵉ ét. 820 F. Visites mardi et merc. de 14 h à 18 h. Mme BERNARD 742-11-89
 (Interprétation)
Très beau studio[2], impeccable et meublé[3] avec un coin cuisine[4], une salle de bains, les w.-c., un balcon, et parking. Au sixième étage. Le loyer[5] est 820 francs par mois. On peut visiter le studio mardi et mercredi de deux heures à six heures de l'après-midi.

E. *Vous avez une chambre, n'est-ce pas? Faites une description de votre chambre en y incorporant les réponses aux questions suivantes.*
1. À quel étage se trouve votre chambre?
2. Quelle sorte de chambre est-ce?
3. Quels meubles y a-t-il dans la chambre?
4. Où sont ces meubles?
5. Qu'est-ce que vous avez mis au mur?
6. Quels objets personnels (et précieux) avez-vous dans la chambre?
7. Qu'est-ce qu'on peut voir par la fenêtre?
8. Qui nettoie la chambre, et combien de fois par mois?

F. Renseignements et opinions
1. Est-ce que vous travaillez trop? Qui travaille autant que vous, et qui travaille moins que vous?
2. Combien de fois êtes-vous allé(e) au labo cette semaine? Y avez-vous fait tous les exercices oraux?
3. Y a-t-il une «crise de logement» dans votre ville? Comment le savez-vous?

---

[1] Attention: écrivez les phrases 7–10 au présent.
[2] *efficiency apartment*
[3] avec des meubles
[4] **coin cuisine** *kitchenette*
[5] *rent* (le verbe est **louer**)

4. Racontez une anecdote pour illustrer ce proverbe: «Autant de têtes, autant d'avis.»

5. L'appartement des Chabrier a six pièces[1]: le cabinet de travail de Monsieur Chabrier, la salle de séjour, la salle à manger et trois chambres à coucher. En plus, il y a le vestibule, la cuisine et la salle de bains. Faites un plan imaginaire de cet appartement, puis écrivez des phrases en indiquant où se trouvent la chambre de Monique, la chambre de Jean-Paul, la salle à manger et la salle de bains, par rapport à la porte d'entrée et du dégagement[2].

G. Lecture[3]

La France

(A)   Située à l'extrémité occidentale[4] de l'Europe, la France occupe une situation géographique privilégiée. Trois des côtés de l'hexagone qu'elle forme s'ouvrent sur la mer, ce qui[5] explique en partie que la France a été, comme l'Angleterre, une grande puissance coloniale. Des trois autres côtés, l'un la rattache[6] à l'Espagne, un autre à l'Italie et à la Suisse, et le 5 troisième à l'Allemagne et à la Belgique. C'est par ce dernier côté que sont toujours venues les invasions, car la plaine qui commence en Picardie continue à travers la Belgique, l'Allemagne, la Pologne et la Russie jusqu'à l'Oural[7].

(B)   Le relief[8] de la France est varié. On y trouve des montagnes 10 élevées: les Pyrénées et les Alpes sont de hautes chaînes qui servent de[9] frontière avec l'Espagne et l'Italie; d'autres montagnes, plus anciennes et moins hautes, occupent tout le centre du pays, d'où[10] leur nom de *Massif Central*. Les vallées de ses quatre grands fleuves sont riches et verdoyantes[11]: la Garonne et la Loire se jettent dans l'océan Atlantique, la Seine 15 dans la Manche et le Rhône dans la mer Méditerranée. La diversité du climat s'ajoute à celle[12] du relief: maritime dans l'Ouest (doux en hiver, frais en été), méditerranéen dans le Sud (très doux en hiver, très chaud en été), continental dans l'Est (très froid et très chaud), tempéré à Paris. Traverser la France du Nord au Sud ou de l'Ouest à l'Est, c'est passer par 20 des paysages très divers et par plusieurs types de climat en moins de 1.000 km.

---

[1] Quand on parle des **pièces** d'un appartement ou d'une maison, on exclut **la cuisine, la salle de bains** et **le vestibule**. En général, **les w.-c.** sont dans une petite pièce séparée.
[2] couloir (central) qui fait communiquer une pièce à l'autre
[3] From now on, each lesson will include several reading passages on various aspects of French culture and civilization, followed by vocabulary exercises.
[4] du nom **occident**, qui signifie **ouest**
[5] **ce qui** *which*
[6] attache (le contraire de **séparer**)
[7] chaîne de montagnes en Russie qui sépare l'Europe de l'Asie
[8] surface topographique (pronounced /Rəljɛf/)
[9] *constitute* (literally, *serve as*)
[10] *hence*
[11] de couleur verte grâce à l'abondance d'arbres et de plantes (de l'adjectif **vert**)
[12] à **celle** (pronom démonstratif): **à la diversité**

(C)   La France est divisée en 95 départements, administrés par un préfet qui est nommé par le ministre de l'intérieur et qui est assisté d'un conseil général. Au niveau local, les 38.000 communes sont administrées par un maire[1] et un conseil municipal élus[2] au suffrage universel. Le chef de l'État est le Président de la République, élu au suffrage universel pour sept ans. Il choisit un premier ministre qui forme le gouvernement et qui doit obtenir l'approbation[3] du Parlement (composé de l'Assemblée Nationale et du Sénat). C'est un mélange[4] de régime présidentiel à l'américaine[5] (puisque le Président est élu) et de régime parlementaire à l'anglaise (puisque le Parlement peut renverser le gouvernement).

(D)   La France a plus de 50.000.000 d'habitants, ce qui est peu pour son étendue[6] puisque la densité de population est seulement de 91 par km².[7] (Pour comparer: les États-Unis, 21 par km²; mais aux États-Unis, le New Jersey en a 308, l'Ohio 95, le Nevada 1,7; l'Allemagne de l'Ouest, 233; l'Angleterre, 226.) Il y a trente-sept villes qui dépassent 100.000 habitants (81 aux États-Unis). Dans la hiérarchie des villes, Paris, la capitale politique et administrative d'une république très centralisée, est au sommet. Viennent ensuite Marseille, Lyon, Toulouse, Nice, Bordeaux, Lille. Leur développement est favorisé par le gouvernement afin de[8] combattre l'influence exagérée de Paris sur la vie de tout le pays.

(a) *Posez des questions en utilisant les expressions suivantes.*[9]

(A)   1. Qu'est-ce que c'est que . . .
2. Qu'est-ce qui . . .

(B)   3. Comment s'appelle . . .
4. Où est-ce que . . .
5. Comment est . . .

(C)   6. Combien de . . .
7. Qui . . .

(D)   8. Quelle est . . .
9. Combien de . . .

[1]premier officier municipal
[2]**élus**   *elected* (participe passé du verbe **élire**, conjugué comme **lire**)
[3]*consent*
[4]*mixture*
[5]à la manière des Américains
[6]dimension géographique
[7]lisez: **kilomètres carrés**
[8]pour
[9]An exercise like this one, based on the use of question words, will introduce the reading exercises in future lessons. Make up questions for each passage, using the indicated question words. For example, the first question might be formulated: **Qu'est-ce que c'est qu'un hexagone?**, or **Qu'est-ce que c'est que l'Oural?** Ask either factual or inferential questions, but keep a definite answer in mind as you make them up. The capital letters in parentheses refer to the reading passages.

«Ça va être un bon dîner, maman.»

(b) *Trouvez le mot qui n'appartient pas à chaque série.*

1. Russie, Espagne, Loire, Belgique
2. doux, haut, frais, chaud, froid
3. Picardie, Toulouse, Lyon, Nice
4. plaine, montagne, vallée, maire
5. Suisse, Rhône, Garonne, Seine
6. Pyrénées, Alpes, Massif Central, Méditerranée

(c) *Dérivation: donnez les mots indiqués entre parenthèses.*

parlement (adjectif)	élévation (verbe)
occident (adjectif)	formation (verbe)
géographie (adjectif)	nomination (verbe)
continent (adjectif)	division (verbe)
centre (adjectif)	comparaison (verbe)
administration (adjectif)	administration (verbe)
Méditerranée (adjectif)	centralisation (verbe)

explications

15.1 IMPÉRATIF ET PRONOMS COMPLÉMENTS

1.   Imperative statements may be either affirmative or negative. In negative commands, the object pronoun sequence is identical with that of the declarative sentence (see Lesson 13.5, p. 251).

$$\text{Ne} + \begin{Bmatrix} \text{me} \\ \text{te} \\ \text{nous} \\ \text{vous} \end{Bmatrix} + \begin{Bmatrix} \text{le} \\ \text{la} \\ \text{les} \end{Bmatrix} + \begin{Bmatrix} \text{lui} \\ \text{leur} \end{Bmatrix} + \text{y} + \text{en} + \text{verb} + \text{pas}$$

$$\text{I} \rightarrow \qquad \text{II} \rightarrow \qquad \text{III} \rightarrow \text{IV} \rightarrow \text{V}$$

DECLARATIVE STATEMENT	NEGATIVE COMMAND
Tu **me** donnes **ce paquet.** Tu **me le** donnes. }	→Ne **me le** donne pas.
Vous **le** mettez **sur la table.** Vous **l'y** mettez. }	→Ne **l'y** mettez pas.
Vous **lui** envoyez **des fleurs.** Vous **lui en** envoyez. }	→Ne **lui en** envoyez pas.
Nous **leur** donnons **le journal.** Nous **le leur** donnons. }	→Ne **le leur** donnons pas.

2.   In affirmative commands, the order of the first group of pronouns (**me, te, nous, vous**) and the second group (**le, la, les**) is reversed. Moreover, if **me** or **te** is the final pronoun, it becomes **moi** or **toi.** Finally, the **s** of the **tu** form of first conjugation verbs is not dropped if it is immediately followed by **y** or **en.**[1] Note in the examples below that in affirmative commands, a hyphen is inserted between the verb and the object pronouns.

$$
\text{verb} + \begin{Bmatrix} \text{le} \\ \text{la} \\ \text{les} \end{Bmatrix} + \begin{Bmatrix} \text{me (moi)} \\ \text{te (toi)} \\ \text{nous} \\ \text{vous} \end{Bmatrix} + \begin{Bmatrix} \text{lui} \\ \text{leur} \end{Bmatrix} + \text{y} + \text{en}
$$

II →   I →   III →   IV →   V

DECLARATIVE STATEMENT	AFFIRMATIVE COMMAND
Tu **me** donnes **le stylo.** Tu **me le** donnes. }	→Donne-**le-moi.**
Vous **me** parlez **de l'examen.** Vous **m'en** parlez. }	→Parlez-**m'en.**
Tu penses **aux vacances.** Tu **y** penses. }	→Penses-**y.**
Vous **nous** posez **la question.** Vous **nous la** posez. }	→Posez-**la-nous.**
Nous **lui** envoyons **des fleurs.** Nous **lui en** envoyons. }	→Envoyons-**lui-en.**

3.   **Être, avoir,** and **savoir** have special imperative forms.

être	**Sois** gentil!	*Be kind! (Be nice!)*
	Soyez à l'heure.	*Be on time.*
	Soyons amis.	*Let's be friends.*

[1]When **y** or **en** immediately follows the verb in an affirmative command, an obligatory liaison occurs. In liaison, **y** and **en** are pronounced /zy/ and /zɔ̃/.

avoir	**Aie** /ɛ/ de la patience.	*Have patience.*
	Ayez /ɛje/ la bonté de venir.[1]	*Please come.*
	Ayons /ɛjõ/ confiance en eux.	*Let's trust them.*
savoir	**Sache** ta leçon.	*Know your lesson.*
	Sachez la réponse.	*Know the answer.*
	Sachons la vérité.	*Let's find out the truth.*

15.2 ADJECTIF *TOUT*

1.   The singular forms **tout** and **toute** correspond to English *whole, entire,* or *all.* These forms are always followed by either an article, a possessive adjective, or a demonstrative adjective and a singular noun.

J'ai fait **tout l'exercice.**	*the entire exercise*
Elle lit **toute sa lettre.**	*his entire letter*
Toute la famille viendra.	*the whole family*

   2.   The plural forms **tous** and **toutes** correspond to English *all* or *every.*

Il a apporté **tous ses crayons.**	*all his pencils*
Je suis en classe **tous les jours**.	*every day*
Toutes les chambres sont grandes.	*all the rooms (every room)*

15.3 PLUS-QUE-PARFAIT DE L'INDICATIF

1.   The past perfect tense consists of an auxiliary verb in the imperfect tense and the past participle.

j'**avais** mangé	j'**étais** rentré(e)
tu **avais** mangé	tu **étais** rentré(e)
il **avait** mangé	il **était** rentré
nous **avions** mangé	nous **étions** rentré(e)s
vous **aviez** mangé	vous **étiez** rentré(e) (s)
ils **avaient** mangé	ils **étaient** rentrés

   2.   The past perfect is used in conjunction with the other past tenses, such as the *passé composé* and the imperfect. It denotes an action that had been completed *prior to* another past action. It often corresponds to English *had* + past participle. Normally, when the verb in the main clause is in the imperfect or the *passé composé*, the verb in the dependent clause (introduced by **que**) is in the imperfect or the past perfect tense.

---

[1] Literally, *Have the kindness of coming*

When the verb in the main clause is in the present tense, the verb in the dependent clause is in the present tense or the *passé composé*.

Elle **sait** que $\begin{cases} \text{Jean } \textbf{est} \text{ ici.} \\ \text{Jean } \textbf{est venu.} \end{cases}$ She knows that $\begin{cases} \textit{John is here.} \\ \textit{John came} \\ \textit{(has come).} \end{cases}$

Elle **savait** que $\begin{cases} \text{Jean } \textbf{était} \text{ ici.} \\ \text{Jean } \textbf{avait été} \text{ ici.} \end{cases}$ She knew that $\begin{cases} \textit{John was here.} \\ \textit{John had been} \\ \textit{here.} \end{cases}$

Il **dit** qu' $\begin{cases} \text{elle } \textbf{va} \text{ au lycée.} \\ \text{elle } \textbf{a déjeuné.} \end{cases}$ He says that $\begin{cases} \textit{she goes to the} \\ \textit{lycée.} \\ \textit{she had lunch.} \end{cases}$

Il **a dit** qu' $\begin{cases} \text{elle } \textbf{étudiait} \\ \text{ l'anglais.} \\ \text{elle } \textbf{avait étudié} \\ \text{ l'anglais.} \end{cases}$ He said that $\begin{cases} \textit{she was studying} \\ \textit{English.} \\ \textit{she had studied} \\ \textit{English.} \end{cases}$

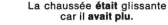

**La chaussée était glissante
car il avait plu.**

**Il s'était déjà couché quand
je suis rentré.**

Here are some more examples.

Main clause in the *present* + dependent clause in the *past*
Il **fait** froid car il **a neigé**.
Monique **porte** le pull que son frère lui **a envoyé**.
Jean-Paul **dit** que Monique **a nettoyé** sa chambre.
Jenny **sait** que les Chabrier **sont venus** à l'aéroport.

Main clause in the *past* + dependent clause in the *past perfect*
Il **faisait** froid car il **avait neigé**.
Monique **portait** le pull que son frère lui **avait envoyé**.
Jean-Paul **a dit** que Monique **avait nettoyé** sa chambre.
Jenny **savait** que les Chabrier **étaient venus** à l'aéroport.

15.4 ADVERBES DE QUANTITÉ

1.   In the sentences below, the adverbs of quantity are in boldface type.

Monique écrit **beaucoup**.	*a lot, very much*
Monique écrit **trop**.	*too much*
Philippe écrit **assez**.	*enough*
Christine écrit **peu**.	*little*

Philippe écrit **autant que** Jean-Paul.	*as much as*
Monique écrit **plus que** Philippe.	*more than*
Christine écrit **moins que** Philippe.	*less than*

Monique écrit **le plus**.	*the most*
Christine écrit **le moins**.	*the least*

2.   Most adverbs of quantity can be followed by **de** + noun. (They were discussed in conjunction with the partitive articles in Lessons 5.3 and 13.4.)

Philippe a **beaucoup de** pommes.	*a lot, many*
Philippe a **trop de** pommes.	*too many*
Philippe a **tant de** pommes!	*so many*
Jean-Paul a **peu de** pommes.	*few*

Monique a **autant de** pommes que Christine.	*as many*
Philippe a **plus de** pommes que Monique.	*more*

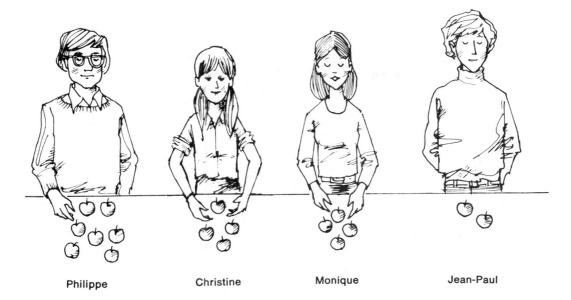

| Philippe | Christine | Monique | Jean-Paul |

Jean-Paul a **moins de** pommes que Monique.　　*fewer*
Philippe a **le plus de** pommes.　　*the most*
Jean-Paul a **le moins de** pommes.　　*the least*

vocabulaire

Noms masculins

avis	·immeuble	·paysage	·robinet
·évier	·lavabo	·poste (de	sofa
exemple	·lave-vaisselle	télévision)	w.-c. *pl*
fauteuil	message	·réveil	
frigo	·meuble	rideau	

Noms féminins

·affiche	·coiffeuse	·pièce	·table basse
·arrivée	commode	·porte-fenêtre	·table de nuit
·autoroute	·cuisinière	·poupée	·visite
·baignoire	·étagère	·preuve	
·casserole	·glace	·serviette de bain	

Verbes

copier	·s'élever	·occuper	·repasser
·défaire *irrég*	·s'entendre	partager	
·déranger	illustrer	ranger	

Adjectifs

·bas(se)   écrit(e)   ·rempli(e)   tout *irrég*
·chiffonné(e)   ·plein(e)   ·rond(e)   utile
·collé(e)   précédent(e)   ·sûr(e)
·crevé(e)   ·rapide   timide

Autres expressions

·à côté (de)   ·donner sur   ·par rapport à
·à carreaux   ·en même temps   passer un examen
autant (de)   ·je voudrais   ·pourtant
avoir confiance (en)   le moins   ranger ses affaires
·de chaque côté (de)   le plus   ·tout de même
·de sa vie   ·Ouf!

Seizième
Leçon

conversations

A. C'est le Louvre!

ROBERT Quel est ce bâtiment géant?
MICHEL Comment, tu ne le reconnais pas?
ROBERT Mais non. Qu'est-ce que c'est?
MICHEL C'est le Louvre, mon vieux.

B. Du haut d'une tour

PIERRE Ah! quel panorama splendide!
BRIGITTE Regarde en bas, les voitures sont si petites!
PIERRE Ah non, j'ai le vertige!
BRIGITTE Oh! là! là! Quelqu'un a volé ta voiture!

C. Quel beau bâtiment!

ALAIN Ah! quel beau bâtiment!
YVETTE Quel beau bâtiment? De quel bâtiment parles-tu?
ALAIN De ce bâtiment à gauche.
YVETTE Tu le trouves beau? Il est laid, à mon avis!

exercices oraux

16.1 EMPLOI DE *AVANT* ET *APRÈS*

A. *Modifiez chaque phrase en employant* avant *d'après ce modèle.*
D'abord Jenny met la valise sur le lit; ensuite elle l'ouvre.
Jenny met la valise sur le lit avant de l'ouvrir.

1. D'abord Jenny parle à Monique; ensuite elle défait sa valise.
2. D'abord elle défait sa valise; ensuite elle se repose.
3. D'abord elle se repose; ensuite elle repasse ses robes.
4. D'abord elle repasse ses robes; ensuite elle les met dans l'armoire.
5. D'abord elle met ses robes dans l'armoire; ensuite elle prend son déjeuner.

292

6. D'abord elle prend son déjeuner; ensuite elle sort avec Monique.
7. D'abord elle visite l'Arc de Triomphe; ensuite elle va à la Tour Eiffel.
8. D'abord elle va à la Tour Eiffel; ensuite elle visite le tombeau de Napoléon.

B. *Maintenant, modifiez chaque phrase de l'exercice précédent en employant* **après** *selon*[1] *ce modèle.*

D'abord Jenny met la valise sur le lit; ensuite elle l'ouvre.
Jenny ouvre la valise après l'avoir mise sur le lit.

C. *Répondez aux questions d'après ce modèle.*
Que faites-vous avant de venir en classe?
(CHARLES) Je déjeune (Je fais mes devoirs) avant de venir en classe.
Quand est-ce que (Charles) vient en classe?
(YVETTE) **Il vient en classe après avoir déjeuné (après avoir fait ses devoirs).**
1. Que faites-vous avant de vous habiller?
2. Que faites-vous avant de quitter la maison?
3. Que faites-vous avant de prendre votre déjeuner?
4. Que faites-vous avant de rentrer à la maison?
5. Que faites-vous avant de dîner?
6. Que faites-vous avant de vous coucher?

16.2 VERBES SUIVIS D'UN INFINITIF SANS PRÉPOSITION

A. *Répondez aux questions.*
1. Aimez-vous voyager? Où voulez-vous aller?
2. Savez-vous nager? Pouvez-vous nager aujourd'hui?
3. Allez-vous dîner ce soir? Quand désirez-vous dîner?
4. Aimez-vous manger? Que préférez-vous manger?
5. Espérez-vous sortir ce soir? Où voulez-vous aller?
6. Devez-vous faire vos devoirs? Que préférez-vous faire?

B. *Répondez aux questions.*
1. Je sais parler français. Et vous?
2. J'espère aller en Europe bientôt. Et vous?
3. Je ne peux pas (sortir) ce soir. Et vous?
4. Je dois (travailler) ce soir. Et vous?
5. Je vais rentrer à (cinq) heures. Et vous?
6. Je préfère parler français en classe. Et vous?
7. Je veux (regarder la télé) ce soir. Et vous?
8. Je préfère ne pas dormir en classe. Et vous?

[1]*according to*

16.3 VERBES SUIVIS DE LA PRÉPOSITION *DE* AVANT UN INFINITIF

A. *Parlons un peu du travail dans notre cours. Répondez aux questions.*
1. Essayez-vous de parler français? Et (Roger)?
2. Refusez-vous de faire les devoirs? Et (Marie)?
3. Acceptez-vous de faire les exercices? Et (Jeanne)?
4. Avez-vous décidé de travailler? Et (Jacques)?
5. Avez-vous cessé d'aller au labo? Et (Charles)?
6. Regrettez-vous d'être dans ce cours? Et (Alain)?

B. Exercice de contrôle
J'ai décidé de faire mes devoirs.

1. Je dois	4. Je ne peux pas	7. J'ai oublié
2. Je ne veux pas	5. J'essaie	8. Je vais
3. Je refuse	6. Je regrette	9. J'ai fini

C. *Écoutez chaque phrase, puis ajoutez une autre phrase d'après ce modèle.*
Jenny n'a pas encore écrit à ses parents. (dire)
Disons à Jenny d'écrire à ses parents.
1. Jenny n'a pas encore étudié l'histoire de Paris. (conseiller)
2. Jenny n'a pas encore visité la Tour Eiffel. (suggérer)
3. Monique n'a pas encore fait ses devoirs. (dire)
4. Monique n'est pas encore sortie avec Jenny. (suggérer)
5. Jean-Paul n'a pas encore vu son professeur. (conseiller)
6. Jean-Paul n'a pas encore écrit à M. Wilson. (dire)
7. Monique parle anglais avec Jenny. (défendre)
8. Mme Chabrier ne parle pas lentement. (demander)

D. *Répondez aux questions.*
1. À qui demandez-vous d'expliquer la grammaire?
2. Qui vous a conseillé d'apprendre le français?
3. Qu'est-ce que je vous défends de faire en classe?
4. Qu'est-ce que je vous dis de faire à la maison?
5. Qu'est-ce que je vous permets de faire en classe?
6. À qui avez-vous promis d'écrire [téléphoner]?

16.4 VERBES SUIVIS DE LA PRÉPOSITION *À* AVANT UN INFINITIF

A. *Répondez aux questions.*
1. Qu'est-ce que vous apprenez à faire dans ce cours?
2. Quand avez-vous commencé à étudier le français?

3. Est-ce que vous hésitez à me répondre?
4. Qui vous aide à faire vos devoirs?
5. Qui vous a encouragé à apprendre le français?
6. Est-ce que je vous apprends à parler espagnol?
7. Est-ce que je vous invite à parler chinois?
8. Qu'est-ce que vous réussissez à faire dans ce cours?

B. *Voici un exercice de révision.*
1. Donnez six verbes qui sont suivis d'un infinitif sans préposition. Faisons six phrases originales en employant ces verbes.
2. Donnez six verbes qui sont suivis de **à** avant un infinitif. Parlons de Jean-Paul ou de Jenny (ou de tous les deux) en employant ces verbes.
3. Donnez six verbes qui sont suivis de **de** avant un infinitif. Parlons des étudiants dans ce cours en employant ces verbes.

16.5 EXPRESSIONS AVEC *AVOIR*

A. *Répondez aux questions.*
1. J'ai besoin de me reposer. Et vous?
2. J'ai envie de faire une promenade. Et vous?
3. J'ai l'intention de sortir ce soir. Et vous?
4. J'ai de la chance d'être dans ce cours. Et vous?
5. Je n'ai pas peur de monter en ascenseur. Et vous?
6. J'ai tort de parler anglais en classe. Et vous?

B. *Répondez aux questions.*
1. J'ai chaud [froid]; avez-vous chaud [froid]? Pourquoi est-ce que j'ai chaud [froid]?
2. J'ai faim [soif]; avez-vous faim [soif]? Qu'est-ce que nous allons faire?
3. J'ai sommeil; avez-vous sommeil? Pourquoi est-ce que j'ai sommeil?
4. Savez-vous mon âge? Allez-vous me le demander?

C. **Révision.** *Répondez aux questions.*
1. Que voulez-vous faire ce soir?
2. Qu'est-ce que votre professeur vous demande?
3. Qu'est-ce qu'on apprend dans votre cours?
4. Quand avez-vous envie de vous reposer?
5. Quand êtes-vous allé au cinéma?
6. Où espérez-vous aller?
7. Qui vous a suggéré d'apprendre le français?
8. Qu'est-ce que vous faites avant de manger?
9. Qu'est-ce que vous essayez de faire?
10. Bon, cet exercice est fini. Que devez-vous faire maintenant?

«Je prends une photo. Souriez, s'il vous plaît!»

application

A. Dialogue et questions

Quel panorama magnifique!

C'est mercredi après-midi. Puisque Monique n'a pas de cours,[1] Jenny lui suggère d'aller voir la Tour Eiffel[2]. Elles prennent l'autobus jusqu'à la Place de l'Étoile[3]. Au milieu d'une immense «étoile» formée par douze magnifiques avenues se dresse[4] l'Arc de Triomphe[5], plus haut qu'un bâtiment de quinze ou seize étages. Elles visitent d'abord le tombeau du Soldat Inconnu où brûle une flamme éternelle. Ensuite elles montent en ascenseur jusque sur la plateforme. De là, on a une vue splendide sur les larges avenues qui rayonnent autour de l'Arc de Triomphe. Après être descendues de la plateforme, elles marchent le long de[6] l'avenue Kléber et arrivent en vingt minutes au Palais de Chaillot[7], deux beaux corps de bâtiments séparés par une grande terrasse. Tout en face[8], de l'autre côté de la Seine s'élève la Tour Eiffel, entourée de jardins et de terrasses.

MONIQUE   Regarde en bas. On voit bien la courbe des ailes du Palais de Chaillot.

JENNY   Quel panorama magnifique! On voit tout Paris!

[1] Les écoliers français ne vont pas en classe le mercredi et le samedi après-midi
[2] La Tour Eiffel a été conçue (concevoir) par l'ingénieur Gustave Eiffel (1832–1923) et a été construite à l'occasion de l'Exposition de Paris de 1889.
[3] Officiellement, la place s'appelle la Place Charles de Gaulle.
[4] s'élève
[5] Haut de 50m, il a été commencé en 1810 sous Napoléon 1er et a été terminé 26 ans plus tard.
[6] le long de along
[7] construit à l'occasion de l'Exposition de 1937; on y trouve plusieurs musées et une vaste salle de théâtre.
[8] en face opposite, across

On voit bien les courbes des ailes du Palais de Chaillot. (Au fond, la Défense.)

MONIQUE Tu reconnais beaucoup de monuments?

JENNY Je vois le Sacré-Cœur, l'Opéra, le Louvre, Notre-Dame, l'hôtel des Invalides[1] . . .

MONIQUE C'est là qu'est le tombeau de Napoléon.

JENNY Et quel est ce bâtiment moderne?

MONIQUE C'est le palais de l'UNESCO. Paris est le siège du Secrétariat de l'UNESCO.   20

JENNY Et ce bâtiment rond et gigantesque?

MONIQUE C'est le palais de la Radio[2].

JENNY Et ce gratte-ciel là-bas?   25

MONIQUE C'est la Tour Montparnasse; elle est juste en face de la gare Montparnasse.

JENNY Brrr! Je commence à avoir froid.

MONIQUE Moi aussi. Si tu as fini de prendre des photos, on peut descendre au premier étage et prendre un chocolat chaud.   30

[1] appelé ainsi parce que Louis XIV l'a construit pour abriter les anciens soldats blessés
[2] aussi appelé la Maison de la Radio; on y trouve l'Office de Radiodiffusion-Télévision Française, un monopole d'État.

(lignes 1–12)

1. Pourquoi Monique peut-elle sortir avec Jenny?
2. Comment Monique et Jenny vont-elles à la Place de l'Étoile?
3. Où se trouve l'Arc de Triomphe?
4. Quelle est la hauteur de l'Arc de Triomphe? (Il est haut de....)
5. Comment montent-elles en haut de l'Arc de Triomphe?
6. Combien d'avenues partent de la Place de l'Étoile?
7. Où vont-elles après avoir visité l'Arc de Triomphe?
8. D'où voient-elles la Tour Eiffel?

(lignes 13–30)

9. Qu'est-ce que Monique dit du Palais de Chaillot?
10. Qu'est-ce que Jenny voit du haut de la Tour Eiffel?
11. Où se trouve le tombeau de Napoléon?
12. Que veut dire UNESCO?
13. Qu'est-ce que Monique et Jenny vont faire au premier étage?
14. Pourquoi descendent-elles au premier étage?

Tombeau du
Soldat Inconnu.

B. Expressions utiles

La ville

consulter $\left\{ \begin{array}{l} \text{un guide} \\ \text{un plan de la ville} \end{array} \right.$

visiter { un monument
une tour
une église (une cathédrale)
un parc, un musée

voir un gratte-ciel[1] { là-bas
en bas
à l'horizon

monter en
descendre en } ascenseur
prendre l'

monter en haut
voir la ville du haut } { d'un bâtiment
d'une tour

avoir { une vue
un panorama } { splendide
magnifique
extraordinaire } d'une ville

le monument (bâtiment): { dominer tout le
s'intégrer bien (mal) au
être (ne pas être) en
harmonie avec le } paysage

Le monument (bâtiment) est { beau, extraordinaire.
laid, grotesque, pittoresque.
moderne, ultra-moderne.
vieux, dilapidé, historique.

Le monument (bâtiment) sera { construit.
démoli.

C. *Complétez le passage suivant en employant les éléments indiqués.*
(1) Je/dormir/jusque/dix/heure/matin. (2) Après/s'habiller/je/repasser/robes. (3) Nous/déjeuner/à toute vitesse/et/sortir/vers/un/heure/demi. (4) Nous/prendre/autobus/jusque/la Place de l'Étoile. (5) Nous/visiter/tombeau/Soldat Inconnu./puis/nous/monter/sur/plateforme/Arc de Triomphe. (6) De/là,/on/avoir/vue/splendide. (7) On/voir/aussi/pourquoi/place/s'appeler/«étoile» — /douze/avenue/rayonner/autour/Arc de Triomphe/qui/se dresser/au milieu/ce/grand/place. (8) Vers/deux/heure/nous/monter/en/haut/Tour Eiffel. (9) Monique/me/montrer/beaucoup/monument/et/bâtiment/que/je/ne pas/reconnaître. (10) Après/prendre/photos/je/descendre/premier/étage/et/nous/prendre/chocolat/chaud.

[1] un **gratte-ciel**, des **gratte-ciel** (mot invariable)

D. *Jouez des rôles: faites un dialogue en faisant les changements de votre choix. Vous pouvez utiliser les **Expressions utiles** de la Leçon 3.*

Votre cousin vous rend visite[1]. Il a douze ans. Vous montez en haut d'un grand bâtiment ou d'une tour qui domine le campus. Votre cousin vous pose des questions sur ce qu'il voit. Vous lui répondez en montrant quelques bâtiments du campus.

E. Renseignements et opinions

1. Quel est le bâtiment le plus laid de votre campus? Pourquoi le trouvez-vous laid?
2. Avez-vous un appareil photographique? Quelle est la marque de votre appareil? Prenez-vous beaucoup de photos?
3. Est-ce que quelqu'un vous a conseillé d'apprendre le français? Pourquoi (pas)?
4. Qu'est-ce que vous refusez de faire dans le cours de français? Pourquoi?

[1] On **visite** un monument, un musée, une école, mais on **rend visite à** une personne.

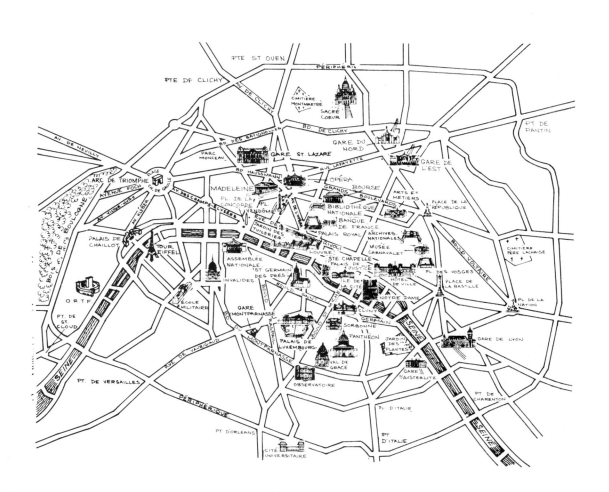

5. Si vous êtes libre ce soir, irez-vous au cinéma ou regarderez-vous la télévision? Pourquoi?
6. Qu'est-ce que vous aimiez faire quand vous aviez dix ans? Le faites-vous toujours?
7. Préparez deux questions à poser à votre professeur au sujet des monuments de Paris.

F. Lecture

Paris

(A)   Au XIe siècle, Paris était une petite ville comme beaucoup d'autres. C'est au XIIe siècle que Paris a commencé à se développer, pour trois raisons: (1) l'augmentation de la circulation[1] sur la Seine, liée[2] au commerce; (2) le succès des maîtres[3] dont l'enseignement attirait[4] les foules; (3) le choix du roi qui en a fait son séjour préféré et sa capitale. Ces trois fonctions—économique, culturelle et politique—sont toujours actuelles[5] et expliquent le prodigieux développement de cette ville devenue aujourd'hui la quatrième du monde, après Tokyo, New York et Londres.

(B)   Paris est la capitale politique, bien sûr—le siège du gouvernement, de l'administration et du Parlement. Paris a toujours été le centre politique de la France. C'est d'ailleurs une ville curieusement administrée: contrairement aux autres communes françaises (et à d'autres grandes villes, comme New York), elle n'a pas de maire élu—sans doute pour ne pas lui donner trop de puissance—mais seulement un conseil municipal élu. Ce conseil se choisit[6] un président, dont le rôle est surtout honorifique car il partage les fonctions traditionnelles du maire avec le Préfet de Paris, agent du gouvernement. La ville est divisée en 20 arrondissements où quelques fonctions administratives sont confiées[7] à un maire nommé par le ministre de l'intérieur.

(C)   Paris est aussi la capitale économique de la France. Le «grand Paris» comprend[8] 18% de toute la population française (imaginez Washington avec 36.000.000 d'habitants!), 22% des automobiles, 25% des fonctionnaires[9] français, 65% des sièges sociaux des grandes entreprises. Tous les grands chemins et toutes les lignes de chemin de fer[10] convergent vers Paris. Paris consomme 20% du charbon, 15% de l'électricité, 50% du gaz domestique et 1/4 de la production agricole[11] du pays. C'est aussi à Paris que se trouvent 50% de l'industrie chimique, 57%

5

10

15

20

25

[1] *traffic*
[2] du verbe **lier** *to link*, dont le nom est **liaison**
[3] ici, professeurs (à la Sorbonne)
[4] du verbe **attirer** *to attract*, dont le nom est **attraction**
[5] présentes
[6] choisit parmi les membres
[7] du verbe **confier** *to entrust*, dont le nom est **confiance**
[8] consiste en
[9] employés du gouvernement
[10] **chemin de fer** *railroads*
[11] adjectif du mot **agriculture**

de l'industrie électrique et 62% de l'industrie automobile. Avec cette concentration industrielle, l'air de la capitale est très pollué[1].

(D)   Enfin Paris est la capitale culturelle de la France. La vie musicale, théâtrale, artistique et littéraire en France est surtout parisienne. Certes[2] un grand artiste peut vivre et travailler en province, mais son roman ne sera publié qu'à[3] Paris où sont concentrés les éditeurs[4], son tableau ne sera exposé qu'à Paris où sont concentrées les grandes galeries, sa musique ne sera jouée qu'à Paris où sont concentrés les trois ou quatre bons orchestres français. Cet impérialisme culturel de Paris est sans doute favorisé par la grande concentration de monuments dont[5] les siècles ont couvert la ville. Colbert[6] a couvert Paris de merveilles: la place Vendôme, la place des Victoires, l'Observatoire, le Val-de-Grâce, les Invalides. Napoléon a fait la rue de Rivoli, la Bourse[7], les arcs de triomphe de l'Étoile[8] et du Carrousel. Napoléon III et son préfet Haussmann ont fait de Paris une ville moderne avec ses grandes avenues et ses grands boulevards: les avenues autour de l'Étoile, de la Nation, de la République, de Denfert-Rochereau, les Boulevards Saint-Germain, Raspail, Montparnasse, Port-Royal, le Bois de Boulogne, le Bois de Vincennes, puis l'Opéra, les Halles[9] (qu'on a détruit en 1971). Et c'est à la fin du dix-neuvième siècle que Paris est devenu la capitale européenne des plaisirs, symbolisée par la musique d'Offenbach, le théâtre des Boulevards, Maxim's et la Tour Eiffel. Le prestige de la culture est encore vivant, et les Parisiens, comme tous les touristes français et étrangers, sont toujours sensibles[10] à la beauté de la capitale.

(a) *Posez des questions en utilisant les expressions suivantes.*

(A)   1. Qu'est-ce que c'est que...
            2. Qu'est-ce qui explique...
(B & C) 3. Comment est-ce que...
            4. Qu'est-ce que c'est que...
            5. Combien de...
            6. Pourquoi est-ce que...
(D)   7. Où est-ce que...
            8. Pourquoi est-ce que...
            9. Qui...

[1]du verbe **polluer** *to pollute*, dont le nom est **pollution**
[2]bien sûr, certainement
[3]**ne...que**   seulement
[4]ici, firmes qui publient les livres
[5]*with which*
[6]Jean-Baptiste Colbert (1619–1683), contrôleur général des finances sous Louis XIV
[7]*Stock Exchange*
[8]place Charles de Gaulle
[9]centre pour la distribution des produits agricoles
[10]*sensitive*, du verbe **sentir** *to feel*

(b) *Formez un adjectif avec chacun des noms suivants.*

artiste	culture	politique
économie	tradition	agriculture
électricité	industrie	chimie
théâtre	littérature	Paris
Europe	musique	société

(c) *Formez un verbe avec chacun des noms suivants.*

choix	développement	pollution
production	liaison	enseignement
attraction	préférence	élection
division	concentration	publication
exposition	travail	vie

C'est là qu'est le tombeau de Napoléon. (Les Invalides)

explications

16.1 EMPLOI DE *AVANT* ET *APRÈS*

1. The preposition **avant** *before* takes **de** + infinitive.

Je m'habille **avant de** me **laver**.

Je me repose **avant de partir**.
Je travaille **avant de m'amuser**.

Après *after* takes a compound infinitive (**avoir** or **être** plus the past participle of a verb).

Je me lave **après m'être habillée**.
Je m'amuserai **après avoir travaillé**.
Je déjeunerai **après être rentrée**.

Je me peigne **après**
m'être habillée.

Je me rase **avant de** m'habiller.

    2. To express *time*, **avant** *before* and **après** *after* are used.

Je pars à midi; Jacqueline part à une heure.
Je pars **avant** Jacqueline; elle part **après** moi.

To express *space*, **devant** *in front of* and **derrière** *behind* are used.

Je suis au premier rang; Robert est au deuxième rang.
Je suis **devant** Robert; il est **derrière** moi.

16.2 VERBES SUIVIS D'UN INFINITIF SANS PRÉPOSITION

1. Some verbs (such as **pouvoir**) can be followed directly by an infinitive, while others (like **commencer**) take **à**, and still others (like **décider**) take

de. The verbs below are followed directly by an infinitive, without taking any preposition.

aimer	*to like*		pouvoir	*can*
aller	*to be going to*		préférer	*to prefer*
désirer	*to wish*		savoir	*to know how to*
devoir	*must*		vouloir	*to want*
espérer	*to hope*			

Jean-Paul **sait parler** anglais, mais il **préfère parler** français avec Jenny. Monique **veut monter** en ascenseur, mais Jenny **désire prendre** l'escalier. Tu **vas travailler** parce que tu **dois travailler**!

    2.   If the dependent infinitive takes object pronouns, they immediately precede it.

Je veux mettre **la valise sur le lit.**   →Je veux **l'y** mettre.
Je vais envoyer **des photos à mes**   →Je vais **leur en** envoyer.
    parents.

    3.   If the dependent infinitive is negated, **ne pas**, **ne plus**, and **ne jamais** precede it.

Elle préfère **ne pas** voir ce garçon.

If the dependent infinitive takes an object pronoun, the negative elements precede the object pronoun.

Elle désire **ne plus le** voir.
Elle espère **ne jamais le** revoir!

Rien as a direct object precedes a dependent infinitive.

Je désire **ne rien** faire ce soir.

If the dependent infinitive takes a preposition, **rien** follows the infinitive and the preposition.

Je préfère **ne** penser à **rien**.

Personne always follows a dependent infinitive and any preposition it may take.

J'espère **ne** voir **personne** ce matin.
Je préfère **ne** le donner à **personne**.

16.3 VERBES SUIVIS DE LA PRÉPOSITION *DE* AVANT UN INFINITIF

1.   The verbs below require the preposition **de** when they are followed by a dependent infinitive.

accepter	*to accept*	**finir**	*to finish*
s'arrêter[1]	*to stop*	**oublier**	*to forget*
cesser[2]	*to stop*	**refuser**	*to refuse*
se dépêcher	*to hurry*	**regretter**	*to regret*
décider	*to decide*	**venir**[3]	*to have just*
essayer	*to try*		

Pourquoi Monique **a**-t-elle **refusé d'**aider sa mère?
— Parce qu'elle **a décidé de** sortir avec Jenny.

Jean-Jacques **a**-t-il **cessé de** téléphoner à Monique?
— Oui, elle **refuse de** lui parler.

2.   The verbs below take the construction **à** + person + **de** + infinitive. With the exception of **promettre**, the person referred to in **à** + person is the agent that performs the action expressed by **de** + infinitive.

conseiller	*to advise*	**permettre**	*to permit*
défendre	*to forbid*	**suggérer**	*to suggest*
demander	*to ask*	**promettre**	*to promise*
dire	*to tell*		

M. Dubois **a conseillé à Jenny d'**aller en France.
Il **lui a suggéré d'**écrire des comptes rendus.

M. Wilson **a permis à Jenny de** partir en vacances.
Elle **a promis à sa mère d'**écrire chaque semaine.

16.4 VERBES SUIVIS DE LA PRÉPOSITION *À* AVANT UN INFINITIF

1.   The verbs below require the preposition **à** before a dependent infinitive.

apprendre	*to learn*	**hésiter**	*to hesitate*
commencer	*to begin*	**réussir**	*to succeed*
continuer	*to continue*		

---

[1]**S'arrêter** *to stop* implies that the action is momentary.
[2]**Cesser** *to stop* suggests that the action is over or has been discontinued.
[3]**Venir de** expresses action occurring in the immediate past (see Lesson 7.5).

Jenny **hésite**-t-elle **à** prendre des photos?
—Au contraire, elle **réussit à** prendre de belles photos.

Apprend-elle **à** parler français?
—Oui, elle **commence à** parler comme une Parisienne!

2. The verbs below take the construction person + **à** + infinitive.

aider	*to help*	**inviter**	*to invite*
encourager	*to encourage*		

Les Wilson **ont invité Jean-Paul à** passer les vacances de Thanksgiving chez eux, et Jenny **l'a encouragé à** accepter leur invitation.

16.5 EXPRESSIONS AVEC *AVOIR*

1. **Avoir** is used in the following expressions.

avoir **faim**	*to be hungry*
avoir **soif**	*to be thirsty*
avoir **sommeil**	*to be sleepy*
avoir **mal à** la tête	*to have a headache*
avoir **chaud**	*to be hot*
avoir **froid**	*to be cold*
avoir dix **ans**	*to be ten years old*

Qu'est-ce que vous faites quand vous **avez froid**?
— Je ferme la fenêtre et je mets un pull.

Il fait chaud cet après-midi. J'**ai chaud** et je veux boire quelque chose de froid.

2. **Avoir** also occurs in the expressions below. When they are followed by an infinitive, the infinitive must be preceded by **de**.

avoir besoin	*to need*
avoir de la chance	*to be lucky*
avoir envie	*to feel like*
avoir l'intention	*to intend*
avoir peur	*to be afraid*
avoir raison	*to be right*
avoir tort	*to be wrong*

Jenny **a**-t-elle **l'intention de** rester à la maison?
— Non, elle **a besoin de** sortir ce soir.
J'**ai peur de** parler à ce monsieur.
— Mais tu **as tort d'**hésiter comme ça!

vocabulaire

Noms masculins

Arc de Triomphe	·gratte-ciel *invar*	·palais	·soldat
·ascenseur	infinitif	·panorama	tombeau
·corps	·monument	·Sacré Cœur	
	·Opéra	·secrétariat	

Noms féminins

·aile	·flamme	·plateforme	·vue
·courbe	·hauteur	préposition	
·étoile	·place	·terrasse	

Verbes

cesser	·se dresser	permettre *irrég*	regretter
conseiller	encourager	promettre *irrég*	réussir (à)
défendre	·former	·rayonner	
désirer	hésiter	·reconnaître *irrég*	

Adjectifs

·entouré(e)	·gigantesque	·séparé(e)
·éternel(le)	·immense	·splendide
·géant(e)	·inconnu(e)	suivi(e)

Autres expressions

·à mon avis	·avoir le vertige	·jusque
·au milieu (de)	·Brrr!	·jusqu'à
·autour (de)	·de l'autre côté de	·le long de
avoir de la chance, envie, froid, l'intention, raison, sommeil, tort	·du haut de	·mon vieux
	·en bas	·puisque
	·en face (de)	sans
	·être haut de	tous les deux

Dix-Septième Leçon

conversations

A. Dans une boutique de mode

LA VENDEUSE Mademoiselle désire quelque chose?

LA CLIENTE Je cherche une robe bleu pâle.

LA VENDEUSE Voilà une robe à la mode. Elle est très jolie et elle vous ira bien.

LA CLIENTE C'est vrai, en effet. Je vais l'essayer.

. . .

LA CLIENTE Cette robe est parfaite. Combien coûte-t-elle?

LA VENDEUSE Cinq cents francs, Mademoiselle.

LA CLIENTE Cinq cents francs! C'est trop cher. Je ne la veux pas. Elle ne me plaît pas!

B. Dans une pharmacie

L'ÉTRANGER Bonjour, Monsieur. Je cherche une pellicule pour mon appareil.

LE PHARMACIEN Je regrette, Monsieur, mais nous ne vendons pas de pellicules ici.

L'ÉTRANGER Où faut-il aller, alors?

LE PHARMACIEN Allez au magasin de photo. Il y en a un à deux pas d'ici.

L'ÉTRANGER Merci, Monsieur.

LE PHARMACIEN De rien, Monsieur.

exercices oraux

17.1 PRONOMS RELATIFS SANS ANTÉCÉDENT

A. *Ajoutez des phrases d'après ce modèle.*

Jenny cherche un taxi.

Voilà ce qu'elle cherche.

1. Jenny nettoie sa chambre.
2. Elle fait la vaisselle.
3. Elle va faire des courses.
4. Elle parle d'un magasin.
5. Elle pense à un magasin.
6. Elle attend l'autobus.
7. L'autobus arrive.
8. Le magasin est loin de la maison.
9. Jenny achète une écharpe.
10. L'écharpe ne coûte pas cher.

310

DAMES		HOMMES	
BONNETERIE	R DE C	BONNETERIE	1 ER ETAGE
BOTTES	1ER ETAGE	BOTTES	,,
CHAPEAUX	2ÈME ,,	BOUTIQUE ''SIMPSON''	,,
CHAUSSURES	1ER ,,	CHAPEAUX	,,
CHEMISIERS	R DE C	CHAUSSURES	,,
COORDONNES	,,	CHEMISERIE	,,
COUTURE	2ME ETAGE	COSTUMES	,,
EQUITATION	R DE C	EQUITATION	,,
IMPERMEABLES	2 ME ETAGE	IMPERMEABLES	,,
JUPES	R DE C	LODEN	,,
MANTEAUX	2ME ETAGE	MESURE INDUSTRIELLE	,,
PARAPLUIES	R DE C	PANTALONS	,,
ROBES	,,	PARAPLUIES	,,
TAILLEURS	2ME ETAGE	PARDESSUS	,,
VESTES 3/4	R DE C	VESTONS	,,
VETEMENTS DE CHASSE	,,	VETEMENTS DE CHASSE	,,
,, DE PEAU	2ME ETAGE	,, DE PEAU	,,
,, DE SPORT	R DE C	,, DE SPORT	,,
VOYAGE	,,	VOYAGE	R DE C

ENFANTS	JEUNES FILLES	JEUNES GENS	
BOTTES	1ER ETAGE	MANTEAUX	3ME ETAGE
BONNETERIE	3 E ,,	MESURE INDUSTRIELLE	,,
BOUTIQUE AGE TENDRE	R DE C	PANTALONS	,,
,, COMMANDO	3ME ETAGE	PARDESSUS	,,
CHAUSSURES	1ER ETAGE	ROBES	,,
CHEMISERIE	3ME ETAGE	TABLIERS	,,
CHEMISIERS	,,	TAILLEURS	,,
COSTUMES	,,	VESTES BLAZER	,,
IMPERMEABLES	,,	VESTONS	,,
JUPES	,,	VETEMENTS SPORT	,,

IMPERMEABLES	SOUS SOS	ATOUT VA

«Où est le rayon des chaussures?»

B. *Répondez aux questions d'après ce modèle.*
Faites-vous des exercices?
C'est justement ce que nous faisons.

1. Regardez-vous le tableau?
2. Parlez-vous français?
3. Répondez-vous aux questions?
4. Avez-vous besoin de votre livre?
5. Cette photo vous intéresse?
6. Avez-vous peur des examens?
7. Voulez-vous parler de Paris?
8. Avez-vous fini cet exercise?

17.2 *FALLOIR* ET *VALOIR*

A. *Parlons d'abord de ce que nous faisons et de ce que nous ne* *faisons pas dans ce cours. Modifiez chaque phrase en utilisant **il faut** ou **il ne faut pas** d'après ces modèles.*

Nous parlons français autant que possible.
Oui, il faut parler français autant que possible.
Nous ne dormons pas en classe.
Non, il ne faut pas dormir en classe.

1. Nous faisons beaucoup d'exercices.
2. Nous ne parlons pas anglais tout le temps.
3. Nous répondons aux questions du professeur.
4. Nous ne séchons pas le cours.
5. Nous apprenons toutes les leçons.
6. Nous n'arrivons pas en retard tout le temps.
7. Nous parlons anglais de temps en temps.
8. Nous venons au cours tous les jours.

B. *Je vais parler de quelqu'un. Dites votre opinion sur lui en utilisant **il vaut mieux faire** ou **il vaut mieux ne pas faire** d'après ce modèle.*

Il est en retard tout le temps.
Il vaut mieux ne pas être en retard tout le temps.

1. Il regarde la télévision tout le temps.
2. Il ne se lave pas les mains avant de manger.
3. Il nettoie la chambre de temps en temps.
4. Il ne se brosse pas les dents tous les jours.
5. Il fait la vaisselle après chaque repas.
6. Il laisse les clés dans la voiture.
7. Il n'ouvre jamais les fenêtres.
8. Il ne prend pas assez souvent de bains.

C. *Maintenant, répondez à ces questions.*

1. Qu'est-ce qu'il faut faire avant de se coucher? Mentionnez deux choses.
2. Qu'est-ce qu'il faut faire tous les matins? Citez deux choses.
3. Que veulent dire les expressions suivantes?
   Défense de fumer   Défense de cracher
   Défense d'afficher   Défense de stationner
   Défense de marcher sur l'herbe
4. Combien de temps faut-il pour aller de New York à San Francisco en avion? Et de New York à Paris?
5. Combien de temps vous faut-il pour faire les devoirs? Et pour vous préparer pour prendre une douche?
6. Qui sait jouer au bridge? Combien de personnes faut-il pour jouer au bridge? Et pour jouer au football?

17.3 FORME NÉGATIVE: *NE . . . QUE*

A. *Répondez à ces questions en employant la locution* **ne . . . que***.*
1. Combien de mains [doigts] avez-vous?
2. Combien de têtes [bouches] avez-vous?
3. Combien de cours avez-vous aujourd'hui?
4. Combien de lits y a-t-il dans votre chambre?
5. Combien d'argent avez-vous sur vous?
6. Quels journaux lisez-vous?

B. *Modifiez les phrases suivantes d'après ce modèle.*
Je vous parle.
Je ne parle qu'à vous!

1. Je vous écoute.
2. Je vous téléphone.
3. Je parle de vous.
4. Je vous admire.
5. Je vous comprends.
6. J'ai besoin de vous.
7. Je pense à vous.
8. J'ai peur de vous.

C. *Expliquez la différence entre les deux phrases. Voici des modèles.*[1]
Jenny ne parle que français avec Jean-Paul.
Jenny parle seulement (en) français quand elle est avec Jean-Paul.
Jenny ne parle français qu'avec Jean-Paul.
Jenny parle français seulement quand elle est avec Jean-Paul.
1. Jenny ne voit que Jean-Paul pendant le week-end.
   Jenny ne voit Jean-Paul que pendant le week-end.
2. Jean-Paul ne prend que du vin avec son dîner.
   Jean-Paul ne prend du vin qu'avec son dîner.
3. Jenny n'écrit qu'en français à M. Dubois.
   Jenny n'écrit en français qu'à M. Dubois.
4. Jenny ne parle que de Jean-Paul à ses parents.
   Jenny ne parle de Jean-Paul qu'à ses parents.
5. Mme Chabrier ne travaille qu'au laboratoire le lundi.
   Mme Chabrier ne travaille au laboratoire que le lundi.

17.4 LA VOIX PASSIVE

A. *Modifiez les phrases suivantes d'après ce modèle.*
Le professeur explique la leçon.
La leçon est expliquée par le professeur.
1. Le professeur écrit la phrase.

---

[1] Il y a d'autres réponses possibles. Par exemple, pour la première phrase: **Quand Jenny est avec Jean-Paul, elle lui parle seulement en français; Le français est la seule langue que Jenny parle quand elle est avec Jean-Paul.**

2. Les étudiants copient la phrase.
3. Le professeur pose les questions.
4. Un étudiant donne la réponse.
5. Une autre étudiante répète la réponse.
6. Le professeur corrige les fautes.
7. Les étudiants récitent le dialogue.
8. Le professeur lit les compositions.

B. *Mettez les phrases suivantes à la voix passive d'après ce modèle.*
On a contrôlé le passeport.
Le passeport a été contrôlé.

1. On a ouvert la valise.
2. On a inspecté les bagages.
3. On a laissé les bagages au comptoir.
4. On a perdu une valise.
5. On va contrôler le passeport.
6. On a tamponné le passeport.
7. On a mis le passeport dans la serviette.
8. On vient d'annoncer le vol.

C. *Répondez aux questions en employant la voix passive.*
1. A-t-on fait l'exercice A de cette leçon? Qui a fait cet exercice?
2. A-t-on étudié la seizième leçon? Qui l'a expliquée?
3. Quand est-ce qu'on a fondé notre école? Savez-vous qui l'a fondée?
4. Qui a une bicyclette? Est-ce que quelqu'un l'a jamais volée? Qui l'a retrouvée?
5. Votre père vous a-t-il jamais puni? Pourquoi?
6. Vous êtes très sympathique. Il n'y a personne qui vous déteste, n'est-ce pas? Y a-t-il quelqu'un qui vous aime?

D. *Modifiez les phrases suivantes d'après ce modèle.*
On achète du bœuf à la boucherie.
Le bœuf s'achète à la boucherie.

1. On achète du veau à la boucherie.
2. On achète du porc à la charcuterie.
3. On vend de l'aspirine à la pharmacie.
4. On vend des timbres au bureau de tabac.
5. On mange des croissants au petit déjeuner.
6. On mange du fromage avec du pain.
7. On comprend cela facilement.
8. On ne fait pas cela en France.

E. Révision. *Répondez aux questions.*
1. Combien de personnes faut-il pour jouer au ping-pong?
2. Est-ce que vos compositions sont corrigées par votre ami?
3. Que vaut-il mieux faire avant d'aller en classe?

«Joue avec
nous, papa.»

4. Où est-ce qu'on vend des timbres?
5. Par qui est-ce que cet enfant a été puni?
6. Quand est-ce que le dialogue sera récité?
7. Qui écoutez-vous maintenant?
8. Que veut dire «défense de fumer»?
9. Avez-vous cessé d'aller au labo?
10. Avez-vous jamais refusé de faire vos devoirs?
11. Est-ce qu'on admire cette étudiante?
12. Cet exercice est-il fini?

application

A. **Dialogue et questions**

J'ai besoin de plusieurs choses.

C'est le matin. Jenny fait la vaisselle dans la cuisine tandis que
Madame Chabrier fait sa toilette[1] dans sa chambre. Monsieur Chabrier est

---

[1] c'est-à-dire, elle se brosse les cheveux, elle s'habille, etc.

déjà parti pour son bureau. Jean-Paul est allé chez son professeur et Monique au lycée. Comme aux États-Unis, il y a beaucoup de femmes mariées en France qui continuent à travailler après la naissance de leurs 5 enfants. Mme Chabrier travaille à mi-temps[1] dans un laboratoire d'analyse médicale. Elle a débuté comme laborantine[2] quand Monique avait trois ans. Puisqu'il n'y avait pas de crèches ni de[3] maternelles[4] dans le quartier, c'est la mère de Mme Chabrier qui s'est occupée de l'enfant. Elle est aujourd'hui technicienne médicale et elle aime beaucoup son travail. 10 Aujourd'hui sa journée au laboratoire commence à 9 h 30.

JENNY   Je dois toucher un chèque de voyage[5]. Est-ce qu'il y a une banque près d'ici?

MME CHABRIER   Ah oui, il y en a deux à cinq minutes de chez nous.

JENNY   Et j'ai besoin de plusieurs choses: papier à lettres, piles pour mon 15 appareil, produits de beauté... Où faut-il aller pour les acheter?

MME CHABRIER   Il faut aller dans plusieurs magasins différents. Si vous voulez, vous pouvez aller dans les grands magasins.

JENNY   Et où sont les grands magasins?

MME CHABRIER   Eh bien, puisque vous avez besoin de toucher votre 20 chèque, allez à l'Opéra.

JENNY   À l'Opéra?

MME CHABRIER   Oui, il y a plusieurs grands magasins près de l'Opéra—Les Galeries Lafayette, Le Printemps, et le bureau de l'American Express.

JENNY   Je n'ai que trois heures pour faire mes courses. Jean-Paul va 25 rentrer à midi.

MME CHABRIER   Vous avez beaucoup de temps, Jenny. Je pars dans dix minutes et j'irai avec vous jusqu'à la Concorde.

(lignes 1–11)
1.   Qui est-ce qu'il y a dans l'appartement?
2.   Où est-ce que les enfants des Chabrier sont allés?
3.   Que font beaucoup de femmes mariées?
4.   Où travaille Mme Chabrier?
5.   Quand a-t-elle commencé à travailler?
6.   Qu'est-ce qu'il n'y avait pas dans le quartier?
7.   À quelle heure commence son travail?
(lignes 12–28)
8.   Y a-t-il une banque près de l'immeuble?
9.   De quoi Jenny a-t-elle besoin?
10   Où est-ce que Mme Chabrier lui suggère d'aller?

[1] *part-time* (contraire de **plein temps**)
[2] Elle a commencé sa carrière comme assistante de laboratoire.
[3] **pas de...ni de** *neither...nor*
[4] Les **crèches** (*daycare centers*) et les [**écoles**] **maternelles** (*nursery schools*) sont des établissements financés par le gouvernement. Les crèches prennent les enfants jusqu'à l'âge de 3 ans et les maternelles les reçoivent à partir de 3 ans.
[5] *traveler's check* Remarquez l'emploi du verbe **toucher** (ici, *to cash*).

11. Où se trouve le bureau de l'American Express?
12. Combien de temps Jenny a-t-elle pour faire ses courses?
13. Pourquoi n'a-t-elle que trois heures?
14. Qu'est-ce que Mme Chabrier invite Jenny à faire?

B. **Expressions utiles**

Dans un grand magasin

Le client ⎱
La cliente ⎰ voit ⎰ une publicité[1] ⎰ et fait ⎰ des courses *f.*
⎰ une réclame ⎰ ⎰ des achats *m.*

aller au rayon
- des chemises, des chaussures, des chapeaux, des jouets
- des articles pour ⎰ le camping ⎰ le jardin
- des articles de ménage

acheter ⎰ à crédit (utiliser la carte de crédit)
⎰ au comptant (payer comptant)

La robe va ⎰ bien ⎰ à la cliente.
⎰ mal ⎰

La marchandise est ⎰ bon marché (meilleur marché).
⎰ de bonne (meilleure, mauvaise) qualité.

Le prix est ⎰ trop élevé.
⎰ raisonnable.
⎰ avantageux (intéressant).

rapporter
échanger ⎰ une robe qui a un défaut
se faire rembourser pour ⎰

C. *Complétez le passage suivant.*
(1) Je/s'appeler/Yvette Chabrier. (2) Je/être/marié/et/je/avoir/47/an.
(3) Je/commencer/travailler/quand/mon/fille/Monique/avoir/3/an. (4) À/ce/époque/je/travailler/3/jour/demi/par/semaine. (5) Puisque/il y a/ne pas/crèches/ni/maternelles/dans/quartier,/il faut/demander/mon/mère/qui/habiter/près/chez/nous/garder[2]/mon/fille. (6) Elle/s'occuper de/Monique/pendant/3/ans. (7) Heureusement,/après que/Monique/entrer/à/école / primaire, /je/pouvoir/travailler/pendant/heures/où/

[1] *an advertisement* (**une annonce, une petite annonce** *a want ad*)
[2] **garder les enfants** *to baby-sit*

elle/être/à/école. (8) Aujourd'hui/je/travailler/mi-temps/comme/technicien/dans/laboratoire/analyse/médical.

D. *Jouez des rôles: voici deux annonces trouvées dans un journal. Choisissez-en une et faites un dialogue entre le patron (la patronne)[1] et la personne qui cherche l'emploi.*

1. Ch. j.f. pr. gard. 2 enf. 6 et 9 a. du 28/6 au 28/7. bord mer Normandie, log. nourr. réf. exig. Se prés. 9 à 13 hres. Mme POULEUR, 215, rue de la Fayette (X^e).

(*Interprétation*)

Je cherche une jeune fille pour garder 2 enfants de 6 ans et de 9 ans, à partir du 28 juin jusqu'au 28 juillet. Nous habitons au bord de la mer en Normandie. Nous offrons le logement et la nourriture (repas). Des références sont exigées (nécessaires). La personne qui s'intéresse à l'emploi se présentera de 9 h à 13 h à Mme POULEUR. . . .

2. Vendeurs (ses) biling. franç.-anglais, mi-temps. 5 jrs/sem. libre dim. et lun. bn. sal. bnes. référ. exig. près gares Nord et Est. Tél. pr. rendez-vous. BAL 87–98.

(*Interprétation*)

Nous cherchons des vendeurs et des vendeuses. Ils doivent être bilingues (français-anglais). Ils travailleront à mi-temps, cinq jours par semaine. Ils seront libres le dimanche et le lundi. Bon salaire. Bonnes références exigées (nécessaires). Nous sommes près de la gare du Nord et de la gare de l'Est. Téléphonez pour prendre rendez-vous. . . .

E. *Complétez le dialogue suivant.*

LA VENDEUSE   Mademoiselle désire quelque chose?

MARIE-CLAIRE   Oui, je voudrais un pull à col roulé[2].

LA VENDEUSE   Très bien, Mademoiselle. Nous avons des pulls en laine et en acrylique.

MARIE-CLAIRE   . . . ; . . . ?

LA VENDEUSE   Oui, Mademoiselle. Et quelle est votre taille?

MARIE-CLAIRE   . . . ; . . . ?

LA VENDEUSE   Oh oui, Mademoiselle. En voilà un jaune et un bleu pâle. Le jaune vous ira très bien.

MARIE-CLAIRE   . . . ; . . . ?

LA VENDEUSE   60 francs, Mademoiselle.

MARIE-CLAIRE   . . . ; . . . ?

LA VENDEUSE   Oui, Mademoiselle. Ces pulls sont en solde.

MARIE-CLAIRE   . . . ; . . . ?

LA VENDEUSE   Mais oui, Mademoiselle, ils sont de très bonne qualité.

---

[1]*employer, boss*
[2]**à col roulé** *turtleneck*

MARIE-CLAIRE   ..., ...?
LA VENDEUSE   Il ne coûte que 40 francs, Mademoiselle. Le voulez-vous?
MARIE-CLAIRE   ..., ...?
LA VENDEUSE   Non, Mademoiselle. Le rayon des chapeaux est au troisième.

F. Renseignements et opinions

1. Voulez-vous trouver un emploi à mi-temps? Quelle sorte d'emploi? Combien d'argent voulez-vous gagner?

2. Que signifient ces deux proverbes? Donnez des exemples pour les illustrer: «Mieux vaut tard que jamais»; «Il faut battre le fer pendant qu'il est chaud.»

3. Est-ce que vous êtes parfois découragé(e)? Quand, par exemple? Par qui avez-vous besoin d'être encouragé(e)?

4. On parle de beaucoup de choses dans ce cours, mais il ne faut pas parler des choses qui sont trop personnelles. Faites une liste des questions que le professeur vous a posées et que vous avez trouvées trop gênantes.

5. Y a-t-il des crèches dans votre ville? Combien coûtent-elles en général?

6. À votre avis, est-ce que la femme mariée doit garder ou perdre son nom de jeune fille?

7. Qu'est-ce que le «mouvement pour la libération de la femme» signifie pour vous? Que faites-vous pour (contre) ce mouvement?

Suivez-vous le mouvement pour la libération de la femme?

G. **Lecture**

La Famille

(A)   La famille est encore aujourd'hui, en France, la cellule sociale par excellence[1]: plus que dans tout autre peuple, le Français est conditionné par son enracinement[2] dans le milieu d'origine. Une statistique nous apprend que la distance moyenne[3] qui sépare les domiciles des fiancés français est de onze kilomètres. Il est donc clair que les Français, pour fonder leur famille, cherchent leur conjoint[4] dans le même milieu géographique et social. C'est peut-être ce qui explique la solidité et l'homogénéité de la famille française. Cette famille a pourtant évolué. Celle[5] d'un jeune ménage[6] d'aujourd'hui ressemble peu à la famille de la génération précédente. Les jeunes se marient plus tôt, ils ont plus d'enfants, et ils ne les élèvent plus de la même façon. Mais le mariage est pris très au sérieux[7], et la possibilité rassurante d'un divorce si «ça ne marche pas» n'est que rarement envisagée. Le divorce existe, il est socialement accepté, mais seulement un mariage sur dix[8] se termine par là.

(B)   Dans la famille bourgeoise traditionnelle, l'enfant était considéré comme un petit animal qui devait être dressé[9]. L'éducation consistait à lui apprendre les règles du jeu social, c'est-à-dire qu'il n'était considéré que comme un futur adulte. Le père incarnait[10] l'autorité et la justice; c'était donc un père assez distant et sévère, respecté plutôt qu'aimé[11]. La mère, elle, représentait la sécurité affective[12], l'amour, la complicité[13]. Le père, chef de la famille, fréquentait seul le café, avait seul le droit de signer les chèques, et de voter; la mère se consacrait à sa maison et à ses enfants, allait à l'église, et vivait[14] dans l'ombre de son seigneur et maître selon la loi. Aujourd'hui la femme vote, elle a le droit d'avoir son propre compte en banque. Le mariage est devenu une association entre égaux. Le rôle du père dans la famille a donc changé. Le jeune père d'aujourd'hui aidera sa femme dans son ménage et n'hésitera pas à promener ses enfants. En conséquence, le rôle du père et celui[15] de la mère sont moins tranchés[16], et l'enfant grandit dans une atmosphère beaucoup plus libérale.

5

10

15

20

25

30

[1]**par excellence**   au plus haut point
[2]du verbe **enraciner** *to root*
[3]*average*
[4]époux (mari) ou épouse (femme)
[5]La famille
[6]ici, couple marié
[7]très sérieusement
[8]c'est-à-dire, un dixième (10 pour-cent) de tous les mariages
[9]instruit, formé
[10]représentait, était l'image vivante de (du verbe **incarner** *to incarnate*, dont le nom est **incarnation**)
[11]*rather than loved* (remarquez la différence entre **plutôt** et **plus tôt**)
[12]du nom **affection** (attachement, tendresse)
[13]«complicité» parce que la mère prenait souvent le parti des enfants contre le père; elle les soutenait et les défendait.
[14]du verbe **vivre** *to live*
[15]le rôle
[16]séparés

(C)   Mais une chose est restée constante, c'est le rôle stabilisateur[1] de la femme dans la société et dans la famille. Si, autrefois, dans la famille bourgeoise traditionnelle la femme n'avait, légalement, aucun[2] droit, sa puissance psychologique était incontestable. Aujourd'hui elle est émancipée par la loi. Sa place n'est plus nécessairement au foyer. L'accès à certaines professions, jusqu'à présent réservées surtout aux hommes, lui est plus ouvert. Mais elle continue à jouer son rôle stabilisateur. On peut dire que la continuité entre la famille d'aujourd'hui, ses valeurs, ses coutumes, son idéal, et celle d'autrefois, est plus forte que les différences.

35

(a) *Posez des questions en utilisant les expressions suivantes.*

(A)   1.   Qu'est-ce que...
         2.   Qu'est-ce qui...
         3.   Qu'est-ce que...
(B)   4.   Comment est-ce que...
         5.   Qu'est-ce que...
         6.   Quelle est la différence...
(C)   7.   Quelle sorte de...
         8.   Qu'est-ce qui...

(b) *Trouvez dans le texte l'antonyme (le contraire) de chacun des mots suivants.*

différent	fermé	contestable
beaucoup	inégal	moins
suivant	vieux	refuser
tard	homme	enfant

(c) *Donnez les mots indiqués entre parenthèses.*

bourgeoisie (adjectif)	vote (verbe)
affection (adjectif)	émancipation (verbe)
liberté (adjectif)	réservation (verbe)
stabilisation (adjectif)	solide (nom)
psychologie (adjectif)	différent (nom)
évolution (verbe)	possible (nom)
incarnation (verbe)	associer (nom)
hésitation (verbe)	enraciner (nom)

explications

17.1 PRONOMS RELATIFS SANS ANTÉCÉDENT

1.   The invariable pronouns **ce qui** (subject) and **ce que** (direct object) are used to introduce a relative clause where there is no antecedent. They both

[1] *stabilizing* (du verbe **stabiliser**)
[2] pas un seul

correspond to English *that which, what*. Since **ce** is without gender and number, no agreement is made between it and the past participle.

Voilà **l'aventure qui** est arrivée.
→Voilà **ce qui** est arrivé.   *There (That) is what happened.*

Montre-moi **les choses que** tu
    as achetées.
→Montre-moi **ce que** tu as acheté. *Show me what you bought.*

    2.   If the verb in the relative clause takes **de**, **ce dont** is used.

Elle voit **les bibelots dont**
    Jean-Paul a parlé.
→Elle voit **ce dont** Jean-Paul
    a parlé.   *She sees what Jean-Paul talked
                                                         about.*

If the verb takes a preposition other than **de**, **ce** is optional and **quoi** is used.

Voilà **les projets auxquels** elle
    pense.
→Voilà **(ce) à quoi** elle pense.   *There (That) is what she is
                                                         thinking of.*

17.2 *FALLOIR* ET *VALOIR*

1.   The basic meaning of **falloir** is *to necessitate, to require*. It is always used with the impersonal pronoun **il**. When followed by an infinitive, it implies compulsion or necessity, in both the affirmative and the negative, and corresponds to English *it is necessary to (one must), it is necessary not to (one must not)*.

Il **faut parler** français dans   *One must speak French in class.*
    la classe.
Il **ne faut pas cracher** dans   *One must not spit in class.*
    la classe.

    2.   **Il faut** + noun + **pour** + infinitive is equivalent to English *it takes* + noun + *to do (something)* or *one needs* + noun + *to do (something)*.

Il **faut** cinq heures **pour aller**   *It takes five hours to go to Paris.*
    à Paris.
Il **faut** deux heures à Jenny   *It takes Jenny two hours to do it*
    pour le **faire**.   *(Jenny needs two hours to
                                                         do it).*

Il me **faut** de l'argent **pour** y **aller**. *I need money to go there.*

3. **Valoir** means *to be worth*. **Il vaut mieux** + infinitive corresponds to English *it is better to do* (*something*).

Cette voiture **vaut** bien le prix.	*This car is certainly worth the price.*
Ça ne **vaut** rien.	*It's worth nothing.*
Ça **vaut** la peine.	*It's worth the trouble.*
Ça ne **vaut** pas la peine.	*It's not worth the trouble.*
Il **vaut mieux** ne pas rester.	*It's better not to stay.*

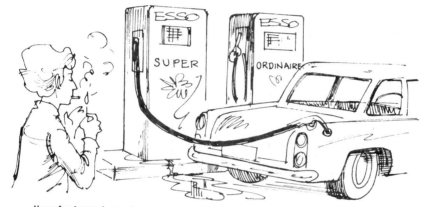

Il **ne faut pas** fumer!

Il **vaut mieux** prendre un parapluie.

4. Here are the past participles and future forms of **falloir** and **valoir**.

Il **faudra** faire des courses demain.
Il **a fallu** deux heures pour faire les courses.

Il **vaudra** mieux rester à la maison.
Cela n'**a** pas **valu** l'argent que j'ai dépensé.

17.3 FORME NÉGATIVE: *NE . . . QUE*

1. **Ne...que** *only* expresses the idea of restriction, rather than true negation. Whereas other negators usually take **de**, **ne...que** takes the affirmative form of the indefinite and partitive articles.

Je n'ai **qu'une** chose à acheter.
Je **ne** bois **que du** thé.
Je **ne** prends **que du** sucre avec mon café.
Je **ne** mange **que des** légumes.

2. In a given sentence, **que** must be placed immediately before the word or phrase to which the restriction applies.

Elle **ne** parle **que du voyage**.	*only about the trip* (about nothing else)
Elle **ne** parle du voyage **qu'à ses parents**.	*only to her parents* (to nobody else)
Elle **ne** parle du voyage à ses parents **que quand elle est heureuse**.	*only when she is happy* (at no other time)

3. If the restriction applies to a personal object pronoun that precedes the verb, the pronoun is placed immediately after **que** and is changed into the corresponding stressed pronoun (**cela** or **ça** in the case of things or ideas).

Je **vous** connais.	→Je **ne** connais **que vous**.
Je **la** connais.	→Je **ne** connais **qu'elle**.
Je **te** parle.	→Je **ne** parle **qu'à toi**.
Je **la** mange.	→Je **ne** mange **que cela**.
J'**en** parle à Paul.	→Je **ne** parle à Paul **que de ça**.

17.4 LA VOIX PASSIVE

1. The passive voice is formed by the verb **être** + the past participle of a transitive verb (one that takes a direct object). The past participle agrees with the subject, as if it were an adjective.

La chambre **est nettoyée**.   *The room is cleaned.*

The direct object of a sentence in the active voice becomes the subject of a sentence in the passive voice, and the past participle agrees with the subject. The agent of the passive voice (the one performing the action) is usually introduced by **par** *by*.

ACTIVE VOICE
Monique nettoie **la chambre**.

Jenny fait **le lit**.
Jenny repasse **les robes**.

PASSIVE VOICE
→**La chambre** est nettoyée **par** Monique.
→**Le lit** est fait **par** Jenny.
→**Les robes** sont repassées **par** Jenny.

La poupée **est cassée par** le garçon.

Le garçon **est puni par** la mère.

2. A few verbs, such as **accompagner, suivre**[1], **aimer**, and **admirer**, usually take **de** instead of **par**. Verbs requiring **de** rather than **par** often imply a condition (rather than an action), and, in the past tense, tend to be in the imperfect rather than the *passé composé*.

La Tour Eiffel **a été construite** en 1889 **par** Gustave Eiffel.
Le pauvre chat **a été écrasé par** un camion.
Monique **était accompagnée d'un** jeune homme.
Jean-Paul **est aimé de** tout le monde.

3. The meaning of the passive voice can be conveyed in two other ways. When the implied agent is a human being, the active voice with the indefinite pronoun **on** (Lesson 6.1) can be used. With a few verbs (such as

[1]See Lesson 18.5 for the full conjugation of **suivre**.

acheter, vendre, trouver, manger, and faire), a reflexive construction may also be used instead of the passive voice.

On ne **dit** pas cela en français.}
Cela ne **se dit** pas en français.} *That is not said in French.*

On ne **fait** pas cela en France.}
Cela ne **se fait** pas en France.} *That is not done in France.*

On **trouve** le musée dans cette ville.
Le musée **se trouve** dans cette ville.} *The museum is (found) in this city.*

On **mange** ça?}
Ça **se mange**?} *Can that be eaten? (Is that edible?)*

On **vend** du pain[1] à la boulangerie.
Le pain[2] **se vend** à la boulangerie.} *Bread is sold at the bakery.*

4. Unlike English, the indirect object cannot be made the subject of a passive sentence in French. In French, the indefinite pronoun **on** is used, whereas in English, the agent of the passive sentence may be merely "understood" (not explicitly indicated).

On a répondu **à la lettre.**   The letter *has been answered.*
On a dit **à Jean** de venir.   John *was told to come.*
On m'a donné de l'argent.   I *was given money.*
On a parlé **à Jean.**   John *was spoken to.*

vocabulaire

Noms masculins

·appareil	·grand magasin	·produit (de	veau
·chèque (de	·papier à lettres	beauté)	
voyage)	·pharmacien	·quartier	
comptoir	porc	timbre	

[1]Note the use of the partitive article: *some bread* (not all the bread in the world).
[2]*bread* (in general) Note the use of the definite article (see Lesson 6.2).

Noms féminins

·analyse   course   ·maternelle   ·technicienne
·banque   ·crèche   ·mode   vaisselle
·cliente   écharpe   ·naissance
composition   herbe   ·pellicule
·Concorde   ·laborantine   ·pile

Verbes

admirer   cracher   se préparer   tamponner
afficher   ·débuter   punir   valoir mieux *irrég*
citer   falloir *irrég* réciter
corriger   ·s'occuper (de) retrouver

Adjectifs

·différent(e)   ·médical(e)   ·pâle   ·parfait(e)

Autres expressions

·à deux pas d'ici   de temps en temps   faire la vaisselle
·à la mode   ·eh bien   justement
·aller bien à quelqu'un ·elle ne me plaît pas   (ne) que
·à mi-temps   facilement   ·tandis que
coûter cher   faire des courses   ·toucher un chèque
·de rien   ·faire sa toilette

Dix-Huitième Leçon

conversations

A. Encore un mémoire!

ANDRÉ   Tu veux sortir ce soir?

MICHÈLE   Je regrette, mais j'ai un mémoire[1] à rédiger.

ANDRÉ   Comment, encore un mémoire?

MICHÈLE   Ah oui, j'en ai vraiment marre.

ANDRÉ   Il paraît que ton prof est très exigeant.

MICHÈLE   Franchement, je n'aurais jamais dû suivre son cours.

B. Qu'est-ce que tu ferais?

MARIE-LOUISE   Qu'est-ce que tu ferais si tu n'avais pas ton bouquin?

OLIVIER   Oh, je ne sais pas. Je m'en achèterais un autre. Mais pourquoi?

MARIE-LOUISE   J'ai perdu ton bouquin.

exercices oraux

18.1 FORMATION DES ADVERBES

A. *Donnez l'adverbe qui correspond à chaque adjectif.*

1. vrai	5. précis	9. intelligent
2. constant	6. patient	10. discret
3. négatif	7. absolu	11. bref
4. franc	8. sérieux	12. lisible

B. *Répondez aux questions d'après ce modèle.*
Cette dame est gracieuse; comment danse-t-elle?
Elle danse gracieusement.

1. Jenny est intelligente; comment travaille-t-elle?
2. Jenny est sérieuse; comment étudie-t-elle?
3. Monique est discrète; comment parle-t-elle?
4. Monique est gaie; comment chante-t-elle?
5. Mme Chabrier est élégante; comment s'habille-t-elle?
6. Mme Chabrier est gracieuse; comment danse-t-elle?
7. Jean-Paul est franc; comment parle-t-il?

[1] **un mémoire** *an essay, a short thesis* (**une mémoire** *memory*)

330

8. Jean-Paul est patient; comment travaille-t-il?
9. Ma voiture est rapide; comment roule-t-elle?
10. Mon écriture est lisible; comment est-ce que j'écris?
11. Ma réponse est affirmative; comment est-ce que je réponds?
12. Mon repas est frugal; comment est-ce que je mange?
13. Je suis patient(e); comment est-ce que je travaille?
14. Je suis énergique; comment est-ce que j'enseigne?

C. *Parlons un peu du professeur.*
1. Est-ce que je parle assez lentement?
2. Est-ce que j'écris lisiblement?
3. Est-ce que j'explique clairement la leçon?
4. Quand est-ce que je m'habille rapidement [élégamment]?
5. De quoi est-ce que je parle fréquemment [rarement]?

18.2 LE COMPARATIF ET LE SUPERLATIF DE L'ADVERBE

A. *Répondez aux questions d'après ce modèle.*
(Jeanne), vous êtes l'étudiante la plus patiente. Comment travaillez-vous?
Je travaille le plus patiemment.
1. Vous êtes l'étudiante la plus discrète. Comment parlez-vous?
2. Vous êtes l'étudiant le plus diligent. Comment travaillez-vous?
3. Vous êtes l'étudiante la plus sérieuse. Comment étudiez-vous?
4. Vous êtes les étudiants les plus intelligents. Comment travaillez-vous?
5. Je suis le professeur le plus énergique. Comment est-ce que je travaille?
6. Je suis le meilleur professeur. Comment est-ce que j'enseigne?

B. *Répondez aux questions.*
1. Qui parle français aussi bien que vous? Et qui le parle mieux que vous?
2. Qui écrit le plus lisiblement? Et qui écrit le moins lisiblement?
3. Quel professeur voyez-vous le plus souvent? Quel professeur voyez-vous le moins souvent?
4. Qui connaît notre ville mieux que moi? Qui est arrivé en classe plus tôt que moi?
5. Qui sort de la classe plus vite que moi? Qui vous comprend mieux que moi?

18.3 ADJECTIFS ET PRONOMS INDÉFINIS: *CHAQUE, CHACUN, AUCUN*

A. *Nous allons parler d'un étudiant travailleur. Ajoutez des phrases d'après ce modèle.*
Cet étudiant comprend les leçons.
Il a compris chaque leçon.
1. Cet étudiant fait les exercices. 2. Il apprend les leçons.

Mais où sont
les autres étudiants?
(Bibliothèque de la
Sorbonne)

3. Il récite les dialogues.
4. Il copie les phrases.
5. Il écrit les réponses.

6. Il comprend les questions.
7. Il assiste aux cours.
8. Il réussit aux examens.

B. *Maintenant, c'est un mauvais étudiant. Vous allez répondre aux questions en utilisant les phrases de l'exercice précédent, d'après ce modèle.*

Cet étudiant comprend-il les leçons?
Mais non, il ne comprend aucune leçon!

C. *Répondez aux questions en employant **chacun** ou **aucun**.*
1. Écrivez-vous des lettres en classe?
2. Est-ce que je fais des fautes de grammaire?
3. Est-ce que j'ai des étudiants paresseux?
4. M'avez-vous posé des questions aujourd'hui?
5. Mes étudiants se sont-ils inscrits à ce cours?
6. Avez-vous invité des professeurs chez vous?
7. Mes étudiants sont-ils travailleurs?
8. Mes questions sont-elles faciles?

18.4 LE MODE CONDITIONNEL

A. Exercice de contrôle
J'ai dit que je serais en classe.

1. Le professeur
2. Vous
3. Les étudiants
4. Tu
5. Nous
6. Je

B. *Modifiez les phrases suivantes d'après ce modèle.*
Vous viendrez au cours; vous l'avez dit.
Vous avez dit que vous viendriez au cours.

1. Vous parlerez de la Sorbonne; vous l'avez dit.
2. Nous n'aurons pas d'examens; vous l'avez promis.
3. On aura de bonnes notes; vous l'avez annoncé.
4. Vous arriverez à l'heure; vous l'avez déclaré.
5. Ces exercices seront faciles; vous l'avez mentionné.
6. On apprendra beaucoup, vous l'avez confirmé.
7. J'apprendrai beaucoup; je l'espérais.
8. Ce cours sera difficile; je le pensais.

C. *Racontez le passage suivant au passé.*
C'est vendredi. Jean-Paul, Jenny et Monique *sont* dans la salle de séjour. Jean-Paul qui *lit* le journal *remarque* que la cinémathèque *donne* un film de Truffaut. Monique et Jean-Paul *ont déjà vu* le film et *l'ont trouvé* fascinant. Il *demande* à Jenny si elle *veut* aller le voir. Elle *dit* que oui. Monique *dit* qu'elle *ira* avec eux. Il *se fait tard*, car il *est* neuf heures moins dix et le film *commence* à 21 h 30. Jenny *sait* qu'il *faudra* une bonne demi-heure pour aller à la cinémathèque et *dit* qu'elle *sera* prête dans cinq minutes. Mme Chabrier qui *est* dans la cuisine *a entendu* cette conversation. Elle *demande* à sa fille si elle *a fait* ses devoirs. Monique lui *répond* qu'elle *les a déjà faits*. Les trois jeunes gens *se dépêchent* de quitter l'appartement.

D. *Regardez le Tableau VI et faites des phrases d'après ces modeles.*
Il traverse la rue et il entre dans le restaurant.
S'il traversait la rue il entrerait dans le restaurant.
Il entre dans le restaurant et il choisit la table.
S'il entrait dans le restaurant il choisirait la table.

E. *Maintenant, faites des phrases d'après ce modèle.*
J'ai traversé la rue et je suis entré dans le restaurant.
Si vous n'aviez pas traversé la rue, vous ne seriez pas entré dans le restaurant.

1. Je suis entré dans le restaurant et j'ai choisi la table.
2. J'ai choisi la table et j'ai regardé le menu.
3. J'ai regardé le menu et j'ai commandé le repas.

On continue de la même façon.

F. *Ajoutez des phrases d'après ce modèle.*
Vous n'êtes pas bête; vous me comprenez.
Mais si j'étais bête, je ne vous comprendrais pas.
1. Vous n'êtes pas millionnaire; vous n'habitez pas dans un château.
2. Vous êtes trop occupé; vous n'allez pas au cinéma.
3. Vous n'êtes pas malade; vous assistez aux cours.
4. Vous étudiez le français; vous êtes dans mon cours.
5. Vous avez fait les exercices; vous avez compris la leçon.
6. Vous n'avez pas été malade; vous êtes venu au cours.

G. *Maintenant, répondez à ces questions.*
1. Que feriez-vous si vous étiez millionnaire? Et qu'est-ce que vous ne feriez pas?
2. Où iriez-vous si vous voyagiez en France? Et qu'est-ce que vous verriez?
3. Qu'est-ce que je ferais si j'étais malade? Et où est-ce que je serais?
4. Qu'est-ce que vous auriez fait si j'avais été en retard de dix minutes aujourd'hui?
5. Qu'est-ce que vous devriez faire tous les jours?
6. Qu'est-ce que vous auriez dû faire hier soir (et que vous n'avez pas fait)?
7. Qu'est-ce que nous devrions faire pour la lutte contre la pollution?
8. Cet exercice est fini. Qu'est-ce qu'on devrait faire maintenant?

18.5 *SUIVRE*

A. Exercice de contrôle
Je suis un cours de français.

1. Nous	3. Ma voisine	5. Vous
2. Tu	4. Mes voisins	6. Je

B. *Répondez à ces questions.*
1. Combien de cours suivez-vous? Combien en avez-vous suivi l'année dernière?
2. Qui vous donne des conseils? Suivez-vous toujours ses [leurs] conseils? Pourquoi (pas)?
3. Qui suit le mouvement pour la libération de la femme? Que faites-vous pour ce mouvement?
4. Suivez-vous le mouvement antipollution? Que faites-vous pour ce mouvement?

C. *Achevez les phrases suivantes.*
1. Si je ne suivais pas le cours de français....
2. Je n'aurais pas suivi ce cours si....
3. Si nous suivions tous les conseils de nos parents....
4. Si vous suiviez le mouvement pour la libération de la femme....

5. Si je suivais vos conseils....
6. Suivre ce cours, c'est....

Dans la cour
de la Sorbonne.

application

A. Dialogue et questions

Ils ne passent pas d'examens?

Jenny voudrait visiter la Sorbonne. Mais Jean-Paul lui explique la décentralisation des facultés[1] de Paris en banlieue. Il l'emmène d'abord à Nanterre[2] où se trouve une des universités de la région parisienne. Après la visite de Nanterre, qui ressemble beaucoup à un campus universitaire américain, ils vont au Quartier Latin[3]. Ils remontent le Boul' Mich'[4], artère principale du quartier où il y a de nombreux cafés, restaurants, magasins et librairies[5]. Ils arrivent enfin à la Sorbonne. Jean-Paul lui montre les

5

[1] Les universités françaises sont divisées en plusieurs **facultés.**
[2] à cinq kilomètres de Neuilly, de l'autre côté de la Seine
[3] ainsi appelé parce qu'au Moyen Age on n'entendait que le latin dans ce quartier (sur la rive gauche de la Seine) où se trouvent aujourd'hui la Sorbonne, le Collège de France, l'École Normale Supérieure, l'École Polytechnique, l'École des Beaux-Arts et plusieurs lycées. Le latin était la langue officielle de la Sorbonne jusqu'en 1789.
[4] le Boulevard Saint-Michel, souvent appelé «le Boul' Mich'» par les étudiants
[5] Les **librairies** sont des magasins où on vend des livres (**bibliothèque**: endroit où on peut lire ou emprunter des livres).

amphithéâtres, les salles de travaux pratiques[1], les salles des professeurs et les bureaux administratifs qui occupent l'intérieur de cet immense et vieux bâtiment.   10

JENNY   J'ai remarqué que Monique passe huit heures par jour au lycée. C'est beaucoup.

JEAN-PAUL   Oui, on travaille certainement plus au lycée qu'à la high school américaine.

JENNY   Est-ce que le niveau de l'enseignement universitaire est plus élevé   15 en France qu'aux États-Unis?

JEAN-PAUL   Pas nécessairement, mais les étudiants français sont mieux préparés que les étudiants américains.

JENNY   Et ils sont moins surveillés et plus indépendants.

JEAN-PAUL   Oui, il y en a beaucoup qui n'assistent même pas aux cours.   20

JENNY   Vraiment? Ils ne passent pas d'examens?

JEAN-PAUL   Si, les examens sont très difficiles, mais on en passe moins qu'aux États-Unis.

JENNY   Qu'est-ce qui arriverait si tout le monde assistait aux cours?·

JEAN-PAUL   Il n'y aurait pas assez de place dans les amphis[2]!   25

(lignes 1—10)
1. Pourquoi Jean-Paul emmène-t-il Jenny à Nanterre?
2. Où est Nanterre?
3. Qu'est-ce qui se trouve à Nanterre?
4. À quoi ressemble l'université?
5. Qu'est-ce qu'il y a le long du Boul' Mich'?
6. Comment est le bâtiment de la Sorbonne?
(lignes 11—25)
7. Combien de temps Monique passe-t-elle au lycée?
8. Comparez le lycée et la high school américaine.
9. Comparez le niveau de l'enseignement universitaire en France et aux États-Unis.
10. Comment sont les étudiants français?
11. Assistent-ils toujours aux cours?
12. Passent-ils des examens?
13. Comment sont les examens?
14. Qu'est-ce qui arriverait si tous les étudiants assistaient aux cours?

B. Expressions utiles

Les études[3]

payer $\begin{cases} \text{les droits d'inscription} \\ \text{les droits de bibliothèque} \\ \text{les droits de travaux pratiques} \end{cases}$

[1] salles de travail où on se réunit en petits groupes
[2] c'est-à-dire, **amphithéâtres**
[3] Consulter également les **Expressions utiles** de la Leçon 2.

le professeur:
{
enseigner la chimie
faire un cours de chimie
faire des recherches
diriger les recherches d'un étudiant
diriger un mémoire
}

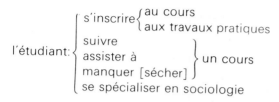

l'étudiant:
{
s'inscrire { au cours / aux travaux pratiques
suivre
assister à } un cours
manquer [sécher]
se spécialiser en sociologie
}

l'étudiant:
{
travailler dur
faire des [beaucoup de] progrès *m pl*
mettre dix heures à travailler
}

l'étudiant:
{
passer [se présenter à]
réussir [être reçu] à } un examen { oral / écrit / final
échouer à
}

C. *Complétez le passage suivant.*
(1) Nous/aller/ce/matin/Nanterre/où/se trouver/un/de/universités/de/région/parisien. (2) Le/ensemble/bâtiments/moderne/me/rappeler/campus/universitaire/américain. (3) Après,/nous/visiter/Quartier Latin. (4) Nous/se promener/le long/Boul' Mich'/et/nous/arriver/Sorbonne/vers/deux/heure. (5) Je/préférer/Sorbonne/qui/être/beaucoup/plus/ancien/pittoresque. (6) Bâtiment/Sorbonne/être/immense/mais,/d'après/Jean-Paul,/si/tout/monde/assister/cours (*pl*),/il y a/ne plus/assez/place/dans/amphis. (7) Quand même/je/vouloir/écouter/conférence/Sorbonne/un/de/ce/jours.

D. *Suivez-vous un cours qui se réunit dans un amphithéâtre ou dans une grande salle de conférence? Faites une description de ce cours en y incorporant les réponses aux questions suivantes.*
1. Quel est ce cours? Comment s'appelle le professeur?
2. Combien de fois par semaine et à quelle heure a-t-il lieu?
3. Combien d'étudiants y a-t-il dans le cours?
4. Avez-vous jamais «séché» ce cours? Pourquoi (pas)?
5. Comment est le professeur?
6. Comment sont les examens? Combien en avez-vous passé?
7. Avez-vous beaucoup de travail à faire pour ce cours? Quelle sorte de travail?
8. Que pensez-vous de ce cours?

E. Renseignements et opinions
1. Assistez-vous toujours au cours de français? Pourquoi (pas)?

2. Travaillez-vous plus sérieusement cette année que l'année dernière? Pourquoi (pas)?
3. Qu'est-ce que vous auriez fait si vous n'étiez pas entré(e) à l'université? Citez deux possibilités.
4. Qu'est-ce que vous auriez fait le week-end dernier si vous aviez eu deux cents dollars à dépenser?
5. Combien d'examens avez-vous passés dans le cours de français? Et à combien d'examens avez-vous réussi?
6. Expliquez le sens de ces deux proverbes: «Deux avis valent mieux qu'un»; «Chacun à son goût (à chacun son goût)».
7. Préparez une question à poser à votre professeur au sujet de la vie universitaire des étudiants français.

La journée au lycée est finie.

F. Lecture

L'Enseignement

(A)   L'enseignement en France est très centralisé.[1] Le ministre de l'Éducation Nationale contrôle à la fois[2] les programmes d'études, la formation des professeurs, et leur répartition[3] dans toute la France. Même les établissements privés doivent se soumettre aux mêmes programmes, puisque les diplômes qui sanctionnent[4] les examens sont tous des   5

[1] L'âge scolaire obligatoire en France est entre six et seize ans.
[2] **à la fois**   en même temps
[3] distribution
[4] qui sont la confirmation nécessaire de

diplômes nationaux. Sans entrer dans les détails, on peut dire que l'enseignement commence à se libérer de cette centralisation rigide et que l'ensemble du système, depuis 1968, a profondément évolué. Les lycées préparent toujours les élèves au baccalauréat, examen national de fin d'études secondaires qui ouvre la porte de l'université. Mais la discipline n'y est plus aussi stricte qu'autrefois et la politique, qui était soigneusement bannie de l'enseignement, y est aujourd'hui acceptée. En somme, il y a peu de différences apparentes entre un grand lycée français et une grande high school américaine.

(B)   Autrefois il y avait dix-sept universités en France, chacune divisée en Facultés (Médecine, Lettres, Sciences, Droit) et en disciplines (anglais, droit public, etc.).[1] Mais la loi d'orientation de l'enseignement supérieur (1968) a préparé l'installation d'une nouvelle organisation.[2] Tout d'abord, les différentes disciplines se sont regroupées en Unités d'Enseignement et Recherches (U.E.R.) selon leurs affinités. Ensuite ces U.E.R. se sont regroupées en universités. Il y a aujourd'hui 57 universités, 8 centres universitaires et 3 instituts nationaux polytechniques en France. Ainsi Paris a aujourd'hui 13 universités (Paris I, II, III, etc.). Mais chacune d'elles n'offre pas de cours dans toutes les disciplines. L'Université d'Aix-Marseille, par exemple, comportait en 1968 une Faculté des Lettres et une Faculté de Droit situées à Aix, une Faculté des Sciences et une Faculté de Médecine à Marseille. Aujourd'hui il y a deux universités pour la remplacer: l'Université de Provence qui regroupe ce qui était autrefois la Faculté des Lettres et ce qui était la Faculté des Sciences; et l'Université de Provence II qui regroupe la Médecine et le Droit.

(C)   La reconstitution des U.E.R. en universités s'est faite selon les affinités politiques: Sciences et Lettres constituent l'université libérale, Médecine et Droit, l'université conservatrice. Au moins pour l'instant (et il serait beaucoup trop tôt pour évaluer une réforme si profonde) le nouveau système semble avoir créé des universités «bien-pensantes»[3] (conserva-trices et pro-gouvernementales) et des universités mal-pensantes (libéra-les, anti-gouvernementales ou communistes). Ainsi à Paris, Paris IV (l'ancienne[4] Sorbonne) est le bastion des conservateurs tandis que Paris III (Vincennes) et à un certain point Paris X (Nanterre) sont les forteresses des progressistes.

(D)   L'organisation des études a été plus ou moins calquée sur les études américaines. Tel[5] cours donne une ou plusieurs Unités de Valeur (U.V.). Les étudiants préparent douze ou treize Unités de Valeur chaque année. L'enseignement est gratuit à tout niveau, sauf certains frais

---

[1] La plupart de ces universités dataient du Moyen Âge: Paris (1200), Toulouse (1233), Besançon (1287), Montpellier (1289).
[2] après «mai 68», la révolte violente des étudiants, surtout à Paris, contre la structure d'éducation universitaire, entre autres choses
[3] qui pensent bien, c'est-à-dire, qui ont de «bonnes» tendances politiques
[4] *former*
[5] *Such and such a*

complémentaires.[1] L'acquisition d'un nombre déterminé de valeurs (à peu   45
près 20) conduit au *Diplôme Universitaire d'Études Littéraires* (D.U.E.L.)
ou au *Diplôme Universitaire d'Études Scientifiques* (D.U.E.S.). Après le
D.U.E.L. ou le D.U.E.S., c'est la *Licence*, généralement étalée sur trois ans.
Le diplôme qui suit la Licence est la *Maîtrise*. Les titulaires[2] de la Maîtrise
peuvent être candidats au *Doctorat* si les professeurs acceptent de diriger   50
leurs recherches. Tout l'enseignement en France subit aujourd'hui des
changements profonds. Mais il est encore trop tôt pour dire ce que va
vraiment devenir l'université. Une chose est certaine: c'est qu'elle sortira de
cette mue[3] gigantesque mieux adaptée à la société et au monde de la fin du
XXe siècle.   55

     (a)   *Posez des questions en utilisant les expressions suivantes.*

(A)   1.   Par qui est-ce que . . .
       2.   Qu'est-ce que c'est que . . .
(B)   3.   Combien de . . .
       4.   Qu'est-ce que . . .
(C)   5.   Comment est-ce que . . .
       6.   Quel(le) est . . .
(D)   7.   Qu'est-ce que c'est que . . .
       8.   Pourquoi est-ce que . . .

     (b)   *Cherchez dans le texte l'antonyme de chacun des mots suivants.*

tard	bannir	autrefois
bien	public	libéral
après	ancien	anti-gouvernemental

     (c)   *Cherchez le mot qui n'appartient pas à chaque série.*
1. maîtrise, doctorat, valeur, licence
2. enseignement, soigneusement, éducation, formation
3. parce que, tandis que, puisque, car
4. sciences, lettres, médecine, faculté
5. titulaire, communiste, libéral, conservateur
6. Sorbonne, Provence, Nanterre, Vincennes
7. étude, recherche, enseignement, ensuite

---

[1] par exemple, les droits d'inscription, de bibliothèque et de travaux pratiques, moins de 300
    francs en tout
[2] personnes qui possèdent certains droits à cause d'un titre (ici à cause d'un diplôme)
[3] *moulting* (of birds), *shedding* (of the skin)

explications

18.1 FORMATION DES ADVERBES

1.   Many of the "adverbs of manner" are formed by adding the ending -**ment** /mɑ̃/ to the feminine form of the adjective.

sérieux, sérieuse
   Ces jeunes filles travaillent **sérieusement**.
naturel, naturelle
   Naturellement, je n'ai pas répondu.
excessif, excessive
   Ses questions étaient **excessivement** difficiles.
seul, seule
   J'ai **seulement** vingt francs sur moi.
oral, orale
   Répondez **oralement** aux questions suivantes.
franc, franche
   Franchement, je ne sais pas si j'ai raison.

2.   If the masculine form of the adjective ends in -**ant** or -**ent** (both pronounced /ɑ̃/), the corresponding adverb ends in -**amment** or -**emment** (both pronounced /amɑ̃/).

constant, constante
   Ce monsieur fume **constamment**. /kõstamɑ̃/
élégant, élégante
   Mme Chabrier s'habille **élégamment**. /elegamɑ̃/
intelligent, intelligente
   Vous m'avez répondu très **intelligemment**. /ɛ̃tɛliʒamɑ̃/
récent, récente
   Nous sommes arrivés **récemment**. /ʀesamɑ̃/

3.   If the masculine and feminine forms of the adjective end in a vowel sound pronounced /e/, /i/, or /y/, the corresponding adverb is formed by adding -**ment** to the masculine form.

vrai, vraie
   C'est **vraiment** intéressant!
poli, polie
   Elle a répondu **poliment**.
absolu, absolue
   Ce que vous dites est **absolument** faux.

4.   Some adverbs are formed by adding -**ément** /emã/ to the masculine form of the adjective.

précis, précise
C'est **précisément** ce que j'allais proposer.

5.   Two common adverbs are not formed in any of the four ways mentioned above.

gentil, gentille / ʒãti/, /ʒãtij/
Il nous a remerciés **gentiment**.
bref, brève
Elle a parlé **brièvement** de ses projets.

18.2 LE COMPARATIF ET LE SUPERLATIF DE L'ADVERBE

1.   The comparative of the adverb is similar to that of the adjective (see Lesson 7.2). **Aussi**...**que** expresses equality in comparison, while **plus**...**que** and **moins**...**que** express inequality.

Monique écrit **lisiblement**.
Monique écrit **aussi** lisiblement **que** sa mère.
Monique écrit **plus** lisiblement **que** son frère.
Jean-Paul écrit **moins** lisiblement **que** sa sœur.

2.   The superlative of the adverb is formed by adding **le** before **plus** or **moins**. This **le** is invariable.

Jenny écrit **le plus** lisiblement.
Jean-Paul écrit **le moins** lisiblement.

3.   The adverb **bien** has an irregular comparative form: **mieux**.[1]

Monique chante **aussi bien que** sa mère.
Jean-Paul chante **mieux que** Monique.
Jenny chante **le mieux**.

18.3 ADJECTIFS ET PRONOMS INDÉFINIS: *CHAQUE, CHACUN, AUCUN*

1.   **Chaque** *each* is an adjective; it is used before a singular noun. **Chacun, chacune** *each, each one* is a pronoun that replaces a singular noun.

---

[1] The adverb **mal** also has an irregular form: **pis** /pi/. It is rarely used in colloquial French, and is usually replaced by **plus mal** and **le plus mal**, except in idiomatic expressions such as **Tant pis!** *So much the worse! (Too bad!).*

Chaque étudiant assiste au[1] cours.
→Chacun assiste au cours.

Chaque étudiante s'inscrit au[2] cours.
→Chacune s'inscrit au cours.

2.   **Aucun, aucune** *not a single one, none* can be used as either an adjective or a singular pronoun. Since it is a negation, **ne** precedes the verb.

Aucun étudiant n'est paresseux.
→Aucun n'est paresseux.

Je n'ai compris **aucune question!**
→Je n'en ai compris **aucune!**

Mes étudiants sont-ils bêtes?
→**Aucun** (de vos étudiants) n'est bête!

18.4 LE MODE CONDITIONNEL

1.   The conditional mood has only two tenses—the present and the past. The present conditional is formed by adding the imperfect endings (Lesson 10.3) to the infinitive or the irregular future stem (Lesson 12.3). The future stem changes that occur in some first conjugation verbs also apply to the conditional stem.

j'achèterais	nous achèterions
tu achèterais	vous achèteriez
il achèterait	ils achèteraient

2.   The present conditional replaces the future indicative in the dependent clause when the verb in the main clause is in the imperfect or *passé composé*. The conditional mood corresponds to English *would* + verb.

Je **sais** qu'il **pleuvra**.	*I know it will rain.*
Je **savais** qu'il **pleuvrait**.	*I knew it would rain.*
Il **dit** qu'il me **verra**.	*He says he will see me.*
Il **a dit** qu'il me **verrait**.	*He said he would see me.*

The examples below illustrate the general relationship between the verb tense in the main clause and that in the dependent clause.

[1]**assister à**   *to attend*
[2]**s'inscrire à**   *to register for*

MAIN	DEPENDENT			

Elle **dit** 〕 que Jacques 〔 **est venu.**   *came, has come*
Elle **dira** 〕   〔 **vient.**   *is coming*
                            〔 **viendra.**   *will come*

Elle **a dit** 〕 que Jacques 〔 **était venu.**   *had come*
Elle **disait** 〕   〔 **venait.**   *was coming*
                              〔 **viendrait.**   *would come*

3.   In English, a clause introduced by *if* implies either a "real" (potential) supposition or an "unreal" (contrary-to-fact) supposition.

If I *am* busy, I *won't* call you.   (real, potential)
If I *were* a bird, I *would* fly.   (unreal)

In French, the tenses used for real suppositions are similar to those used in English (see Lesson 12.3.6).

Que **fera**-t-elle s'il **pleut?**   *What will she do if it rains?*
S'il **a** faim, il **mangera.**   *If he is hungry, he will eat.*

The tenses used for unreal suppositions are the imperfect in the **si** clause, and the conditional in the "result" (main) clause.

Que **ferait**-elle s'il **pleuvait?**   *What would she do if it rained?*
S'il **avait** faim, il **mangerait.**   *If he were hungry, he would eat.*

Si j'**étais** riche, j'**achèterais** le manteau!

Il **aurait pu** éviter l'accident s'il **avait été** plus prudent!

4. The past conditional consists of the auxiliary verb in the present conditional tense and a past participle. It often corresponds to English *would have* + past participle.

j'aurais parlé	je **serais venu(e)**
tu **aurais parlé**	tu **serais venu(e)**
il **aurait parlé**	il **serait venu**
nous **aurions parlé**	nous **serions venu(e)s**
vous **auriez parlé**	vous **seriez venu(e)(s)**
ils **auraient parlé**	ils **seraient venus**

The past conditional is used primarily in "contrary-to-fact" statements referring to the past. It occurs in the result clause, while the **si** clause is in the pluperfect tense (Lesson 15.3).

Si elle **avait été** libre, elle **serait allée** à Paris.	*If she had been free, she would have gone to Paris.*
Qu'**auriez**-vous **fait** s'ils **étaient partis**?	*What would you have done if they had left?*

5. The conditional tense of such verbs as **aimer**, **vouloir**, **pouvoir**, and **devoir** is often used instead of the present indicative to express politeness or to show respect for the listener. The conditional helps "soften" the meaning of these verbs.

Je **veux** partir.	*I want to leave.*
Je **voudrais** partir.	*I would like to leave.*
J'**aimerais** partir.	*I would like to leave.*

Je **peux** vous aider.	*I can help you.*
Je **pourrais** vous aider.	*I could help you.*
Pourriez-vous m'aider?	*Could you help me?*

Je **dois** travailler.	*I must work.*
Je **devrais** travailler.[1]	*I should (ought to) work.*
Ne **devriez**-vous pas travailler?	*Shouldn't you work?*

18.5 *SUIVRE*

Suivre means *to follow*. **Suivre un cours** means *to take a course* at school.

Je **suis** votre conseil.	Nous **suivons** trois cours.
Tu **suis** ton frère.	Vous **suivez** un cours de chimie.

[1] The past conditional of **devoir** is equivalent to English *should (ought to) have*: **j'aurais dû travailler** *I should have worked.*

Il **suit** la jeune fille.   Ils **suivent** le mouvement politique.
J'ai **suivi** vos conseils.
Je **suivrai** cette rue.

vocabulaire

Noms masculins

·amphi	·café	·intérieur	·travaux
(théâtre)	château	·mémoire	pratiques *pl*
·Boul' Mich'	conseil	mouvement	
·bouquin	·enseignement	·niveau	

Noms féminins

antipollution	·décentralisa-	libération	Sorbonne
·artère	tion	·librairie	
cinémathèque	écriture	lutte	
conversation	·faculté	pollution	

Verbes

·s'acheter	enseigner	paraître *irrég*	suivre *irrég*
assister (à)	s'inscrire (à)	·rédiger	
confirmer	*irrég*	·remonter	

Adjectifs

absolu(e)	diligent(e)	frugal(e)	nombreux
·administratif	discret	gai(e)	(-euse)
(-ive)	(discrète)	gracieux	précis(e)
affirmatif (-ive)	·élevé(e)	(-euse)	prêt(e)
aucun(e)	·exigeant(e)	·indépendant(e)	·principal(e)
bref (brève)	fascinant(e)	lisible	·surveillé(e)
constant(e)	franc (franche)	négatif (-ive)	

Adverbes

absolument	discrètement	gracieusement	négativement
affirmativement	élégamment	intelligemment	patiemment
brièvement	énergiquement	lisiblement	précisément
·certainement	franchement	·même	rarement
clairement	fréquemment	mieux	sérieusement
constamment	frugalement	·nécessaire-	
diligemment	gaiement	ment	

Autres expressions

en avoir marre   il se fait tard

Dix-Neuvième
Leçon

conversations

A. Un café célèbre

L'AMÉRICAIN   Tiens, voilà le Café de la Paix.

LA FRANÇAISE   Oui?

L'AMÉRICAIN   Mon professeur de français m'a beaucoup parlé de ce café.

LA FRANÇAISE   Voulez-vous y prendre un café?

L'AMÉRICAIN   Je veux bien. Prenons une table sur la terrasse.

B. Vous faites des compliments.

1. VOUS   Quelle belle chambre tu as.
   MONIQUE   Tu trouves? Je viens de ranger mes affaires.
2. VOUS   Votre vin est merveilleux.
   M. VERNIN   Il n'est pas mauvais, ce vin.
3. VOUS   Quel bel appartement, et quelles belles peintures!
   M. VERNIN   Nous aimons beaucoup les jolies choses.
4. VOUS   Vous êtes un vrai cordon-bleu, Madame.
   MME VERNIN   Ah, quel compliment, je suis flattée!
5. VOUS   Ton ensemble est très élégant.
   MONIQUE   Tu trouves? Et je ne l'ai pas payé cher.
6. QUELQU'UN   Tu as de beaux yeux noirs.
   VOUS   (Vous ne dites rien; vous souriez[1] simplement.)

exercices oraux

19.1 L'ADVERBE DANS LES TEMPS COMPOSÉS

A. *Répondez aux questions d'après ce modèle.*
Allez-vous souvent dans ce café?
Je suis souvent allé dans ce café.

1. Commandez-vous un café aujourd'hui?
2. Achetez-vous aussi un journal?

[1]from **sourire** *to smile*

348

3. Voyez-vous toutes sortes de gens ici?
4. Rencontrez-vous souvent vos camarades?
5. Bavardez-vous un peu avec vos camarades?
6. Buvez-vous seulement du café?
7. Commandez-vous rarement du vin?
8. Parlez-vous constamment de football?
9. Racontez-vous vraiment vos ennuis?
10. Parlez-vous longuement de vos ennuis?

B. *Répondez aux questions.*
1. De quoi est-ce que j'ai parlé longuement hier?
2. De quoi est-ce que j'ai parlé brièvement hier?
3. De quoi est-ce que j'ai trop parlé aujourd'hui?
4. Qu'est-ce que nous avons déjà fait aujourd'hui?
5. Quelle leçon n'avons-nous pas encore étudiée?
6. Qui avez-vous vu fréquemment la semaine dernière?

Café de Flore, Paris.

19.2 PRONOMS INTERROGATIFS: *LEQUEL, LAQUELLE, LESQUELS, LESQUELLES*

A. *Posez des questions d'après ce modèle.*
Je regarde une photo.
Ah oui? laquelle regardez-vous?
1. Je regarde un livre.
2. Je regarde une étudiante.
3. J'écris avec un stylo.
4. Je pense à un examen.
5. Je parle à un étudiant.
6. J'ai besoin d'un cahier.
7. J'ai vu un bon programme à la télévision.
8. Quand j'étais à Paris, j'allais souvent dans un petit bistrot.

B. *Répondez aux questions d'après ce modèle.*
Savez-vous quelle photo je regarde?
Il y a tant de photos que je ne sais pas laquelle vous regardez!
1. Savez-vous quelles illustrations je regarde?
2. Savez-vous quels exercices je fais?
3. Savez-vous de quels étudiants je parle?
4. Savez-vous de quel stylo j'ai besoin?
5. Savez-vous à quelle question vous répondez?
6. Savez-vous quels devoirs vous allez faire?

19.3 *TENIR*

A. **Exercice de contrôle**
Je tiens toujours mes promesses.

1. Vous		3. Tu		5. Nous	
2. Le professeur		4. Les étudiants		6. Je	

Je ne tiens pas à faire mon travail.

1. Les étudiants		3. Vous		5. Nous	
2. Tu		4. Le professeur		6. Je	

B. *Répondez aux questions.*
1. Tenez-vous quelque chose à la main? Qu'est-ce que je tiens à la main?
2. Tenez-vous toujours vos promesses? Est-ce que je tiens toujours mes promesses?
3. Que tenez-vous à faire après le cours? Où tenez-vous à aller?
4. Les Français tiennent leur fourchette dans la main gauche. Comment mangez-vous un bifteck?
5. Quel diplôme d'université préparez-vous? En quelle année obtiendrez-vous votre diplôme? Savez-vous en quelle année j'ai obtenu mon diplôme?
6. À qui appartient ce livre? Et ce cahier? Et cette montre?

19.4 EXPRESSIONS IMPERSONNELLES

A. *Modifiez les phrases suivantes d'après ce modèle.*
Faire les devoirs, c'est important.
Il est important de faire les devoirs.
1. Parler français, c'est facile.
2. Comprendre le français, ce n'est pas difficile.
3. Faire les devoirs, c'est utile.
4. Parler anglais en classe, c'est défendu.
5. Faire les exercices, ce ne sera pas simple.
6. Quitter la classe, ce sera triste.
7. Passer les examens, ce ne serait pas agréable.
8. Ne pas préparer les examens, ce serait dangereux!

B. *Maintenant, répondez à ces questions.*
1. Est-il plus agréable de parler des examens que de parler de Paris?
2. Est-il plus dangereux de dire la vérité au professeur que de ne pas la lui dire?
3. Est-il plus utile d'apprendre le français que d'apprendre le chinois?
4. Est-il moins désagréable de penser à l'été prochain que de penser aux examens?
5. Est-il impossible de savoir toutes les réponses à toutes les questions dans notre livre?
6. Qu'est-ce qui ne sera pas difficile?
7. Qu'est-ce qui serait très simple?
8. Qu'est-ce qui serait presque impossible?

19.5 EMPLOI DE L'ADVERBE *SI* ET LES PHRASES EXCLAMATIVES

A. *Vous êtes deux touristes et je suis le guide. Je vous montre un quartier et vous l'admirez. Ajoutez des phrases d'après ce modèle.*
Regardez cette belle maison.
ÉTUDIANT A **Ah oui, comme cette maison est belle!**
ÉTUDIANT B **Quelle belle maison, en effet!**
1. Regardez ce quartier pittoresque.
2. Regardez ces maisons intéressantes.
3. Voilà une boutique charmante.
4. Remarquez cette statue curieuse.
5. Voilà un vieil hôtel.
6. Regardez cette rue étroite.
7. Voilà un café sympathique.
8. Goûtez cette boisson délicieuse.

B. *Maintenant, modifiez les phrases suivantes d'après ce modèle.*

Je suis patient; tout le monde m'admire.

Vous êtes si patient que tout le monde vous admire!

1. Je suis intelligent; tout le monde m'admire.
2. Je suis sympathique; tout le monde m'aime.
3. J'enseigne bien; tout le monde suit mon cours.
4. J'ai mangé rapidement; j'ai une indigestion.
5. J'ai mal dormi; je suis fatigué.
6. J'ai beaucoup parlé; je n'ai plus rien à dire.

La place est dominée par la vielle et massive tour de l'église Saint-Germain-des-Prés.

C. *Maintenant, regardez vos camarades. Choisissez quelqu'un et faites-lui un compliment, d'après ces modèles.*
(Jeanne), comme tu travailles bien!
(Robert), comme tu es sympathique!
(Gisèle), comme tu parles intelligemment!

application

A. **Dialogue et questions**

Veux-tu goûter ceci?

Il est trois heures de l'après-midi. Jenny et Jean-Paul traversent le jardin du Luxembourg qui est proche de[1] la Sorbonne. Ils se promènent dans des allées bordées de statues et regardent les enfants jouer. Bientôt ils quittent le jardin et vont à la place Saint-Germain-des-Prés qui est dominée par la vieille et massive tour de l'église de Saint-Germain-des-Prés.[2] Ils s'arrêtent un moment aux Deux-Magots[3], un des cafés les plus célèbres de Paris, et dont Jenny a déjà vu plusieurs photos. Ce café, autrefois lieu de rendez-vous des existentialistes, est fréquenté par beaucoup d'étudiants et de jeunes poètes, écrivains et artistes.

JENNY   Comme il est agréable de s'asseoir après une si longue promenade!   10

JEAN-PAUL   Veux-tu goûter ceci?

JENNY   C'est rafraîchissant, et quelle jolie couleur! Qu'est-ce que c'est?

JEAN-PAUL   C'est du Perrier-Menthe, un mélange d'eau minérale[4] et de sirop de menthe.

JENNY   Nous avons trouvé une bonne table. Il est amusant de regarder les passants.[5]   15

JEAN-PAUL   C'est vrai. On voit toutes sortes de gens défiler sur ce boulevard.

JENNY   J'ai remarqué que la vie sociale des étudiants est surtout active dans les restaurants, les cafés et les caves[6].   20

JEAN-PAUL   C'est qu'[7] on peut y rencontrer des amis. On y passe des heures

---

[1] **proche de**   *in the vicinity of*
[2] Le clocher de l'église, qui date du XIe siècle, est un des plus anciens de France.
[3] Jean-Paul Sartre et ses amis et ses disciples existentialistes se réunissaient au Café de Flore et aux Deux-Magots (parfois appelé «Deux-Mag») après la deuxième guerre mondiale.
[4] Les Français boivent beaucoup d'eau minérale, surtout avec leur repas. Perrier est une eau minérale très gazeuse.
[5] Les grands cafés ont des terrasses sur le trottoir d'où on peut regarder les gens qui passent dans la rue.
[6] sorte de bar souterrain où on peut boire et danser
[7] C'est parce que

à lire et à discuter sur n'importe quel sujet[1]—la politique, la littérature, les sports, le cinéma...

JENNY   Mais il faut beaucoup d'argent pour rester si longtemps dans un café!

JEAN-PAUL   Au contraire, il est possible de rester devant la même consommation[2] du matin jusqu'au soir.

25

(lignes 1–9)
1. Qu'est-ce que Jenny et Jean-Paul traversent?
2. Qu'est-ce qui domine la place Saint-Germain-des-Prés?
3. Où s'arrêtent Jenny et Jean-Paul?
4. Qu'est-ce que Jenny a déjà vu?
5. Qui fréquentait les Deux-Magots?
6. Qui fréquente ce café maintenant?
   (lignes 10–27)
7. Qu'est-ce qu'il est agréable de faire?
8. Qu'est-ce que Jenny goûte?
9. Comment est-ce qu'elle trouve la boisson de Jean-Paul?
10. Comment s'appelle cette boisson?
11. Qui défile sur ce boulevard?
12. Où est-ce que la vie sociale des étudiants est très active?
13. D'après Jenny, qu'est-ce qu'il faudrait pour rester longtemps dans un café?
14. Qu'est-ce qu'il est possible de faire dans un café, d'après Jean-Paul?

B. Expressions utiles

Boissons typiques des cafés

Les cafés doivent afficher à l'extérieur et à l'intérieur les prix de toutes les consommations. Si le service n'est pas compris, il faut indiquer le taux du service (12%, 15%).

Café et Thé

un café nature (un café noir)	un (café) filtre, un express
un crème	un thé au lait
un café au lait (un grand crème)	un thé au citron

Apéritifs[3]

un Cinzano	un Pernod
un Martini	un petit blanc[4]
un Dubonnet	

---

[1] Remarquez les constructions **n'importe quoi** (*no matter what, anything*), **n'importe qui** (*no matter who, anyone*), **n'importe quel** + nom (*no matter what* + noun, *any* + noun).
[2] boisson
[3] On les prend d'habitude avant le repas.
[4] c'est-à-dire, un petit verre de vin blanc

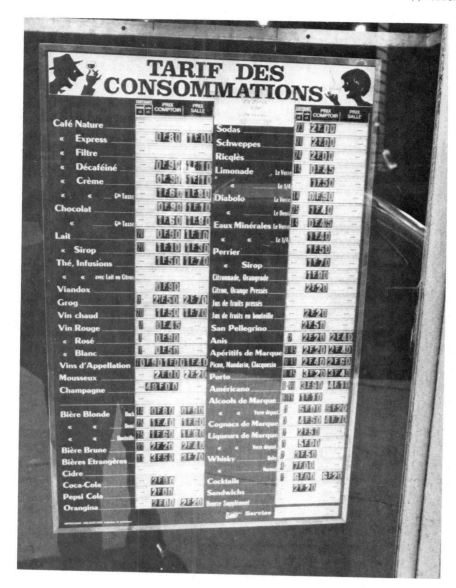

«Alors, qu'est-ce que vous prenez?»

Digestifs[1]
un Cointreau
un Grand Marnier
un cognac

une Chartreuse
une crème de menthe

Boissons rafraîchissantes
une bière (blonde ou brune)

un jus de fruit

[1] des liqueurs qu'on prend après le repas

une limonade   une orangeade[2]
un citron pressé   de l'eau minérale (un Perrier, un
une citronnade[1]   Vichy, un Évian, un Vittel)

C. *Complétez le passage suivant en employant les éléments indiqués.*
(1) Après/quitter/Sorbonne, /nous/aller/jardin/Luxembourg/qui/être/proche/Quartier Latin. (2) Nous/arriver/place/Saint-Germain-des-Prés/vers/quatre/heure. (3) Nous/s'arrêter/à/Deux-Magots, /dont/professeur/me/parler/souvent. (4) Nous/choisir/table/à/intérieur./entre/deux/vieux / monsieur / qui / lire / journaux / et / groupe / étudiant / qui / parler/cinéma. (5) Il/être/agréable/s'asseoir/après/deux/heure/promenade/dans/Quartier Latin. (6) Je/voir/toutes sortes/gens/défiler/sur/boulevard. (7) Je/aurais/aimer/bien/visiter/ce/café/à/époque/où/existentialistes/le/fréquenter. (8) Nous/passer/presque/un/heure/à/bavarder/regarder/passants.

D. *Jouez des rôles: faites un dialogue basé sur le paragraphe suivant en faisant les changements de votre choix.*
Vous êtes en France. Vous vous promenez dans la rue avec un camarade. Il fait chaud et vous avez soif. Vous décidez de vous arrêter à la terrasse d'un café. Votre camarade et vous commandez chacun deux boissons différentes. Vous trouvez deux de ces boissons très bonnes, et les autres assez médiocres. Vous appelez le garçon[3] et vous lui demandez l'addition.

E. Composition. *Y a-t-il un établissement dans votre ville que vous aimez fréquenter? Faites une description de cet établissement en y incorporant les réponses aux questions suivantes.*
1.   Qui vous y a emmené(e) pour la première fois?
2.   Depuis combien de temps le fréquentez-vous? Avec qui?
3.   Où se trouve cet établissement? Comment s'appelle-t-il?
4.   Comment est l'intérieur de l'établissement? (petit ou grand, sombre ou bien éclairé)
5.   Décrivez l'ambiance. (sympathique, tranquille, bruyante, animée, grouillante, etc.)
6.   Quand y allez-vous? Avec qui?
7.   Quelle sorte de boisson(s) commandez-vous?

---

[1] boisson gazeuse parfumée (*flavored*) au citron
[2] boisson gazeuse parfumée à l'orange
[3] En général, un garçon de café ne revient vers le client que si on l'appelle. Si le garçon est une personne assez âgée, vous dites «Monsieur!» et non pas «Garçon!» pour attirer son attention.

8. De quelle sorte de choses y parlez-vous avec vos amis? Combien de temps y passez-vous en général?

F. Renseignements et opinions

1. Qu'est-ce que vous avez déjà fait aujourd'hui? Et qu'est-ce que vous n'avez pas encore fait?

2. Si quelqu'un vous offrait un grand verre de bière et un petit verre de cognac, lequel choisiriez-vous? Pourquoi?

3. Aimeriez-vous aller dans un café français? Qu'est-ce que vous y feriez? Citez plusieurs choses qu'il est possible de faire dans un café français.

4. Que veut dire ce proverbe? «Promettre et tenir sont deux.»

5. Voici une maxime de La Rochefoucauld: «Il est impossible d'aimer une seconde fois ce qu'on a véritablement cessé d'aimer.» Êtes-vous d'accord avec cette maxime? Pourquoi (pas)?

6. Faites un compliment à quelqu'un (a) sur la bonne note qu'il a reçue en français, (b) sur ses vêtements, (c) sur sa cuisine et (d) sur sa nouvelle voiture. Maintenant, donnez ses réponses à vos compliments.

Les étudiants profitent du beau temps. (Jardin du Luxembourg)

G. **Lecture**

Les cafés

(A) Pour un Américain qui arrive à Paris les cafés sont souvent une source d'étonnement et d'interrogation: Que font ces milliers de[1] gens assis aux terrasses devant une petite table? Que boivent-ils? Que disent-ils? Et surtout, pourquoi sont-ils là? Les cafés existent depuis longtemps en France. Le café Procope, le premier en France, date de 1686 et existe toujours dans la rue de l'Ancienne-Comédie[2]. Cette salle où l'on[3] dégustait le café—une boisson toute nouvelle à cette époque—est très vite devenue le lieu de rendez-vous des intellectuels. Ils y lisaient les journaux, qui étaient alors rares et chers, mais surtout ils échangeaient des idées. Les Encyclopédistes[4] s'y réunissaient, et plus tard, comme l'annonce[5] la plaque de marbre de la façade, Benjamin Franklin, Napoléon Bonaparte, Balzac, Victor Hugo, Verlaine ont été parmi les habitués[6] les plus prestigieux. Le café Procope a eu tant de succès qu'on l'a imité partout, et en 1720, il y avait plus de 300 cafés à Paris. Depuis cette époque, ils se sont bien sûr multipliés, ont gagné la province[7] et sont devenus une véritable institution sociale en France. Aujourd'hui il n'y a pas de village, aussi petit soit-il[8], sans un «bistrot»[9].

(B) À mesure que[10] leur nombre allait croissant[11], les cafés ont acquis[12] une personnalité, un style bien à eux[13], et une clientèle spécialisée. Ainsi, dans les quartiers modestes, on trouve des bistrots où les habitués—ouvriers, artisans, petits retraités pour la plupart—se retrouvent tous les jours à la même heure: le matin[14] très tôt, on vient prendre un café ou un «petit blanc»[15], avant de partir au travail. À midi, c'est l'heure de «l'apéro»[16]. Mais c'est surtout le soir que ces petits cafés s'animent. Les clients prennent du vin ou de la bière, jouent aux cartes, se groupent pour discuter de la politique, de la voiture dont ils rêvent, des femmes, des derniers scandales. Dans les quartiers voisins d'un grand lycée ou d'une université, les jeunes gens s'attardent aux cafés après les cours. Là, assis devant un «crème»[17], une bière ou un Coca-Cola, ils passent des heures à

5

10

15

20

25

[1] un très grand nombre de (dérivé du mot **mille**)
[2] appelée ainsi parce que la Comédie Française se trouvait dans cette rue jusqu'en 1770
[3] **L'** se place souvent devant **on** quand le mot précédent est **où, si,** ou **que.**
[4] groupe d'écrivains et de philosophes du XVIIIe siècle qui ont contribué à la première encyclopédie française
[5] **Annonce** est le verbe, suivi du sujet.
[6] clients habituels
[7] toute la France, en dehors de Paris
[8] *no matter how small it may be*
[9] petit café du coin
[10] en même temps et à proportion que
[11] **aller croissant** *to increase*
[12] participe passé du verbe **acquérir** *to acquire*
[13] **bien à eux** *quite their own* (de la locution **être à**)
[14] *in the morning*
[15] petit verre de vin blanc
[16] apéritif, boisson qu'on prend avant le repas
[17] une petite tasse de café au lait

parler de leurs études, de la politique, des livres, des films récents, des 30
sports, et bien sûr de l'amour.

(C) Sur les grands boulevards, dans les quartiers chics ou touristiques, la clientèle des cafés est bien différente: les touristes s'y reposent et écrivent des cartes postales, les hommes d'affaires[1] y parlent commerce, les amoureux s'y donnent rendez-vous, les jeunes élégantes se 35 font admirer[2] et les autres se livrent à leur passe-temps préféré—s'installer sur la terrasse avec une boisson rafraîchissante pour regarder les passants. Dans ces grands cafés, on boit moins de vin, mais plus d'alcools forts[3] dans des mélanges à l'américaine, et on peut déjeuner légèrement d'un sandwich, d'un croque-monsieur[4] ou d'une pizza. 40

(D) On pourrait penser que le café représente un vestige du passé dans une société moderne. Il est vrai que la télévision a maintenant sa place dans de nombreuses familles (et même dans beaucoup de bistrots), que beaucoup de Français passent le week-end dans leur maison de campagne et que la passion du bricolage retient beaucoup d'hommes dans 45 leur garage. Mais dans un pays où le plaisir de la conversation jouit de tous ses droits et où l'on n'invite pas très souvent les autres chez soi, le café restera le lieu de rencontre par excellence—proche, commode et accueillant, anonyme et familier.

(a) *Posez des questions en utilisant les expressions suivantes.*

(A) 1. Comment s'appelle...
  2. Qu'est-ce que...
  3. Pourquoi est-ce que...
(B) 4. Quelle sorte de...
  5. Qu'est-ce que c'est que...
(C) 6. Qu'est-ce que...
(D) 7. Qu'est-ce qui...
  8. Pourquoi est-ce que...

(b) *Dérivations: donnez les mots indiqués entre parenthèses.*

étonner (nom) vérité (adjectif)
boire (nom) anonymité (adjectif)
rencontrer (nom) discussion (verbe)
excellent (nom) jeu (verbe)
travailler (nom) échange (verbe)
étudier (nom) existence (verbe)
familiarité (adjectif) admiration (verbe)

(c) *Trouvez le mot qui n'appartient pas à chaque série.*
1. Balzac, Napoléon, Hugo, Verlaine
2. partout, café, bistrot, restaurant

---

[1]*businessmen*
[2]**se font admirer:** ici, veulent être admirées
[3]ici, boissons alcooliques fortes (**alcool** se prononce /alkɔl/)
[4]sandwich chaud au jambon et au fromage

3. ouvrier, parmi, artisan, étudiant
4. bricolage, cartes, télévision, légèrement
5. lycée, retraité, école, université
6. jouer, manger, déguster, boire
7. vin, café, pizza, bière, apéro
8. chic, rare, cher, proche, marbre

explications

19.1 L'ADVERBE DANS LES TEMPS COMPOSÉS

1. In compound tenses, as well as in simple tenses, adverbs denoting place or time normally occur at the end of a sentence.

Je suis sortie avec Jean-Paul **aujourd'hui**.
Nous sommes allés à la Sorbonne **hier après-midi**.
J'ai vu toutes sortes de gens **ici**.
Nous avons pris un café **là-bas**.

When an adverb of place or time is stressed, it often appears at the beginning of a sentence.

Ici on parle français.
Là-bas tout le monde a parlé français.
Aujourd'hui nous sommes allés au café.

2. Most adverbs ending in **-ment** immediately follow the past participle.

Elle a parlé **longuement** de ses projets.
Elle a marché **rapidement** vers la maison.
Elle s'est reposée **brièvement** à la maison.
Elle a reçu **récemment** deux lettres.

3. Most adverbs that neither denote place or time nor end in **-ment** occur between the auxiliary and the past participle.

Vous m'avez **déjà** parlé de votre ami.
Vous m'avez **souvent** parlé de votre ami.
Vous m'avez **peut-être** parlé de votre ami.
Vous m'avez **trop** parlé de votre ami.
Vous n'avez pas **encore** parlé de votre ami.

A few adverbs ending in **-ment** also usually occur between the auxiliary and the past participle, rather than after the past participle.

Jenny a **vraiment** goûté ce vin.
Jenny a **certainement** goûté ce vin.
Jenny a **probablement** goûté ce vin.
Jenny a **seulement** goûté ce vin.

19.2 PRONOMS INTERROGATIFS: *LEQUEL, LAQUELLE, LESQUELS, LESQUELLES*

1. The interrogative pronouns **lequel**, **laquelle**, **lesquels**, and **lesquelles** agree in gender and number with the noun they replace. They correspond to English *which, which one(s)*.

Voici deux journaux; **lequel** voulez-vous?
Voilà cinq étudiants; **lesquels** connaissez-vous?
Laquelle de vos cousines est en France?
Lesquelles de ces tables choisissent-ils?

2. **Le-** and **les-** combine with **à** and **de** to form **auquel, auxquels, auxquelles**, and **duquel, desquels, desquelles**.

Voici deux cahiers; **duquel** avez-vous besoin?
Voilà cinq enfants; **desquels** parlez-vous?
Auquel des professeurs voulez-vous parler?
Auxquelles de ces lettres avez-vous répondu?

19.3 *TENIR*

1. **Tenir** *to hold, to keep* is conjugated like **venir** (Lesson 7.5). **Tenir à** + infinitive means *to be anxious to, to insist upon*.

Je **tiens** ma promesse.　　Nous **tenons** à partir.
Tu **tiens** un livre.　　Vous **tenez** à sortir.
Il **tient** ce magasin.　　Ils **tiennent** à voyager.
　J'ai **tenu** un livre à la main.
　Je **tiendrai** ce livre sur mes genoux.

2. **Tiens** and **Tenez** correspond to English *Here, Look here, Listen* and are used to attract the listener's attention. **Tiens!** *Well!* and **Tiens, tiens!** *Well, well!* indicate surprise.

Je ne comprends pas vos difficultés.
—**Tenez**, je vais vous donner　　*Listen, I'm going to give you an*
　un exemple.　　　　　　　　　　*example.*

Regardez par la fenêtre.
—**Tiens!** il neige!　　　　　　*Well, it's snowing!*

Other verbs conjugated like **tenir**:

appartenir à	*to belong to*	**obtenir**	*to obtain*
contenir	*to contain*	**retenir**	*to retain*

19.4 EXPRESSIONS IMPERSONNELLES

1.   The construction **il est** + adjective + **de** + infinitive corresponds to English *it is* + adjective + *to do* (*something*).[1]

Il est utile d'apprendre le français.
Il est intéressant de visiter le Quartier Latin.
Il est nécessaire de laisser un pourboire.

[1] In colloquial French, **il est** and **c'est** are used interchangeably: **Il est (C'est)** important de finir ce travail.

EST-IL DANGEREUX DE MONTER SUR L'ÉCHELLE?

AH, OUI! C'EST TRÈS DANGEREUX!

2.   The construction **c'est** + adjective can sum up the **de** + infinitive of an impersonal expression.

Est-il intéressant de **visiter le Quartier Latin?**
—Ah oui, **c'est** très intéressant!

N'est-il pas nécessaire de **laisser un pourboire?**
—Si, **c'est** nécessaire.

19.5 EMPLOI DE L'ADVERBE *SI* ET LES PHRASES EXCLAMATIVES

1.   The adverb **si** *so, such* intensifies the adjective or adverb it precedes.

Monique est **si charmante!**   *so charming*
Elle parle **si bien** anglais!   *so well*
Elle a une **si belle** robe.   *such a beautiful dress*

2.   The adverb of quantity **tant de** + noun (Lesson 15.4) corresponds to English *so much, so many* + noun.

Monique a **tant de** bibelots!
Jean-Paul a **tant de** patience!

Tant (tant de) + past participle (noun) + **que** corresponds to the English construction *so much (many)... that.*

Tu as **tant** parlé **que** tu n'as plus rien à dire!
Il y a **tant de** journaux **que** je ne sais pas duquel vous parlez!

3.   **Si** + adjective (adverb) + **que** corresponds to the English construction *so... that.*

Jean-Paul est **si** sympathique **que** tout le monde l'aime.
Monique a mangé **si** rapidement **qu'**elle a eu une indigestion!

4.   **Comme** or **(Ce) que** may be used to begin an exclamatory sentence containing an adjective or adverb. They are equivalent to English *How.*

Comme je suis **heureux** de vous voir!
(Ce) que vous parlez **vite!**

ELLE EST SI BELLE!.... COMME ELLE EST BELLE!...
..QUELLE BELLE FILLE!..

5.   **Quel, quelle, quels, quelles** before a noun in an exclamation is equivalent to English *What (a)*. The noun may be modified by an adjective. The indefinite article is omitted from such constructions in French.

Quel homme!
Quelles belles maisons!

vocabulaire

Noms masculins

·artiste	·Deux-Magots *pl*	·lieu	programme
bistrot	diplôme	·mélange	·sirop
·boulevard	·ensemble	·moment	
·compliment	·existentialiste	·passant	
·cordon-bleu	gens *pl*	·poète	

Noms féminins

·allée	indigestion	·politique	·vie
·cave	·littérature	promesse	
·consommation	·menthe	statue	
·église	·peinture	·terrasse	

Verbes

appartenir (à) *irrég*	·défiler	·fréquenter	tenir *irrég*
·s'arrêter	·discuter	·goûter	
	·dominer	obtenir *irrég*	

Adjectifs

·amusant(e)	désagréable	·même	·proche
·bordé(e)	étroit(e)	·merveilleux	·rafraîchissant(e)
charmant(e)	·flatté(e)	(-euse)	simple
curieux	important(e)	·noir(e)	·social(e)
(-euse)	impossible	pittoresque	triste
défendu(e)	·massif (-ive)	prochain(e)	

Autres expressions

·au contraire	longuement	surtout
·autrefois	mal	toutes sortes de
·c'est que	·n'importe quel	
Comme…!	·payer cher	
lequel, laquelle, lesquels, lesquelles *pron inter*	préparer un examen	
	·simplement	
	·vous souriez	

JEUDI 15 JUILLET — TF1

12.30 MIDI PREMIÈRE
Émission de Danièle Gilbert. Réalisation : Jacques Pierre.
Avec les Brotherhood of man.

13.00 TF 1 - ACTUALITÉS

13.35 TARZAN ★
LÉOPARD EN LIBERTÉ. — Jaï est très triste car il a pour compagnon un beau léopard que l'on veut conduire au zoo. Et comme il est très beau et d'une grande rareté, il suscite bien des envies...

14.25 BONS BAISERS DE SHERLOCK HOLMES ★
Série de Gérard Jourd'hui. Réalisation : Gilles Daude.
221 BAKER STREET. — Sur les bords de la Tamise, à l'ombre de Scotland Yard, nous retrouvons la silhouette de Sherlock Holmes. Nous faisons une promenade émue dans les quartiers où il a exercé son art. Promenade qui nous mène à la porte du 221 Baker Street, l'adresse du bureau du détective. **14.50 : ARRET.**

16.20 TOUR DE FRANCE
En direct de Tulle. Commentaire : Daniel Pautrat, Bernard Giroux, Léon Zitrone. Réalisation : Gilbert Larriaga.
19ᵉ étape :
BORDEAUX - SAINTE-FOY-LA-GRANDE - TULLE (206 km)
■ Tribune à l'issue de l'étape. ■ 17.20 : Arrêt des émissions.

18.15 VACANCES JEUNESSE [i]
■ VICTOR ET HORACE. — « Safari ». Victor met au point tout un scénario afin de prendre de belles photographies d'un tigre...
■ AU CLAIR DE LA LUNE. — « Les insectes ». Des sauterelles attaquent les petits amis de Punch...
■ LAUREL ET HARDY. — « Des assureurs assurés ». Laurel et Hardy, engagés comme agents d'assurance...

19.00 CES ANIMAUX QU'ON APPELLE DES BÊTES ★
Équilibre naturel. — L'animal n'est pas comme l'homme ; il ne tue que par nécessité et surtout pour se nourrir.

19.20 ACTUALITÉS RÉGIONALES
■ 19.40 : Une minute pour les femmes : Les pique-niqueurs pollueurs.

19.45 TOUR DE FRANCE
Résumé filmé de l'étape du jour. Commentaires : Daniel Pautrat et Bernard Giroux.

20.00 TF 1 - ACTUALITÉS

Vingtième Leçon

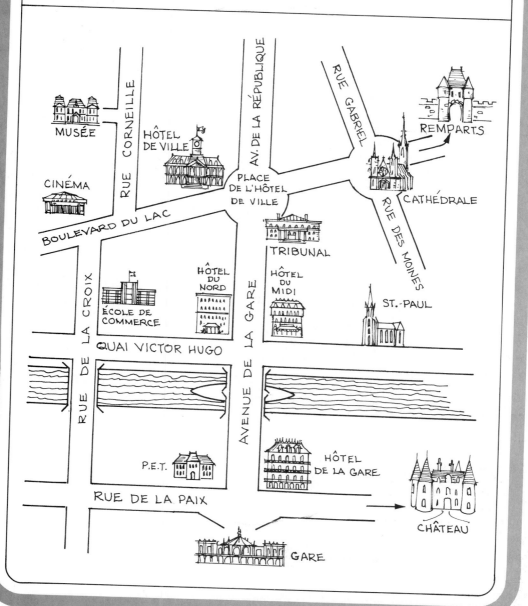

MUSÉE

HÔTEL DE VILLE

RUE CORNEILLE

AV. DE LA RÉPUBLIQUE

RUE GABRIEL

REMPARTS

CINÉMA

PLACE DE L'HÔTEL DE VILLE

CATHÉDRALE

RUE DES MOINES

BOULEVARD DU LAC

TRIBUNAL

RUE DE LA CROIX

ÉCOLE DE COMMERCE

HÔTEL DU NORD

HÔTEL DU MIDI

ST.-PAUL

QUAI VICTOR HUGO

AVENUE DE LA GARE

P.E.T.

HÔTEL DE LA GARE

RUE DE LA PAIX

CHÂTEAU

GARE

Tableau XXII

conversations

Regardez ce plan de la ville. Vous êtes à la gare. Vous voulez visiter le musée et vous interrogez un passant. Il vous dit de suivre la rue devant la gare jusqu'à la place de l'Hôtel de Ville. Là, vous tournerez à gauche. Vous suivrez le boulevard du Lac et vous prendrez la première rue à droite.

1. Vous venez de visiter le musée. Comment irez-vous du musée au château?
2. Comment irez-vous du château à la cathédrale?
3. Vous avez retenu une chambre à l'Hôtel du Midi. Quel chemin prenez-vous pour aller du cinéma à votre hôtel?
4. Quel chemin faut-il prendre pour aller de l'école de commerce aux remparts?
5. Vous avez un ami qui habite rue des Moines. Comment allez-vous de votre hôtel à cette rue?

exercices oraux

20.1/20.2 LE SUBJONCTIF: APRÈS DES EXPRESSIONS IMPERSONNELLES

A. *Commençons d'abord par un exercice de contrôle.*
Il est bon que je comprenne le français.

1. Il est juste	4. Il est naturel	7. Il faut
2. Il est temps	5. Il est évident	8. Il est bon
3. Il est vrai	6. Il est important	9. Il est certain

B. *Je vais parler de ce que je fais en classe. Répondez d'après ce modèle.*
Je parle français; est-ce bon?
Il est bon que vous parliez français.

1. J'arrive à l'heure; est-ce bon?
2. Je comprends le français; est-ce vrai?
3. Je pose des questions; est-ce utile?

368

4. Je vous explique la leçon; est-ce important?
5. Je parle de Paris; est-ce certain?
6. J'écris au tableau; est-ce nécessaire?

C. *Nous sommes touristes. Nous sommes dans une ville. Je vous poserai des questions et vous répondrez de cette façon.*

Est-il nécessaire de visiter ce musée?
Oui, il est nécessaire que nous le visitions.
1. Est-il nécessaire de traverser ce pont?
2. Est-il juste de quitter la gare?
3. Est-il naturel de visiter le château?
4. Est-il temps de chercher le bureau de poste?
5. Est-il important d'aller à la cathédrale?
6. Est-il utile de demander le chemin?
7. Vaut-il mieux prendre cette rue?
8. Faut-il trouver notre hôtel?

20.3 LE SUBJONCTIF: VERBES IRRÉGULIERS

A. *Nous allons parler d'un étudiant paresseux. Répondez aux questions d'après ce modèle.*

Veut-il travailler?
Non, il est douteux qu'il veuille travailler!
1. Veut-il apprendre la leçon?
2. Sait-il bien sa leçon?
3. Peut-il répondre au professeur?
4. Va-t-il en classe?
5. Fait-il les exercices?
6. A-t-il fini ses devoirs?
7. Est-il allé au laboratoire?
8. Est-il travailleur?

B. *Ajoutez **il faut que** devant chaque phrase en faisant les changements nécessaires.*
1. Je bois de l'eau.
2. Je peux le faire.
3. Je vais en classe.
4. Je suis à l'heure.
5. Je fais mon lit.
6. Nous avons de la patience.
7. Je sais ma leçon.
8. (Marcel) veut réussir.
9. J'attends mon ami.
10. Vous parlez français.

C. *Maintenant, ajoutez des phrases d'après ce modèle.*
(Monique) parle français; c'est naturel.
Il est naturel que (Monique) parle français.
1. (Mireille) a fait ses devoirs; c'est certain.
2. Nous faisons ces exercices; c'est important.
3. (Marc) n'est pas ici; c'est regrettable.

4. (Renée) veut quitter la classe; c'est douteux.
5. (Sylvie) a apporté son livre; c'est juste.
6. Nous avons fini cet exercice; c'est vrai.

D. *Répondez aux questions.*
1. Qu'est-ce qui est naturel?
2. Qu'est-ce qui est certain?
3. Qu'est-ce qui est évident?
4. Qu'est-ce qui est douteux?
5. Qu'est-ce qui est vrai?
6. Est-il temps que vous finissiez cet exercice?

E. *Parlons un peu de vous. Répondez aux questions en employant les verbes indiqués, d'après ce modèle.*

Voilà (Jacques); qu'est-ce qui est certain? (faire)
Il est certain que (Jacques) fait ses devoirs (fait son lit, fait une promenade tous les jours, etc.).
1. Voilà (Mireille); qu'est-ce qui est possible? (aller)
2. Voilà (Janine); qu'est-ce qui est vrai? (prendre)
3. Voilà (Martin); qu'est-ce qui est probable? (pouvoir)
4. Voilà (Maurice); qu'est-ce qui est douteux? (vouloir)
5. Voilà (Sylvie); qu'est-ce qui est juste? (faire)
6. Voilà (Robert); qu'est-ce qui est nécessaire? (avoir)
7. Voilà (Jacques et Marie); qu'est-ce qui est normal? (être)
8. Voilà (Charlotte); qu'est-ce qui est impossible? (boire)

20.4 PRONOMS DÉMONSTRATIFS

A. *Répondez aux questions d'après ce modèle.*
Savez-vous mon numéro de téléphone?
Non, mais je sais celui de (Paul).
1. Savez-vous mon âge?
2. Savez-vous mon adresse?
3. Voyez-vous mon stylo?
4. Voyez-vous mon dos?
5. Connaissez-vous mes amis?
6. Voyez-vous mes mains?
7. Avez-vous vu ma voiture?
8. Comprenez-vous mes ennuis?

B. *Vous et moi, nous sommes touristes. Nous avons visité deux endroits différents et nous parlons de nos impressions. Ajoutez des phrases d'après ce modèle.*
Le bâtiment que j'ai visité était ultra-moderne.
Ah oui? celui que j'ai visité était très ancien.
1. Les quartiers que j'ai visités étaient ultra-modernes.
2. Le château que j'ai vu était immense.
3. Le pont que j'ai traversé était long.
4. La rue que j'ai prise était étroite.
5. L'hôtel que j'ai trouvé était petit.

6. Les musées que j'ai visités étaient ennuyeux.
7. Le repas que j'ai commandé était excellent.
8. La ville où je suis resté était intéressante.

C. *Répondez aux questions en employant les pronoms démonstratifs appropriés.*
1. Il y a beaucoup de chaises ici. Laquelle est pour vous? Laquelle est pour moi?
2. Voici deux livres. Lequel est à moi? Lequel est à (Gisèle)?
3. Voici mes deux mains. Laquelle est la main gauche? Laquelle est la main droite?
4. J'ai écrit trois mots au tableau. Lequel est le plus long? Lequel est le plus court?
5. Voici deux photos. Laquelle préférez-vous? Laquelle est-ce que (Philippe) préfère?
6. Voici deux étudiants. Comment s'appellent-ils? Comment s'appellent vos voisins?

20.5 PRONOM INDÉFINI: *QUELQUES-UNS*

A. *Répondez aux questions d'après ce modèle.*
Vos livres sont-ils intéressants?
Quelques-uns de mes livres sont intéressants.
1. Vos cours sont-ils intéressants?
2. Mes questions sont-elles difficiles?
3. Mes examens sont-ils longs?
4. Mes explications sont-elles claires?
5. Vos camarades travaillent-ils beaucoup?
6. Vos livres coûtent-ils cher?

B. *Modifiez les phrases d'après ce modèle.*
Jenny a visité des musées.
Elle en a visité quelques-uns.
1. Jenny a vu des monuments.
2. Elle a visité de vieux quartiers.
3. Elle a acheté des cartes postales.
4. Elle a envoyé des cartes postales.
5. Elle a rencontré des artistes.
6. Elle a regardé des tableaux.

C. *Je vais demander votre opinion sur plusieurs choses. Donnez-la-moi en employant* **quelques-uns** *ou* **quelques-unes** *d'après ce modèle.*
Comment sont vos cours?
Quelques-uns de mes cours sont intéressants; et les autres sont ennuyeux.
1. Comment sont vos camarades?

Place du
Tertre, Montmartre.

2.   Comment sont les exercices oraux?
3.   Comment sont les restaurants dans notre ville?
4.   Comment sont vos professeurs?
5.   Comment sont les bâtiments sur notre campus?
6.   Comment sont les chambres de votre résidence?

Notre-Dame-de-Lorette et, au fond, le Sacré-Cœur.

application

A. Dialogue et questions

À la recherche du temps perdu

Jenny et Jean-Paul sont à Montmartre. Ils remontent le boulevard de

Clichy et passent devant de nombreux cinémas, petits théâtres, dancings[1], brasseries[2] et boîtes de nuit[3]. Ils prennent des rues étroites, sinueuses[4] et pittoresques et arrivent à la place du Tertre. C'est une petite place charmante entourée d'arbres, de cafés, de boutiques et de vieilles maisons. Des artistes exposent[5] leurs œuvres[6] et font le portrait des touristes ou peignent[7] le paysage. Jenny et Jean-Paul s'arrêtent sur la terrasse qui précède la basilique du Sacré-Cœur[8], d'où on a une vue splendide sur Paris.

JENNY   J'aime bien Montmartre avec ses vieilles maisons et ses rues   10
étroites.

JEAN-PAUL   Oui, il est bon qu'on puisse y retrouver le charme d'un village d'autrefois.

JENNY   Et quel contraste entre Montmartre et la Défense et Maine-Montparnasse[9]!   15

JEAN-PAUL   Comment, tu n'as pas été impressionnée par nos quartiers ultra-modernes?

JENNY   Si, mais l'architecture moderne est la même dans n'importe quelle grande ville. Moi, je suis à la recherche du temps perdu.

JEAN-PAUL   Il est vrai que dans certaines villes on a détruit des quartiers   20
pittoresques pour construire des parkings.

JENNY   J'ai entendu dire qu'[10]il y a encore des villages avec des bâtiments qui datent du Moyen Age.

JEAN-PAUL   Oui, il faut que tu en visites quelques-uns; ils sont si charmants.

JENNY   Est-ce que le gouvernement n'encourage pas la préservation de   25
votre héritage culturel?

JEAN-PAUL   Mais, si, dans beaucoup de villes on essaie de sauvegarder[11] et de restaurer les quartiers historiques.

(lignes 1—9)
1.   Où sont Jenny et Jean-Paul?
2.   Qu'est-ce qu'il y a sur le boulevard de Clichy?
3.   Comment sont les rues à Montmartre?

---

[1]endroits où on peut dancer
[2]grands cafés (autrefois c'étaient des établissements où on servait surtout de la bière)
[3]endroits à la mode où on peut dancer, boire, écouter un petit orchestre
[4]qui changent souvent de direction
[5]montrent au public
[6]résultats de leur travail
[7]font des tableaux (du verbe **peindre**)
[8]Cette grande église de style romano-byzantin (*Romanesque-Byzantine*) a été construite vers la fin du XIXe siècle; sa haute silhouette domine Paris. La terrasse est à 100 m au-dessus de la Seine.
[9]Ce sont de nouveaux centres économiques, administratifs et résidentiels autour du vieux Paris. L'un se trouve autour du Rond-Point de la Défense, tout près de Nanterre, et l'autre à l'emplacement de l'ancienne gare Montparnasse.
[10]**entendre dire que** *to hear that*
[11]protéger (donner protection)

4. De quoi est-ce que la place du Tertre est entourée?
5. Qui expose des œuvres d'art?
6. Où est la terrasse sur laquelle Jenny et Jean-Paul s'arrêtent? (lignes 10—28)
7. Qu'est-ce qu'il est bon de retrouver à Montmartre?
8. Qu'est-ce que Montmartre était autrefois?
9. Quels quartiers ultra-modernes Jenny a-t-elle vus?
10. Qu'est-ce que Jenny cherche?
11. Qu'est-ce qu'on a fait dans certaines villes?
12. Qu'est-ce que Jenny a entendu dire?
13. Que faut-il qu'elle fasse, d'après Jean-Paul?
14. Qu'est-ce qu'on essaie de sauvegarder?

Un village pittoresque et tranquille. (Saint Pous, Hérault)

B. Expressions utiles

La ville

Pour demander son chemin

Pardon, Monsieur. Pour aller place Maubert (rue des Moines), s'il vous plaît. —Vous êtes place Maubert.[1]

[1]On supprime souvent la préposition **à** et l'article défini quand on utilise des verbes comme **aller**, **être** et **habiter**.

$$\left.\begin{array}{l}\text{prendre}\\\text{suivre}\end{array}\right\}\text{une rue, une avenue, un boulevard}$$

$$\left.\begin{array}{l}\text{prendre la deuxième rue}\\\text{tourner}\end{array}\right\}\left\{\begin{array}{l}\text{à gauche}\\\text{à droite}\end{array}\right.$$

$$\left.\begin{array}{l}\text{aller}\\\text{continuer}\end{array}\right\}\text{tout droit}$$

traverser un pont (une place)

$$\left.\begin{array}{l}\text{arriver à}\\\text{tomber sur}\end{array}\right\}\text{une place; la place est}\left\{\begin{array}{l}\text{près (loin) d'ici.}\\\text{par ici (par là).}\end{array}\right.$$

$$\text{Le musée est}\left\{\begin{array}{l}\text{dans cette rue.}\\\text{dans (sur) cette avenue.}\\\text{sur ce boulevard.}\end{array}\right.$$

Les bureaux et les bâtiments
l'hôtel de ville (la mairie)
le bureau de poste (bureau des P.E.T.[1])
le commissariat de police
une auberge de jeunesse, une cathédrale, un cinéma, une église, une gare, un hôpital, un hôtel, un monument, un musée, un syndicat d'initiative[2]

C. *Complétez le paragraphe suivant en employant les éléments indiqués.*
(1) Décidément,/je/préférer/Montmartre/à/Défense. (2) Je/trouver/Montmartre/si/charmant! (3) Son/rues/étroit/et/son/vieux/maisons/bas/garder/encore/charme/village/autrefois. (4) Basilique/Sacré-Cœur,/construit/sur/l'un/de/plus/haut/points/de/capitale,/dominer/ville. (5) Jean-Paul/me/expliquer/il y a/Parisiens/qui/penser/style/architectural/église/ne pas/être/en/harmonie/avec/paysage. (6) De/terrasse/qui/précéder/basilique/on/avoir/vue/magnifique/sur/Paris. (7) Nous/parler/longuement/problèmes/restauration/quartiers/ancien/historique.

D. *Jouez des rôles: faites un dialogue basé sur le paragraphe suivant en faisant les changements de votre choix. Dessinez ensuite le plan de ce quartier pour montrer comment vous arrivez à la rue où se trouve la vieille maison.*
Vous êtes dans une petite ville de France. Vous voulez visiter une maison qui, d'après le guide Michelin, date du treizième siècle. Vous demandez le

---

[1]**P.E.T.**   Postes et Télécommunications. Ces deux expressions signifient à peu près la même chose.
[2]bureau d'information pour les touristes

chemin à un passant. Il vous dit de suivre la rue jusqu'à une place, puis de prendre la première rue à gauche, de tourner à droite, de passer devant la poste. Il vous dit que la maison est à vingt minutes de la gare.

E. Composition. *Connaissez-vous une ville américaine où on a sauvegardé un quartier historique? Écrivez une composition en y incorporant les réponses aux questions suivantes.*
1. Où est cette ville? La connaissez-vous bien?
2. Quel quartier a été préservé (et restauré)? Pourquoi?
3. Faites une description de ce quartier. Si vous l'avez visité, décrivez vos impressions.
4. Qui a décidé de sauvegarder ce quartier?
5. Si on l'avait détruit, qu'est-ce qu'on aurait construit à sa place?

F. Renseignements et opinions
1. Vaut-il mieux que tous les étudiants qui apprennent le français aillent à Paris? Pourquoi (pas)?
2. Serait-il utile que tous les étudiants universitaires apprennent une langue étrangère? Pourquoi (pas)?
3. Êtes-vous d'accord avec cette maxime de La Rochefoucauld?: «Nous aimons toujours ceux qui nous admirent, et nous n'aimons pas toujours ceux que nous admirons.»
4. Si vous étiez en France, voudriez-vous visiter un quartier ultra-moderne ou un quartier ancien? Pourquoi?
5. Si vous étiez sur le boulevard de Clichy, quelle sorte d'endroits aimeriez-vous visiter? Pourquoi?
6. Vous rencontrez un étranger. Vous lui indiquez le chemin le plus court pour aller de l'université à l'hôtel de ville (à la mairie).
7. Vous indiquez à un étudiant français qui vient d'arriver dans votre ville les endroits où on peut aller s'amuser.

G. Lecture

Paris (*suite*)

(A)   Il y a une multitude de Paris. Le plus beau, le plus imposant est celui des grands monuments du passé: Notre-Dame, la Sainte-Chapelle, le Louvre, la Madeleine, le Palais Bourbon, l'Arc de Triomphe de l'Étoile, etc. C'est le Paris des touristes et de l'histoire. Mais il y a aussi le Paris des affaires[1]: ces quartiers grouillants[2] du centre, autour de la Bourse et des grands Boulevards; le Paris des artistes: celui des quais[3] de la Seine et de Montmartre, pittoresque colline qui domine la ville; le Paris des étudiants: celui du Quartier Latin; le Paris du grand luxe: celui du Faubourg Saint-

5

---

[1] transactions et entreprises commerciales
[2] du verbe **grouiller** *to teem, to swarm*
[3] rues qui longent un cours d'eau (une rivière, un canal, un fleuve)

Place des Vosges—un bel ensemble d'architecture classique.

Honoré, des grands couturiers[1]; le Paris des ouvriers: celui des usines Citroën dans le XVe arrondissement et Renault à Billancourt; le Paris des taudis[2] de Ménilmontant, et celui des grands immeubles bourgeois du XVIe arrondissement. Et l'énumération pourrait continuer! 10

(B)   Mais, au delà de[3] cette immense variété, on distingue très nettement un vieux Paris (jusqu'à 1900) et un Paris ultra-moderne. Comme exemple du vieux Paris, on peut citer le quartier du Marais. Tout 15 près de la Seine, sur la rive droite, il est resté ce qu'il était au XVIIe siècle. C'est un ensemble de très belle architecture classique: la place des Vosges, un des plus harmonieux ensembles de Paris et qui était, sous Louis XIII, le centre de la vie aristocratique, et de nombreux hôtels particuliers[4] comme l'Hôtel de Sully, restauré récemment. Les rues de ce quartier sont restées 20 étroites. Aucun grand immeuble n'y a été bâti, et on peut facilement imaginer avoir fait un saut de plusieurs siècles quand on s'y promène. L'île Saint-Louis, derrière Notre-Dame, est aussi un quartier calme et paisible qui surprend[5] au milieu d'une métropole du XXe siècle.

(C)   Mais il y a aussi un Paris ultra-moderne: celui du Palais de 25 l'UNESCO derrière la Tour Eiffel, celui des immeubles géants de la gare Montparnasse, et surtout celui du quartier de la Défense: partant[6] de la

[1] fabricants de vêtements élégants pour dames
[2] logements misérables
[3] **au delà de**   *beyond*
[4] **hôtels particuliers**   domiciles privés somptueux
[5] c'est-à-dire, qui étonne les visiteurs
[6] *beginning* (du verbe **partir**)

place Charles de Gaulle (l'Étoile), une immense avenue toute droite traverse la Seine et soudain se trouve bordée de grandes tours, d'immeubles gigantesques, d'un énorme palais d'exposition (le CNIT[1]), de la colossale station de métro d'un nouveau réseau express régional (R.E.R.). Le XXe siècle a enfin rattrapé[2] Paris. Comme disait le général de Gaulle: «La France a épousé son siècle.»

(D)   Pourtant, il est certain que pour les Parisiens, comme pour les touristes, le charme de Paris n'est pas dans ses quartiers neufs. L'architecture moderne est finalement la même à New York, à Paris, ou à Tokyo. Mais un quartier comme Saint-Germain-des-Prés est uniquement parisien. Il n'est plus «à la mode» comme il l'a été il y a vingt ans, mais son charme subsiste. Une vieille église, une place, un grand boulevard, beaucoup de terrasses de café, de restaurants, de bistrots, de librairies, de petites rues sinueuses, d'antiquaires et une animation constante, un grouillement perpétuel: voilà ce qui fait le charme et la vie d'un quartier parisien.

(a) *Posez des questions en utilisant les expressions suivantes.*

(A)   1. Quels sont . . .
      2. Où se trouve . . .
(B)   3. Comment est . . .
      4. Qu'est-ce que c'est que . . .
(C)   5. Comment sont . . .
      6. Qu'est-ce que . . .
(D)   7. Qu'est-ce qui . . .
      8. Que veut dire . . .

(b) *Cherchez dans le texte tous les adjectifs qui signifient* «très, très grand».

(c) *Trouvez dans le texte l'antonyme de chacun des mots suivants.*

laid	gauche	graduellement
large	devant	agité (animé)
futur	sinueux	derrière
public	divorcer	différent
ancien	arrivant	loin de

explications

20.1 LE SUBJONCTIF: REMARQUES PRÉLIMINAIRES

1.   The subjunctive is a mood. It replaces the indicative mood in certain constructions. It has four tenses: *present, past (present perfect), imperfect,*

[1] Centre National des Industries et des Techniques; la voûte gigantesque (on pourrait y mettre tout l'Arc de Triomphe de l'Étoile) abrite les grands congrès et certaines expositions.
[2] rejoint

and *pluperfect*. The last two tenses are used only in written language (they are presented in the last lesson of this book).

2.   The subjunctive usually occurs in dependent clauses introduced by **que** (or by another conjunction), and in relative clauses.

main clause + $\begin{cases} \textbf{que} + \text{dependent clause (subjunctive)} \\ \text{relative clause (subjunctive)} \end{cases}$

3.   Generally speaking, the subjunctive is used to reflect the speaker's mental attitude—wish, uncertainty, denial, and emotions. The following "signals" call for the subjunctive:

(a)   Impersonal expressions except those implying certainty (presented in Lesson 20.2);

(b)   Verbs in the main clause expressing *desire* or *command* (presented in Lesson 21.2), *doubt* or *denial* (Lesson 21.3), or *emotions* (Lesson 22.1);

(c)   Certain conjunctions (Lesson 22.4);

(d)   In a relative clause, when the antecedent is modified by the superlative of an adjective, or when its existence is questioned (Lesson 21.4).

20.2 LE SUBJONCTIF: APRÈS DES EXPRESSIONS IMPERSONNELLES

1.   The present subjunctive endings for the singular are **-e**, **-es**, **-e**, and for the plural, **-ions**, **-iez**, **-ent**. The first and second person plural forms (**nous** and **vous** forms) are identical with the corresponding forms of the *imperfect indicative* (Lesson 10.3). The stem for the other forms is derived from the third person plural (**ils**, **elles**) of the *present indicative*.

parler, ils **parlent**[1]	**finir**, ils **finissent**
je **parle**	je **finisse**
tu **parles**	tu **finisses**
il **parle**	il **finisse**
nous **parlions**	nous **finissions**
vous **parliez**	vous **finissiez**
ils **parlent**	ils **finissent**

---

[1] The **je**, **tu**, **il**, and **ils** forms of the present subjunctive of first conjugation verbs are identical with those of the present indicative.

vendre, ils vendent
je **vende**
tu **vendes**
il **vende**
nous **vendions**
vous **vendiez**
ils **vendent**

boire, ils boivent
je **boive**
tu **boives**
il **boive**
nous **buvions**
vous **buviez**
ils **boivent**

2. The subjunctive occurs in dependent clauses introduced by **que** after impersonal expressions.

Il est **bon** que nous **comprenions** la leçon.
Il est **douteux** que vous **preniez** le parapluie.
Il est **important** que tu **viennes** à l'heure.
Il est **temps** qu'elle **finisse** ses devoirs.
Il **faut bien** que je **lise** ce journal.

3. The subjunctive does not occur in dependent clauses if the impersonal expression denotes *certainty*.

Il est **certain** que vous **prenez** le parapluie.
Il est **vrai** qu'elle **finit** ses devoirs.
Il est **évident** que je **lis** ce journal.

Il **est douteux** qu'il **prenne** son parapluie.

Il **est certain** qu'il n'a pas son parapluie.

The expression **il est possible** takes the subjunctive, while **il est probable** does not.

Il est possible qu'elle **comprenne** la vérité.
Il est probable qu'elle **comprend** la vérité.

20.3 LE SUBJONCTIF: VERBES IRRÉGULIERS

1.   The verbs below have special subjunctive stems. Note that the **nous** and **vous** forms of **aller** and **vouloir** are identical with those of the imperfect indicative. The special stems for **avoir**, **être**, and **savoir** are identical with those of the imperative (Lesson 15.1).

avoir	être	
j'**aie** /ɛ/	je **sois**	
tu **aies**	tu **sois**	
il **ait**	il **soit**	
nous **ayons** /ɛjõ/	nous **soyons**	
vous **ayez**	vous **soyez**	
ils **aient**	ils **soient**	

aller	faire	pouvoir
j'**aille** /aj/	je **fasse**	je **puisse**
tu **ailles**	tu **fasses**	tu **puisses**
il **aille**	il **fasse**	il **puisse**
nous **allions**	nous **fassions**	nous **puissions**
vous **alliez**	vous **fassiez**	vous **puissiez**
ils **aillent**	ils **fassent**	ils **puissent**

savoir	vouloir	pouvoir/falloir etc.
je **sache**	je **veuille**	pleuvoir
tu **saches**	tu **veuilles**	il **pleuve**
il **sache**	il **veuille**	falloir
nous **sachions**	nous **voulions**	il **faille**
vous **sachiez**	vous **vouliez**	valoir
ils **sachent**	ils **veuillent**	il **vaille**

2.   The past subjunctive (*le passé composé du subjonctif*) is formed by combining an auxiliary verb in the present subjunctive and a past participle. The past subjunctive always refers to a *past* event, whereas the present subjunctive can refer to both *present* and *future*.

Il **fera** ses devoirs.⎫
C'est bon.   ⎬ →Il est bon qu'il **fasse** ses devoirs.
                       ⎭

Il **fait** ses devoirs. ⎫
C'est bon.   ⎬ →Il est bon qu'il **fasse** ses devoirs.
Il **a fait** ses devoirs. ⎫
C'est bon.   ⎬ →Il est bon qu'il **ait fait** ses devoirs.

Il est douteux qu'il **pleuve**. ⎧ *It's doubtful that it* will rain.
                                   ⎨ *It's doubtful that it* is raining.
                                   ⎩ *It's doubtful that it* rains.

Il est douteux qu'il **ait plu**. ⎧ *It's doubtful that it* has rained.
                                    ⎨ *It's doubtful that it* rained.

20.4 PRONOMS DÉMONSTRATIFS

1.   Demonstrative pronouns are used to avoid repetition of the same noun. They agree in gender and number with the noun they replace.

L'appartement des Chabrier est grand, mais **celui** [l'appartement] de M. Dubois est petit.
La voiture des Chabrier est française, mais **celle** [la voiture] des Wilson est américaine.
Les devoirs de Jenny sont difficiles, et **ceux** [les devoirs] de Monique sont longs.
Les lettres de Jenny sont longues; **celles** [les lettres] de Jean-Paul sont courtes.

Voilà deux valises; **celle** de Jean-Paul
est légère mais **celle** de Jenny est très lourde!

2. The basic meaning of **celui** and **celle** is *this* (*one*), *that* (*one*), or *the one*; the meaning of **ceux** and **celles** is *these*, *those*, or *the ones*. Demonstrative pronouns always occur with a modifier, usually **de** + noun or a relative clause.

Voici mes valises; où sont **celles de Jenny**?	*those ot Jenny* (*Jenny's*)
Je parle de **ceux qui** habitent à Montmartre.	*the ones who* (*those who*)

3. Demonstrative pronouns can be followed by **-ci** or **-là**, a device used when it is necessary to distinguish between two things or two groups of things (or persons).

Celui-ci est grand; **celui-là** est petit.	This one *is big*; that one *is small*.

This device can also occur after a noun preceded by a demonstrative adjective.

Ce livre**-ci** est grand; **ce** livre**-là** est petit.	This *book is big*; that *book is small*.

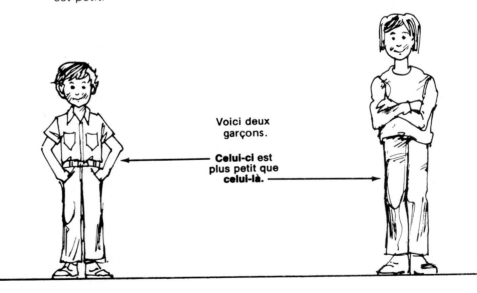

Voici deux garçons.

Celui-ci est plus petit que celui-là.

20.5 PRONOM INDÉFINI: *QUELQUES-UNS*

1.   Quelques *a few* is a plural adjective denoting a *limited* and somewhat definite quantity. **Des** (plural of **un** and **une**) always implies *indefinite* quantity.

Avez-vous fait **des** exercices?
—J'ai fait **quelques** exercices.

    2.   **Quelques-uns** and **quelques-unes** are pronouns meaning *some, a few.*

Voilà de vieux bâtiments; **quelques-uns** de ces **bâtiments** datent du Moyen Âge.
J'ai vu **quelques-unes** des **photos** que vous avez prises.

vocabulaire

Noms masculins

bureau de poste	·contraste	·hôtel de ville	pont
·charme	·dancing	·Moyen Âge	·portrait
chemin	dos	musée	·remparts *pl*
·commerce	·gouvernement	·parking	·théâtre
	·héritage	·plan	

Noms féminins

·architecture	·brasserie	·préservation	résidence
·basilique	cathédrale	·œuvre (d'art)	
·boîte de nuit	explication	·recherche	

Verbes

·construire *irrég*	·impressionner	·restaurer
·dater (de)	·interroger	·retenir *irrég*
·exposer	·précéder	·sauvegarder

Adjectifs

certain(e)	·culturel(le)	évident(e)	juste
clair(e)	douteux (-euse)	·historique	naturel(le)

normal(e)   regrettable   ultra-moderne
probable   ·sinueux (-euse)

Autres expressions

celui, celle,   ·entendre dire   quelques-un(e)s
  ceux, celles   ·ils peignent
·d'autrefois

Vingt et Unième Leçon

conversations

A. Où est la station de métro?

MARTINE Pardon, Monsieur. Y a-t-il une station de métro près d'ici?

LE PASSANT Prenez la deuxième à droite. Vous trouverez l'entrée devant une pharmacie.

MARTINE Merci, Monsieur.

LE PASSANT À votre service, Mademoiselle.

B. Où sont-ils allés?

MONIQUE Maman, veux-tu que j'aille chercher Jean-Paul et Jenny?

MME CHABRIER Ce n'est pas la peine. Ils ne sont pas encore rentrés.

MONIQUE Mais il m'a dit qu'ils seraient de retour avant cinq heures.

MME CHABRIER C'est possible, mais je doute qu'ils puissent rentrer avant six heures.

C. Vous descendez à la prochaine station.

VOUS Pardon, s'il vous plaît. Pardon, Madame. Pardon, Monsieur. Laissez-moi passer, s'il vous plaît.

UNE PASSAGÈRE Aïe! vous m'avez marché sur le pied!

VOUS Je m'excuse, Madame. Je ne l'ai pas fait exprès. Pardon, Madame. Pardon, Monsieur . . .

exercices oraux

21.1 *CROIRE*

A. Exercice de contrôle
Je crois que je vois Jean-Paul.

1. Le professeur
2. Vous
3. Tu
4. Nous
5. Les étudiants
6. Je

B. *Ajoutez des phrases d'après ce modèle.*
Je trouve que Montmartre est très pittoresque.
Je ne le croyais pas si pittoresque.

1. Je trouve que la place de la Concorde est immense.

388

GRANDS MAGASINS ↘

↓ **correspondance** ↓ PONT DE LEVALLOIS PONT DE SÈVRES
MAIRIE DE MONTREUIL

↓ **SORTIE** ↓ RUE AUBER RUE DES MATHURINS
BOULEVARD HAUSSMANN

Station Auber,
sur la nouvelle ligne
de métro.

2. Je trouve que la circulation à Paris est épouvantable.
3. Nous trouvons que le métro est très commode.
4. Vous trouvez que vos étudiants sont travailleurs.
5. Nous trouvons que vous êtes très patient.
6. Jenny trouve que le français est facile.

C. *Maintenant, répondez aux questions.*
1. Je crois au mouvement pour la libération de la femme. Et vous?
2. Je ne crois pas à la magie noire. Et vos parents?
3. Croyez-vous tout ce que je dis? Est-ce que je vous crois toujours?
4. Je crois que (Martine) est jolie. Le croyez-vous aussi?

21.2 LE SUBJONCTIF: APRÈS LES EXPRESSIONS DE VOLONTÉ

A. *Je veux que vous fassiez beaucoup de choses dans ce cours, n'est-ce pas? Nous allons parler de notre cours, et vous allez relier les deux phrases d'après ce modèle.*

Nous parlons français; vous le voulez.
Vous voulez que nous parlions français.

1. Nous regardons le tableau; vous le voulez.
2. Nous faisons les exercices; vous l'exigez.

3. Nous faisons nos devoirs; vous le demandez.
4. Nous apprenons les dialogues; vous le savez.
5. Nous employons le subjonctif; vous le voulez.
6. Nous vous posons des questions; vous le permettez.
7. Nous répondons à vos questions; vous le désirez.
8. Nous parlons bien français; vous le dites.

B. *Ajoutez* **je veux que** *devant chaque phrase en faisant les changements nécessaires.*

1. Vous saurez la vérité.
2. Vous pourrez voyager.
3. Vous serez en classe.
4. Vous aurez votre livre.
5. Vous boirez plus de lait.
6. Vous prendrez un bain.
7. Vous ferez ce travail.
8. Vous irez au labo.

C. *Voyons maintenant si vous avez appris l'emploi du subjonctif.*
Je sais que nous parlons français.

1. Je veux
2. Je vois
3. Je demande
4. Je défends
5. Je désire
6. Je permets
7. Je dis
8. J'exige
9. Je sais

D. *Maintenant, répondez aux questions.*

1. Voulez-vous que je parle de Paris? (Gisèle) veut-elle que je parle de sa famille?
2. Demandez-vous que je pose des questions? Est-ce que je demande que vous me répondiez?
3. Permettez-vous que je m'asseye sur la table? Est-ce que je permets que vous dormiez en classe?
4. Exigez-vous que je me tienne debout? Qui exige que vous parliez français en classe?
5. Défendez-vous que j'explique la leçon? Qu'est-ce que je défends qu'on fasse en classe?

21.3 LE SUBJONCTIF: APRÈS LA NÉGATION ET LES EXPRESSIONS DE DOUTE ET D'INCERTITUDE

A. *Parlons un peu de Jenny. Modifiez les phrases suivantes d'après ce modèle.*

Jenny va au Louvre? je crois que oui.
Je crois que Jenny va au Louvre.

1. Jenny a besoin d'argent? je crois que oui.
2. Elle a vu l'Arc de Triomphe? je pense que oui.
3. Elle est fatiguée de marcher? je crois que non.
4. Elle prend un taxi? je pense que non.
5. Elle va dans une boîte de nuit? je n'en suis pas sûr.
6. Elle a peur de la circulation? j'en doute.
7. Elle a attrapé un rhume? je n'en suis pas certain.
8. Elle est impressionnée par Paris? je crois que oui.

B. *Maintenant, répondez à ces questions.*
1. Croyez-vous qu'il fera beau [pleuvra] demain?
2. Pensez-vous que le français est facile [difficile]?
3. Dites-vous que je suis bête [travailleur]?
4. Doutez-vous que je sache le chinois [français]?
5. Êtes-vous sûr que je suis allé en France?
6. Niez-vous que je sois marié?
7. Croyez-vous que les astres puissent exercer de l'influence sur votre vie?
8. Doutez-vous qu'il y ait des gens qui croient à l'astrologie?

21.4 LE SUBJONCTIF: APRÈS LES PRONOMS RELATIFS

A. *Ajoutez des phrases négatives d'après ce modèle.*
Il y a des étudiants qui sont plus travailleurs que vous.
Mais non! il n'y a pas d'étudiants qui soient plus travailleurs que nous!
1. Il y a des étudiants qui travaillent mieux que vous.
2. Il y a des étudiants qui sont plus intelligents que vous.
3. Il y a des leçons qui sont plus faciles que celle-ci.
4. Il y a des livres qui sont meilleurs que celui-ci.
5. Il y a des professeurs qui sont plus sympathiques que moi.
6. Il y a quelqu'un qui sait le français mieux que moi.

B. *Modifiez les phrases suivantes d'après ce modèle.*
Nous connaissons des professeurs très sympathiques.
Mais voilà le professeur le plus sympathique que nous ayons connu!
1. Nous connaissons des professeurs très intelligents.
2. Nous connaissons de très bons professeurs.
3. Nous faisons des exercices très faciles.
4. Nous suivons des cours très intéressants.
5. Nous répétons de très longues phrases.

C. *Répondez aux questions.*
1. Y a-t-il quelqu'un dans la classe qui connaisse les Chabrier?
2. Y a-t-il quelqu'un ici qui ait jamais cru à la magie noire?
3. Connaissez-vous quelqu'un qui soit plus gentil que vous?
4. Quelle sorte de personnes aimeriez-vous connaître?
5. Y a-t-il quelqu'un qui dise toujours la vérité?

D. Révision. *Répondez aux questions.*
1. Qui connaît ce monsieur?
2. Pensez-vous que le français est trop difficile?
3. Qu'est-ce qui peut amuser (Robert)?
4. Doutez-vous que je sois Français?
5. Croyez-vous qu'il fera mauvais demain?

6. Voulez-vous que je parle plus lentement?
7. Qui sait toujours la vérité?
8. Êtes-vous sûr que Jean-Paul est Français?

«Je ne croyais pas que la circulation à Paris puisse être si épouvantable!» (Avenue des Champs-Élysées)

application

A. Dialogue et questions

Quelle circulation!

La nuit tombe. Paris devient la Ville Lumière. Jenny et Jean-Paul descendent de Montmartre vers la place de la Concorde[1]. Au centre de la place se dresse l'obélisque de Louqsor[2], flanqué de deux grandes fontaines. Des projecteurs mettent en relief[3] les hiéroglyphes qui couvrent

---

[1] Cette vaste place a changé de nom plusieurs fois. Avant la Révolution de 1789 on l'appelait la place Louis XV, et au cours de la Révolution la place de Révolution. Louis XVI, Marie-Antionette, et plus tard Danton et Robespierre, y ont été guillotinés.
[2] Cet obélisque a été offert par le vice-roi d'Égypte en 1829; il est vieux de plus de trente siècles.
[3] attirent l'attention sur (**relief** est prononcé /Rəljɛf/)

l'obélisque. Autour de la place se trouvent de nombreuses statues. Devant Jenny s'ouvre l'avenue des Champs-Élysées avec, au loin, la haute silhouette de l'Arc de Triomphe. À sa gauche, et de l'autre côté de la Seine, elle aperçoit le Palais-Bourbon[1]. À sa droite est la rue Royale qui conduit à l'église de la Madeleine[2]. Tous ces monuments et bâtiments sont illuminés. D'innombrables voitures circulent en tous sens[3].

10

JENNY Quelle perspective! C'est la place la plus majestueuse que j'aie jamais vue!

JEAN-PAUL Tu as raison, mais je veux que tu remarques aussi cette circulation.

JENNY Je ne croyais pas que la circulation à Paris puisse être si épouvantable. 15

JEAN-PAUL Plus de 150.000 voitures passent chaque jour sur cette place.

JENNY Pauvres Parisiens! Ce ne doit pas être agréable de vivre dans ce bruit, ces gaz d'échappement, ces embouteillages . . .

JEAN-PAUL Nous avons pourtant de larges boulevards et, en plus, la voie express[4] et le périphérique[5]. Mais tout cela ne suffit plus. 20

JENNY Moi, je suis bien contente de prendre le métro.

JEAN-PAUL C'est certainement le système de transport public le plus efficace . . .

JENNY Et le plus rapide. À propos, est-il temps de rentrer? 25

JEAN-PAUL Je crois que oui. On nous attend à la maison.

(lignes 1—10)
1. Où est l'obélisque de Louqsor?
2. De quoi est-il couvert?
3. D'où vient cet obélisque?
4. Qu'est-ce qu'il y a autour de la place?
5. Qu'est-ce qui se trouve de l'autre côté de la Seine?
6. Où conduit la rue Royale?
(lignes 11—26)
7. Comment Jenny trouve-t-elle la place de la Concorde?
8. Qu'est-ce que Jean-Paul veut qu'elle remarque?
9. Qu'est-ce qu'elle ne croyait pas?
10. Combien de voitures passent chaque jour sur cette place?
11. Qu'est-ce qui ne doit pas être agréable?
12. De quoi Jenny est-elle contente?
13. Comment Jean-Paul trouve-t-il le métro?
14. Où vont Jenny et Jean-Paul?

[1] bâtiment à façade de style grec, aujourd'hui le siège de l'Assemblée Nationale
[2] belle église de style grec
[3] passent continuellement dans toutes les directions
[4] sorte d'autoroute qui longe la Seine
[5] autoroute qui encercle Paris

B. Expressions utiles

Une station de métro

Avant de monter dans le train

prendre $\begin{cases} \text{l'escalier} \\ \text{l'escalier roulant} \end{cases}$

acheter $\begin{cases} \text{un ticket}^1 \\ \text{un carnet (de tickets)} \end{cases}$ de $\begin{cases} \text{première (classe)} \\ \text{deuxième (classe)} \end{cases}$ au guichet

passer le portillon (automatique)
arriver sur le quai

consulter / regarder $\begin{cases} \text{un plan} \\ \text{une carte} \end{cases}$ du métro

Dans le train

aller en $\begin{cases} \text{première} \\ \text{deuxième} \end{cases}$ (classe)

prendre $\begin{cases} \text{la direction} \\ \text{la ligne} \end{cases}$ Pont de Neuilly

arriver à la station de correspondance

prendre une correspondance / changer (de ligne) $\}$ à Étoile

Un arrêt d'autobus

chercher / prendre $\}$ la ligne du 25²

donner / présenter $\}$ $\begin{cases} \text{un ticket pour chaque section parcourue}^3 \\ \text{trois tickets pour le trajet} \end{cases}$

L'autobus est $\begin{cases} \text{(à moitié) vide.} \\ \text{bondé.} \\ \text{complet (il n'y a plus de places).} \end{cases}$

C. *Complétez le passage suivant.*

(1) Après/quitter/Montmartre./nous/aller/à pied/place de la Concorde.
(2)   Jean-Paul/vouloir/je/prendre/photos/monuments/illuminé.   (3)

---

[1] En général, on dit un **ticket** /tike/ **de métro, d'autobus, de vestiaire**, et un **billet** /bije/ **d'avion, de chemin de fer, de musée, de cinéma**.
[2] Toutes les lignes d'autobus à Paris sont numérotées.
[3] Chaque ligne est divisée en sections, selon la distance.

Je/ne pas/penser/circulation/a/heures de pointe[1]/pouvoir/être/si/intense. (4) Je/être/content/Jean-Paul/ne pas/avoir/prendre/son/ voiture. (5) Comme/il/le/dire/souvent,/Paris/être/plus/beau/ville/quand/on/y/passer.,/mais/plus/ennuyeux/quand/on/y/habiter. (6) Il y a/beaucoup/monde/dans/métro/et/je/être/heureux/Jean-Paul/avoir/acheter/tickets/première. (7) Je/marcher/beaucoup/aujourd'hui/et/je/être/épuisé/quand/nous/rentrer.

D. *Jouez des rôles.*

1. Vous êtes à Paris. Vous rencontrez un touriste perdu dans le métro. Vous lui indiquez quelle ligne il faut prendre pour aller à la place de la Concorde.
2. Vous venez de perdre votre portefeuille. Vous voulez rentrer à votre hôtel et vous essayez d'emprunter à un inconnu assez d'argent pour acheter un ticket de métro.
3. Vous êtes dans le métro. Vous êtes coincé(e) à l'arrière de la voiture et vous devez descendre bientôt. Vous marchez sur le pied d'une dame deux fois de suite[2].

E. **Renseignements et opinions**

1. Y a-t-il un monument ou un bâtiment sur votre campus qui soit illuminé la nuit? Lequel? Que pensez-vous de ce monument (bâtiment)?
2. Doutez-vous que l'autobus soit le système de transport public le plus efficace? Pourquoi (pas)?
3. Avez-vous jamais pris le métro dans une grande ville? Dans quelle ville? Comment était le voyage?
4. Pensez-vous que les concours de beauté soient utiles aux jeunes filles? Pourquoi (pas)?
5. De combien de façons différentes peut-on remercier une personne? Et combien de façons différentes y a-t-il de dire «You're welcome» en français?
6. Y a-t-il quelqu'un dans votre cours qui a été en France? Croyez-vous qu'il (elle) retournera en France l'été prochain?
7. Qu'est-ce que le professeur veut que vous fassiez? Et que voulez-vous qu'il (elle) fasse?

F. **Lecture**

Les Transports

(A) Les 2.600.000 habitants de Paris se déplacent[3] pour travailler. Et il faut y ajouter plus de 300.000 Parisiens qui vont travailler en banlieue et tous ceux qui viennent de la banlieue pour avoir une idée du problème

[1] les heures où tout le monde utilise les transports
[2] consécutivement
[3] ici, voyagent

C'est certainement le système de transport public le plus efficace.

du transport des Parisiens. Le métro, construit à la fin du XIXe siècle, recouvre l'ensemble de la ville d'un réseau très dense. Il est à tarif[1] unique: le voyageur achète un ticket et il peut aller n'importe où dans Paris et prendre n'importe quelle correspondance. Le métro est donc le moyen de transport le plus économique et le plus rapide. Malheureusement, aux heures de pointe[2], il est absolument bondé, et le voyageur qui réussit à monter dans un wagon y est aussi serré que dans une boîte[3] de sardines. Techniquement les nouveaux wagons à pneus, très silencieux, sont remarquables.[4] En outre, de grands travaux sont en cours pour construire de nouvelles lignes de métro express (le R.E.R.)[5], plus profond que l'actuel[6]. Mais ces travaux seront longs et coûteux. Le réseau d'autobus est aussi dense que celui du métro. Mais bien sûr, ce moyen de transport est beaucoup moins rapide, car Paris est la ville des embouteillages. En plus, l'autobus est plus cher, car le prix des tickets varie selon la distance parcourue. Les taxis sont à un tarif raisonnable. Ils se déplacent un peu plus vite que les bus et leurs chauffeurs donnent toujours au passager une passionnante leçon de «parisien parlé».

5

10

15

20

---

[1]*rate*
[2]aux heures où trop de monde utilise les transports
[3]*can*
[4]Ils équipent, entre autres, les nouveaux métros de Montréal et de Mexico.
[5]Réseau Express Régional, un métro très rapide qui reliera les quartiers de l'est et de l'ouest au centre de Paris puis aux aéroports d'Orly (au sud) et de Roissy (au nord)
[6]le métro d'aujourd'hui

(B)   La circulation est une gageure[1]. Il est impossible, Dieu merci, de construire des autoroutes dans la capitale, quoique les rives de la Seine soient en quelques endroits traitées comme «voies express», permettant aux voitures de traverser le centre de Paris sans rencontrer de feux rouges. Le plan de Paris rend la circulation très difficile. Il y a beaucoup de ponts sur la Seine (mais aucun tunnel), pas assez cependant pour faciliter le trafic[2] Nord-Sud. Une beauté architecturale comme la place Charles de Gaulle avec les douze avenues qui y débouchent[3] est un véritable piège à automobiles: certaines y tournent en rond pendant longtemps avant de pouvoir en sortir! Tous les soirs, vers six heures, 80.000 voitures sont immobilisées dans le centre de Paris par 800 feux rouges. Même le périphérique n'est plus suffisant. Un tiers de l'ensemble de la circulation parisienne l'utilise, alors qu'[4]il ne représente que trois pour-cent du réseau routier de la capitale! Inutile de dire que le périphérique est complètement saturé aux heures de pointe.

(C)   Si circuler est un problème, stationner est une quasi impossibilité. L'amélioration de la circulation ne peut se faire que par l'interdiction de stationner dans les rues. Mais ceci implique la construction de grands garages souterrains (il y en a à Paris, mais pas assez) et pendant la durée des travaux la circulation sera rendue plus difficile. Il y a parfois de grandes crises: par exemple, lorsque les employés du métro et des autobus sont en grève[5] en même temps. Alors, tous les Parisiens se ruent[6] dans leurs voitures et il y a des embouteillages monstres qui durent des heures. Paris n'a pas été construit pour l'automobile, et c'est justement[7] ce qui fait son charme. Mais aujourd'hui l'automobile envahit tout. Le charme de Paris résistera-t-il longtemps?

(a) *Posez des questions en utilisant les expressions suivantes.*

(A)   1. Quel est . . .
   2. Comment est . . .
   3. Pourquoi est-ce que . . .
   4. Qu'est-ce qui . . .
(B)   5. Pourquoi est-ce que . . .
   6. Qu'est-ce qui arrive . . .
(C)   7. Comment peut-on . . .
   8. Qu'est-ce qui arrive . . .

(b) *Trouvez dans le texte l'antonyme de chacun des mots suivants.*

lent	coûteux	court
détruire	vide	possible

---

[1] *wager, risk* (prononcé /gaʒyʀ/)
[2] mouvement des voitures
[3] ici, arrivent ou aboutissent
[4] tandis que
[5] **en grève**   *on strike*
[6] se jettent, se précipitent
[7] exactement

facile	feu vert	matin
découvrir	détérioration	stationner

(c) *Trouvez dans le texte les mots qui sont définis ci-dessous.*
1. aller d'un endroit à l'autre
2. en plus
3. action de rendre meilleur
4. durée de cent ans
5. défense, prohibition
6. à la fois, simultanément
7. construction au-dessus d'une rivière pour en réunir les deux rives
8. mouvement d'automobiles dans les rues
9. rendre facile
10. tandis que

Une station de l'R.E.R.

explications

21.1 *CROIRE*

1.   **Croire** means *to think, to believe*. **Croire à** + noun means *to believe in something* (but *to believe in God* is **croire en Dieu**).

Je **crois** qu'il neigera.
Tu **crois** au diable?
Il **croit** à la magie noire.

Nous **croyons** qu'il viendra.
Vous **croyez** cela?
Ils **croient** tout ce que je dis.

J'ai **cru** que tu avais peur.
Je ne **croirai** jamais cet homme.

2.   In the constructions below, . . . **que oui** and . . . **que non** correspond to English *so* (or *not*).

Croyez-vous qu'il fera beau demain?
—Je crois **que oui**. (Je crois **que non**.)

Pensez-vous que les voitures polluent l'air?
—Je pense **que oui**.

3. **Croire** + noun + modifier corresponds to English *to think (believe) that something (someone) is* + modifier. **Trouver** also occurs in this construction.

Je ne **croyais** pas **la maison** si **grande**; en effet, je l'ai **trouvée énorme**!	*I didn't think the house was so big; as a matter of fact, I found it enormous!*

21.2 LE SUBJONCTIF: APRÈS LES EXPRESSIONS DE VOLONTÉ

1. When the verb in the main clause expresses volition of some sort (will, desire, command, etc.), the verb in the dependent clause is in the subjunctive.

Je **veux** que vous **soyez** ici demain.
Je **demande** que tout le monde **vienne**.
J'**exige** que vous **arriviez** à l'heure.
Je **permets** que vous **partiez** avant lui.
Je **défends** qu'on **aille** chez lui.

2. Although **vouloir** *to want* and **exiger** *to demand* always take **que** + dependent clause, other verbs may take an infinitive instead of a dependent clause. The construction below was presented in Lesson 16.3.

Je **demande à** tout le monde **de** venir.
Je **vous permets de** partir avant lui.
Je **défends à** tout le monde **d'**aller chez lui.

21.3 LE SUBJONCTIF: APRÈS LA NÉGATION ET LES EXPRESSIONS DE DOUTE ET D'INCERTITUDE

1. When the verb in the main clause expresses any kind of negation (doubt, uncertainty, denial, etc.), the subjunctive occurs in the dependent clause.

Je **nie** que vous **soyez** mécontent.
Je **ne dis pas** que vous **ayez** tort.
Je **ne crois pas** que vous **soyez** si bête.
Je **ne pense pas** que vous **puissiez** sortir.
Je **doute** que vous **ayez fait** vos devoirs.
Je **ne suis pas sûr** que vous **disiez** la vérité.
Je **n'espère pas** que vous **échouiez** à l'examen!

2. All of the expressions used in the examples above take the indicative if the element of doubt or denial is removed.

Je **ne nie pas** que vous **êtes** mécontent.
Je **dis** que vous **avez** tort.
Je **crois** que vous **êtes** bête.
Je **pense** que vous **pourrez** sortir.
Je **ne doute pas** que vous **avez fait** vos devoirs.
Je **suis sûr** que vous **dites** la vérité.
J'**espère** que vous **échouerez** à l'examen!

3. If you want to ask a question using such verbs as **penser**, **croire**, and **espérer**, the mood of the verb in the dependent clause is determined by your feeling. If you feel doubt or uncertainty, use the subjunctive. Otherwise, use the indicative.

Croyez-vous qu'il **pleuve**?	(I doubt it; I don't think so.)
Croyez-vous qu'il **pleuvra**?	(I really don't know.)
Pensez-vous qu'elle **soit** heureuse?	(I doubt it; I don't think so.)
Pensez-vous qu'elle **est** heureuse?	(I really don't know.)

Je ne crois pas qu'il **ait fini**
ses devoirs. Le croyez-vous?

21.4 LE SUBJONCTIF: APRÈS LES PRONOMS RELATIFS

1.   Use of the subjunctive to imply doubt or to express denial is extended
to relative clauses: If the antecedent of the relative clause is negated, the
verb in the relative clause is in the subjunctive.

Je ne connais **personne** qui **veuille** m'aider.
Il n'y a **rien** qui **puisse** m'intéresser.
Je n'ai **pas d'ami** qui **sache** la vérité.
Nous n'avons **aucun livre** qu'elle **puisse** lire.

   2.   If the existence of what the antecedent denotes is unknown or in
doubt (that is, sought but not yet found), the verb in the relative clause is in
the subjunctive.

Nous cherchons un professeur qui **sache** la réponse.
Y a-t-il quelqu'un qui **comprenne** cela?
Connaissez-vous des fleuves qui ne **soient** pas pollués?

In the sentences below, the indicative is used because the speaker knows
that the person or thing denoted by the antecedent exists.

Je cherche **le professeur** qui **sait** la réponse.
Il y a quelqu'un qui **comprend** cela.
Vous connaissez des fleuves qui ne **sont** pas pollués.

   3.   When the speaker uses the superlative of an adjective to express
an opinion or sentiment, the verb in the relative clause is in the subjunctive.

The subjunctive in this case implies that the speaker is not absolutely certain or does not wish to be dogmatic.[1]

Voilà **le meilleur** professeur que nous **connaissions**.
Voilà **la plus belle** place que j'**aie jamais vue**.
C'est l'enfant **le plus sage** que nous **ayons rencontré**.

When a statement that includes the superlative of an adjective expresses a fact, however, the indicative is used.

Voici l'église **la plus ancienne** qu'on **a restaurée** à Paris.
Voilà **le plus long** chapitre que nous **allons** lire.

vocabulaire

Noms masculins

astre	·hiéroglyphe	rhume
chinois	métro	subjonctif
·embouteillage	·obélisque	·transport
·gaz d'échappe- ment	·périphérique ·projecteur	

Noms féminins

astrologie	·lumière	·silhouette	·voie
·Égypte	magie	·station	
influence	·perspective	(de métro)	

Verbes

·apercevoir *irrég*	·couvrir *irrég*	douter	nier
attraper	croire *irrég*	exercer	·s'ouvrir *irrég*
·circuler	·devenir *irrég*	exiger	

Adjectifs

commode	·flanqué(e)	·innombrable	·public (-que)
·efficace	gentil(le)	·majestueux	
·express	·illuminé(e)	(-euse)	

Autres expressions

·à votre service	·en tous sens	·mettre en	vivre
·au centre de	·être de retour	relief	
·au loin	·exprès	·il suffit	
·ce n'est pas la peine	·laissez-moi passer	se tenir debout	

[1] By extension, the same rule applies to such adjectives as **premier**, **dernier**, and **unique**. In expressing facts, the indicative is used; otherwise, the subjunctive is used: **C'est le seul garçon qui puisse nous aider**; but: **C'est le seul chapitre que nous allons lire dans ce livre**.

Vingt-Deuxième Leçon

conversations

A. Un dîner imprévu

ANNE-MARIE   Bonjour, Madame.

MME VERNIN   Tiens, bonjour, Anne-Marie. J'allais justement vous téléphoner. Pourrez-vous venir dîner chez nous demain soir?

ANNE-MARIE   Ah oui, Madame. J'accepte avec plaisir votre invitation.

MME VERNIN   Je suis contente que vous puissiez venir.

B. Le cadeau miracle

MME VERNIN   Regardez ce que j'ai acheté pour l'anniversaire de mon mari.

ANNE-MARIE   Quelle belle litho! Où l'avez-vous trouvée?

MME VERNIN   Dans une galerie d'art, rue Saint-Denis.

ANNE-MARIE   J'entends M. Vernin. Cachez-la avant qu'il vienne.

exercices oraux

22.1 LE SUBJONCTIF: APRÈS LES EXPRESSIONS D'ÉMOTION

A. *Nous allons parler de deux personnes qui font une promenade. Reliez les deux phrases d'après ce modèle.*

Il pleut à verse; j'en suis fâché.

Je suis fâché qu'il pleuve à verse.

1. Vous pouvez sortir; j'en suis très content.
2. Vous êtes venue; j'en suis heureux.
3. Il ne fait pas beau; je le regrette.
4. Oh! là! là! Il pleut; j'en suis fâché.
5. Nous avons oublié le parapluie; j'en suis mécontent.
6. Il y a du tonnerre; j'en suis étonné.
7. Vous êtes mouillée; j'en suis malheureux.
8. Vous ne voulez pas rentrer; j'en suis surpris.

B. *Parlons cette fois d'un mauvais étudiant. Reliez les deux phrases d'après ce modèle.*

Il ne fait pas son travail; j'en suis mécontent.
Vous êtes mécontent qu'il ne fasse pas son travail.
1. Il est paresseux; j'en suis mécontent.
2. Il ne sait pas sa leçon; je n'en suis pas étonné.
3. Il ne fait pas ses devoirs; j'en suis fâché.
4. Il ne va pas au laboratoire; je le regrette.
5. Il ne sait pas la réponse; je n'en suis pas surpris.
6. Il ne peut pas répondre; j'en suis malheureux.
7. Il s'endort en classe; je n'en suis pas content.
8. Il ne comprend rien; j'en suis honteux.

C. *Répondez aux questions en employant le subjonctif d'après ce modèle.*

De quoi êtes-vous étonné?
Je suis étonné que Jacques ne soit pas en classe (que je vous comprenne, que je puisse vous répondre, etc.).
1. De quoi êtes-vous content?
2. De quoi êtes-vous mécontent?
3. De quoi avez-vous peur?
4. De quoi êtes-vous surpris?
5. De quoi êtes-vous heureux?
6. Qu'est-ce que vous regrettez?

D. Révision. *Répondez aux questions.*
1. Qu'est-ce que vos parents regrettent?
2. Qu'est-ce que vous savez?
3. Qu'est-ce qu'il faut faire?
4. De quoi n'êtes-vous pas étonné?
5. Qu'est-ce que vous dites?
6. Que vaut-il mieux faire?

22.2 EMPLOI DU PRONOM *TOUT*

A. *Ajoutez des phrases d'après ce modèle.*
Il n'apprend rien, cet étudiant.
Mais si, il apprend tout!
1. Il ne comprend rien, cet étudiant.
2. Il ne sait rien, ce professeur.
3. Elle ne mange rien, cette jeune fille.
4. Il ne répète rien, ce garçon.
5. Rien n'est bon dans ce restaurant.
6. Rien n'est cher dans ce magasin.
7. Rien n'est facile dans cette leçon.

B. *Répondez aux questions d'après ce modèle.*
Êtes-vous à l'université?
Nous sommes tous à l'université.

1. Êtes-vous en classe?
2. Êtes-vous travailleurs?
3. Parlez-vous français?
4. Aimez-vous ce cours?
5. Apprenez-vous le français?
6. Êtes-vous étudiants?
7. Voulez-vous aller à Paris?
8. Regardez-vous la télévision?

C. *Parlons maintenant de vos amis. Répondez d'après ce modèle.*
Comment sont vos amis?
Ils sont tous intelligents (travailleurs, ennuyeux, etc.).

1. Comment sont vos amis?
2. Quelle langue parlent-ils?
3. Dans quel pays sont-ils?
4. À quelle école vont-ils?
5. Quelle est leur nationalité?
6. Où demeurent-ils?

22.3 *PEINDRE* ET *ÉTEINDRE*

A. Exercice de contrôle
Je suis artiste; je peins des tableaux.

1. Le professeur
2. Nous
3. Tu
4. Les étudiants
5. Vous
6. Je

J'éteins la lumière quand je me couche.

1. Nous
2. Le professeur
3. Les étudiants
4. Tu
5. Vous
6. Je

B. *Répondez aux questions.*
1. Quand éteignez-vous la lumière? Quand allumez-vous la lumière?
2. Que fait-on pour éteindre le feu? Que font les pompiers?
3. Avez-vous jamais peint des murs? Aimez-vous peindre une maison?
4. Qui a peint le portrait de Mona Lisa?[1] Comment appelle-t-on ce portrait en France?
5. Pourquoi l'appelle-t-on «la Joconde»? Est-ce une peinture à l'huile ou une aquarelle?
6. Avec quoi peignez-vous des murs? (rouleau, brosse) Et avec quoi est-ce qu'on peint un portrait? (pinceau)

22.4   LE SUBJONCTIF: APRÈS CERTAINES CONJONCTIONS

A. *Vous êtes gardien de musée. Voici ce qui arrive un jour. Reliez les deux phrases en employant* **sans que**, *d'après ce modèle.*
Quelqu'un vole le tableau; vous ne le savez pas.
Quelqu'un vole le tableau sans que vous le sachiez.

1. Quelqu'un arrive au musée; vous ne le savez pas.
2. Il ouvre une fenêtre; vous ne pouvez pas le voir.

---

[1] Voir **Dialogue et questions**, note 2 (p.409) de cette leçon.

3. Il entre dans la salle; vous ne le permettez pas.
4. Il fait du bruit; vous ne l'entendez pas.
5. Il prend *la Joconde*; vous ne le savez pas.
6. Il vole le portrait; vous ne comprenez pas ce qui se passe.
7. Il sort du musée; vous ne l'entendez pas.
8. Il cache le portrait; vous ne comprenez pas pourquoi.

B. *Maintenant, en utilisant les phrases de l'exercice précédent, reliez les deux phrases d'après ce modèle.*
Quelqu'un vole le tableau; vous ne le savez pas.
Quelqu'un vole le tableau avant que vous le sachiez.

C. *Modifiez les phrases suivantes d'après ce modèle.*
On verra le Louvre à moins que vous soyez trop fatigué.
On verra le Louvre pourvu que vous ne soyez pas trop fatigué.
1. On sortira à moins qu'il pleuve.
2. On ira au Louvre à moins que vous soyez fatigué.
3. On visitera le Louvre à moins que vous n'ayez pas le temps.
4. On prendra les billets à moins que vous n'ayez pas d'argent.
5. On verra *la Joconde* à moins qu'elle ne soit pas là.
6. On prendra des photos à moins que ce soit défendu.

D. *Maintenant, achevez les phrases suivantes en employant les conjonctions indiquées.*
1. Le professeur est ici... (pour que, bien que)
2. Le professeur sera content... (parce que, à moins que)
3. Le professeur expliquera la leçon... (sans que, jusqu'à ce que)
4. Le professeur sortira de la classe... (avant que, après que)

22.5 *RIRE* ET *SOURIRE*

A. Exercice de contrôle
Je ris quand j'entends quelque chose de drôle.

1.	Vous	3.	Tu	5.	Nous
2.	Tout le monde	4.	Les enfants	6.	Je

Je souris quand je suis heureux.

1.	Nous	3.	Vous	5.	Les étudiants
2.	Le professeur	4.	Tu	6.	Je

B. *Répondez aux questions.*
1. Quand est-ce que nous rions? Et quand est-ce que nous ne rions pas?
2. Rions-nous dans ce cours? Quand avons-nous ri?
3. Quand est-ce que vous souriez? Me souriez-vous?
4. Regardez (Henri). Vous sourit-il? Lui avez-vous souri?
5. Si quelqu'un dit «C'est pour rire», qu'est-ce que cela signifie? Et si on vous dit «Voyons, vous voulez rire», qu'est-ce que cela signifie?[1]

[1] En anglais, on dirait «It's a joke» et «Come now, you are joking».

Arc de triomphe
du Carrousel,
avec le Louvre
au fond.

application

A. Dialogue et questions

Je ne croyais pas le Louvre si vaste.

Jenny et Jean-Paul continuent leur exploration des quartiers qui sont intimement associés à l'histoire de France. Ils vont à la place de la Bastille[1] dont le nom rappelle la révolution de 1789. Ils visitent les Archives Nationales pour voir des documents médiévaux exposés dans des vitrines et la place des Vosges qui était, au dix-septième siècle, le centre de la vie élégante. Ils passent devant l'Hôtel de Ville et se trouvent bientôt près de l'Arc de Triomphe du Carrousel[2]. À leur droite se dresse le vaste Palais du Louvre. À leur gauche s'ouvre une perspective splendide qui va jusqu'à l'Arc de Triomphe de l'Étoile[3].

5

[1] La forteresse qui avait servi de prison sous l'ancien régime a été détruite le premier jour de la révolution de 1789. Au centre de la place se dresse la colonne de Juillet, élevée à la mémoire des victimes de la révolution de juillet 1830.
[2] élevé par Napoléon; celui de l'Étoile n'a été achevé que 15 ans après sa mort.
[3] Cette belle perspective (longue d'à peu près 4 km) qui englobe le Jardin des Tuileries, la place de la Concorde, l'avenue des Champs-Élysées et la place de l'Étoile s'appelle souvent la Voie Triomphale.

JENNY C'est vraiment impressionnant. Je ne croyais pas le Louvre si vaste. 10

JEAN-PAUL Le musée n'occupe qu'une partie de l'édifice[1], bien que ce soit un des plus grands musées du monde.

JENNY Il faudrait tout un mois pour le visiter en entier!

JEAN-PAUL Oui, il y a plus de 200.000 œuvres d'art de tous les pays et de toutes les époques. 15

JENNY Je regrette que nous ne puissions pas y passer plus de deux journées.

JEAN-PAUL On peut le voir maintenant ... à moins que tu sois trop fatiguée.

JENNY Pourquoi pas? J'aimerais voir quelques-uns des chefs-d'œuvre dont j'ai vu des reproductions.

JEAN-PAUL *La Joconde*[2], *la Vénus de Milo*[3], *la Victoire de Samothrace*[4] ... 20

JENNY Précisément. Allons prendre des tickets.

JEAN-PAUL D'accord, et je vais acheter le guide du Louvre pour que Monique puisse bien organiser votre visite.

(lignes 1—9)

1. Quelle sorte de quartiers Jenny continue-t-elle à explorer?
2. Qu'est-ce qui rappelle la révolution de 1789?
3. Qu'est-ce que Jenny voit aux Archives Nationales?
4. Quel était le centre de la vie élégante au dix-septième siècle?
5. Où se trouve l'Arc de Triomphe du Carrousel?
6. Qu'est-ce qui se trouve entre le Louvre et la Place de l'Étoile?

(lignes 10—24)

7. Comment est-ce que Jenny trouve le Louvre?
8. Combien de temps faudrait-il pour le visiter en entier?
9. Combien d'œuvres d'art y a-t-il au Louvre?
10. Combien de temps Jenny passera-t-elle au Louvre?
11. Qu'est-ce qu'elle veut voir maintenant?
12. Qu'est-ce que c'est que *la Joconde*?
13. Qu'est-ce qu'il faut acheter avant d'entrer?
14. Pourquoi Jean-Paul va-t-il acheter le guide du Louvre?

B. Expressions utiles

Au musée d'art

aller à \
voir   } une exposition

laisser { son imperméable \
son parapluie \
ses appareils photographiques } au vestiaire

[1] Le Ministère des Finances occupe une partie du Louvre.
[2] portrait par Léonard de Vinci «vĕsi» de Mona Lisa del Giocondo, une dame de Florence
[3] découverte dans l'Île de Milo au dix-neuvième siècle
[4] découverte dans l'Île de Samothrace au dix-neuvième siècle

«Je trouve qu'elle ressemble beaucoup à ta cousine Georgette.»

L'artiste { dessine / esquisse } { un nu / une nature morte / un paysage / une marine / un portrait } { classique, moderne. / abstrait(e). / impressionniste. }

Le peintre fait { un tableau. / une peinture (à l'huile). / une aquarelle /akwaʀɛl/. / une fresque. / une gravure. }

Le sculpteur /skyltœʀ/ fait { une statue, statuette. / un buste. / un bas-relief. / une sculpture /skyltyʀ/. }

acheter { une œuvre originale / une copie / une reproduction (photographique) / une œuvre d'art / un chef-d'œuvre }

C. *Complétez le paragraphe suivant.*
(1) Quel/journée/chargé! (2) Nous/visiter/quartiers/qui/rappeler/ grand/événements/de/histoire/France. (3) Je/apprendre/beaucoup,/ mais/il/falloir/bien/je/connaître/mieux/histoire/France/et/Europe! (4) Il/être/trois/heure/quand/nous/arriver/à/Louvre. (5) Je/réserver/deux/ journée/entier/pour/visiter/Louvre/avec/Monique,/mais/nous/décider/ y/entrer/parce que/je/vouloir/voir/quelques-uns/chef-d'œuvre/avant/ rentrer. (6) Comment/on/pouvoir/voir/tant/œuvre/art,/de/tout/nations/ et/tout/époques,/en/si/peu/temps? (7) Je/acheter/guide/musée/pour que/Monique et moi/nous/pouvoir/organiser/bien/notre/visite/jeudi/ prochain.

D. *Jouez des rôles: faites un dialogue en faisant les changements de votre choix.*
Vous assistez à une exposition de peintures modernes avec un ami. Vous vous arrêtez devant un tableau abstrait. Votre ami croit que le tableau représente plusieurs visages humains, visages de toutes les races. Vous pensez que vous y trouvez des têtes de chiens ou de chevaux. Il n'est pas convaincu, et vous non plus!

E. *Essayez de définir les mots suivants de sorte que[1] même un enfant de six ans puisse vous comprendre. Si vous avez les reproductions de peintures qui illustrent chaque genre, montrez-les à vos camarades.*

1. un nu
2. une nature morte
3. un paysage
4. une marine
5. un portrait
6. un buste

F. Renseignements et opinions

1. Êtes-vous d'accord avec cette maxime de La Rochefoucauld?: «L'absence diminue les médiocres passions[2], et augmente les grandes, comme le vent éteint les bougies et allume le feu.»
2. Citez deux choses qu'il ne faut pas faire dans un musée d'art.
3. Si un jour (c'est-à-dire, un de ces jours) vous visitez le Louvre, combien de temps voudrez-vous y passer? Pourquoi?
4. Si vous regardiez un tableau dans un musée et s'il y avait des enfants qui riaient, criaient et faisaient du bruit, qu'est-ce que vous leur diriez?
5. Pouvez-vous nommer quelques-uns des peintres français qui représentent l'école impressionniste? Avez-vous des reproductions de leurs peintures?
6. Tous les musées de Paris sont fermés le mardi. Y a-t-il des musées dans votre ville ou sur votre campus? Quel jour sont-ils fermés?
7. Dans le texte qui suit, vous apprendrez qu'il y a de nombreux musées à Paris. Lequel vous intéresse le plus? Pourquoi?

[1]*in such a way that*
[2]amours

G. **Lecture**

Les Musées de Paris

(A) Si vous aimez les musées, Paris vous plaira[1]. Il y en a une cinquantaine[2], pas tous célèbres, mais tous excellents. Vous pouvez commencer votre promenade au Musée Grévin où des figures de cire retracent pour vous l'histoire de France: Roland qui sonne du cor à Roncevaux[3], Marat assassiné dans sa baignoire par Charlotte Corday, Marie-Antoinette emprisonnée à la Conciergerie, etc. Vous y verrez aussi le général de Gaulle, la reine d'Angleterre, des chanteurs, des sportifs[4], Brigitte Bardot. Vous voilà plongé[5] directement dans la culture française.

5

[1]du verbe **plaire** (faire plaisir)
[2]**Une** + nombre + **-aine** signifie un nombre approximatif: **une vingtaine d'étudiants, une trentaine de voitures**.
[3]héros de la *Chanson de Roland*, une épopée (*epic*) légendaire d'un des capitaines de Charlemagne datant du XIe siècle
[4]personnes qui pratiquent le sport
[5]immergé

(B) Peut-être ensuite serez-vous[1] tenté de mieux découvrir le passé. Commencez par une visite au Musée de Cluny. C'est un musée du Moyen Âge dans une maison du Moyen Âge. Or, les maisons qui datent de cette époque sont très rares à Paris. Celle-ci a été bien restaurée, et elle vous donnera une idée assez exacte de ce que pouvait être une riche demeure[2] de la fin du XVe siècle. Ensuite vous irez dans l'ancien hôtel de Madame de Sévigné, qui est devenu le musée historique de la ville de Paris, le Musée Carnavalet. Vous y verrez des enseignes[3] curieuses, des maquettes[4] des anciens monuments détruits (la fameuse Bastille, par exemple) et la reconstitution fidèle de décors intérieurs des XVIIe et XVIIIe siècles.

(C) Ce plongeon[5] dans le passé se terminera par une visite au Musée des Monuments Français qui se trouve dans l'aile gauche du Palais de Chaillot. C'est sans doute le musée le plus extraordinaire de Paris. Vous pourrez y découvrir des portails d'église, des fontaines, des façades de maison, des fresques de chapelles. Il s'agit de[6] reconstructions, bien sûr, mais ce serait une bonne préparation pour voir l'original si vous avez le temps de visiter toute la France. Vous ne quitterez pas le Palais de Chaillot sans aller au Musée de l'Homme, qui est un des grands musées anthropologiques du monde, et cette découverte de l'homme primitif complètera votre voyage dans le temps. Pour vous dépayser[7] brutalement, allez ensuite au Palais de la Découverte où vous apprécierez l'immense planétarium, les salles d'électricité et de psychophysiologie. Puis, ne manquez pas de voir, au Conservatoire des Arts et Métiers, le Musée des Techniques où vous découvrirez toutes sortes de machines anciennes: les appareils photographiques de Daguerre, les moteurs d'Ampère, l'avion avec lequel Blériot a traversé le premier la Manche (1909), la première automobile de Cugnot (1770), les premières bicyclettes (1861), etc.

(D) Maintenant il est temps de découvrir l'art. Commencez par les impressionnistes au Musée du Jeu de Paume: Boudin, Manet, Monet, Toulouse-Lautrec, Degas, Renoir, Van Gogh, Seurat, Gauguin, Cézanne. Au Musée d'Art Moderne vous verrez les peintres nés il y a moins d'un siècle: les Fauves—Matisse, Dufy, Vlaminck, Derain, Rouault; les cubistes—Braque, Picasso; quelques surréalistes—Dali, Max Ernst, Miró, Chagall, Tanguy. Tout ceci vous aura mis en appétit pour le Louvre, qui est un des plus beaux musées du monde. Il vous faudra des jours et même des semaines pour tout voir, car 120 salles vous attendent, des kilomètres de peintures, sculptures, gravures: l'Orient, l'Égypte, la Grèce, Rome, et bien sûr, l'Europe. On ne pourra pas tout citer, on ne pourra pas tout voir. Vous reviendrez au Louvre. Vous reviendrez à Paris et, à chaque séjour nouveau vous aurez encore des musées à découvrir.

[1] **Peut-être** en tête d'une phrase exige l'inversion du sujet et du verbe.
[2] domicile (du verbe **demeurer**)
[3] tableau ou figure à l'entrée d'une boutique pour indiquer la nature du commerce
[4] modèles réduits
[5] action de plonger
[6] Il est question de
[7] faire changer de milieu ou de pays

(a) *Posez des questions en utilisant les expressions suivantes.*

(A)   1. Combien de . . .
        2. Qui est . . .
(B)   3. Qu'est-ce que . . .
        4. Quelle sorte de . . .
        5. Qu'est-ce qu'il y a . . .
(C)   6. Que peut-on . . .
(D)   7. À quel musée . . .
        8. Quelle sorte de . . .

(b) *Donnez l'infinitif de chaque verbe dans le texte qui est au futur.*

(c) *Trouvez dans le texte les mots indiqués entre parenthèses.*

plonger (nom)	restauration (verbe)
se promener (nom)	appréciation (verbe)
découvrir (nom)	histoire (adjectif)
médiéval (nom)	fidélité (adjectif)
demeurer (nom)	anthropologie (adjectif)
destruction (verbe)	célébrité (adjectif)

(d) *Trouvez le mot qui n'appartient pas à chaque série.*
1. Manet, Cézanne, Blériot, Dali, Renoir
2. ailes, demeures, hôtels, maisons
3. Grèce, Bastille, Égypte, Orient
4. Brigitte Bardot, Marie-Antoinette, Reine d'Angleterre, Conciergerie
5. Chagall, Cugnot, Matisse, Degas
6. portail, sculpture, peinture, gravure

explications

22.1 LE SUBJONCTIF: APRÈS LES EXPRESSIONS D'ÉMOTION

1. The subjunctive is used when the verb in the main clause expresses emotion (such as feelings of joy, regret, anger, fear, and surprise).

Je **suis heureux** que vous **puissiez** venir.
Je **suis content** que vous **sortiez** avec moi.
Je **regrette** qu'il ne **fasse** pas beau.
J'ai **honte** que nous **soyons** en retard.
Je **suis fâché**[1] que vous ne **puissiez** pas rester.
J'ai **peur** qu'il **pleuve** bientôt.
Je **suis surpris** que vous **ayez** tort.

---

[1]Depending on the context, **fâché** can mean either *angry* or *very sorry*.

2. All the expressions above take **de** + infinitive when the subject of the main clause also performs the action expressed by the infinitive.

Je suis à Paris. }
J'en suis heureux. } →**Je suis** heureux **d'être** à Paris.

Vous êtes à Paris. }
J'en suis heureux. } →**Je suis** heureux **que vous soyez** à Paris.

J'ai peur de sortir tout seul.
Regrettez-**vous de ne pas voir** vos amis?
Êtes-**vous** mécontente **de rester** ici?

**Mais entrez donc, je suis heureuse que
vous puissiez venir.**

22.2 EMPLOI DU PRONOM *TOUT*

We learned the use of **tout**, **toute**, **tous**, and **toutes** as adjectives in Lesson 15.2. In this lesson, we will discuss the use of **tout**, **tous**, and **toutes** as pronouns.

1. **Tout** as an invariable pronoun means *all* or *everything*. As a direct object it comes before the past participle in compound tenses.

Tout est beau dans ce quartier.
Tout coûte cher dans cette boutique.
Ce touriste achète **tout**.
Ce touriste a **tout** vu.

2. **Tous** (pronounced /tus/ as a pronoun) and **toutes** can act as the subject of a sentence only when they are used as third person plural pronouns meaning *all*, *all of them*, or *they all*.

Les touristes vont au Louvre. →**Tous** vont au Louvre.
Les étudiantes vont au lycée. →**Toutes** vont au lycée.

Tous and **Toutes** can also follow the verb in simple tenses and precede the past participle in compound tenses.

Ils vont **tous** au Louvre. →**Ils** sont **tous** allés au Louvre.
Elles parlent **toutes** français. →**Elles** ont **toutes** parlé français.

When used with **nous** or **vous**, **tous** and **toutes** must follow the verb in simple tenses and precede the past participle in compound tenses.

Nous voulons **tous** aller au musée.
Vous êtes **toutes** arrivées à l'heure.

22.3 *PEINDRE* ET *ÉTEINDRE*

je **peins** /pɛ̃/ nous **peignons** /pɛɲõ/
tu **peins** vous **peignez**
il **peint** ils **peignent**

J'ai **peint** avec ce pinceau.
Je **peindrai** avec un balai!

Other verbs conjugated like **peindre**:

atteindre *to attain* **éteindre** *to extinguish, to turn off*

22.4 LE SUBJONCTIF: APRÈS CERTAINES CONJONCTIONS

1. The conjunctions you have learned so far do not take the subjunctive.

Nous dormions **pendant que** tu **travaillais**.
Je déjeunerai **puisqu'**il **est** une heure.
Elle vous aidera **parce que** vous **êtes** fatigué.
Je partirai **après que** vous **serez** arrivé.
Il te téléphonera **aussitôt qu'**il **sera** à Paris.

2. Other conjunctions always take the subjunctive. Here are the most common ones.

pour que[1]	*so that*	bien que	*although*
pourvu que	*provided*	sans que[1]	*without*
à moins que	*unless*	jusqu'à ce que	*until*
avant que[1]	*before*		

Nous faisons ceci **pour que** tu **sois** heureuse.
Je t'écrirai **pourvu que** tu me **répondes**.
On sortira ce soir **à moins qu'**il **pleuve**.
Elle restera ici **jusqu'à ce que** tu **viennes**.

This lesson concludes the discussion of the main uses of the subjunctive.
You might go back to Lesson 20.1 for a quick review of the basic rules.

Il est parti sans qu'elles le sachent.

22.5 *RIRE* ET *SOURIRE*

Rire *to laugh* and **sourire** *to smile* are conjugated alike. As nouns, **rire**
means *laughter* and **sourire**, *smile*. Both are masculine.

je **ris**	vous **rions**
tu **ris**	vous **riez**
il **rit**	ils **rient**

> J'ai **ri** quand tu as dit cela.
> Je ne **rirai** plus.

[1]If the subject of the dependent clause is identical with that of the main clause,
preposition + infinitive is used: **Je fais ceci pour gagner de l'argent, Elle a quitté Paris
sans voir son ami, Réfléchissez un peu avant de parler.**

vocabulaire

Noms masculins

centre	édifice	pompier	ticket
chef-d'œuvre	feu	rouleau	tonnerre
document	pinceau	siècle	

Noms féminins

archives *pl*	galerie (d'art)	peinture à	Vénus de Milo
aquarelle	Joconde	l'huile	Victoire de
brosse	litho	reproduction	Samothrace
époque	partie	révolution	vitrine

Verbes

allumer	éteindre *irrég*	peindre *irrég*	signifier
cacher	explorer	rappeler	sourire *irrég*
s'endormir *irrég*	se passer	rire *irrég*	

Adjectifs

associé(e)	honteux (-euse)	imprévu(e)	surpris(e)
étonné(e)	impression-	médiéval(e)	vaste
fâché(e)	nant(e)	mouillé(e)	

Conjonctions

à moins que	bien que	pour que	sans que
avant que	jusqu'à ce que	pourvu que	

Autres expressions

avec plaisir	c'est pour rire	Voyons!
en entier	tous, toutes	Vous voulez rire!

Vingt-Troisième Leçon

conversations[1]

Avez-vous jamais dîné dans un restaurant français? Essayez de répondre à ces questions. Si vous ne savez pas la réponse, le professeur vous la donnera.

1. Qu'est-ce que c'est que les hors-d'œuvre?
2. Quand sert-on les hors-d'œuvre?
3. Dans quelle main tient-on la fourchette? Et le couteau?
4. Qu'est-ce qu'on boit souvent avec un dîner?
5. Avec quel plat sert-on du vin blanc? Du vin rouge? Et du rosé?
6. Où mettez-vous le morceau de pain que vous avez pris?
7. Quand est-ce que le garçon apporte le café?
8. Est-ce qu'on sert le fromage avant ou après le dessert?
9. Quand mange-t-on de la salade?
10. Faut-il toujours laisser un pourboire quand on paie l'addition?
11. Quelle est la différence entre le «menu touristique» et le «menu gastronomique»?
12. Est-il possible de savoir les prix des plats du jour avant d'entrer dans un restaurant?

exercices oraux

23.1 ADJECTIFS SUIVIS DE LA PRÉPOSITION *DE* AVANT UN INFINITIF

A. *J'ai faim et je vais déjeuner dans un restaurant. Modifiez les phrases suivantes d'après le modèle.*

Je commencerai par un apéritif; j'en suis sûr.
Vous êtes sûr de commencer par un apéritif.

1. Je déjeunerai dans un restaurant; j'en suis sûr.
2. Je mange des sandwichs; j'en suis fatigué.
3. Je prendrai un apéritif; j'en suis certain.
4. Je demanderai la carte; j'en suis sûr.

[1] Les **Expressions utiles** de l'**Application** sont enregistrées sur la bande magnétique.

5. Je verrai tant de bonnes choses; j'en serai étonné.
6. Je commencerai par des escargots; j'en serai content.
7. Je boirai un litre de vin; j'en suis capable!
8. Je ne commanderai pas les cuisses de grenouille; j'en suis sûr.

B. *Maintenant, parlons un peu de vos repas.*
1. D'abord de votre petit déjeuner.[1]
    Qu'est-ce que vous êtes certain de manger?
    Qu'est-ce que vous êtes fatigué de boire?
    Qu'est-ce vous êtes curieux de savoir?
2. Ensuite de votre déjeuner.
    Où êtes-vous sûr de déjeuner demain?
    Qu'est-ce que vous serez fatigué de manger?
3. Finalement de votre dîner.
    Qu'est-ce que vous êtes content de manger?
    Combien de vin seriez-vous capable de boire?
    Qu'est-ce que vous n'êtes pas content de manger?

C. *Répondez aux questions d'après ces modèles (vous n'êtes pas obligé de répondre affirmativement).*
    Je parle français; en êtes-vous content?
Oui, je suis content que vous parliez français.
    Vous parlez français; en êtes-vous content?
Oui, je suis content de parler français.
1. Je vous parle; en êtes-vous content?
2. Vous me voyez; en êtes-vous content?
3. Je vous pose une question; en êtes-vous étonné?
4. Vous pouvez me répondre; en êtes-vous étonné?
5. Vous apprenez le français; en êtes-vous fatigué?
6. Vous me connaissez; en êtes-vous heureux?
7. Je vous connais; en êtes-vous heureux?
8. Vous viendrez au cours demain? En êtes-vous sûr?
9. Vous apprendrez le dialogue? En êtes-vous capable?
10. Je serai ici demain? En êtes-vous certain?
11. Il ne neigera pas demain? En êtes-vous sûr?
12. Vous ferez vos devoirs? En êtes-vous certain?

23.2 ADJECTIFS SUIVIS DE LA PRÉPOSITION À AVANT UN INFINITIF

A. Exercice de contrôle
Le professeur est content de manger des escargots.
1. le seul
2. heureux
3. prêt
4. certain
5. le premier
6. habitué
7. fatigué

[1] Faites une révision du vocabulaire nécessaire: **Expressions utiles** de le Leçon 5 (page 96) et **Exercice oral** (C) de la Leçon 6.2 (page 112).

Nous sommes prêts à apprendre le dialogue.

1. sûrs
2. lents
3. certains

4. les seuls
5. habitués
6. heureux

7. fatigués

B. *Répondez aux questions.*

1. Êtes-vous prêt [habitué] à répondre aux questions?
2. Êtes-vous le premier [dernier] à venir au cours?
3. Qui a été le premier [dernier] à venir au cours aujourd'hui?
4. Êtes-vous prêt à manger des escargots [des cuisses de grenouille?]
5. Qui est habitué à prendre du vin [de la bière] avec le dîner?
6. Est-ce que je suis le seul [premier] à parler français en classe?
7. Qui sera lent [le premier] à quitter la classe aujourd'hui?

C. *Ajoutez des phrases d'après ce modèle.*
Apprendre le français, c'est facile.
C'est vrai, le français est facile à apprendre. (ou: **Ce n'est pas vrai, le français n'est pas facile à apprendre!**)

1. Apprendre cette leçon, c'est facile.
2. Réciter les dialogues, c'est amusant.
3. Comprendre le professeur, c'est difficile.
4. Faire les devoirs, c'est agréable.
5. Manger des escargots, c'est bon.
6. Faire cet exercice, c'est pénible.

Les boîtes de bouquinistes le long de la Seine.

23.3 *SERVIR*

A. Exercice de contrôle
Je sers du champagne à mes amis.

1.	Vous	3.	Les Chabrier	5.	Nous
2.	Tu	4.	Jean-Paul	6.	Je

Je me sers d'une fourchette pour manger.

1.	Nous	3.	Les étudiants	5.	Vous
2.	Le professeur	4.	Tu	6.	Je

B. *Répondez aux questions d'après ce modèle.*
À *quoi sert un crayon?*
Il sert à écrire.

1. À quoi sert un couteau?
2. À quoi sert un balai? (balayer)
3. À quoi sert un stylo?
4. À quoi sert une fourchette?
5. À quoi sert une brosse à dents?
6. À quoi sert un pinceau?
7. À quoi sert un lave-vaisselle?
8. À quoi sert une allumette?

C. *Répondez aux questions.*
1. De quoi vous servez-vous pour écrire? De quoi se sert-on pour écrire au tableau? (morceau de craie)
2. Voici une éponge. À quoi sert une éponge? (effacer) Voici un stylo. Est-ce que je m'en sers pour manger?
3. Quand sert-on du café dans un restaurant français? Quand est-ce qu'on sert des escargots?
4. Quelle sorte de vin sert-on avec du poisson? Et avec de la viande?
5. Qu'est-ce qu'on sert comme boisson au restaurant universitaire? Et chez vos parents?

23.4 *MOURIR*

A. Exercice de contrôle
Je suis malade! je meurs!

1.	Le professeur	3.	Tu	5.	Nous
2.	Mes voisins	4.	Vous	6.	Je

B. *Répondez aux questions.*
1. Quand est-ce que vous mourez de soif [faim]?
2. Mourez-vous d'ennui [de peur] dans ce cours?
3. Savez-vous où Jeanne d'Arc [Marie-Antoinette] est morte?
4. Qu'est-ce que c'est qu'une «nature morte»?
5. Est-ce que je mourrai de faim [fatigue] ce soir?

23.5 EMPLOI DE *MATIN, MATINÉE, JOUR, JOURNÉE*

A. *Ajoutez des phrases d'après le modèle.*
J'ai travaillé de huit heures du matin jusqu'à midi.
Alors, vous avez travaillé toute la matinée.

1. J'ai travaillé de huit heures du matin jusqu'à six heures du soir.
2. J'ai travaillé de midi à six heures.
3. J'ai regardé la télévision de six heures du soir jusqu'à minuit.
4. Samedi dernier j'ai dormi jusqu'à midi.
5. J'ai passé douze mois en France.
6. J'étais à la bibliothèque de sept heures du soir jusqu'à onze heures.

B. *Répondez aux questions.*

1. Où étiez-vous hier matin? Comment avez-vous passé la matinée?[1]
2. Où étiez-vous hier soir? Comment avez-vous passé la soirée?
3. Que faites-vous le matin? Et l'après-midi?
4. Où êtes-vous toute la journée? Que faites-vous tous les jours?
5. Où aimeriez-vous passer toute une année? En quelle année êtes-vous né?
6. Que faites-vous le vendredi? Et le samedi?

[1]Employez la construction **passer du temps à faire quelque chose.**

Le cœur et le noyau de Paris. (l'Île Saint-Louis et l'Île de la Cité)

application

A. Dialogue et questions

Je meurs de faim!

Jenny et Jean-Paul ont passé la matinée dans l'Île de la Cité, cœur et
noyau de Paris. Naturellement, ils ont visité Notre-Dame[1], le Palais de
Justice[2] et la Sainte-Chapelle[3], qui ont fait la célébrité de cette île. Ils se
sont aussi promenés le long des quais où se trouvent encore intacts de
beaux hôtels[4] des siècles passés. Il est presque une heure. Ils meurent de   5
faim. Ils traversent la Seine et passent devant les boîtes de bouquinistes[5]
qui garnissent les parapets des quais de la Seine. Fatigués de déjeuner
dans des libres-services[6], des cafés et des salons de thé[7], ils décident de
manger dans un véritable restaurant. Le restaurant qu'ils trouvent dans le
Quartier Latin est petit, mais bien tenu et confortable.   10

GARÇON   Bonjour, Monsieur, Mademoiselle. Une table pour deux? Voici.

JEAN-PAUL   Tu prends un apéritif?

JENNY   Non, merci. Mon Dieu, que cette carte est compliquée!

JEAN-PAUL   Veux-tu prendre le menu à prix fixe[8]? On a droit à quatre plats,
et il y a un bon choix aujourd'hui.   15

JENNY   20 F 50, service compris[9]. Ce n'est pas mal. Mais je crois que je vais
essayer les escargots.

JEAN-PAUL   Bravo! Veux-tu aussi essayer les cuisses de grenouille?

JENNY   Ah! ça, non!

GARÇON   Bon, les escargots pour Mademoiselle. Et comme plat de viande?   20

JENNY   Euh...côte de veau.

GARÇON   Et qu'est-ce que vous voulez comme légumes?

JENNY   Des asperges.

GARÇON   Très bien, Mademoiselle. Et comme boisson?

JENNY   Choisis quelque chose pour moi, Jean-Paul.   25

JEAN-PAUL   Bon. Apportez-nous deux carafes[10] de rouge et un quart de
Vittel[11].

GARÇON   Et pour Monsieur?

---

[1]une des premières grandes cathédrales gothiques construites en Europe (1163–1330)
[2]centre des services judiciaires de Paris; une partie de l'édifice qui s'appelle la Conciergerie
date du quatorzième siècle et servait de prison pendant la Révolution de 1789.
[3]Construite sous le règne de Saint Louis (Louis IX, 1214–1270), cette église aux vitraux
splendides est tout ce qui reste du palais où habitaient les premiers rois de France.
[4]résidences somptueuses de hauts personnages
[5]marchands qui vendent de vieux livres, des livres d'occasion, des gravures, etc.
[6]restaurants libre-service, c'est-à-dire des restaurants où le client se sert lui-même
[7]On peut y manger des pâtisseries aussi bien que des sandwichs.
[8]Le menu à prix fixe comprend au moins des hors-d'œuvre, un plat de viande avec des
légumes et un dessert.
[9]On n'est pas obligé de laisser un pourboire quand le service est compris (ou on en laisse très
peu).
[10]sorte de bouteille à base large (qui ressemble souvent à un vase)
[11]c'est-à-dire un quart ($\frac{1}{4}$) de litre de Vittel (eau minérale non gazeuse)

JEAN-PAUL   Je prendrai le cœur de palmier[1], le steack frites et les champignons à la crème.

JENNY   Je ne suis pas encore prête à choisir le fromage et le dessert.[2]

JEAN-PAUL   Ça ne fait rien, tu pourras les commander plus tard.

30

(lignes 1—10)

1. Qu'est-ce que c'est que l'Île de la Cité?
2. Qu'est-ce que c'est que Notre-Dame?
3. Quelle sorte de maisons y a-t-il le long des quais?
4. Pourquoi est-ce que Jenny et Jean-Paul meurent de faim?
5. Que font les bouquinistes?
6. De quoi est-ce que Jenny et Jean-Paul sont fatigués?
7. Comment est le restaurant que Jean-Paul choisit?

(lignes 11—32)

8. Décrivez le menu à prix fixe.
9. Qu'est-ce que Jenny prend comme hors-d'œuvre, viande et légumes?
10. Et que commande Jean-Paul?
11. Qu'est-ce qu'ils vont boire?
12. Qu'est-ce que Jenny va choisir plus tard?

B. Expressions utiles[3]

La carte[4]
Couvert 0,50
Service 12% non compris

HORS-D'ŒUVRE

Filet de hareng garni	2,00
Sardines à l'huile	1,50
Œuf dur mayonnaise	2,30
Saucisson sec au beurre	1,80
Pâté de foie	1,80
Pâté de campagne	1,80
Salade niçoise	3,00
Salade de tomates	2,50
Escargots de Bourgogne	7,50

POTAGES

Consommé chaud au vermicelle	2,20

Restaurant Bar
L'UNION   1 rue St Jean
Barrière Robert   prix net   N° 43174

12.7.76   5H

1 Escargot Farci	12.00
1 Escalope de veau	16.00
1 sole meunière	22.00
1 salade	
½ rosé de provence	7.50
½ Vittel	4.50
	62.00

---

[1]marinated heart of palm trees

[2]En général, on sert du café quand le repas est terminé; on sert d'abord les hors-d'œuvre, puis le plat de viande, les légumes, la salade, et enfin le fromage et le dessert.

[3]Voir aussi les **Expressions utiles** de la Leçon 5.

[4]Tous les restaurants français doivent afficher à l'extérieur et à l'intérieur de l'établissement les menus ou les cartes du jour avec les prix des plats et les indications relatives au service.

Belles résidences
des siècles passés.
(l'Île de la Cité)

Consommé froid en tasse	2,00
Soupe à l'oignon gratinée	3,20

ŒUFS

Œufs au plat	2,80
Œufs brouillés au foie de volaille	5,50
Omelette au fromage	4,00
Omelette au jambon	4,50

VIANDES

Jambon garni	4,20	Steack[1] pommes frites	9,00
Poulet rôti	7,00	Rôti de porc garni	6,50
Rôti de veau garni	7,00	Chateaubriand garni	13,00

PLATS DU JOUR

Côte de veau aux morilles	6,50
Coquilles St. Jacques à la provençale	7,00
Grenouilles à la provençale	7,00

LÉGUMES

Pommes frites	2,50
Pommes au gratin	2,80
Purée	2,00
Salade de saison	3,00
Champignons provençale[2]	3,00
Haricots verts au beurre	2,40
Asperges fraîches au beurre	3,00
Épinards	2,00
Fond d'artichaut favorite	2,80

FROMAGES

Yaourt	1,40	Port-salut	1,80
Camembert	1,80	Pont-l'évêque	1,80
Roquefort	1,90	Gervais	1,50
Gruyère	1,90	Hollande	2,00
Chèvre	1,80	Petit Suisse	1,50

FRUITS ET DESSERTS

Banane	1,20	Pomme	1,20
Orange	1,20	Poire	1,20
Confitures	1,80	Gâteaux secs	0,90
Crème de marrons	1,60	Crème au caramel	2,80
Parfait glacé	3,00	Glace	2,30
Pâtisserie maison	1,70	Pêche Melba	3,60

VOIR AU VERSO LA LISTE DE NOS VINS

La maison n'est pas responsable des vêtements perdus, échangés ou tachés.

    C. *Jouez des rôles: faites un dialogue en faisant les changements de votre choix.*
    1.   Vous avez invité votre ami(e) à aller dans un restaurant français.

---

[1] On peut commander le steak **saignant** (*rare*), **bien cuit** ou **à point**.
[2] à la provençale

Vous commandez votre repas. Après le repas somptueux le garçon apporte l'addition. (Donnez le chiffre exact basé sur les **Expressions utiles**.) Vous n'avez pas assez d'argent et vous finissez par emprunter de l'argent à votre ami(e).

2. Un client difficile est en train de finir son repas dans un restaurant. Il n'est pas content de la viande qui, d'après lui, était dure comme du caoutchouc. Il a trouvé que la salade n'était pas fraîche et que les légumes étaient trop secs. Il est mécontent qu'il n'y ait pas de glace au citron comme dessert. Le garçon lui apporte l'addition. Le client cherche son portefeuille et, quelle mauvaise surprise, il l'a laissé à la maison!

D. **Renseignements et opinions**

1. Où serez-vous certain(e) d'aller l'été prochain? Et que serez-vous curieux(-euse) de voir?
2. Vous apprenez le français. Êtes-vous prêt(e) à aller dans un pays francophone? Dans quel pays? Qu'est-ce que vous y ferez?
3. De qui seriez-vous heureux(-euse) de faire la connaissance? Pourquoi?
4. Quelles boissons préférez-vous prendre avec tous vos repas? Quels sont vos fromages préférés?
5. Regardez les **Expressions utiles** et indiquez ce que vous commanderiez et combien cela vous coûterait.
6. Préparez une question à poser à votre professeur au sujet des restaurants français.
7. Que veut dire le proverbe «Trop de cuisiniers gâtent la sauce»? Comparez-le aux proverbes «Autant de têtes, autant d'avis» et «Deux avis valent mieux qu'un.»

E. **Lecture**

Les Français et la cuisine

(A) Qui dit France dit cuisine.[1] Dans le monde entier, on connaît, de réputation du moins[2], les escargots de Bourgogne, le canard à l'orange, la sauce hollandaise et les choux à la crème[3]. Par sa situation géographique et son climat varié, la France est un pays privilégié en ce qui concerne la production alimentaire. Ses vallées, ses plaines, ses rivières et ses mers produisent toutes sortes de fruits, légumes, viandes et poissons. Il n'est donc pas étonnant que la cuisine soit devenue en France un art autant qu'une science. Pour certains, la cuisine est même une religion, avec ses rites, ses grands prêtres et ses temples. Les temples, ce sont les grands restaurants de renom international tels que Lasserre, Lapérouse, La Tour d'Argent et Maxim's. Les grands prêtres, ce sont les chefs qui travaillent

5

10

[1]C'est-à-dire, on ne peut pas parler de la France sans mentionner sa cuisine.
[2]au moins, indiquant une concession
[3]*Burgundy-style snails, roast duckling in orange sauce, Hollandaise sauce, and cream puffs*

MICHELIN	

ᨺᨺᨺ	**Hôtel** de grand luxe
ᨺᨺ	Hôtel de luxe
ᨺ	Hôtel très confortable
血	Hôtel de bon confort
血	Hôtel assez confortable
☖	Hôtel simple mais convenable
🏢	Équipement moderne
XXXXX	**Restaurant** de grand luxe
XXXX	Restaurant de luxe
XXX	Restaurant très confortable
XX	Restaurant de bon confort
X	Restaurant simple, convenable

❀❀❀	La table vaut le voyage
❀❀	La table mérite un détour
❀	Une bonne table
R 16	Repas soigné à prix modérés
🍴	Petit déjeuner
sc	Service compris

🏠 X	Menu à moins de 15 F

ᨺᨺ...血	Hôtels agréables
XXX...X	Restaurants agréables
←	Vue exceptionnelle
←	Vue intéressante ou étendue
☟	Situation très tranquille, isolée
☟	Situation tranquille

⚖ 🏊	Piscine en plein air ou couverte
⚘ ←	Jardin de repos - Tennis à l'hôtel

🛗	Ascenseur
▦	Air conditionné
🛁wc	Salle de bain et wc privés
🚿wc	Douche et wc privés
📞	Téléphone avec l'extérieur
♿	Hôtel accessible aux handicapés physiques
🚗 ←	Garage gratuit ou payant
⚐	Salles de conférence, séminaire
🐕	Accès interdit aux chiens

Courtesy Michelin Tire Corporation, Maps & Guides Division.

dans leur cuisine au milieu d'une armée de sous-chefs et d'apprentis cuisiniers[1]. Ils font la réputation d'un restaurant et contribuent à lui obtenir la récompense suprême: trois étoiles dans le Guide Michelin rouge[2]. Mais ce n'est pas seulement dans les grands restaurants qu'on mange bien. Il y en a d'autres, inconnus du grand public et d'apparence modeste, où on peut apprécier la bonne chère[3].

(B)   La ménagère française aime cuisiner et apporte beaucoup de soin à la préparation des repas. Elle fait ses courses tous les jours dans les magasins spécialisés de son quartier: à la boulangerie, elle achète du pain et des croissants frais et encore tièdes; à l'épicerie, des conserves[4], du sucre, des pâtes, du vin; chez le marchand de primeurs[5], des fruits et des légumes; à la boucherie, du bœuf; à la charcuterie, du porc, des saucisses, des saucissons, du jambon et souvent aussi des poulets et des lapins; à la crémerie, des fromages, des œufs, du lait et de la crème. Chaque ménagère a ses magasins préférés, et partout elle exige le meilleur et le plus frais, car elle sait que le succès d'un plat dépend en grande partie de la qualité des ingrédients. Une fois rentrée, la ménagère consacre plusieurs heures à la confection du déjeuner, traditionnellement le repas principal de la journée. Chaque plat est présenté avec soin: elle sait qu'un bon repas doit être avant tout bien équilibré, non seulement du point de vue diététique mais aussi pour le palais et pour les yeux.

(C)   Il est vrai que les plaisirs de la table exigent beaucoup de temps et que le rythme de la vie d'aujourd'hui ne nous en laisse guère[6]. Mais le repas du dimanche reste le meilleur et le plus long de la semaine dans la plupart des familles françaises. Le père de famille décide quel vin il faudra déboucher pour accompagner tel ou tel plat que sa femme prépare. On invite d'autres membres de la famille[7] et on passe la moitié de l'après-midi à table, arrosant chaque plat copieusement[8] et terminant le déjeuner avec le café, les liqueurs et les cigares. C'est un grand moment pour la ménagère qui a une réputation de «Cordon-Bleu[9]» et qui garde jalousement, comme le font beaucoup d'autres cuisinières, ses recettes de famille transmises de génération en génération.

(D)   Mais le mode de vie change vite en France. Les supermarchés ont envahi les villes au détriment des petits commerçants. Les hamburgers

15

20

25

30

35

40

45

[1]**apprenti**   personne qui apprend une profession ou un métier (*trade*); **cuisiniers** dans cette phrase est un adjectif.
[2]guide touristique et gastronomique. Les meilleurs restaurants y sont signalés par trois étoiles.
[3]**bonne chère**   plats délicieux
[4]aliments conservés, surtout dans des boîtes (*cans*)
[5]**primeurs**   fruits et légumes (obtenus très tôt dans la saison)
[6]**ne...guère**   *hardly, seldom*
[7]par exemple, les grands-parents, les oncles et les tantes, les cousins
[8]**arroser**   donner de l'eau (irriguer); ici, buvant des quantités de vin avec chaque plat
[9]Le Cordon-Bleu est une école de cuisine très célèbre; un cordon-bleu est un cuisinier ou une cuisinière très habile.

et les hot dogs font leur apparition sur le menu de quelques restaurants. Un McDonald's s'est ouvert sur les Champs-Élysées! En outre, les femmes travaillent de plus en plus, et quand elles rentrent à la maison à sept heures, elles n'ont pas le temps de préparer un repas somptueux. Elles ont donc recours aux[1] conserves, aux plats cuisinés[2], aux produits surgelés. On mange plus simplement et plus légèrement aussi, car les jeunes Français ont des notions de diététique et se préoccupent plus que leurs parents du cholestérol et de leur tour de taille[3].

50

(a) *Posez des questions en utilisant les expressions suivantes.*

(A) 1. Pourquoi est-ce que...
     2. Quels sont...
(B) 3. Qu'est-ce que...
     4. Où est-ce que...
     5. Comment est-ce que...
(C) 6. Qui...
     7. Qu'est-ce que...
(D) 8. Qu'est-ce qui...
     9. Pourquoi est-ce que...

(b) *Trouvez dans le texte les mots indiqués entre parenthèses.*

produire (nom)   spécialisation (verbe)
apparaître (nom)   équilibre (verbe)
plaire (nom)   transmission (verbe)
situer (nom)   préoccupation (verbe)
aliment (adjectif)   cuisine (verbe)
contribution (verbe)   préparation (verbe)

(c) *Trouvez le mot qui n'appartient pas à chaque série.*

1. vallée, plaine, montagne, rivière, escargot
2. poisson, moitié, viande, fruit, légume
3. rite, prêtre, temple, marchand, religion
4. vin, bœuf, porc, lapin, pâté
5. boulangerie, crémerie, charcuterie, recette
6. primeurs, chefs, cordon-bleu, cuisiniers
7. croissant, pâté, lapin, soin, vin
8. palais, étoile, taille, bouche, œil
9. Lasserre, Deux-Magots, Maxim's, la Tour d'Argent

Courtesy Michelin Tire Corporation, Maps & Guides Division.

CARRY-LE-ROUET 13620 B.-du-R. 84 ⑫ G. Provence – 2 353 h. – Casino – ◎ 91.
S.I. 6 bd Moulins ⌀ 45.01.00.
Paris 773 – Aix-en-Provence 42 – Marseille 27 – Martigues 16 – Salon-de-Provence 52.

Beau Séjour M, rte Sausset ⌀ 45.00.26, ≤, chauffée, – wc – ◑ – 50, 20 ch. – ferme 15 janv. au 15 fev. et lundi d'oct. à mars – R 38, 60 sc – 5 – 27 – 35/100 sc – P 60/90, h.s. 55/80 sc.

Modern' hôtel, pl. C.-Pelletan ⌀ 45.00.12 – wc – ◑ – ch
R (1er mars-30 sept.) 18 bc/25 sc – 5 – 19 30, 60 sc – P 60, 70 sc

La Tuilière, rte Sausset ⌀ 45.02.96 – ◑
R 18 bc 25 sc – 4,50 – 20 ch 23, 48 sc – P 50/65 sc.

L'Escale (Bérot), ⌀ 45.00 47, « Terrasses surplombant le port, belle vue » – 20 mars-30 sept. et ferme lundi sauf juil. et août – R (dim. prévenir) cart. 55 à 95 sc.
Spéc. Bouillabaisse avec rouille, Turbotin du golfe au champagne, Langouste en sauce estragon Vins Côteaux d'Aix, Cassis.
RENAULT Modern' Gar., ⌀ 45.00.15

CARTERET 50 Manche 54 ① – voir à Barneville-Carteret.

CASAMOZZA 20 Corse 90 ④ – voir à Corse (Bastia).

CASSAGNES-BÉGONHÈS 12120 Aveyron 80 ⑫ – 1 284 h. alt. 530 – ◎ 65.
Paris 637 – Albi 60 – Millau 69 – Rodez 26 – St-Affrique 67 – Villefranche-de-Rouergue 71.

Voyageurs, ⌀ 46.70.07 – ◑
ferme 15 sept. au 10 oct. et lundi – R 15/22 sc – 5 – 14 ch 15/35 sc – P 36 39, h.s. 35/38 sc.

---

[1] se servent des
[2] plats préparés industriellement qu'on achète en conserve, ou plats préparés par le charcutier: poulets rôtis, œufs en gelée (sorte de hors-d'œuvre), etc.
[3] *waistline*

Un supermarché
dans la banlieue
parisienne.

explications

23.1 ADJECTIFS SUIVIS DE LA PRÉPOSITION *DE* AVANT UN INFINITIF

1.   The following adjectives may be followed by **de** + infinitive.[1]

capable	*capable*	enchanté	*delighted*
certain	*certain*	fatigué	*tired*
content	*satisfied*	heureux	*happy*
mécontent	*dissatisfied*	obligé	*obliged*
curieux	*curious*	sûr	*sure*

Nous sommes **fatigués de travailler.**
Je suis **enchanté de faire** votre connaissance.

---

[1] Most of these adjectives can also take a noun: **Je suis content de votre réponse, Je suis heureux de cette décision.**

2. Some of the adjectives above take **que** + dependent clause if the subject of the second clause differs from that of the main clause: **certain, content, mécontent, enchanté, heureux,** and **sûr.**

Nous sommes certains $\begin{cases} \textbf{d'arriver} \text{ en retard.} \\ \textbf{que tu arriveras} \text{ en retard.} \end{cases}$

Je suis heureux $\begin{cases} \textbf{de pouvoir} \text{ aller en Europe.} \\ \textbf{que vous puissiez} \text{ aller en Europe.} \end{cases}$

3. Both **de** + infinitive (or noun) and **que** + dependent clause can be replaced by the pronoun **en.**

Je suis content $\begin{cases} \textbf{d'être dans ce cours.} \\ \textbf{de votre cours.} \\ \textbf{que vous soyez mon professeur.} \end{cases}$

→J'**en** suis content.

23.2 ADJECTIFS SUIVIS DE LA PRÉPOSITION *À* AVANT UN INFINITIF

1. Some adjectives are followed by **à** + infinitive. In the second group of examples below, use of the definite article makes the adjective act as a pronoun (*the first ones, the last ones, the only ones*).

Jenny est **habituée à entendre** cette question.
Jenny est **lente à répondre** à la question.
Jenny est **prête à poser** une question.

Vous êtes **les premiers à déjeuner** aujourd'hui.
Vous êtes **les derniers à manger** des escargots.
Vous êtes **les seuls à prendre** le dessert.

2. In one other case, adjectives other than those listed above may take **à** + infinitive. This construction is similar to that of noun + **à** + infinitive, where the infinitive implies a passive voice.

J'ai **un film à voir.**   *a film to see (to be seen)*
Ce film est **agréable à voir.**   *nice to see*

Il y a **un livre à lire.**   *a book to read (to be read)*
Le livre est **facile à lire.**   *easy to read*

Voici **un exercice à faire.**   *an exercise to do (to be done)*
Cet exercice est **simple à faire.**   *easy to do*

23.3 *SERVIR*   *TO SERVE*

Je **sers** du café à Paul.   Nous **servons** du thé.
Tu **sers** du vin rouge.   Vous **servez** de la bière.
Il **sert** du chocolat.   Ils **servent** de la viande.
    J'ai **servi** des petits gâteaux.
    Je **servirai** du cidre.

1.   **Se servir de** + noun means *to use* or *to make use of something.*

De quoi est-ce que vous **vous servez** pour écrire?
—Je **me sers** d'un stylo.

De quoi **se sert**-on pour couper?
—On **se sert** d'un couteau pour couper.

2.   **Servir à** + infinitive means *to be used for* or *to be useful for*
(*doing something*).

Le balai **sert à balayer**; on **s'en sert** pour balayer la poussière du plancher.

À quoi **sert** une allumette? —Elle **sert à allumer** une bougie; je **m'en sers**
    pour allumer ma cigarette.

À quoi **sert** cette chose? —Ça ne **sert à** rien!

23.4 *MOURIR*   *TO DIE*

Je **meurs** de faim.   Nous **mourons** de curiosité.
Tu **meurs** de soif.   Vous **mourez** de fatigue.
Il **meurt** d'ennui.   Ils **meurent** de peur.
    Le général de Gaulle est **mort** en 1969.
    Elle **mourra** d'ennui si elle ne sort pas.

Mourir is conjugated with **être**. The double r in the future and conditional is
usually pronounced twice as long as the single r in the present and the
imperfect.

je **mourais**   /muRɛ/   nous **mourons**   /muRõ/
je **mourrais** /muRRɛ/   nous **mourrons** /muRRõ/

23.5 EMPLOI DE *MATIN, MATINÉE, JOUR, JOURNÉE*

1. **Matin, soir, jour** are used to express division of time. To emphasize the entire duration of a *morning, evening,* and *day,* **matinée, soirée,** and **journée** are used.[1]

Jenny est allée au Louvre ce **matin.**
Elle va écrire à ses parents ce **soir.**
Elle passera deux **jours** à visiter le Louvre.

Jenny a passé toute la **matinée** au Louvre.
Elle va passer toute la **soirée** à écrire des lettres.
Elle était fatiguée et la **journée** semblait interminable.

2. French does not usually require prepositions for expressions corresponding to English *in the morning, in the afternoon, in the evening,* and *on the day.*[2]

Le matin je vais au bureau de poste.
L'après-midi je vais visiter le Louvre.
Je serai chez les Chabrier **le soir.**
Où sera-t-elle **le jour** de son anniversaire?

3. French does not use any preposition before nouns denoting the days of the week. (The definite article **le** placed before the noun implies *every.*)

Jenny a vu le quartier du Marais **jeudi.**
Monique n'a pas de cours **le mercredi après-midi.**

4. **An** *year* is normally used with a numerical adjective. With other modifiers (**quelques, plusieurs, des,** ordinal numbers, and the demonstrative adjective), **année** is used.

M. Wilson a passé **deux ans** à Montréal.
M. Wilson a passé **quelques années** à Montréal.
Jenny voudrait passer l'**année prochaine** en France.

---

[1] Note that **soirée** also means *party.* An informal get-together is often called **une surprise party** (it does not mean a *"surprise"* party).
[2] The French expressions also imply *every morning, every afternoon,* and *every evening.*

vocabulaire

Noms masculins

apéritif
·cœur
·noyau
·rosé
balai
ennui
·palmier
·salon de thé
·bouquiniste
·hôtel
·parapet
sandwich
·champignon
·libre-service
poisson
·service
·choix
litre
·quai
·steak frites

Noms féminins

allumette
·côte
éponge
nature morte
·boîte
craie
fatigue
·Sainte-Chapelle
brosse à dents
cuisse de
·gravure
soirée
·carafe
   grenouille
·île
carte
·différence
matinée

Verbes

balayer
·décrire *irrég*
·garnir
servir *irrég*
couper
effacer
mourir *irrég*

Adjectifs

capable
·gastronomique
lent(e)
·tenu(e)
·compliqué(e)
habitué(e)
·passé(e)
·touristique
·compris(e)
·intact(e)
seul(e)
·véritable

Autres expressions

·à la crème
·ce n'est pas mal
·Mon Dieu
·à prix fixe
·euh
·naturellement
·avoir droit à
·faire la célébrité de
·Bravo!
finalement

Vingt-Quatrième Leçon

conversations

A. Une invitation

ROBERT   Veux-tu aller au cinéma?

GISÈLE   Auquel?

ROBERT   Le Cluny donne un bon film suédois.

GISÈLE   Ah oui, Anne m'en a parlé hier. Elle a été emballée par le film.

ROBERT   Tu veux le voir ce soir?

GISÈLE   Je veux bien.

B. Une autre invitation

MME VERNIN   À propos, serez-vous libre jeudi soir?

ANNE-MARIE   Jeudi soir? Ah oui, en effet.

MME VERNIN   Très bien. Mon mari a obtenu trois fauteuils d'orchestre pour la représentation de *Tartuffe* à la Comédie Française. Pourriez-vous y assister avec nous?

ANNE-MARIE   J'accepte avec grand plaisir, Madame.

exercices oraux

24.1 *PLAIRE* ET *SE TAIRE*

A. Exercice de contrôle
Je plais à tout le monde.

1. Le professeur
2. Vous
3. Tu
4. Les étudiants
5. Nous
6. Je

Je me tais quand je n'ai rien à dire.

1. Vous
2. Tu
3. Nous
4. On
5. Les gens
6. Je

B. *Répondez aux questions en employant le verbe* **plaire** *d'après ce modèle.*

Comment trouvez-vous ce cours?

Ce cours? Il me plaît beaucoup (Il me plaît un peu, Il me plaît assez, Il me plaît comme ci comme ça, etc.).

1. Comment trouvez-vous votre livre de français?

438

2. Comment trouvez-vous votre voisin de gauche?
3. Comment trouvez-vous les étudiants dans ce cours?
4. Comment trouvez-vous ces photos de Paris?
5. Comment me trouvez-vous?

C. *Parlons un peu d'une pièce de théâtre. Elle est médiocre et ne plaît à personne. Modifiez les phrases suivantes d'après ce modèle.*
  Les spectateurs n'aiment pas cette pièce.
  Cette pièce ne plaît pas aux spectateurs.
1. Les spectateurs n'aiment pas la salle.
2. Les spectateurs n'aiment pas les acteurs.
3. Les spectateurs n'aiment pas la représentation.
4. Les spectateurs n'ont pas aimé la pièce.
5. Le public n'aimera pas cet auteur.
6. Personne n'aimera les pièces de cet auteur.

«Quelle pièce voulez-vous voir ce soir?»

D. *Répondez aux questions.*
1. Qu'est-ce qui vous plaît beaucoup? Qu'est-ce qui ne vous plaît pas?
2. Que dites-vous à votre ami quand il dit des bêtises? Que dites-vous à vos camarades quand ils parlent trop?
3. Que faites-vous quand je parle? Qu'est-ce que je fais quand je n'ai rien à dire?
4. Dans quelle ville vous plaisez-vous beaucoup? À qui ne voulez-vous pas déplaire? Pourquoi?
5. Quelle est la différence entre «elle s'est tue» et «elle se tue»?

24.2 EMPLOI DE *NI* . . . *NI* . . .

Ⓐ   A. *Répondez aux questions d'après ce modèle.*
Y a-t-il des éléphants ou des tigres dans la classe?
Mais non, il n'y a ni éléphants ni tigres dans la classe!

1. Y a-t-il des chats ou des chiens dans la classe?
2. Y a-t-il des grenouilles ou des escargots dans votre poche?
3. Prenez-vous du vin ou du champagne avec votre déjeuner?
4. Avez-vous jamais voyagé en Russie ou en Pologne?
5. M'avez-vous prêté un crayon ou un stylo?
6. Mourez-vous de peur ou d'ennui dans ce cours?
7. Êtes-vous bête ou paresseux?
8. Est-ce que je suis arrogant et agressif?

Ⓑ   B. *Répondez aux questions.*

1. Fait-il trop chaud ou trop froid au printemps?
2. Mes examens sont-ils trop faciles ou trop difficiles?
3. Apprenez-vous le chinois ou le japonais?
4. Connaissez-vous Monique et Jean-Paul?
5. Êtes-vous resté chez les Chabrier et chez les Wilson?
6. Est-ce que votre mère et votre père me connaissent?
7. Êtes-vous sorti avec (Marie) et (Françoise)?
8. Avez-vous lu les pièces de Camus ou celles de Sartre?

24.3 *CRAINDRE* ET *PLAINDRE*

Ⓐ   A. **Exercice de contrôle**
Je ne crains pas les personnes que je connais.

1.	Nous	3.	Les enfants	5.	Vous
2.	Tu	4.	Mon chien	6.	Je

Je me plains des examens.

1.	Nous	3.	Vous	5.	Même le professeur
2.	Tout le monde	4.	Tu	6.	Je

B. *Répondez aux questions.*

1. Craignez-vous mes examens? Est-ce que je vous crains?
2. Qu'est-ce que vous craignez le plus? Qui vous craint? Qui craint le tonnerre?
3. Vous plaignez-vous de mes examens? Est-ce que je me plains des étudiants paresseux?
4. De quoi voulez-vous vous plaindre dans ce cours? Savez-vous de quoi je me plains?
5. Plaignez-vous les étudiants qui craignent les examens? Craignez-vous les gens qui se plaignent de vous?

6. Que veut dire ce proverbe: «Chat échaudé craint l'eau froide»?

24.4 EMPLOI DE *C'EST . . . QUI* ET *C'EST . . . QUE*

A. Exercice de contrôle
C'est moi qui parle français.

1. le professeur
2. nous
3. vous
4. toi
5. les étudiants
6. moi

C'est le français que j'apprends ici.

1. nous
2. mes voisins
3. tu
4. les étudiants
5. mon voisin
6. je

B. *Répondez aux questions d'après ce modèle.*
Qui parle bien anglais?
C'est moi qui parle bien anglais.

1. Qui parle très bien français?
2. Qui veut aller en France?
3. Qui fait toujours les devoirs?
4. Qui a été le premier à venir au cours?
5. Qu'est-ce qui vous intéresse?
6. Qu'est-ce qui est bon à manger?

C. *Répondez aux questions d'après ce modèle.*
Apprenez-vous le russe?
Mais non, c'est le français que j'apprends.

1. Apprenez-vous le chinois?
2. Apprenons-nous la vingt-deuxième leçon?
3. Faisons-nous les exercices écrits?
4. Faites-vous vos devoirs en classe?
5. Regardez-vous la télévision en classe?
6. Est-ce que j'ai posé une question à (Robert)?
7. Notre cours finit-il à (10) heures?
8. M'écoutez-vous? Me parlez-vous?

D. *Répondez aux questions.*

1. Qui parle bien français?
2. Qui est très travailleur?
3. En quelle année êtes-vous né?
4. À quelle heure commence notre cours?
5. Où faites-vous les exercices oraux?
6. À qui parlez-vous souvent?
7. Qui est devant vous?
8. De quoi est-ce que j'aime parler?

Un kiosque à
journaux.
(Boulevard
Poissonnière, Paris)

E. Révision. *Répondez aux questions.*

1. Mourez-vous de faim ou de soif?
2. Me craignez-vous?
3. Qui est au labo?
4. Qui pose des questions?
5. Est-ce que ce livre vous plaît?
6. À quelle question répondez-vous?

application

A. Dialogue et questions

Ils parlent trop vite pour moi.

Jenny, qui s'intéresse beaucoup au théâtre, veut voir plusieurs pièces avant la fin de son séjour en France. Elle achète donc *l'Officiel des spectacles.*[1] Il y a tant de théâtres à Paris et on y joue toutes sortes de

---

[1] Il y a deux petites revues hebdomadaires (*l'Officiel des spectacles* et *Une semaine de Paris*) qui indiquent le programme de tous les spectacles (théâtres, cinémas, concerts, conférences, etc.) à Paris.

pièces! Mais c'est *le Misanthrope* de Molière à la Comédie Française[1] qu'elle finit par choisir, car elle l'a déjà vu en anglais il y a un an. Quelques jours avant la représentation, Jean-Paul prend les billets et achète le programme au bureau de location[2]. La représentation est magnifique. La salle retentit d'applaudissements et les acteurs sont rappelés plusieurs fois[3].

JEAN-PAUL   Alors, elle t'a plu, cette pièce?

JENNY   Oui, j'ai été emballée non seulement par la pièce elle-même mais aussi par le jeu des acteurs et la mise en scène.

JEAN-PAUL   Tu sais, les acteurs de la Comédie Française sont parmi les meilleurs de France. Le concours d'entrée est très sévère.

JENNY   L'acteur qui a joué le rôle d'Alceste était vraiment brillant.

JEAN-PAUL   Oui, c'est un rôle difficile, et c'est de lui que dépend toute l'interprétation de la pièce.

JENNY   Je suis heureuse que tu m'aies suggéré de lire la pièce hier soir.

JEAN-PAUL   Elle est en vers et je craignais que tu la trouves difficile à suivre.

JENNY   Il est vrai que les acteurs parlent un peu trop vite pour moi.

JEAN-PAUL   La prochaine fois je t'emmènerai voir une pièce d'avant-garde.

JENNY   On ne joue pas de pièces modernes à la Comédie Française?

JEAN-PAUL   Si, mais c'est surtout le répertoire classique qui a fait sa célébrité.

(lignes 1—9)
1. Qu'est-ce que Jenny veut faire avant la fin de ses vacances?
2. Quelle sorte de pièces joue-t-on dans les théâtres parisiens?
3. Que finit-elle par choisir?
4. Pourquoi?
5. Pourquoi Jean-Paul va-t-il au bureau de location?
6. Que font les spectateurs à la fin de la représentation?
   (lignes 10—24)
7. Comment a-t-elle trouvé la représentation?
8. Comment sont les acteurs de la Comédie Française?
9. D'après Jenny, qui était brillant?
10. Pourquoi ce rôle est-il difficile à jouer?
11. Pourquoi Jean-Paul a-t-il suggéré à Jenny de lire la pièce à l'avance?
12. Comment parlent les acteurs, d'après Jenny?
13. Quelle sorte de pièce verra-t-elle la prochaine fois?
14. Qu'est-ce qui a fait la célébrité de la Comédie Française?

[1] un des théâtres subventionnés (*subsidized*) par le gouvernement français. Parmi les autres théâtres de Paris qui reçoivent une aide financière de l'État sont le Théâtre de France et le Théâtre National Populaire.
[2] guichet où on peut retenir des places à l'avance pour un spectacle
[3] C'est-à-dire, les spectateurs enthousiasmés rappellent les acteurs sur la scène en applaudissant et en criant «Bravo! Bravo!» (Au concert, on crie souvent «Bis! Bis!» /bis/.)

B. Expressions utiles

l'officiel des spectacles

cette semaine   N° 1540   1 F

ACTUELLEMENT SUR LES ÉCRANS PARISIENS

SERGIO LEONE

LE WESTERN
CELA A REVOLUTIONNÉ
TOUS LES WESTERNS

Pour une poignée de dollars

CLINT EASTWOOD·GIAN MARIA VOLONTE·ENNIO MORRICONE

Au théâtre

prendre ⎫ ⎧ un billet
acheter ⎬ ⎨ un fauteuil d'orchestre
obtenir ⎭ ⎩ un fauteuil de (au) balcon

Il y a une bonne distribution.
Le lever du rideau est à 20h.
donner un pourboire à l'ouvreuse

Le rideau ⎰ se lève.
          ⎱ tombe.

Un acteur (comédien) ⎫ joue (interprète) un rôle.
Une actrice (comédienne) ⎭

SOMMAIRE

pendant l'entr'acte *m*: ⎧ sortir
                        ⎨ fumer une cigarette
                        ⎩ bavarder

les spectateurs: ⎧ être emballés ⎫ après chaque acte *m*
                 ⎨ applaudir   ⎬
                 ⎩ siffler   ⎭

La pièce est ⎧ un vrai triomphe (un grand succès).
             ⎨ un échec (total).
             ⎩ triste, amusante, profonde, légère, intéressante, ennuyeuse.

Au cinéma

On donne ⎧ un documentaire (sur...) ⎫ ⎧ en couleur.
         ⎨ les actualités   ⎬ ⎨
         ⎨ un dessin animé   ⎬ ⎩ en noir et blanc.
         ⎩ un film   ⎭

Dans le film, il s'agit d'un[1] ⎧ événement historique.
                                ⎨ problème social.
                                ⎩ meurtre, vol.

[1] il s'agit de   il est question de

C'est
- une comédie, tragédie
- un drame (sentimental)
- un (film) policier
- un film expérimental
- un film d'espionage
- un western
- un film interdit aux «moins de 18 ans»

- en version originale.
- avec des sous-titres.
- doublé(e) en anglais.
- tourné(e) à Rome.

les vedettes: jouer
- bien
- mal

le metteur en scène:
- diriger les acteurs
- être connu

C. *Complétez le passage suivant.*
(1) Je/aller/voir/représentation/*Misanthrope*/Comédie Française. (2) Je/lire/pièce/avant/y/aller,/car/je/craindre/elle/être/trop/difficile/suivre. (3) En effet,/acteurs/parler/trop/vite/pour/moi. (4) Si/je/ne pas/lire/ pièce,/je/ne pas/comprendre/peut-être/moitié/ce/qui/se passer/sur scène. (5) Je/être/emballé/non/seulement/par/pièce/même/mais/ aussi/par/jeu/brillant/acteurs. (6) Après/théâtre/nous/se promener/le long/Seine. (7) Quel/merveilleux/soirée!

D. *Jouez des rôles: Voici l'annonce de quelques événements publics. Vous téléphonez à un ami (ou à une amie) et vous l'invitez à y aller.*
1. MUSÉE DU LOUVRE (Métro Palais-Royal et Louvre). 231-59-40. *La Renaissance italienne.* T.l.j. sf. mardi[1] de 9 h 45 à 12 h 45 et de 14 h à 17 h. Entrée: 3 F. Les tickets d'exposition donnent droit à l'entrée du musée.
2. COMÉDIE FRANÇAISE, place du Théâtre Français (M° Palais-Royal). 742-27-31. *Le Misanthrope,* comédie de Molière. Mise en scène de J.-P. Roussillon. Vendredi 8 et mercredi 13 janvier à 20 h 30, lundi 11 à 14 h 30. Location de 11 h à 18 h, 8 jours[2] à l'avance. Places: 5 à 30 F.
3. ARCHIVES NATIONALES. 60, rue des Francs-Bourgeois, 887-94-70 (M° Rambuteau). Exposition: *La Belle Époque,* documents, photos, lithographies. T.l.j. sf. mardi, de 14 h à 17 h. Entrée: 2 F. Dimanche: 1 F.

[1]Tous les jours sauf mardi
[2]une semaine

4. CINÉMATHÈQUE CHAILLOT: Musée du cinéma, Palais Chaillot, angle des Avenues Albert-de-Mun et Président-Wilson (16ᵉ). Renseignements: 704-24-24 (Métro Trocadéro). Pl.: 4 F. Étud.: 3 F. samedi 7 mai. 15 h: *Zorba le grec*, de Michel Cacoyannis (1965); 18 h 30: *Qu'elle était verte ma vallée*, de J. Ford (1942); 20 h 30: *Un amour de Tchekov*, de Serge Youtkevitch (1971); 22 h 30: *Sur les quais*, de Elia Kazan (1954); 24 h 30: *Simon du désert*, de Luis Buñuel (1965).

E. *Complétez le dialogue suivant.*

ALAIN . . . ?

SYLVIE Vous avez le mauvais numéro, Monsieur.

ALAIN . . . !

SYLVIE Non, non! je plaisante. C'est Alain, n'est-ce pas?

ALAIN . . . ; . . . ?

SYLVIE Non, elle n'est pas à la maison. Voulez-vous laisser un message?

ALAIN . . . ; . . . ?

SYLVIE Oh, rien d'important. Je regardais la télévision quand vous avez téléphoné.

ALAIN . . . ; . . . ?

SYLVIE Oh, je ne sais pas si je devrais . . .

ALAIN . . . ; . . . ?

SYLVIE Non, je ne l'ai pas vu. On dit qu'il est très marrant.

ALAIN . . . .

SYLVIE Alors, vous viendrez me chercher?

ALAIN . . . .

SYLVIE Bon, d'accord. À ce soir.

F. Renseignements et opinions

1. Qu'est-ce qui vous plaît le plus dans le cours de français? Qu'est-ce qui vous déplaît?

2. Est-ce que vous travaillez le plus dans le cours de français? Suivez-vous un cours de japonais ou un cours de russe? Pour quel cours travaillez-vous le moins?

3. De quelle sorte de professeurs vous plaignez-vous? Faites une liste en indiquant les traits que vous n'aimez pas chez un professeur. (par exemple: **Je me plains des professeurs qui donnent trop de devoirs; Je me plains des professeurs qui posent trop de questions gênantes**.)

4. Avez-vous jamais joué un rôle dans une pièce de théâtre? Quel rôle? Quelle sorte de rôle voudriez-vous jouer?

5. Combien de salles de cinéma y a-t-il dans votre ville? Comment s'appellent-elles? Quels films est-ce qu'on y projette cette semaine? Lequel voulez-vous voir?

6. Avez-vous jamais vu un film français? Quel en était le titre? Était-il avec des sous-titres ou était-il doublé en anglais? Vous a-t-il plu?

7. Quelle sorte de film préférez-vous? Quels sont les films de ce genre que vous avez vus récemment?

*La nuit
américaine* de
Truffaut.

G. Lecture

Les Français et le cinéma

(A) Malgré la concurrence d'autres distractions[1]—théâtre, musique, lecture[2], radio et surtout télévision—le cinéma tient toujours la
première place parmi les récréations culturelles de la population française.
La France produit, comme tous les autres pays, des films de grande qualité
artistique aussi bien que des «navets»[3]. En effet, on peut nettement
distinguer dans le public deux catégories de spectateurs, de même qu'[4]on
peut, en gros[5], distinguer dans le cinéma deux grandes catégories de films.

(B) Le premier groupe se compose de gens de tous les âges et de
tous les milieux qui ont une chose en commun: ils vont au cinéma pour se
distraire, se détendre[6] et oublier les soucis de la vie quotidienne. Il est
dangereux de généraliser, bien sûr, mais on pourrait dire que ce public

5

10

[1]du verbe **se distraire** (s'amuser)
[2]du verbe **lire**
[3]films de mauvaise qualité
[4]ainsi que *just as*
[5]en général
[6]*to relax* (le nom est **détente**)

comprend un assez grand nombre de personnes sans beaucoup
d'éducation. Ce public aime particulièrement les films comiques ou
satiriques qui tiennent souvent de[1] la grosse farce. Certains acteurs,
comme Fernandel, Bourvil et Louis de Funès se sont spécialisés dans ce   15
genre et leur nom sur l'affiche a toujours été une garantie de succès. Les
jeunes spectateurs préfèrent les films policiers ou les westerns. Les films
d'espionnage du type «James Bond» les attirent aussi, et plus il y a de
bagarres et de belles filles, plus ils ont de succès.

(C)   Les films à grand spectacle[2] sont aussi très appréciés: la   20
richesse des costumes, les milliers de figurants[3], la liste impressionnante
des vedettes allèchent[4] le public. Les metteurs en scène français n'ont pas
les moyens financiers nécessaires pour réaliser ce genre de films, mais ils
réussissent à attirer le public avec la mise à l'écran[5] d'œuvres littéraires à
succès: *Les Misérables*, *Notre-Dame de Paris*, *Les Trois Mousquetaires*,   25
Les Mystères de Paris[6], par exemple, dont la qualité est supérieure à celle
des productions hollywoodiennes, mais qui restent quand même des films
sans grande ambition artistique.

(D)   Contrairement aux Américains, les Français ne s'intéressent
pas tellement aux films d'horreur ou de science-fiction—Les Dracula,   30
Frankenstein, King-Kong et autres monstres n'attirent guère que les
garçons de 8 à 14 ans. On les considère comme naïfs et pas sérieux. Les
comédies musicales ont également peu de succès en France. Le film *Les
parapluies de Cherbourg* a été bien accueilli par un certain public amateur
de poésie, mais la plupart des spectateurs ont trouvé ridicules ces gens qui   35
racontaient leurs ennuis en musique.

(E)   Le deuxième groupe se compose surtout d'étudiants de lycée et
d'université et de tous ceux qui ont acquis le goût de l'art cinématographique dans la tradition de René Clair, Jean Renoir, Marcel Carné et
bien d'autres.[7] Les nombreux ciné-clubs et les cinémathèques attirent   40
toujours les amateurs[8] des films classiques. Buster Keaton, Charlot[9],
Humphrey Bogart, Greta Garbo sont parmi les acteurs et actrices préférés.
Pour ce public, le cinéma est une partie importante de la culture «tout
court»[10] et il y a certains films qu'il faut voir, de même qu'il y a certains

---

[1] **tenir de**   ressembler
[2] En général, ce sont des reconstitutions historiques dans le style de *Ben Hur*, *Cléopâtre* ou
   Les Dix Commandements.
[3] personnages accessoires
[4] attirent
[5] c'est-à-dire, l'adaptation cinématographique
[6] *Les Misérables*, *Notre-Dame de Paris*, romans de Victor Hugo; *Les Trois Mousquetaires*,
   roman d'Alexandre Dumas Père; *Les Mystères de Paris*, roman d'Eugène Sue
[7] Ces réalisateurs d'avant-guerre ont produit des films classiques tels que *Sous les toits de
   Paris*, *À nous la liberté*, *Les Belles de nuit*, *Porte des Lilas* (René Clair), *Quai des
   Brumes*, *Les Enfants du Paradis* (Marcel Carné), *Nana*, *La Bête humaine*, *La Règle du
   jeu* (Jean Renoir).
[8] personnes qui savent apprécier, qui ont du goût
[9] Charlie Chaplin
[10] c'est-à-dire, la culture elle-même, la culture en général

livres qu'il faut avoir lus: *Les 400 coups, Jules et Jim* et *L'Année dernière à Marienbad*, par exemple. Ce que ces spectateurs recherchent surtout, c'est la qualité—qualité du scénario, de la mise en scène, des dialogues, de la photographie. Par contre, le nom des acteurs est souvent sans grande importance. C'est le metteur en scène qui compte, et on va voir le «dernier Truffaut» ou le «dernier Buñuel» en toute confiance. Parmi les plus connus, citons François Truffaut, Jean-Luc Godard, Alain Resnais, Claude Chabrol, Roger Vadim, Alexandre Astruc pour les Français et Bergman, Antonioni, Fellini, Kazan, Buñuel pour les étrangers. Gérard Philippe, Jean Gabin, Jean Marais, Jean-Paul Belmondo, Alain Delon, Catherine Deneuve, Simone Signoret, Jeanne Moreau, Brigitte Bardot sont quelques-uns des acteurs et actrices les plus célèbres et les plus appréciés par le public.

45

50

55

(a) *Posez des questions en utilisant les expressions suivantes.*

(A)   1. Quelle sorte de . . .
(B)   2. Pourquoi est-ce que . . .
       3. Quels . . .
(C)   4. Pourquoi est-ce que . . .
(D)   5. Qu'est-ce qui . . .
(E)   6. Quels sont . . .
       7. Qui . . .
       8. Qu'est-ce que . . .

(b) *Trouvez dans le texte les mots indiqués entre parenthèses.*

se confier (nom)	réalisation (verbe)
se distraire (nom)	distinction (verbe)
se détendre (nom)	généralisation (verbe)
goûter (nom)	culture (adjectif)
musical (nom)	artiste (adjectif)
riche (nom)	satire (adjectif)
lire (nom)	comédie (adjectif)
spécialisation (verbe)	Hollywood (adjectif)
attraction (verbe)	finance (adjectif)

(c) *Trouvez le mot qui n'appartient pas à chaque série.*

1. théâtre, souci, radio, télévision
2. acteur, vedette, étoile, actrice
3. Jeanne Moreau, Catherine Deneuve, Brigitte Bardot, Jean Marais, Simone Signoret
4. Antonioni, Belmondo, Buñuel, Godard, Truffaut
5. Vadim, Chabrol, Clair, Resnais, Kazan
6. Fernandel, Delon, Keaton, Charlot
7. surtout, écran, mise en scène, film, spectateur
8. *Ben Hur, Le Misanthrope, Porte des Lilas, Les 400 coups, Jules et Jim*

«Tous les journaux en parlent!»

explications

24.1 *PLAIRE* ET *SE TAIRE*

1.   **Plaire** *to please* always takes an indirect object. The *accent circonflexe* occurs only in the third person singular form.

Je **plais** à Alain.   Nous **plaisons** à nos professeurs.
Tu **plais** à Michel.   Vous **plaisez** à mes parents.
Il **plaît** à Jacques.   Ils **plaisent** à tout le monde.
    J'ai **plu** à vos amis.
    Ça ne **plaira** à personne.

Plaire, like **aimer,** is often used in the sense of *to like (something).* Note that the subject and object relationship is reversed in the two verbs.

Monique aime **la robe.** ⎫
La robe plaît **à Monique.** ⎰　　*Monique likes the dress.*

2. **S'il vous plaît** is used when you call someone **vous,** and **s'il te plaît** when you call someone **tu.**

Venez, **s'il vous plaît.**　　　*Please come.*
Passe-moi le sel, **s'il te plaît.**　　*Please pass me the salt.*

Se plaire means *to enjoy* in a general sense.

Vous plaisez-vous à Paris?　　*Do you like (enjoy) Paris?*
Je **me plais** ici.　　　　　*I like it here.*

Other verbs conjugated like **plaire:**

déplaire (à)　*to displease*　　　　**se taire**[1]　*to be (become) silent*

24.2 EMPLOI DE *NI . . . NI . . .*

1. **Ni...ni...***neither...nor...* does not take the partitive article.[2] **Ni** immediately precedes the phrase that is to be negated.

Je prends **du** veau et **des** frites.
→Je **ne** prends **ni** veau **ni** frites.

Je verrai **ce** film et **cette** pièce.
→Je **ne** verrai **ni ce** film **ni cette** pièce.

Il a dansé **avec** Monique et Jenny.
→Il n'a dansé **ni avec** Monique **ni avec** Jenny.

2. **Ni...ni...**can begin a sentence. When it is used with two singular nouns, the verb is also in the singular.

Ni ce film **ni** cette pièce **ne** leur a plu.
Ni Monique **ni** Jean-Paul **n'**est sorti hier soir.
Ni ces romans **ni** ces pièces **ne** sont intéressants.

---

[1] No *accent circonflexe* occurs in the third person singular: **il se tait.**
[2] Another construction with a similar meaning **pas...ni...** takes the negative partitive article:
　　Je ne prends pas de veau ni de frites.

Il **ne** fume **ni** cigarettes **ni** cigares.

24.3 *CRAINDRE* ET *PLAINDRE*

Craindre *to fear* is conjugated like **peindre** (Lesson 22.3).

Je **crains** les examens.
Tu **crains** le feu.
Il **craint** qu'il pleuve.[1]

Nous **craignons** cet homme.
Vous **craignez** le tonnerre.
Ils **craignent** l'eau.

    J'ai **craint** ces garçons.
    Je ne **craindrai** absolument personne.

Other verbs conjugated like **craindre**:

plaindre	*to pity*
se plaindre (de)	*to complain about*
rejoindre	*to rejoin, to meet by arrangement*

24.4 EMPLOI DE *C'EST . . . QUI* ET *C'EST . . . QUE*

In English you can emphasize any part of a sentence by heavily stressing it.

I saw her yesterday.
I saw **her** *yesterday.*
I saw her **yesterday.**

(maybe no one else saw her)
(I didn't see you or him)
(not today or last week)

In French, the construction **c'est . . . qui** and **c'est . . . que** is used to convey similar meanings.

---

[1] **Craindre**, like **avoir peur**, takes the subjunctive when it is followed by **que** + dependent clause.

1.   **C'est...qui** is used when the subject of the sentence is to be stressed. The verb following **qui** agrees with the antecedent (a noun or a stressed pronoun). **C'est** becomes **ce sont** before a third person plural noun or pronoun.

C'est **moi qui** ai vu la pièce.
C'est **lui qui** n'a pas applaudi.
C'est **Monique qui** est allée au théâtre.
C'est **nous qui** avons vu le film.
C'est **vous qui** allez jouer ce rôle.
Ce sont **eux qui** n'aiment pas le théâtre.

If the subject to be stressed is a pronoun, a corresponding stressed personal pronoun may be added at the beginning or end of the sentence. This construction was discussed in Lesson 12.2.

Qu'est-ce que tu fais, **toi?**
— **Moi,** je fais mes devoirs!

2.   **C'est...que** is used when another element of a sentence (the direct or indirect object, the object of a preposition, an adverb or an adverbial phrase) needs emphasis.

Nous avons vu **Monique** ce matin.
→C'est **Monique que** nous avons vue ce matin.

Est-ce **toi** qui as cassé le vase?
—Ce n'est pas **moi** qui l'ai cassé, c'est **lui!**

Jenny a parlé **à Mme Chabrier** hier.
→C'est **à Mme Chabrier que** Jenny a parlé hier.

Jean-Paul est sorti **avec Jenny**.
→C'est **avec Jenny que** Jean-Paul est sorti.

Jenny est allé au théâtre **hier**.
→C'est **hier que** Jenny est allée au théâtre.

vocabulaire

Noms masculins

acteur	·concours	public	spectateur
·applaudisse-	·fauteuil	·répertoire	·vers
ment	d'orchestre	·rôle	
auteur	·jeu	russe	
·bureau de	·Misanthrope	·séjour	
location	·officiel	·spectacle	

Noms féminins

·avant-garde	grenouille	pièce	Russie
bêtise	·interprétation	Pologne	
·Comédie	·mise en scène	représentation	

Verbes

·applaudir	déplaire (à)	plaire (à) *irrég*	retenir
craindre *irrég*	*irrég*	(se) plaindre	se taire *irrég*
·dépendre (de)	s'intéresser (à)	(de) *irrég*	tuer

Adjectifs

agressif (-ive)	·classique	·rappelé(e)
arrogant(e)	échaudé(e)	·sévère
·brillant(e)	·emballé(e)	·suédois(e)

Autres expressions

c'est...qui, que	finir par	·parmi
·(elle)-même	(ne) ni...ni...	

Vingt-Cinquième Leçon

Tableau XXIII

conversations

A. Au guichet

JEAN-JACQUES Deux billets de première pour Dijon, s'il vous plaît.

L'EMPLOYÉ Aller et retour?

JEAN-JACQUES Non, deux allers.

L'EMPLOYÉ Voilà, Monsieur. C'est 145 francs.

JEAN-JACQUES Merci, Monsieur. Où est-ce que je peux réserver mes places?

L'EMPLOYÉ Au guichet numéro 5, à droite.

B. *Regardez le Tableau. Il y a une dame à gauche, un garçon au milieu et une jeune fille à droite.*

Où est la dame à gauche? Que fait-elle?

Où est le garçon au milieu? Que fait-il?

Que fait la jeune fille? Sur quelle voie part le train?

Regardez le compartiment. Combien de personnes y voyez-vous?

Que font-ils? Où sont leurs bagages? Que fait le voyageur dans le couloir?

Voilà une voiture-restaurant.

Qui est dans le couloir? Que fait-elle?

Et voilà un wagon-couchettes.

Qui est sur la couchette supérieure? Y a-t-il quelqu'un sur la couchette intermédiaire? Et sur la couchette inférieure?

exercices oraux

25.1 PRONOMS POSSESSIFS

A. *Faisons une comparaison entre ma chambre et la vôtre. Vous allez ajoutez des phrases d'après ce modèle.*

Ma chambre est grande.

La vôtre est grande? La mienne aussi (ou La mienne n'est pas grande, La mienne est très petite).

1. Ma chambre est toujours propre.
2. Ma chambre est bien éclairée.

456

3. Mon lit n'est ni trop mou ni trop dur.
4. Ma commode a huit tiroirs.
5. Mes fenêtres sont assez grandes.
6. Mes rideaux sont très jolis.
7. Mon placard n'est pas assez grand.
8. Je nettoie ma chambre une fois par semaine.

«C'est à quel guichet?» (Gare de Lyon, Paris)

B. *Jean-Paul et Jenny vont voyager en train. Ils vont rendre visite aux parents de M. Chabrier. Modifiez chaque phrase d'après ce modèle.*

Jean-Paul et moi, nous avons nos billets.

Jean-Paul et moi, nous avons les nôtres.

1. Jean-Paul met ses vêtements dans une valise.
2. Ma valise n'est pas trop lourde.
3. Nous montons dans notre train.
4. Jean-Paul cherche notre compartiment.
5. J'ai mon billet; Jean-Paul a son billet.
6. Les voyageurs lisent leurs journaux.
7. Ma banquette est très confortable.
8. Le haut-parleur annonce le départ de notre train.
9. Jean-Paul lit son journal et je lis mon journal.
10. Notre compartiment n'est pas bondé.
11. Les grands-parents de Jean-Paul sont à la gare.
12. Nous montons dans la voiture de son grand-père.

«Voilà une table libre.»

C. *Répondez aux questions en employant les pronoms possessifs appropriés.*

1. Est-ce que j'ai apporté mon livre de français? Avez-vous apporté le vôtre?
2. (Roger) a-t-il apporté son livre? Demandez à (Mireille) si elle a besoin du sien.
3. Est-ce que ma montre est bon marché? Avez-vous besoin de votre montre?
4. Est-ce que je parle souvent de mes parents? Demandez à (Jean) s'il a parlé à ses parents hier.
5. Est-ce que nous faisons nos exercices? Avez-vous fait vos exercices écrits?

25.2 *COURIR*

A. **Exercice de contrôle**
Je cours quand je suis en retard.

1. Vous	3. Les étudiants	5. Nous
2. Le professeur	4. Tu	6. Je

B. *Répondez aux questions.*
1. Quand est-ce que nous courons?
2. Courez-vous à la porte quand le cours est terminé?
3. Quand avez-vous couru? Pourquoi?
4. Courrez-vous à la maison cet après-midi?
5. Est-ce que le mot «courir» est un synonyme de «se dépêcher»?
6. Quel animal court le plus vite, le rat, le chat, ou le chien?

25.3 PARTICIPE PRÉSENT

A. *Modifiez les phrases suivantes d'après ce modèle.*
Je travaille; je chante en même temps.
Vous travaillez en chantant.
1. Je mange; je lis le journal en même temps.
2. Je vais en classe; je cours en même temps.
3. Je dis bonjour; je m'assieds en même temps.
4. Je sors; je dis au revoir en même temps.
5. Je déjeune; j'écoute la radio en même temps.
6. Je chante; je prends une douche en même temps.

B. *Revenons au voyage de Jean-Paul et de Jenny. Modifiez les phrases d'après ce modèle.*
Jean-Paul est descendu du taxi; il a vu la gare.
Jean-Paul est descendu du taxi en voyant la gare.
1. Jean-Paul est allé sur le quai; il a couru.
2. Jenny a suivi Jean-Paul; elle a couru.
3. Jean-Paul s'est assis; il a ôté son pardessus.
4. Jenny a ôté son manteau; elle s'est assise.
5. Jean-Paul a regardé Jenny; il a souri.
6. Jenny a regardé la campagne; elle a pris un sandwich.
7. Jean-Paul a vu son grand-père; il est descendu du train.
8. Il a dit bonjour à sa grand-mère; il l'a embrassée.

C. *Parlons maintenant d'une étudiante qui a manqué son examen. Reliez les deux phrases d'après ce modèle.*
J'étais fatiguée de travailler; j'ai invité mon ami au cinéma.
Étant fatiguée de travailler, j'ai invité mon ami au cinéma.
1. Il savait que je préparais un examen et il ne voulait pas sortir.
2. Moi, je voulais sortir et je lui ai menti.
3. Je suis rentrée tard et j'étais très fatiguée.
4. J'ai décidé de travailler après le petit déjeuner, et je me suis couchée.
5. Je me suis levée tard et je n'ai pas eu le temps de travailler.
6. Je n'avais pas préparé mon examen et je ne voulais pas aller en classe.
7. J'avais peur de l'examen et j'ai séché le cours.
8. J'ai vu mon professeur et je me suis caché derrière un arbre.

25.4 EMPLOI DE *DEPUIS, IL Y A, PENDANT* ET *POUR*

Ⓐ   A. *Répondez aux questions en employant* il y a *d'après ce modèle.*
Avez-vous pris votre petit déjeuner?
J'ai pris mon petit déjeuner il y a deux heures (trois heures, etc.).
1. Est-ce que j'ai parlé à (Jean)?
2. Quand êtes-vous arrivé au cours?
3. Quand vous êtes-vous levé?
4. Êtes-vous allé au cinéma?
5. Vous êtes-vous coupé les ongles?
6. Avez-vous pris un bain?
7. Quand avez-vous quitté la maison?
8. Quand a-t-il plu [neigé]?

Ⓑ   B. *Répondez aux questions d'après ces modèles.*
Me connaissez-vous?
Oui, je vous connais.
Depuis quand [combien de temps]?
Je vous connais depuis janvier (trois mois, etc.).
1. Connaissez-vous (Georges)? Depuis quand?
2. Apprenez-vous le français? Depuis combien de temps?
3. Suivez-vous ce cours? Depuis quand?
4. Êtes-vous à l'université? Depuis combien de temps?
5. Avez-vous votre livre de français? Depuis quand?
6. Savez-vous conduire? Depuis combien de temps?
7. Avez-vous votre montre? Depuis quand?
8. Quel temps fait-il? Depuis combien de temps?

Ⓒ   C. *Voici des renseignements sur la famille Chabrier. Modifiez chaque phrase en employant* **depuis** *d'après ce modèle.*
Les Chabrier ont déménagé à Neuilly il y a seize ans.
Les Chabrier habitent à Neuilly depuis seize ans.
1. M. Chabrier a commencé à travailler aux usines Citroën il y a vingt-cinq ans.
2. M. et Mme Chabrier se sont mariés en 1952.
3. Mme Chabrier est devenue technicienne médicale il y a douze ans.
4. Jean-Paul a commencé son étude de l'histoire américaine il y a sept ans.
5. Monique a eu son seizième anniversaire en octobre.
6. Les grands-parents de Jean-Paul ont déménagé à Angers il y a neuf ans.
7. Jean-Paul a une Fiat; il l'a achetée en novembre.
8. Jean-Paul a fait la connaissance de Jenny en août.

    D. *Répondez aux questions.*
1. Avez-vous travaillé hier soir? Combien de temps?

2. Avez-vous regardé la télévision? Combien de temps?
3. Voulez-vous aller en France? Pour combien de temps?
4. Êtes-vous à l'université? Depuis quand? Pour combien de temps y serez-vous?
5. Savez-vous depuis combien de temps je parle français?
6. Savez-vous depuis quand je suis professeur?

     E. *Maintenant, parlez de vos camarades dans le cours en employant* **depuis**, *d'après ces modèles.*

    (Jean-Pierre) me connaît depuis janvier.
    (Marianne) a dix-neuf ans depuis mai.
    (Henri) et moi, nous étudions ensemble depuis deux mois.

«Reviens vite, je t'attends.»

application

A. **Dialogue et questions**

Les trains sont toujours à l'heure.

Plusieurs membres de la famille de Jean-Paul qui vivent en province[1] l'ont invité à venir avec Jenny passer quelques jours chez eux. Jean-Paul décide d'aller voir ses grands-parents qui habitent depuis plusieurs années à Rablay-sur-Layon, un petit village dans le Maine et Loire[2]. Après, s'ils ne sont pas trop fatigués, ils iront peut-être rendre visite à la tante de Jean- 5 Paul qui habite en Bourgogne. C'est le matin de leur départ. Jean-Paul et Jenny sont à la gare Montparnasse.[3] Ils sont un peu pressés; ils auraient dû[4] y arriver une demi-heure avant le départ du train. Ils montrent leurs billets au contrôleur, passent sur le quai, montent dans le train et cherchent leur compartiment. 10

JEAN-PAUL Nous y voilà. Nous avons encore cinq minutes avant le départ.

JENNY Ouf, je suis essoufflée. Avions-nous vraiment besoin de courir?

JEAN-PAUL Si nous ne nous étions pas dépêchés, nous aurions manqué le train; les trains sont toujours à l'heure.

JENNY Tu as bien fait de[5] retenir nos places à l'avance. 15

JEAN-PAUL Oui, je n'aurais pas aimé aller d'un compartiment à l'autre chercher des places libres.

JENNY Tu as laissé tomber[6] ton billet... là, sous la banquette.

JEAN-PAUL Merci. Tu as toujours le tien? Tu en auras besoin pour sortir de la gare. 20

JENNY Je l'ai dans mon sac. À propos, combien de temps as-tu dit que le trajet durait?

JEAN-PAUL À peu près trois heures.[7] Si tu as faim, nous pourrons manger dans le wagon-restaurant.

JENNY Bonne idée! Ce sera agréable de déjeuner en regardant la 25 campagne. Où est le wagon-restaurant?

JEAN-PAUL Trois voitures en avant.

(lignes 1—10)
1. Qui a invité Jean-Paul et Jenny à venir en province?
2. Depuis combien de temps les grands-parents de Jean-Paul habitent-ils à Rablay-sur-Layon?
3. À qui rendront-ils visite après?

[1] On parle toujours des anciennes provinces (par exemple: Normandie, Bretagne, Bourgogne, Provence, Champagne) pour désigner les differentes régions de France. **En province** signifie **en dehors de Paris**, ou toute la France par opposition à Paris.
[2] nom du département où se trouve Rablay-sur-Layon
[3] Il y a six grandes gares à Paris; la gare Montparnasse est pour les trains de l'ouest.
[4] *they should have*
[5] **avoir bien fait de** + infinitive: *it's a good thing to have done (something);* literally, *to have done well by doing something*
[6] **laisser tomber** *to drop*
[7] Angers est à 310 km de Paris.

4. Où vont-ils prendre le train?
5. Pourquoi sont-ils un peu pressés?
6. À qui montrent-ils leurs billets?
7. Que cherchent-ils dans le train?
   (lignes 11—27)
8. Dans combien de temps le train va-t-il partir?
9. Pourquoi Jenny est-elle essoufflée?
10. Qu'est-ce qui serait arrivé s'ils ne s'étaient pas dépêchés?
11. Pourquoi Jean-Paul a-t-il retenu leurs places à l'avance?
12. Qu'est-ce qu'il a laissé tomber?
13. De quoi a-t-on besoin pour sortir de la gare?
14. Combien de temps dure le trajet de Paris à Angers?

B. Expressions utiles

À la gare
consulter l'horaire *m* et choisir un train
aller au guichet et acheter des billets

un billet { de première (classe) / de deuxième (classe) } { aller et retour / aller }

à la consigne (automatique): laisser { ses bagages / sa valise } pour un certain temps

Les billets sont contrôlés { avant qu'on arrive sur le quai / dans le train. / quand on sort de la gare.

Les { quais *m* / voies *f* / trains / compartiments } sont numéroté(e)s.

Dans le train il y a { une locomotive. / un wagon (une voiture). / un wagon (une voiture)- } { bar[1]. / restaurant. / lit (couchettes).

Dans le compartiment il y a { des fenêtres. / des banquettes. / des filets (à bagages). / une porte (entre le compartiment et le couloir).

---

[1]On y sert des sandwichs, des plats froids, des boissons froides et du café chaud.

Il y a toutes sortes de trains:
$\begin{cases} \text{le train omnibus}^1. \\ \text{le train-express.} \\ \text{le train rapide}^2. \\ \text{le train de marchandises.} \end{cases}$

C. *Jouez des rôles: faites un dialogue en faisant les changements de votre choix.*

Deux voyageurs sont dans un train. Voici le contrôleur qui arrive en disant: «Vos billets, s'il vous plaît». L'un a son billet dans sa poche. L'autre cherche le sien dans toutes ses poches, dans son portefeuille, dans sa serviette, dans sa valise... Le contrôleur s'impatiente et demande au voyageur d'acheter un autre billet. Mais enfin il trouve son billet dans le journal qu'il a mis dans le filet à bagages du compartiment.

D. *Voici des réponses et des questions. Essayez de deviner ce que dit l'autre personne dans chaque dialogue.*

1. ...? — Oui, Mademoiselle. Il faut changer de train à Saumur.
2. ...? — Non, Monsieur, le train est direct.
3. ...? — C'est possible, Monsieur. Mais il vaudrait mieux réserver vos places.
4. ...? — Sur la voie numéro six, Madame.
5. ...? — Oui, Mademoiselle. Trois voitures en arrière.
6. Pardon, Madame, Est-ce que cette place est prise? — ....
7. ...? — Non, Mademoiselle. Nous sommes en retard de cinq minutes.
8. ...? — À 14 h 10, Monsieur.
9. ...? — Ah, Monsieur, je suis désolé, mais vous vous êtes trompé de train!
10. Monsieur, j'ai manqué mon train! — ....

E. Renseignements et opinions

1. Depuis combien de temps êtes-vous à l'université? Quand y êtes-vous entré(e)? Combien de temps y serez-vous?
2. Quand courez-vous? Comment vous trouvez-vous après avoir couru?
3. Votre montre marche-t-elle mieux que celle du professeur? Quelle est la marque de votre montre? Depuis quand l'avez-vous?
4. Expliquez les proverbes «On ne fait qu'en faisant» et «C'est en forgeant qu'on devient forgeron» et trouvez un équivalent anglais.
5. Y a-t-il des trains de voyageurs aux États-Unis? Comment sont-ils? En avez-vous jamais pris? Quand?
6. Préparez une question à poser à votre professeur au sujet des transports publics à Paris ou en France.
7. Y a-t-il une crise de l'énergie aux États-Unis? Est-ce que cela existe en Europe aussi? Quelles en sont les causes?

---

¹Le train omnibus s'arrête à toutes les gares.
²plus rapide que l'express

Pas de danger
de tomber en panne
d'essence!

F. **Lecture**

Les Transports *(suite)*

(A)   Pour commencer par le commencement, un des moyens de
locomotion qui a presque disparu aux États-Unis mais qui est encore
utilisé en France, c'est la marche à pied. Une grande partie de la population
vit dans des villages ou de petites villes. D'autre part,[1] les villes importantes
sont divisées en quartiers. Chacun des quartiers constitue une cellule se   5
suffisant à elle-même[2], et les habitants peuvent facilement se rendre à pied
dans les magasins, à l'école, à l'église. En plus, les rues sont souvent
agréables et les trottoirs permettent aux piétons de circuler en toute
tranquillité: on voit des visages familiers, on s'arrête pour bavarder un
moment, on lèche les vitrines[3] en promenant son chien.   10
(B)   Si l'endroit où on veut aller est trop loin, on prend son vélo ou
son cyclomoteur[4]. Ceux-ci[5] ont un grand succès en France: ils sont peu
chers à l'achat, pratiques et très économiques à l'usage, et on n'a pas
besoin de permis de conduire spécial pour s'en servir. Et quelle économie

[1] (**d'une part...**) **d'autre part**   *(on the one hand...) on the other hand*
[2] *self-sufficient cell*
[3] c'est-à-dire qu'on regarde les vitrines des magasins (**lécher**   *to lick*)
[4] **vélo**: bicyclette; un **cyclomoteur** est une bicyclette équipée d'un très petit moteur (à ne pas
     confondre avec une **moto**).
[5] *The latter*

d'énergie! Un autre moyen de transport d'un quartier à l'autre ou d'un   15
village à l'autre est le car[1]. De nombreuses lignes d'autobus desservent[2]
les grandes villes et leur banlieue. Les villages sont reliés les uns aux
autres[3] par un réseau d'autocars. Pour les voyages plus longs, on a le
choix—et beaucoup de gens prennent leur voiture. La France possède le
réseau routier le plus dense d'Europe. Les routes nationales, entretenues   20
par l'État, sont en général très belles, bordées de grands arbres, mais
insuffisantes à la circulation du dimanche soir ou des vacances. Les
autoroutes ressemblent à celles d'Allemagne ou des États-Unis—très
monotones mais parfaites pour les gens pressés!

    (C) Indiscutablement, le point fort de la France, ce sont les trains.   25
La Société[4] Nationale des Chemins de Fer (SNCF) gère[5] remarquablement le réseau de voies ferrées[6]. Les grandes lignes partent de Paris et
relient la capitale à toutes les villes importantes de France[7] et d'Europe. Les
trains *rapides* ou *express* sont admirables de ponctualité, de confort et de
rapidité. Les wagons-restaurants, les wagons-lits et les couchettes ren-   30
dent les longs voyages plus agréables et moins fatigants. Depuis le début
de la crise de l'énergie, et surtout à cause de l'augmentation du prix de
l'essence et du péage[8] et la limitation stricte de vitesse sur les routes, les
trains sont de plus en plus fréquentés. D'ailleurs, le gouvernement
encourage le public à voyager en train—des affiches colorées l'invitent au   35
pays du soleil[9], à la mer et à la montagne, et les avantages économiques
sont encore plus tentants: tarifs réduits pour les militaires, les étudiants, les
familles de trois enfants et plus, billets de groupe, billets touristiques,
cartes d'abonnement pour les habitués d'un parcours[10], prix spéciaux
pour les vacances en famille, pour les sports d'hiver, etc. Tous ces   40
avantages font que les trains sont très utilisés et représentent une
concurrence sérieuse pour les voyages en voiture ou aériens.

    (D) Les grandes villes sont reliées entre elles par un réseau aérien.
La ligne aérienne française s'appelle Air-France et elle aussi est sous le
contrôle de l'État.[11] Les Français commencent à s'habituer aux voyages en   45
avion, et sont souvent obligés d'y avoir recours. Ils sont pourtant moins
mobiles que les Américains et s'ils doivent se déplacer, ils préfèrent

---

[1]autocar (pour le transport public interurbain)
[2]**desservir**   faire le service de communication
[3]entre eux, mutuellement
[4]*corporation*
[5]administre
[6]chemins de fer
[7]On compare souvent le réseau routier et celui des chemins de fer en France à une toile
    d'araignée (*a cobweb*) parce que toutes les grandes lignes et les grandes routes
    partent de Paris vers les autres villes importantes.
[8]paiement pour voyager sur une autoroute
[9]dans le Sud, vers la mer méditerranée
[10]pour les gens qui voyagent régulièrement entre les mêmes villes
[11]Il y a également plusieurs petites compagnies aériennes privées.

voyager sur la terre ferme, en car, en voiture, ou en train. Il est à remarquer, d'ailleurs, que les distances à parcourir à l'intérieur du pays sont assez courtes et que les trains express sont très rapides.

(E) La France se met à l'heure du vingtième siècle. Les voitures sont de plus en plus nombreuses, les embouteillages de plus en plus fréquents et compliqués. Certains banlieusards mettent une heure et demie pour se rendre à leur travail. Orly n'est plus assez grand, et on vient de construire un super-aéroport à Roissy, à vingt kilomètres au nord-est de Paris. Il faudra plus de temps pour y arriver en voiture que pour faire le trajet Paris-Londres en avion. On se demande où va mener cet absurde cercle vicieux. Heureusement, il y a toujours la marche à pied!

(a) *Posez des questions en utilisant les expressions suivantes.*

(A) 1. Quel est...
2. Qu'est-ce que...
(B) 3. Quand est-ce que...
4. Qu'est-ce qui...
(C) 5. Comment sont...
6. Quels sont...
7. Qu'est-ce qui...
(D) 8. Comment...
(E) 9. Qu'est-ce qui...

(b) *Trouvez dans le texte les mots indiqués entre parenthèses.*

commencer (nom)	circulation (verbe)
marcher (nom)	complication (verbe)
voyager (nom)	possession (verbe)
choisir (nom)	route (adjectif)
acheter (nom)	touriste (adjectif)
ponctuel (nom)	admirer (adjectif)
tranquille (nom)	monotonie (adjectif)

(c) *Trouvez dans le texte les mots qui sont définis ci-dessous.*

1. changer de place, voyager
2. compétition, rivalité entre deux personnes ou deux groupes de personnes
3. action de bloquer (arrêter) la circulation des voitures sur une voie publique
4. personne qui habite dans la banlieue d'une grande ville
5. route à plusieurs voies sur laquelle on peut rouler rapidement sans rencontrer de feux rouges
6. d'une manière très claire (sans besoin d'être discuté)
7. wagon d'un train où on peut prendre un repas
8. ce qu'on paie pour voyager sur une autoroute (de construction récente)

(d) *Trouvez le mot qui n'appartient pas à chaque série.*
1. moto, réseau, train, voiture, avion
2. voie ferrée, ligne aérienne, trottoir, autoroute
3. trajet, tarif, parcours, voyage
4. voie, chemin, rue, route, trajet

explications

25.1 PRONOMS POSSESSIFS

1. In French, the possessive pronouns (English *mine*, *yours*, *hers*, etc.) agree in gender and number with the noun they replace. They are always preceded by the definite article.

mon billet, **mes** billets	→le mien, les miens
ma valise, **mes** valises	→la mienne, les miennes
ton journal, **tes** journaux	→le tien, les tiens
ta clé, **tes** clés	→la tienne, les tiennes
son oncle, **ses** oncles	→le sien, les siens
sa tante, **ses** tantes	→la sienne, les siennes
notre hôtel, **nos** hôtels	→le nôtre, les nôtres[1]
notre chambre, **nos** chambres	→la nôtre, les nôtres
votre bureau, **vos** bureaux	→le vôtre, les vôtres[1]
votre maison, **vos** maisons	→la vôtre, les vôtres
leur frère, **leurs** frères	→le leur, les leurs
leur sœur, **leurs** sœurs	→la leur, les leurs

Avez-vous **vos billets**?
— Oui, **les miens** sont dans ma poche; où sont **les vôtres**?

Votre chambre est plus grande que **la mienne**, mais **mon lit** est plus grand que **le vôtre**.

25.2 *COURIR*

Courir *to run* is conjugated with **avoir** in compound tenses. The double **r** in the future and conditional is pronounced twice as long as the single **r** in

[1]These pronouns are pronounced with /o/: /notʀ/, /votʀ/; the possessive adjectives are pronounced with /ɔ/: /nɔtʀ/, /vɔtʀ/.

other tenses. When used with personal object pronouns, **courir** (like **penser**) takes **à** + stressed pronoun.

Je **cours** à elle.   Nous **courons** à toute vitesse.
Tu **cours** vite.   Vous **courez** avec moi.
Il **court**.   Ils **courent** ensemble.
     J'ai **couru** aussi vite que lui.
     Je **courrai** /kuRRe/ plus vite que vous.

25.3 PARTICIPE PRÉSENT

1. The present participle ends in **-ant**. The stem derives from the **nous** form of the present indicative, minus the ending **-ons**.

nous **parl**ons   →**parlant**   nous **finiss**ons   →**finissant**
nous **vend**ons   →**vendant**   nous **lis**ons   →**lisant**
nous **buv**ons   →**buvant**   nous **recev**ons   →**recevant**

The only exceptions are **être**, **avoir**, and **savoir**.

(nous **sommes**)   **étant**   (nous **savons**)   **sachant**
(nous **avons**)   **ayant** /ɛjã/

2. You have encountered the construction **en** + present participle in many of the directions for exercises in this book.

Répondez aux questions **en employant** les pronoms possessifs appropriés.

Faites un dialogue **en faisant** les changements de votre choix.

The construction **en** (or **tout en** for emphasis) + present participle implies simultaneous or near-simultaneous action. The action expressed by the present participle takes place at the same time as the action of the main verb (in English, *doing something* or *while doing something*), or the action of the main verb occurs as a result of that of the present participle (in English, *by doing something* or *upon doing something*).

Il va à la gare **en courant**.   *He goes running to the station.*
Il parle à Jenny **en souriant**.   *He speaks to Jenny (while) smiling.*
Il apprendra la vérité **en lisant**   *He will learn the truth by reading*
     la lettre.   *the letter.*

3. The present participle without **en** most commonly implies a *cause* of the action expressed by the main verb. The subject of such a clause must be identical with that of the main clause.

**Il regarde la télévision
en fumant une cigarette.**

Ils se regardent en souriant.

Étant trop jeunes, ils n'ont pas pu voir le film.	*Being too young, they could not see the film.*
Je ne pouvais pas réciter le poème, l'**ayant** complètement **oublié**.	*I couldn't recite the poem because I had completely forgotten it.*
M'**étant levé** trop tard, je n'ai pas eu le temps de me raser.	*Because I had gotten up too late, I did not have the time to shave.*

4.   In contrast to English, French never uses the present participle to express an action in progress. In context, the present indicative or the imperfect tense usually suffices. When it is absolutely necessary to express an action in progress, the construction **être en train de** + infinitive is used.

Je **vais** chez Paul maintenant.	*I'm going to Paul's now.*
Ne le dérangez pas; il **dort**.	*Don't disturb him; he is sleeping.*
Chut! /ʃyt, ʃt/ Je **suis en train de travailler**!	*Sh! I'm (in the process of) working!*

25.4 EMPLOI DE *IL Y A, DEPUIS, PENDANT* ET *POUR*

1.   The expression **il y a** + time (in English, time + *ago*) indicates the time an action occurred. It usually comes near the end of a sentence.

Je me suis habillé **il y a deux heures**.	*I got dressed two hours ago.*
Il est venu aux États-Unis **il y a un an**.	*He came to the States a year ago.*

The question word for **il y a** + time is **quand**.

Quand est-ce que le train est parti?
— Il est parti **il y a cinq minutes**.

2.   **Depuis** + time corresponds to English *since* (or *for*) + time. **Depuis** is followed by a noun indicating either the *beginning point* of an action (**ce matin, mardi dernier, avril, 1945**) or the *total amount of time elapsed* since the beginning of an action (**un quart d'heure, deux jours, une semaine, un an**). **Depuis**, with the verb in the present tense, is used to express an action or a state of affairs that began in the past but is still going on in the present.

J'ai commencé mon étude du français en septembre.	*I began studying French in September.* (beginning point)
J'**étudie** encore le français.	*I am still studying French.*
J'**étudie** le français **depuis** septembre.	*I have been studying French since September.*
Je suis venu ici il y a six mois.	*I came here six months ago.* (beginning point)
Je **suis** encore ici.	*I am still here.*
Je **suis** ici **depuis** six mois.	*I have been here for six months.*

3.   When a sentence containing **depuis** is in the negative, the verb is usually in the *passé composé*.

Je **n'ai pas vu** Paul **depuis** une semaine.	*I haven't seen Paul for one week.*
Il **n'a pas fait** ses devoirs **depuis** jeudi dernier.	*He hasn't done his homework since last Thursday.*

4.   The question word for the *starting point* of an action or condition is **depuis quand** *how long*. The question word for the *amount of time elapsed* is **depuis combien de temps** *(for) how long*.

Depuis quand est-ce que Jenny connaît Jean-Paul?
— Elle le connaît **depuis août**.

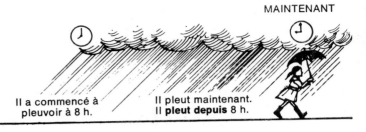

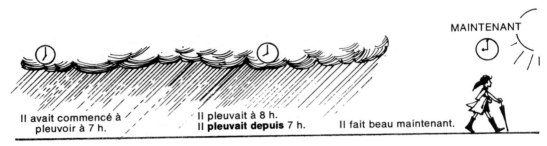

Il a commencé à pleuvoir à 8 h.

Il pleut maintenant.
Il pleut depuis 8 h.

Il avait commencé à pleuvoir à 7 h.

Il pleuvait à 8 h.
Il pleuvait depuis 7 h.

Il fait beau maintenant.

Depuis combien de temps Jenny est-elle à Paris?
— Elle est à Paris **depuis deux semaines.**

5.   **Pendant** *during, for* is used to indicate the duration of an action or condition in the past, present, or future.

J'ai étudié la leçon **pendant** deux heures.
Je vais travailler avec lui **pendant** deux mois.

Pendant is usually omitted when the time expression immediately follows the verb.

J'ai travaillé (**pendant**) deux heures aujourd'hui.

The question word for **pendant** is **combien de temps** or **pendant combien de temps** *how long.*

(**Pendant**) **Combien de temps** resterez-vous à Paris?
— J'y resterai (**pendant**) un ou deux mois.

6.   **Pour** + time (*for* + time) also denotes the duration of an action, but specifically when it is a matter of an intended time limit (that is, "so much time and no more"). It often occurs with "verbs of motion."

Jenny part en vacances **pour** un mois.

Elle ira à Angers **pour** trois jours.
Elle sera à Dijon **pour** deux ou trois jours.

The question word for **pour** is **pour combien de temps**.

Pour combien de temps irez-vous en Europe?
— J'irai en Europe **pour** deux mois.

vocabulaire[1]

Noms masculins

·aller
animal
compartiment
·contrôleur
départ
·guichet

haut-parleur
·membre
pardessus
placard
quai
rat

·sac
synonyme
tiroir
train
·trajet

·wagon-
  restaurant
·wagon-
  couchettes

Noms féminins

banquette
·Bourgogne
campagne

·classe
·consigne
·couchette

étude
·première
  (classe)

·province
·voiture-
  restaurant

Verbes

courir *irrég*
déménager

·manquer
se marier

ôter
·réserver

Adjectifs

bon marché
dur(e)
éclairé(e)

·essoufflé(e)
·inférieur(e)
·intermédiaire

mou (molle)
·pressé(e)
propre

[1]Possessive pronouns are excluded.

Autres expressions

·à l'avance
·en avant
depuis, depuis quand
depuis combien de
  temps

·faire bien de
(j'ai) menti
·laisser tomber
·rendre visite
·ils vivent

Vingt-Sixième Leçon

conversations

⊛ ### A. Je ne sens rien.

DANIEL Bon anniversaire! Voilà un baiser. Voilà un bouquet pour toi.

JEANNE Ah, quelles belles roses!

DANIEL Elles sont très belles.

JEANNE Merci beaucoup, Daniel. Hmm...quelle odeur agréable! Elles sentent si bon!

DANIEL Malheureusement, je ne sens rien. J'ai un rhume!

⊛ ### B. Dépêche-toi!

JEAN-PAUL Quoi, tu n'es pas encore prête?

MONIQUE Une minute!

JEAN-PAUL Tu me fais trop attendre.

MONIQUE Nous avons tout le temps.

JEAN-PAUL Penses-tu! Regarde ton réveil. Il est arrêté.

MONIQUE Ah! il faut que je le fasse réparer.

exercices oraux

26.1 *SENTIR*

⊛ ### A. Exercice de contrôle
Je sens une odeur.

1.	Le professeur	3.	Tu	5.	Nous
2.	Vous	4.	Les étudiants	6.	Je

Je dis la vérité; je ne mens pas!

1.	(Jeanne)	3.	Nous	5.	Tu
2.	Vous	4.	(Maurice et Pauline)	6.	Je

B. *Maintenant, répondez à ces questions.*

1. Je sens le froid. Et vous? Quand est-ce qu'on sent la chaleur?
2. Je sens la soif. Et vous? Quand est-ce qu'on sent la faim?

476

3. Citez deux choses qui sentent bon. Citez deux choses qui sentent mauvais.

4. Comment vous sentez-vous aujourd'hui? Comment (Paul) se sent-il?

5. Quand est-ce que vous vous sentez découragé? Quand est-ce que vous vous sentez énergique?

6. Qu'est-ce que c'est qu'un menteur [une menteuse]? Avez-vous menti à quelqu'un hier?

7. Énumérez tous les verbes qui expriment les cinq sens (la vue, le goût, l'odorat, le toucher et l'ouïe).

26.2 EXPRESSION DE RÉCIPROCITÉ

A. *Répondez aux questions d'après ce modèle.*
Connaissez-vous (Marie)?
Oui, elle et moi, nous nous connaissons (bien).

1. Connaissez-vous (Bernard)?
2. Admirez-vous (Anne-Marie)?
3. Détestez-vous (Jean-Paul)?
4. Plaisez-vous à (Monique)?
5. Parlez-vous souvent à (Jean)?
6. Comprenez-vous (Danielle)?

B. *Continuez à répondre de la même façon, mais faites attention aux prépositions.*

1. Avez-vous dansé avec (Jacques)?
2. Êtes-vous sorti avec (Michèle)?
3. Avez-vous besoin de (Roger)?
4. Comptez-vous sur (Jean-Paul)?
5. Avez-vous peur de (Marie)?
6. Parlez-vous souvent à (Robert)?

C. *Maintenant, nous allons parler de vos parents. Répondez aux questions d'après ce modèle.*
Vos parents comprennent-ils leurs voisins?
Mes parents et leurs voisins se comprennent.

1. Vos parents aiment-ils leurs voisins?
2. Vos parents détestent-ils leurs voisins?
3. Vos parents ont-ils besoin de leurs voisins?
4. Vos parents vivent-ils en paix avec leurs voisins?
5. Vos parents ont-ils peur de leurs voisins?
6. Vos parents parlent-ils à leurs voisins?

26.3 *VIVRE*

A. Exercice de contrôle
Je vis aux États-Unis.

1. Nous
2. Tu
3. Le professeur
4. Vous
5. Les étudiants
6. Je

B. *Répondez à ces questions.*

1. Vivez-vous en France? Est-ce que je vis avec mes parents?
2. Vivez-vous en paix avec tout le monde? Vos parents vivent-ils à la campagne?
3. Avez-vous jamais vécu au Japon? Qui est Mathusalem? Combien de temps a-t-il vécu?
4. Dans quelle ville voulez-vous vivre? Où est-ce que vous ne voulez pas vivre?
5. Aimez-vous manger? Mangez-vous pour vivre, ou vivez-vous pour manger?

26.4 EMPLOI DE *FAIRE FAIRE*

A. *Vous faites beaucoup de choses dans ce cours. Répondez aux questions d'après ce modèle.*

Pourquoi apprenez-vous la grammaire?

C'est parce que vous me la faites apprendre.

1. Pourquoi apprenez-vous les dialogues?
2. Pourquoi faites-vous vos devoirs?
3. Pourquoi faites-vous les exercices?
4. Pourquoi regardez-vous le tableau?
5. Pourquoi écrivez-vous des compositions?
6. Pourquoi employez-vous le verbe **faire**?

B. *Répondez aux questions d'après ce modèle.*

Nettoyez-vous votre chambre?

Oui, je la nettoie moi-même (Non, je la fais nettoyer).

1. Préparez-vous vos repas?
2. Repassez-vous vos robes [chemises]?
3. Faites-vous vos devoirs [exercices écrits]?
4. Lavez-vous vos draps [corsages]?
5. Vous coupez-vous les ongles [cheveux]?

C. *Répondez aux questions d'après ce modèle.*

Jenny visite le petit village. Pourquoi?

Parce que Jean-Paul le lui fait visiter.

1. Jenny visite les châteaux. Pourquoi?
2. Jenny apprend l'histoire de la région. Pourquoi?
3. Jenny voit le petit village. Pourquoi?
4. Jenny sent la bonne odeur de la campagne. Pourquoi?
5. Jenny visite les caves. Pourquoi?
6. Jenny goûte des vins. Pourquoi?
7. Jenny mange du fromage. Pourquoi?
8. Jenny parle de ses impressions. Pourquoi?

D. *Répondez aux questions.*

1. Qu'est-ce que c'est qu'un horloger? Par qui faites-vous réparer votre montre?
2. Que fait un garagiste? Par qui fait-on réparer sa voiture?
3. Que fait un coiffeur (une coiffeuse)? Par qui est-ce que vous vous faites couper les cheveux?
4. Que fait un professeur de français? Par qui faites-vous expliquer la grammaire?
5. Que fait un dentiste? Chez qui vous faites-vous arracher les dents?
6. Que fait un dépanneur? Par qui faites-vous réparer votre poste de télévision?

Chambord, le
plus vaste château
de la Renaissance.

Azay-le-Rideau,
un beau château
de la vallée
de la Loire.

application

A. Dialogue et questions

Quel contraste, quand même!

Le charmant village où habitent les grands-parents de Jean-Paul est situé dans la riche vallée de la Loire.[1] C'est une région au climat doux et au sol fertile. Dans ce beau pays qu'on appelle souvent le jardin de la France on trouve encore des villes entourées de remparts et des châteaux forts aux tours sombres et massives. Mais c'est surtout pour ses splendides châteaux datant de la Renaissance que la région est connue. Jean-Paul et

[1] La «vallée de la Loire» comprend non seulement la vallée de la Loire elle-même, mais aussi de nombreuses petites vallées voisines, telles que la vallée du Loir et la vallée du Layon. La Loire est le fleuve le plus long de France (1.020 km). La source de la Loire est dans un plateau du centre de la France, appelé le Massif Central.

Jenny ont passé presque deux jours à en visiter quelques-uns. Ce matin, Jean-Paul fait voir à Jenny la vallée du Layon[1] avec ses vignobles[2], ses bois et ses petits villages. Ils descendent de leur voiture et marchent bras dessus, bras dessous[3] vers un coteau. 10

JENNY Il y a longtemps que[4] je n'ai pas senti la bonne odeur de la campagne.

JEAN-PAUL Ça fait du bien de quitter la ville de temps en temps.

JENNY Est-ce que tout cela ce sont des vignes?

JEAN-PAUL Oui, mais là-bas, plus haut, ce sont des cerisiers et des poiriers. 15

JENNY Ton grand-père disait ce matin que j'étais au pays du bon vin.

JEAN-PAUL C'est vrai; il faut que je te fasse goûter les vins du Layon. Ils sont savoureux et fruités.

JENNY Quel contraste, quand même. Hier, en visitant les châteaux, j'évoquais la vie fastueuse des seigneurs de la Renaissance... 20

JEAN-PAUL Et aujourd'hui nous voici dans le calme d'un village de province.

JENNY C'est un paysage reposant, mais tout de même[5] un peu mélancolique.

JEAN-PAUL Il faudra que tu reviennes à la saison des vendanges[6], je te 25 ferai boire du vin nouveau.

(lignes 1–10)
1. Où est le village de Rablay-sur-Layon?
2. Comment sont le climat et le sol de la région?
3. Comment appelle-t-on souvent ce pays?
4. Qu'est-ce qui a fait la célébrité de cette région?
5. Où est-ce que Jenny et Jean-Paul vont ce matin?
6. Pourquoi?

(lignes 11–26)
7. Qu'est-ce que Jenny n'a pas fait depuis longtemps?
8. Qu'est-ce qui fait du bien, d'après Jean-Paul?
9. Quelle sorte d'arbres et de plantes voient-ils?
10. Pourquoi ce pays est-il célèbre?
11. Comment sont les vins du Layon?
12. Qu'est-ce que Jenny a fait hier?
13. Comment trouve-t-elle le paysage?
14. Quand Jean-Paul veut-il que Jenny revienne dans cette région?

[1] Le Layon est une des rivières qui se jettent dans la Loire.
[2] **vignoble** étendue de champs plantés de vignes. Les vignobles de la vallée sont compris dans l'appellation *Coteaux du Layon*.
[3] en se donnant le bras
[4] depuis longtemps
[5] quand même
[6] On fait la vendange au mois de septembre.

B. Expressions utiles

À la ferme

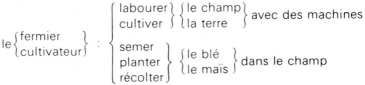

le $\begin{Bmatrix}\text{fermier}\\\text{cultivateur}\end{Bmatrix}$: $\begin{Bmatrix}\text{labourer}\\\text{cultiver}\end{Bmatrix}$ $\begin{Bmatrix}\text{le champ}\\\text{la terre}\end{Bmatrix}$ avec des machines

$\begin{Bmatrix}\text{semer}\\\text{planter}\\\text{récolter}\end{Bmatrix}$ $\begin{Bmatrix}\text{le blé}\\\text{le maïs}\end{Bmatrix}$ dans le champ

au jardin: $\begin{Bmatrix}\text{cultiver}\\\text{faire pousser}\end{Bmatrix}$ $\begin{Bmatrix}\text{des fleurs}\\\text{des légumes}\end{Bmatrix}$

Dans le verger il y a des $\begin{Bmatrix}\text{cerisiers (cerise).}\\\text{poiriers (poire).}\\\text{pommiers (pomme).}\\\text{pêchers (pêche).}\end{Bmatrix}$

les fruits: $\begin{Bmatrix}\text{mûrir}\\\text{être mûrs}\end{Bmatrix}$

Dans la cour il y a des $\begin{Bmatrix}\text{canards } m.\\\text{dindes } f.\\\text{oies } f.\\\text{coqs } m, \text{ des poules } f, \text{ et}\\\text{des poussins } m.\end{Bmatrix}$

Il y a des $\begin{Bmatrix}\text{chevaux}\\\text{moutons}\\\text{cochons}\\\text{bœufs et des}\\\text{vaches } f\end{Bmatrix}$ $\begin{Bmatrix}\text{à l'étable } f.\\\text{dans le pré.}\\\text{dans le pâturage.}\end{Bmatrix}$

donner à $\begin{Bmatrix}\text{boire}\\\text{manger}\end{Bmatrix}$ à ses bêtes

C. *Complétez le passage suivant.*

(1) Pays *pl*/Loire/être/non seulement/beau/paisible/mais/aussi/riche/en/monuments/historique/et/lieux/touristique/célèbre. (2) Comme/à/Paris, / je / être / frappé / par / contraste / entre / vie / moderne / et / héritage/de/passé. (3) Hier/je/visiter/châteaux/dater/Renaissance/et/villes/qui/être/encore/entouré/remparts. (4) Ce/matin/Jean-Paul/me/emmener/sur/coteau/pour/me/faire/voir/vallée. (5) Après,/nous/aller/cave/avec/grand-père. (6) Jean-Paul/me/faire/goûter/vins/blanc/et/vins/rosé/région. (7) Nous/regarder/aussi/bouteilles/verres à vin/très

ancien. (8) Il/être/dommage/que/nous/ne pas/pouvoir/rester/plus/
longtemps/dans/ce/charmant/village.

D. *Jouez des rôles: faites un dialogue en faisant les changements de votre choix.*

Deux étudiants américains parlent des vins de France. L'un prétend[1] avoir visité toutes les régions célèbres pour leurs vins. L'autre décide de le mettre à l'épreuve. Il prépare deux verres de vin, l'un rempli de vin ordinaire[2] et l'autre de vin à appellation contrôlée[3]. Le soi-disant amateur[4] de vin dit à l'autre de bien le regarder. Il les hume[5], dit quelque chose à propos de leurs bouquets respectifs, et les boit à petite gorgée[6]. Il déclare solennellement que le vin ordinaire est superbe et que l'autre ne vaut rien.

E. *Connaissez-vous les animaux de la ferme? La vache est un animal très utile, car elle nous donne du lait et de la viande. On fabrique pas mal de choses avec le lait: fromage, beurre, yaourt, etc. La vache peut tirer une charette, et sa peau nous donne le cuir. Pourquoi les animaux suivants sont-ils utiles?*

1. cochon
2. chèvre
3. oie[7]

4. bœuf
5. poule
6. cheval

F. Renseignements et opinions

1. Indiquez tout ce qu'il faut faire pour goûter du bon vin (utilisez les expressions de l'exercice D).
2. Dans quelle région des États-Unis aimeriez-vous vivre? Pourquoi?
3. Qu'est-ce que votre professeur vous fait faire en dehors[8] de la classe? Pourquoi?
4. Décrivez brièvement votre meilleur(e) ami(e): depuis combien de temps vous connaissez-vous? Combien de fois par semaine vous voyez-vous? Quand est-ce que vous vous écrivez? Vous ressemblez-vous beaucoup en ce qui concerne les habitudes et la personnalité?
5. Êtes-vous d'accord avec cette maxime?: «La vanité nous fait faire plus de choses contre notre goût que la raison.»
6. Comment s'appelle l'arbre qui nous donne les pommes? Les bananes? Les cerises? Et les olives?
7. Préparez une question à poser à votre professeur au sujet des provinces en France.

---

[1]*claims* (**faire semblant de, simuler** *to pretend*)
[2]vin de tous les jours
[3]Les vins à appellation contrôlée sont les meilleurs et les plus connus.
[4]*would-be expert* (**amateur** is *nonprofessional expert*)
[5]respire et sent l'odeur (le bouquet)
[6]*sips very slowly*
[7]N'oubliez pas son **duvet** (plumes très légères) et son **foie**.
[8]à l'extérieur

Lyon, un des
plus grands centres
régionaux de
France.

G. Lecture

La Province

(A)   Paris n'est pas la France. La capitale a pu concentrer au cours
des âges toutes les fonctions et tous les pouvoirs aux dépens du reste du
pays. Si elle s'oppose à[1] la province, c'est quand même grâce à celle-ci
qu'elle peut jouir de son grand rôle politique, économique et culturel. En
dehors de la région parisienne, il y en a certaines autres—comme le Nord,   5
le Nord-Est et la région autour de Lyon—qui sont très industrialisées. Le
reste du pays fournit des minerais[2] et des produits agricoles ou marins.
Depuis une dizaine d'années, le gouvernement français cherche à[3]
décentraliser systématiquement l'industrie, l'éducation et le commerce en
accordant un rôle plus important aux grandes villes régionales[4]. Malgré la   10
division administrative du pays en départements, les anciennes provinces

[1]fait contraste avec, est le contraire de
[2]matières solides utiles à l'industrie métallurgique
[3]essaie de
[4]par exemple, à Lille, Marseille, Lyon, Toulouse, Bordeaux et Strasbourg

existent toujours pour beaucoup de Français: on va en Normandie, en Bretagne ou en Provence pour les vacances d'été, on boit des bières d'Alsace, des vins de Bourgogne, d'Anjou et de Champagne. On est Breton, Limousin, Gascon. Tous ces noms évoquent les traditions, les coutumes et les légendes pittoresques des diverses régions de France. Le complexe d'infériorité qu'on constate[1] souvent chez les provinciaux à l'égard des Parisiens disparaît peu à peu. Les capitales des anciennes provinces commencent à faire concurrence à Paris en ce qui concerne les distractions, les beaux-arts et les autres activités culturelles.

    (B)   Le climat du pays se prête bien à la production des céréales[2], des légumes et des fruits. L'agriculture a, de tous temps, été une des richesses de la France et, traditionnellement, la base de la societé française a été le paysan. L'image de la famille vivant dans une petite ferme contribuait donc à la stabilité de la nation. Jusqu'aux années 50[3] à peu près, les fermes étaient petites et l'équipement agricole désuet[4]. Le fermier vivait dans une habitation peu confortable et sa vie était rude[5]. Il cultivait sa ferme avec sa femme, ses enfants et parfois un ou deux ouvriers agricoles. Vivant loin des bourgs[6], il n'avait pas accès aux lycées, aux bibliothèques, aux cinémas, et ses enfants sortaient de l'école à quatorze ans[7] car il avait besoin d'eux pour cultiver la terre et garder les bêtes.

    (C)   De grands changements se font actuellement[8] en agriculture comme dans les autres secteurs de l'économie. Beaucoup de jeunes paysans ont abandonné la ferme pour aller travailler dans les villes, de sorte que[9] la population rurale ne constitue que 20% de celle de la nation entière. Cet exode a eu comme résultat la consolidation des petites propriétés et l'emploi de grosses machines agricoles. Le gouvernement a créé des lycées et des centres de recherches agricoles pour que les jeunes fermiers puissent se mettre au courant[10] des techniques modernes. La création d'un Crédit Agricole[11] permet au cultivateur d'acheter des tracteurs, des moissonneuses, des batteuses[12], des engrais[13], etc. Bref, les fermiers d'aujourd'hui sont mieux vêtus[14], mieux logés, et participent de plus en plus à la vie sociale et culturelle. Les grands propriétaires possèdent presque deux tiers des terres et se spécialisent: certains dans l'élevage[15],

---

[1] note, observe
[2] blé, maïs, riz, orge (*barley*), avoine (*oats*)
[3] *until the 50s*
[4] peu moderne, démodé
[5] *rough*
[6] gros villages
[7] Maintenant l'école est obligatoire jusqu'à 16 ans.
[8] en ce moment
[9] de telle manière que
[10] avoir les derniers renseignements sur
[11] banque qui prête de l'argent aux fermiers
[12] **moissonneuses** machines utilisées pour la moisson (*harvest*); **batteuses** machines qui séparent le grain de la paille (*straw*)
[13] matières qui servent à fertiliser le sol
[14] du verbe **vêtir** (habiller)
[15] action d'élever les animaux (bœufs, porcs, moutons, volailles)

d'autres dans la culture des céréales, de la betterave à sucre[1], dans la   45
production du fromage, du vin, etc. Tout cela mène à l'amélioration du
rendement[2] et contribue à l'exportation des produits français.

(D)   Le fermier est donc devenu un cultivateur professionnel. Grâce
au développement urbain du pays, le mythe de la petite ferme familiale
n'existe plus guère de nos jours[3]. Pourtant, le désir d'épargne, l'esprit   50
d'individualisme, l'attitude réaliste de tant de Français n'ont-ils pas leur
origine dans la petite propriété qui a inspiré un sentiment d'indépendance
au fermier? Et comment expliquer le rêve de tous les citadins de posséder
un potager[4] et une maison de campagne? Le Français, même dans les
grandes villes, ne cesse pas d'être près de la terre.   55

(a) *Posez des questions en utilisant les expressions suivantes.*

(A)   1.   Qu'est-ce que...
           2.   Quelles sont...
           3.   Qu'est-ce qui...
(B)   4.   Qu'est-ce qui...
           5.   Comment est-ce que...
(C)   6.   Qu'est-ce que...
           7.   Qu'est-ce qui...
(D)   8.   Qu'est-ce qui caractérise...

(b) *Trouvez le mot qui n'appartient pas à chaque série.*
1.   betterave, fromage, blé, épargne
2.   Breton, Alsace, Gascon, Limousin
3.   fermier, cultivateur, citadin, paysan
4.   poissons, céréales, légumes, fruits
5.   ville, rendement, bourg, village
6.   propriétaire, minerais, ouvrier, citadin
7.   engrais, moissonneuse, batteuse, tracteur
8.   ferme, désuet, potager, jardin

(c) *Trouvez dans le texte les mots indiqués entre parenthèses.*

développer (nom)   famille (adjectif)
résulter (nom)   profession (adjectif)
habiter (nom)   agriculture (adjectif)
changer (nom)   région (adjectif)
sentir (nom)   province (adjectif)
rêver (nom)   évocation (verbe)
améliorer (nom)   inspiration (verbe)

[1] *sugar beet*
[2] *yield*
[3] aujourd'hui, à présent
[4] jardin où on cultive des légumes pour sa cuisine

«Il est mignon,
ce cochon!»

explications

26.1 *SENTIR*

1. **Sentir** is conjugated like **partir**. As a transitive verb it means *to feel* or *to smell (something)*.

Je **sens** la chaleur.　　　　Nous **sentons** un courant d'air[1].
Tu **sens** le froid.　　　　　Vous **sentez** mon parfum?
Il **sent** une odeur.　　　　　Ils **sentent** la fraîcheur de l'air.
　J'ai **senti** votre tabac. /taba/
　Je **sentirai** votre parfum.

Other verbs conjugated like **sentir**:

consentir (à)　*to consent to*　　**mentir (à)**　*to lie to*

2. **Se sentir** refers to one's mental or physical condition. It is usually followed by an adjective or the adverb **bien** or **mal**.

[1] *draft* (literally *air current*)

Je **me sens** bien.	*I feel fine (well).*
Il **se sent** mal.	*He feels sick (bad).*
Elle **se sent** fatiguée.	*She feels tired.*
Nous **nous sentons** tristes.	*We feel sad.*

3. **Sentir** is also used as an intransitive verb meaning *to smell* (good, bad) and *to smell of, like* (onions, mint, gasoline). Note that an adjective following **sentir** is invariable (masculine singular), and a noun is singular preceded by the definite article.

Ces fleurs **sentent bon**.	*These flowers smell good.*
Cette viande **sent mauvais**.	*This meat smells bad.*
Son haleine **sent le tabac**.	*His breath reeks of tobacco.*
Ça **sent** l'oignon./ɔɲõ/	*It smells like onions.*
Ça **sent le brûlé**.	*It smells burnt.*

26.2 EXPRESSION DE RÉCIPROCITÉ

1. Verbs taking a direct or indirect object can express reciprocal actions (*each other, one another*) by means of the reflexive pronouns **nous, vous,** and **se.** In compound tenses, the auxiliary **être** is used, and the past participle agrees with the reflexive pronoun if it represents the *direct object* of the verb.[1]

DIRECT OBJECT

Nous **nous** comprenons.	*We understand each other.*
Vous **vous** êtes vus.	*You saw each other.*
Ils **se** sont rencontrés.	*They met one another.*

INDIRECT OBJECT

Nous **nous** parlons.	*We speak to each other.*
Vous **vous** êtes répondu.	*You answered one another.*
Elles **se** sont plu.	*They liked each other.*

2. Verbs that take a preposition other than **à** (such as **avoir besoin de** and **danser avec**) cannot be used with the reflexive pronouns **nous, vous,** and **se.** Instead, **l'un** + preposition + **l'autre** is added after the verb. The plural of this construction is **les uns** + preposition + **les autres.** (If exclusively feminine subjects are involved, **l'un** and **les uns** become **l'une** and **les unes.**)

Jenny a **besoin de** Jean-Paul et Jean-Paul a **besoin de** Jenny.
→Ils ont **besoin l'un de l'autre**.

[1] This construction can lead to ambiguity: **nous nous aimons** can mean *we love each other* (reciprocity) or *we love ourselves* (reflexive). If the reciprocal action needs emphasis, the construction **l'un(e) l'autre** or **les un(e)s les autres** can be used for a transitive verb, and **l'un(e) à l'autre** or **les un(e)s aux autres** for a verb taking **à** + noun: **Monique et Jenny se comprennent l'une l'autre, Les Chabrier et les Wilson se connaissent les uns les autres; Jean-Paul et Jenny se plaisent l'un à l'autre, Les Chabrier et les Wilson s'écrivent les uns aux autres.**

Il se gratte.   Ils se grattent (l'un l'autre).

Jean-Paul **danse avec** Jenny.
→Jean-Paul et Jenny **dansent** l'un avec l'autre.

Les Chabrier **vivent** en paix **avec** leurs voisins.
→Ils **vivent** en paix **les uns avec les autres.**

26.3 *VIVRE* TO LIVE

Je **vis** aux États-Unis.   Nous **vivons** en paix.
Tu **vis** dans une ville.   Vous **vivez** à la campagne.
Il **vit** chez Jacques.   Ils **vivent** en Europe.
  J'ai **vécu** deux ans en France.
  Je **vivrai** très longtemps.

Expressions like **Vive la France!** *Long live France!* or **Vivent les vacances!** *Long live vacations!* use the subjunctive; they are understood as being preceded by a phrase such as **nous souhaitons que** or **nous voulons que.**

26.4 EMPLOI DE *FAIRE FAIRE*

1.   The verb **faire** is used in a causative construction to express the idea that the subject causes someone else to do something, or causes something to be done. Its English equivalent usually involves the verbs *to make (someone do something)* or *to have (someone do something, something done).* **Faire** + infinitive is an inseparable unit. If **faire** + infinitive takes a single object, it is the *direct object* of **faire**, regardless of whether it denotes the actor or the thing acted upon.

DIRECT OBJECT—ACTOR

Monique chante.	*Monique sings.*
Je fais chanter **Monique**.	*I have Monique sing.*
Je **la** fais chanter.	*I have her sing.*

DIRECT OBJECT—THING ACTED UPON

Monique chante **une chanson**.	*Monique sings a song.*
Je fais chanter **la chanson**.	*I have the song sung.*
Je **la** fais chanter.[1]	*I have it sung.*

2.   When both the actor and the thing acted upon are mentioned, the actor is the *indirect object* and the thing acted upon is the *direct object*.

Monique chante **la chanson**.	*Monique is singing the song.*
Je fais chanter **la chanson à Monique**.	*I have the song sung by Monique.* (*I have Monique sing the song*).
Je **la lui** fais chanter.[2]	*I have it sung by her (I have her sing it).*

Voici un poème.
Il est beau, ce poème.
Je veux **le** faire lire.

Voilà Marie.
Elle lit bien.
Je veux **la** faire lire.

Je fais lire le poème à Marie.
Je **le lui** fait lire.

3.   If the action expressed by the infinitive is performed *to* or *for* the subject of the sentence, **se faire** + infinitive is used. Like any reflexive verb, **se faire** is conjugated with **être**, but the past participle **fait** remains invariable.

---

[1] When the direct object pronoun alone is used, there is an ambiguity of meaning that can be cleared up only by the context: **Je la fais chanter** *I have her sing* or *I have it sung*; **Je la fais nettoyer** *I make her clean* or *I have it cleaned*.

[2] These sentences are ambiguous in that they could mean the song is sung *to* Monique rather than *by* Monique. In order to avoid such ambiguities, **par** rather than **à** may be used: **Je fais chanter la chanson par Monique, Je la fais chanter par elle.**

Je **me** coupe **les cheveux**.	*I cut my hair.*
→Je **me les** coupe.	*I cut it.*
Je **me** fais couper **les cheveux**.	*I have my hair cut.*
→Je **me les** fais couper.	*I have it cut.*
Je **me** suis fait couper les cheveux.	*I had my hair cut.*
→Je **me les** suis fait couper.	*I had it cut.*

4. A few verbs are usually considered intransitive (that is, they cannot take a direct object).

bouillir[1]	*to boil*	rôtir	*to roast*
cuire[1]	*to cook*	fondre	*to melt*
frire[1]	*to fry*	pousser	*to grow*

Through the addition of **faire** before these verbs, they can acquire a transitive meaning.

L'eau **bout**.	*The water is boiling.*
Je **fais bouillir** l'eau.	*I am boiling the water.*

Cette viande **cuit** vite.	*This meat cooks fast.*
Je **fais cuire** cette viande.	*I am cooking this meat.*

Le beurre **fond** dans la poêle.	*The butter melts in the pan.*
Je **fais fondre** le beurre.	*I melt the butter.*

vocabulaire

Noms masculins

·baiser	·coteau	horloger	sens
·bois	dentiste	Japon	·sol
·calme	dépanneur	Layon	toucher
·cerisier	drap	menteur	·vignoble
·château fort	froid	odorat	
·climat	garagiste	·poirier	
coiffeur	goût	·seigneur	

Noms féminins

chaleur	menteuse	·Renaissance	·vendange
coiffeuse	odeur	·rose	·vigne
faim	ouïe	soif	vue
impression	·plante	·vallée	

[1]These are irregular verbs. (See the table of irregular verbs in Appendix C.)

Verbes

arracher	·évoquer	mentir *irrég*	sentir *irrég*
énumérer	exprimer	·revenir *irrég*	vivre *irrég*

Adjectifs

découragé(e)	·fertile	·reposant(e)	·situé(e)
·doux (douce)	·fruité(e)	·savoureux	·sombre
·fastueux (-euse)	·mélancolique	(-euse)	

Autres expressions

·à la campagne	en paix	·malheureusement
·bras dessus, bras dessous	·ça fait du bien	·Penses-tu!
	·il y a longtemps que	·quand même

Vingt-Septième Leçon

exercices oraux

27.1 LE *NE* EXPLÉTIF

A. *Ajoutez* **je crains que** *devant chaque phrase d'après ce modèle.*
Il pleut à verse.
Je crains qu'il ne pleuve à verse.

1. Nous sommes en retard.
2. La pièce a déjà commencé.
3. L'acteur est médiocre.
4. Les acteurs sont mauvais.
5. La pièce ne vous plaira pas.
6. Vous ne serez pas content.
7. Vous serez de mauvaise humeur.
8. C'est une soirée perdue.

B. *Répondez aux questions d'après ce modèle.*
Êtes-vous intelligent?
Je suis plus (moins) intelligent que vous ne le supposez.

1. Êtes-vous travailleur?
2. Êtes-vous paresseux?
3. Êtes-vous indiscret?
4. Travaillez-vous rapidement?
5. Mangez-vous beaucoup?
6. Connaissez-vous bien la France?

27.2 LE PASSÉ SIMPLE ET LE PASSÉ ANTÉRIEUR

A. Exercice de contrôle
Je montrai le livre et posai des questions.

1. Tu
2. Le professeur
3. Nous
4. Vous
5. Les étudiants
6. Je

Je fus étonné et j'eus peur.

1. Vous
2. Les étudiants
3. Tu
4. Nous
5. Le professeur
6. Je

Je finis le cours et attendis l'autobus.

1. Nous
2. Le professeur
3. Les étudiants
4. Tu
5. Vous
6. Je

B. *Remplacez le passé composé par le passé simple.*

1. J'ai fini de déjeuner.
2. Madame Chabrier est sortie de l'appartement.
3. J'ai fait la vaisselle.

4. J'ai éteint la lumière et je suis montée dans ma chambre.
5. J'ai pris ma valise et l'ai posée sur mon lit.
6. J'ai attendu Jean-Paul pour fermer ma valise.
7. Il a frappé à la porte et je lui ai dit d'entrer.
8. Il est entré, m'a regardée et m'a souri.
9. Il s'est assis sur le lit et, à ce moment-là, la valise s'est ouverte et tous mes vêtements sont tombés par terre.
10. Il s'est excusé et les a ramassés.

C. *Mettez au passé composé les verbes qui sont soulignés dans les passages suivants.*

Il y avait un homme qui possédait un champ assez fertile, qu'il cultivait avec grand soin: deux de ses voisins (1) s'unirent ensemble, (2) le chassèrent de sa maison, (3) occupèrent son champ: ils (4) firent entre eux une union pour se défendre contre tous ceux qui voudraient l'usurper; et effectivement ils (5) se soutinrent par là pendant plusieurs mois. Mais un des deux, ennuyé de partager ce qu'il pouvait avoir tout seul, (6) tua l'autre, et (7) devint seul maître du champ. Son empire (8) ne fut pas long: deux autres Troglodytes (9) vinrent l'attaquer; il (10) se trouva trop faible pour se défendre, et il (11) fut massacré.

Montesquieu, *Lettres persanes*

Elle (1) rencontra Candide en revenant du château, et (2) rougit: Candide (3) rougit aussi; elle (4) lui dit bonjour d'une voix entrecoupée, et Candide (5) lui parla sans savoir ce qu'il disait. Le lendemain après le dîner, comme on sortait de table, Cunégonde et Candide (6) se trouvèrent derrière un paravent; Cunégonde (7) laissa tomber son mouchoir, Candide (8) le ramassa, elle (9) lui prit innocemment la main, le jeune homme (10) baisa innocemment la main de la jeune demoiselle avec une vivacité, une sensibilité, une grâce toute particulière; leurs bouches (11) se rencontrèrent, leurs yeux (12) s'enflammèrent, leurs genoux (13) tremblèrent, leurs mains (14) s'égarèrent. Monsieur le baron de Thunder-ten-tronckh (15) passa auprès du paravent, et, voyant cette cause et cet effet, (16) chassa Candide du château à grands coups de pied dans le derrière; Cunégonde (17) s'évanouit: elle (18) fut souffletée par madame la baronne dès qu'elle (19) fut revenue à elle-même; et tout (20) fut consterné dans le plus beau et le plus agréable des châteaux possibles.

Voltaire, *Candide*

27.3 L'IMPARFAIT ET LE PLUS-QUE-PARFAIT DU SUBJONCTIF

A. **Exercice de contrôle**
Monique voulait que je lui parlasse.

1. tu
2. Jenny
3. ses parents
4. nous
5. vous
6. je

Monique aurait voulu que je lui eusse parlé.

1. Jenny	3. nous	5. vous
2. ses parents	4. tu	6. je

B. *Lisez chaque phrase, puis remplacez les temps de la langue écrite par ceux de la langue parlée.*

1. Il fallait que je rentrasse aux États-Unis.
2. Je voulus faire mes valises avant que Monique ne rentrât.
3. Monique était malheureuse que je dusse partir si tôt.
4. Je craignais qu'elle ne pleurât.
5. Elle insista pour que je prisse un de ses bibelots.
6. Je fus étonnée qu'elle fût si sentimentale.
7. Les Chabrier regrettaient que je ne fusse pas venue plus tôt.
8. Mais ils étaient contents que j'eusse pu les connaître.
9. Ils désiraient que je revinsse bientôt.
10. Personne ne voulut se coucher bien qu'il fût tard.

C. *Faites de même.*

1. Qui l'eût cru? Qui l'eût dit?
2. Ô toi que j'eusse aimée, ô toi qui le savais!
3. Je regrettais mon ami mais je n'eusse pas voulu le revoir.
4. Nous eût-il dit la vérité, nous lui eussions pardonné.
5. *Déclaration d'un grammairien à sa mie[1]*

> Oui, dès l'instant que je vous vis,
> Beauté féroce, vous me plûtes;
> De l'amour qu'en vos yeux je pris
> Sur-le-champ[2] vous vous aperçûtes.
>
> Ah! fallait-il que je vous visse,
> Fallait-il que vous me plussiez,
> Qu'ingénument je vous le disse,
> Qu'avec orgueil vous vous tussiez?
>
> Fallait-il que je vous aimasse,
> Que vous me désespérassiez,
> Et que je vous idolâtrasse
> Pour que vous m'assassinassiez?
>
> H. Gauthier-Villars

[1] à son amie, à sa petite amie
[2] Tout de suite

La vieille
génération..

Et la jeune
génération.

application

A. Dialogue et questions

Que penses-tu de nous?

Comme le temps passe vite! Jenny a du mal à[1] croire que les vacances touchent déjà à leur fin. Elle est de retour[2] à Paris depuis trois jours après une visite à la tante de Jean-Paul qui habite à Dijon[3]. Elle a passé toute une journée à faire des courses dans les grands magasins. Pour sa mère elle a acheté un sac, une paire de gants et du parfum. Pour 5 son père elle a choisi deux cravates de soie et une aquarelle représentant l'Île de la Cité. Pour elle-même, elle a acheté beaucoup de livres, des disques, des boucles d'oreilles, des chaussures. Elle va au bureau de poste avec Jean-Paul pour expédier quelques-uns de ces cadeaux.

JEAN-PAUL Que penses-tu de ton séjour en France? 10

JENNY J'ai beaucoup lu, j'ai vu pas mal de[4] choses, mais je commence seulement à connaître un peu la France.

JEAN-PAUL Dis-moi, quand même: qu'est-ce qui t'a frappée le plus?

JENNY Il est difficile d'exprimer clairement toutes mes impressions, mais tout d'abord c'est le contraste entre le passé et le présent. 15

JEAN-PAUL La France est un vieux pays. On y sent constamment l'influence du passé.

JENNY Il y a longtemps que[5] la France est connue pour sa littérature, ses beaux-arts, sa cuisine, sa haute couture...

JEAN-PAUL Et elle a aussi tous les problèmes d'une nation moderne: la 20 crise du logement, la pollution, le chômage, la crise de l'énergie, l'augmentation du coût de la vie...

JENNY Ah, autre chose: ce qui m'a frappée chez les Français, c'est le mélange de patriotisme et d'esprit critique.

JEAN-PAUL Il faut dire que tu es bonne observatrice. 25

JENNY Ce n'est pas étonnant, je subis ton influence depuis six mois!

(lignes 1—9)

1. Qu'est-ce que Jenny a du mal à croire?
2. Quand est-elle revenue de Dijon?
3. Qu'est-ce qu'elle a fait dans les grands magasins?
4. Qu'est-ce qu'elle a acheté pour sa mère?
5. Qu'est-ce qu'elle a choisi pour son père?
6. Qu'est-ce qu'elle a acheté pour elle-même?
7. Pourquoi va-t-elle au bureau de poste?

[1] **avoir du mal à** avoir des difficultés à
[2] **être de retour** être revenu *to be back*
[3] ancienne capitale de la province de Bourgogne
[4] **pas mal de** beaucoup de
[5] Depuis longtemps

(lignes 10–26)

8. Jenny connaît-elle bien la France?
9. Qu'est-ce qui l'a frappée le plus?
10. D'après Jean-Paul, qu'est-ce qu'on sent constamment en France?
11. Pour quoi la France est-elle connue depuis longtemps?
12. Quels sont les problèmes d'une nation moderne?
13. Qu'est-ce que Jenny a remarqué chez les Français?
14. Depuis combien de temps Jenny et Jean-Paul se connaissent-ils?

B. Expressions utiles

Au bureau de poste

acheter { dix timbres *m* (à 50 centimes, à un franc)
{ des cartes postales *f*

acheter } un mandat
toucher }

envoyer { une lettre, une carte (postale)
{ un télégramme
{ un paquet (imprimé)
{ un mandat

Il y a des guichets pour { les timbres.
{ les paquets.
{ les lettres recommandées.
{ la poste restante.

mettre une lettre { à la poste
{ dans une boîte aux lettres

écrire { *poste restante* } sur l'enveloppe *f*
{ *prière de faire suivre* }

Combien coûte cette lettre (carte) par avion pour les États-Unis?
Où est-ce que je peux faire recommander cette lettre?
Où est la boîte aux lettres?

C. *Complétez le passage suivant en utilisant les temps de la langue écrite.*

(1) Après/quitter/vallée/Loire,/Jean-Paul/Jenny/aller/Dijon/où/habiter/sœur/M. Chabrier. (2) Ils/y/passer/trois/jour/chargé/mais/agréable. (3) À peine/elle/rentrer/Paris/que/elle/aller/faire/achats/dans/grands magasins. (4) Les/Chabrier/demander/Jenny/ce/que/elle/penser/de/son / séjour / Paris, / et / elle / leur / répondre / que / il / être / difficile / exprimer/clairement/tout/son/impressions. (5) Le/soir,/tout/monde/se

réunir/salle/séjour/et/parler/jusque/deux/heure/matin. (6) Les/Cha-brier/regretter/Jenny/ne pas/être/venir/plus/tôt/et/elle/ne pas/pouvoir/rester/plus/longtemps. (7) Jenny/leur/promettre/revenir/bientôt,/peut-être/été/prochain.

D. Composition. *Vous avez sans doute appris quelque chose sur la France en lisant des livres, en étudiant le français et en écoutant votre professeur. Choisissez un aspect de la France et comparez ce que vous pensiez savoir avant d'étudier le français à ce que vous avez appris depuis. (Vous pouvez parler, par exemple, de son histoire, sa géographie, son économie, sa capitale, sa cuisine, ses coutumes. ses habitants.)*

E. Renseignements et opinions

1.   En quel mois sommes-nous? Qu'est-ce que vous avez du mal à croire? Qu'est-ce que vous allez faire bientôt?

Cathédrale de
Reims.

2. Quel aspect de la France vous intéresse le plus? Pourquoi? Lequel vous intéresse le moins?
3. Que pensez-vous de la personnalité de Jean-Paul ou de celle de Jenny? Faites un portrait de l'un ou de l'autre.
4. À votre avis, Jenny retournera-t-elle en France? Quand? Pourquoi (pas)?

Chapelle de Ronchamp, dessinée par Le Corbusier.

F. Lecture

La France dans le monde

(A)   La France semble surtout être connue aux États-Unis pour ses produits de luxe—la haute couture parisienne, les parfums, les bijoux, les beaux meubles, les vins, la porcelaine de Limoges—enfin[1], pour tout ce qui représente la qualité et le bon goût. Il faudrait pourtant rendre justice à la France. Elle a aussi contribué au progrès scientifique et technique. C'est une des principales puissances industrielles du monde et, en ce qui concerne le produit national brut[2], elle dépasse la Grande-Bretagne et approche de l'Allemagne Fédérale. Les exportations françaises comprennent les voitures, les locomotives, les avions, les armes, les ordinateurs[3] aussi bien que les produits chimiques, métallurgiques et agricoles. Si vous ne connaissez pas cet aspect industriel de la France, c'est que les

5

10

[1] bref
[2] *Gross National Product*
[3] *computers*

principaux échanges se font avec les pays du Marché Commun[1] et les pays francophones[2].

(B) Mais c'est surtout son héritage culturel qui vaut à la France[3] la réputation prestigieuse dont elle jouit à l'étranger. Tous les Français sont fiers du rôle de leur pays dans l'histoire du monde occidental. Jusqu'à la fin du XVIIIe siècle, les rois, les nobles et les riches bourgeois protégeaient les artistes de toutes sortes. La protection du roi sur les arts fut à son apogée au XVIIe siècle sous le règne de Louis XIV qui attira à sa cour les grands artistes d'Europe. Depuis la Révolution, Paris est considéré comme une des plus grandes capitales des arts et des lettres, et de nombreux artistes et écrivains y ont séjourné ou s'y sont installés pour profiter de l'ambiance favorable au développement de leur talent. Inutile de dresser ici une liste des Français célèbres. Ouvrez n'importe quel livre d'art ou de littérature et vous y trouverez les noms d'artistes, philosophes, écrivains français qui ont exercé une influence énorme sur la civilisation européenne.

(C) Aux XVIIe et XVIIIe siècles, le français était considéré comme la langue distinguée et cultivée par excellence, et on le parlait dans les milieux aristocratiques et intellectuels d'Europe. Au moment de la Révolution, beaucoup de Français se sont expatriés[4] et ont contribué à l'expansion du français et de la culture française. Le français est encore aujourd'hui utilisé dans la diplomatie et c'est une des langues officielles des Nations Unies. En plus, c'est la langue officielle ou une des langues officielles de beaucoup de pays: au Luxembourg, en Suisse et en Belgique; en Afrique, dans les anciennes colonies françaises: en Algérie, en Tunisie, au Maroc, au Cameroun, au Congo-Brazzaville, en Côte-d'Ivoire, au Sénégal, à Madagascar, etc.; en Amérique du sud dans la Guyane française, à la Martinique et à la Guadeloupe[5], en Amérique du nord comme dans la province de Québec (au Canada) et en Louisiane (aux États-Unis)[6]; dans la Polynésie française et la Nouvelle Calédonie... La plupart de ces pays et ces régions francophones sont conscients[7] des liens culturels et économiques qui les unissent d'une façon ou d'une autre[8] à la France et gardent avec elle des rapports assez amicaux.

(D) La France est un vieux pays. Depuis le Moyen Âge, elle a survécu à de nombreuses guerres étrangères et civiles qui ont chaque fois dévasté le pays—à la guerre de Cent Ans, aux guerres de religion, à plusieurs révolutions, à la guerre franco-prussienne, aux deux guerres

15

20

25

30

35

40

45

---

[1] Établi par le traité de Rome en 1957, le Marché Commun vise (*aims*) à réaliser une alliance économique complète entre les pays membres.

[2] où on parle français

[3] fait mériter à la France

[4] ont quitté la France

[5] La Guadeloupe, la Martinique et la Guyane constituent les départements d'outre-mer (*overseas*) français.

[6] On parle français aux États-Unis non seulement en Louisiane mais aussi dans le nord de la Nouvelle Angleterre où se trouvent les descendants de Français canadiens.

[7] *conscious*

[8] *in one way or another*

mondiales, aux guerres d'Indochine et d'Algérie.[1] Elle a connu des rois, des empereurs, des présidents, goûtant à toutes sortes de régimes politiques. Comme l'écrit un Français: «La France, à l'économie ressusci- 50
tée, émergeant d'un quart de siècle de mésaventures militaires, réinvente une idée du bonheur conservée intacte dans son inconscient depuis les années d'avant 1914.» Actuellement, sous la Cinquième République[2], la France jouit d'une stabilité politique et d'une grande prospérité économique. C'est en apprenant l'histoire de France et d'Europe que vous 55
comprendrez mieux ce pays où le présent et l'avenir sont sans cesse calqués sur un passé toujours vivant.

(a) *Posez des questions en utilisant les expressions suivantes.*

(A) 1. Pour quelle sorte de...
(B) 2. Qu'est-ce qui...
    3. Depuis quand est-ce que...
    4. Qui est-ce que...
(C) 5. Quelles sont...
    6. Où se trouvent...
(D) 7. Qu'est-ce que c'est que...
    8. Combien de...

(b) *Trouvez dans le texte les mots indiqués entre parenthèses.*

prestige (adjectif)   protection (verbe)
principe (adjectif)   séjour (verbe)
industrie (adjectif)   distinction (verbe)
occident (adjectif)   dévastation (verbe)
Europe (adjectif)   union (verbe)
aristocratie (adjectif)   diplomatique (nom)
monde (adjectif)   stable (nom)

(c) *Trouvez le mot qui n'appartient pas à chaque série.*

1. meubles, vins, enfin, parfum
2. Luxembourg, Algérie, Belgique, Suisse
3. rois, ordinateurs, empereurs, bourgeois
4. bonheur, philosophe, écrivain, peintre
5. Martinique, Sénégal, Guadeloupe, Guyane
6. voiture, avion, bijou, arme, locomotive
7. Cinquième République, Guerre de Cent Ans, Guerre d'Indochine, Guerre d'Algérie

[1]*Guerre de Cent Ans* (1337–1453): guerre entre la France et l'Angleterre au cours de laquelle les Français repoussèrent l'invasion anglaise. Jeanne d'Arc personnifie le patriotisme français de cette époque. *Guerres de religion:* guerres civiles entre les Catholiques et les Huguenots (protestants) pendant la deuxième moitié du XVIe siècle. *Guerre franco-prussienne* (1870–71): à la suite de la capitulation de Paris la France perdit l'Alsace et la Lorraine (regagnées après la première guerre mondiale). *Guerre d'Indochine* (1946–54): la France perdit l'Indochine après la défaite de Dien Bien Phu. *Guerre d'Algérie* (1954–62): la guerre qui mena à l'indépendance de l'Algérie et à l'installation de la Ve République.

[2]préparée sous la direction du général de Gaulle en 1958; la première République date de 1789, la deuxième de 1848, la troisième de 1870, et la quatrième de 1947.

explications

27.1 LE *NE* EXPLÉTIF

1.   The "expletive" **ne** (also known as the "redundant" or "pleonastic" negative) occurs commonly in formal speech and written language in subordinate clauses after **avoir peur, craindre, avant que, à moins que,** and **de peur que** *for fear that, lest.* It does *not* express a negative meaning.

J'ai peur qu'il **ne** pleuve.	*that it will rain*
Je crains que vous n'ayez tort.	*that you are wrong*
Je partirai **avant qu'**il **ne** pleuve.	*before it rains*
Je partirai **à moins qu'**il **ne** pleuve.	*unless it rains*
Je partirai **de peur qu'**il **ne** pleuve.	*lest it should rain*

The sentences below contrast a true negation with the expletive **ne**.

Je crains que tu n'aies **pas** raison.	*you are not right*
Je crains que tu n'aies raison.	*you are right*
On partira à moins qu'il **ne** fasse **pas** beau.	*unless the weather isn't nice*
On partira à moins qu'il **ne** fasse beau.	*unless the weather is nice*

2.   The expletive **ne** also occurs after **plus...que** and **moins...que** when the comparison is in the affirmative.

Il est **plus travailleur que** vous **ne** le supposez.
Il est **moins intelligent que** vous **ne** l'êtes.
Il court **plus vite qu'**on **ne** le croit.[1]

But:

Il **n'est pas** plus travailleur que vous l'êtes.
Il **n'est pas** moins impatient qu'on le suppose.

27.2 LE PASSÉ SIMPLE ET LE PASSÉ ANTÉRIEUR

1.   The *passé simple* (also called *le passé défini*) replaces the *passé composé* in written, literary French. Second and third conjugation verbs (**-ir** and **-re** verbs) share the same set of endings. Note also that the singular

---

[1] The pronoun **le** used in these sentences is known as the "invariable **le**"; it sums up an adjective or an entire clause: **Croyez-vous qu'il est paresseux? Oui, je le crois; Êtes-vous malade? Oui, je le suis.**

forms of second conjugation verbs are identical with those of the present indicative.

parler	finir	vendre
je parlai	je finis	je vendis
tu parlas	tu finis	tu vendis
il parla	il finit	il vendit
nous parlâmes	nous finîmes	nous vendîmes
vous parlâtes	vous finîtes	vous vendîtes
ils parlèrent	ils finirent	ils vendirent

2.   The set of *passé simple* endings required by most irregular verbs can be predicted from their past participles. Most irregular verbs whose past participle ends in **i**, **is**, or **(i)t** take the same endings as second and third conjugation verbs.

s'asseoir	(assis)	je m'assis	nous nous assîmes
partir	(parti)	je partis	nous partîmes
rire	(ri)	je ris	nous rîmes
sentir	(senti)	je sentis	nous sentîmes
suivre	(suivi)	je suivis	nous suivîmes
mettre	(mis)	je mis	vous mîtes
prendre	(pris)	je pris	vous prîtes
dire	(dit)	je dis	vous dîtes
écrire	(écrit)	j'écrivis	vous écrivîtes
faire	(fait)	je fis	vous fîtes
ouvrir	(ouvert)	j'ouvris	vous ouvrîtes

The following verbs also take the same endings as the verbs above.

tenir	(tenu)	je tins /tɛ̃/	nous tînmes /tɛ̃m/
venir	(venu)	je vins /vɛ̃/	nous vînmes /vɛ̃m/
voir	(vu)	je vis	nous vîmes
naître	(né)	je naquis	nous naquîmes

3.   **Être, avoir,** and most irregular verbs whose past participle ends in **u** have the following *passé simple* endings.

avoir	être	boire
j'eus /y/	je fus	je bus
tu eus	tu fus	tu bus
il eut	il fut	il but
nous eûmes	nous fûmes	nous bûmes
vous eûtes	vous fûtes	vous bûtes
ils eurent	ils furent	ils burent

croire	(cru)	je crus	nous crûmes
devoir	(dû)	je dus	nous dûmes
lire	(lu)	je lus	nous lûmes
pouvoir	(pu)	je pus	nous pûmes
recevoir	(reçu)	je reçus	nous reçûmes
vivre	(vécu)	je vécus	nous vécûmes
vouloir	(voulu)	je voulus	nous voulûmes

falloir	(fallu)	il fallut	
valoir	(valu)	il valut	
pleuvoir	(plu)	il plut	

Mourir also takes the same endings as the verbs above.

mourir	**(mort)**	je mourus	nous mourûmes

The verb **aller** takes the same endings as first conjugation verbs.

aller	**(allé)**	j'allai	nous allâmes

4.   The past anterior consists of an auxiliary verb in the *passé simple* and a past participle. It is used to denote an action that had immediately, or almost immediately, preceded another action in the past. It often occurs in clauses beginning with **aussitôt que** and **dès que** *as soon as*, **à peine . . . que** *hardly . . . when*, **après que**, **quand**, and **lorsque** *when*.

Jenny **sortit** de sa chambre **dès qu'**elle **eut ramassé** ses robes.
Monique **rentra quand** elle **eut fini** ses courses.

27.3 L'IMPARFAIT ET LE PLUS-QUE-PARFAIT DU SUBJONCTIF

1.   The imperfect subjunctive is derived from the *passé simple*. The third person singular of the imperfect subjunctive is identical with that of the *passé simple*, except for the addition of a circumflex over the vowel in the ending and of a final **t** in the case of first conjugation verbs. Note also that the forms of second conjugation verbs (-**ir** verbs)—except for the third person singular form—are identical with those of the present subjunctive.

parler	finir	vendre
je parl**asse**	je fin**isse**	je vend**isse**
tu parl**asses**	tu fin**isses**	tu vend**isses**
il parl**ât**	il fin**ît**	il vend**ît**
nous parl**assions**	nous fin**issions**	nous vend**issions**
vous parl**assiez**	vous fin**issiez**	vous vend**issiez**
ils parl**assent**	ils fin**issent**	ils vend**issent**

avoir	être	dire
j'**eusse**	je **fusse**	je **disse**
tu **eusses**	tu **fusses**	tu **disses**
il **eût**	il **fût**	il **dît**
nous **eussions**	nous **fussions**	nous **dissions**
vous **eussiez**	vous **fussiez**	vous **dissiez**
ils **eussent**	ils **fussent**	ils **dissent**

2. The pluperfect subjunctive consists of an auxiliary verb in the imperfect subjunctive and a past participle.

Ce fut le château le plus splendide que nous **eussions vu** au cours de ce voyage.

Il resta dans sa chambre jusqu'à ce que les invités **fussent partis**.

3. The "signals" that call for the use of the present subjunctive, discussed at the beginning of Lesson 20.1, also apply to the use of the imperfect and pluperfect subjunctives. These "literary" tenses occur when the verb in the main clause is in a past tense or in the conditional mood. Compare the use of various subjunctive tenses in the examples below.

MAIN VERB IN PRESENT OR FUTURE

(Colloquial)   Je **veux** que vous **sortiez**.
(Literary)   Je **veux** que vous **sortiez**.

(Colloquial)   Je **ne croirai pas** qu'elle l'**ait fait**.
(Literary)   Je **ne croirai pas** qu'elle l'**ait fait**.

MAIN VERB IN PAST OR CONDITIONAL

(Colloquial)   Je **voulais** que vous **sortiez**.
(Literary)   Je **voulais** que vous **sortissiez**.

(Colloquial)   Je **ne croyais pas** qu'elle l'**ait fait**.
(Literary)   Je **ne croyais pas** qu'elle l'**eût fait**.

(Colloquial)   Il **voudrait** que nous **ayons** de la patience.
(Literary)   Il **voudrait** que nous **eussions** de la patience.

4. The imperfect and pluperfect subjunctive may replace the past conditional.

Qui l'**eût cru**? Qui l'**eût dit**? (Qui l'**aurait cru**? Qui l'**aurait dit**?)
Je ne fis rien de tout cela, qui **eût été** inutile. (qui **aurait été** inutile)

The imperfect and pluperfect subjunctive may also occur in the **si** clause of a contrary-to-fact statement.[1]

---

[1] For the verb tenses used in contrary-to-fact statements in colloquial French, see Lesson 18.4.

Ne **fût**-ce qu'un mot d'amour, tu aurais pourtant bien pu me le dire. (Même
   si ce n'**était** [**avait été**] qu'un mot d'amour)
Le nez de Cléopâtre: s'il **eût été** plus court, toute la face de la terre aurait
   changé. (s'il **avait été**)

vocabulaire

Noms masculins

baron	effet	·logement	·patriotisme
·beaux-arts	empire	maître	·présent
champ	·esprit	mouchoir	·problème
·chômage	genou	orgueil	soin
coup de pied	grammairien	paravent	Troglodyte
·coût de la vie	instant	·parfum	

Noms féminins

·augmentation	cause	·haute couture	sensibilité
baronne	·crise	mie	·soie
beauté	demoiselle	·nation	union
·boucle	·énergie	·observatrice	vivacité
d'oreille	grâce	·paire	voix

Verbes

assassiner	s'égarer	pardonner (à)	se soutenir *irrég*
attaquer	s'enflammer	pleurer	souffleter
baiser	s'évanouir	posséder	·subir
chasser	·expédier	ramasser	supposer
constater	frapper	regretter	trembler
cultiver	idolâtrer	·représenter	s'unir
se défendre	insister	revoir *irrég*	usurper
désespérer	massacrer	rougir	

Adjectifs

consterné(e)	·étonnant(e)	particulier
·critique	faible	(-ière)
ennuyé(e)	indiscret	persan(ne)
entrecoupé(e)	(indiscrète)	sentimental(e)

Autres expressions

auprès de	effectivement	innocemment
·avoir du mal à	être de mauvaise	·pas mal de
·chez	humeur	sur-le-champ
dès	ingénument	

Appendix A

GENRE DES NOMS

The ending of a noun, especially when it is a suffix, often provides a clue to the gender of the noun. The list below presents general guidelines for determining the gender of nouns.

Terminaisons du masculin

-age	patinage, village, étage, courage
-al	animal, journal, hôpital, cheval
-at	chocolat, soldat, doctorat, consulat
-eau	tableau, morceau, couteau, château
-ent	parent, client, président, antécédent
-er	dîner, déjeuner, danger
	épicier, boulanger, charcutier (*occupations*)
	pommier, poirier, pêcher, bananier (*arbres*)
-et	objet, buffet, cabinet, projet
-eur	vendeur, chanteur, acteur, professeur (*occupations*)
	moteur, radiateur, indicateur (*appareils*)
-ien	technicien, mécanicien, canadien
-in	médecin, marin, cousin, voisin, coussin
-isme	optimisme, nationalisme, impérialisme
-oir	soir, couloir, mouchoir, rasoir, devoir
-ment	monument, gouvernement, mouvement

Terminaisons du féminin

-ade	façade, orangeade, salade, charade
-aine	douzaine, fontaine, américaine
-aison	terminaison, comparaison, conjugaison
-ance	enfance, tendance, correspondance
-ande	demande, commande, viande, Hollande
-ée	cuillerée, année, journée, entrée
-eille	bouteille, oreille, corbeille
-ence	différence, agence, patience, présence
-ère	boulangère, épicière, charcutière (*occupations*)
-esse	vitesse, noblesse, richesse, jeunesse (*noms abstraits*)
	hôtesse, maîtresse, princesse, tigresse
-ette	assiette, fourchette, serviette, cigarette
-eur	chaleur, horreur, terreur, honneur (*noms abstraits*)
-euse	vendeuse, chanteuse, voyageuse, danseuse

509

-ie	géographie, mélodie, épicerie, crémerie
-ienne	technicienne, musicienne, canadienne
-ine	usine, machine, vitrine, cuisine, voisine
-ique	musique, boutique, botanique, basilique
-ise	valise, église, cerise, surprise
-oire	baignoire, poire, victoire, histoire, gloire
-onne	personne, consonne, colonne, Sorbonne
-sion	télévision, décision, discussion, profession
-té	liberté, nationalité, vérité, beauté
-tion	nation, question, correction, addition
-trice	lectrice, directrice, actrice
-tude	étude, attitude, habitude, solitude
-ure	culture, voiture, gravure, architecture

Appendix B

CONJUGAISON DES VERBES RÉGULIERS

French verbs have moods (such as the indicative, the conditional, and the subjunctive). Each mood has several tenses, which are divided into simple and compound, the latter consisting of the auxiliary verb and a past participle. In the following verb chart, the numbers in parentheses refer to the lesson or lessons in which a tense is presented.

1. Infinitif (2.1, 3.6, 4.1)

parler	finir	descendre

2. Participe présent (25.3)

parlant	finissant	descendant

3. Participe passé (9.2, 9.4)

parlé	fini	descendu

4. Indicatif

présent (2.1, 3.6, 4.1)

je parle	je finis	je descends
tu parles	tu finis	tu descends
il parle	il finit	il descend
nous parlons	nous finissons	nous descendons
vous parlez	vous finissez	vous descendez
ils parlent	ils finissent	ils descendent

passé composé (9.2, 9.4)

j'ai parlé	j'ai fini	je suis descendu(e)
tu as parlé	tu as fini	tu es descendu(e)
il a parlé	il a fini	il est descendu
nous avons parlé	nous avons fini	nous sommes descendu(e)s
vous avez parlé	vous avez fini	vous êtes descendu(e) (s)
ils ont parlé	ils ont fini	ils sont descendus

imparfait (10.3)

je parlais	je finissais	je descendais
tu parlais	tu finissais	tu descendais
il parlait	il finissait	il descendait
nous parlions	nous finissions	nous descendions
vous parliez	vous finissiez	vous descendiez
ils parlaient	ils finissaient	ils descendaient

plus-que-parfait (15.3)

j'avais parlé	j'avais fini	j'étais descendu(e)
tu avais parlé	tu avais fini	tu étais descendu(e)
il avait parlé	il avait fini	il était descendu
nous avions parlé	nous avions fini	nous étions descendu(e)s
vous aviez parlé	vous aviez fini	vous étiez descendu(e)(s)
ils avaient parlé	ils avaient fini	ils étaient descendus

futur (12.3)

je parlerai	je finirai	je descendrai
tu parleras	tu finiras	tu descendras
il parlera	il finira	il descendra
nous parlerons	nous finirons	nous descendrons
vous parlerez	vous finirez	vous descendrez
ils parleront	ils finiront	ils descendront

futur antérieur (12.3)

j'aurai parlé	j'aurai fini	je serai descendu(e)
tu auras parlé	tu auras fini	tu seras descendu(e)
il aura parlé	il aura fini	il sera descendu
nous aurons parlé	nous aurons fini	nous serons descendu(e)s
vous aurez parlé	vous aurez fini	vous serez descendu(e)(s)
ils auront parlé	ils auront fini	ils seront descendus

passé simple (27.2)

je parlai	je finis	je descendis
tu parlas	tu finis	tu descendis
il parla	il finit	il descendit
nous parlâmes	nous finîmes	nous descendîmes
vous parlâtes	vous finîtes	vous descendîtes
ils parlèrent	ils finirent	ils descendirent

passé antérieur (27.2)

j'eus parlé	j'eus fini	je fus descendu(e)
tu eus parlé	tu eus fini	tu fus descendu(e)
il eut parlé	il eut fini	il fut descendu
nous eûmes parlé	nous eûmes fini	nous fûmes descendu(e)s
vous eûtes parlé	vous eûtes fini	vous fûtes descendu(e)(s)
ils eurent parlé	ils eurent fini	ils furent descendus

5. Conditionnel

présent (18.4)

je parlerais	je finirais	je descendrais
tu parlerais	tu finirais	tu descendrais
il parlerait	il finirait	il descendrait
nous parlerions	nous finirions	nous descendrions
vous parleriez	vous finiriez	vous descendriez
ils parleraient	ils finiraient	ils descendraient

passé (18.4)

j'aurais parlé	j'aurais fini	je serais descendu(e)
tu aurais parlé	tu aurais fini	tu serais descendu(e)
il aurait parlé	il aurait fini	il serait descendu
nous aurions parlé	nous aurions fini	nous serions descendu(e)s
vous auriez parlé	vous auriez fini	vous seriez descendu(e) (s)
ils auraient parlé	ils auraient fini	ils seraient descendus

6. Subjonctif

présent (20.2)

je parle	je finisse	je descende
tu parles	tu finisses	tu descendes
il parle	il finisse	il descende
nous parlions	nous finissions	nous descendions
vous parliez	vous finissiez	vous descendiez
ils parlent	ils finissent	ils descendent

passé (20.3)

j'aie parlé	j'aie fini	je sois descendu(e)
tu aies parlé	tu aies fini	tu sois descendu(e)
il ait parlé	il ait fini	il soit descendu
nous ayons parlé	nous ayons fini	nous soyons descendu(e)s
vous ayez parlé	vous ayez fini	vous soyez descendu(e) (s)
ils aient parlé	ils aient fini	ils soient descendus

imparfait (27.3)

je parlasse	je finisse	je descendisse
tu parlasses	tu finisses	tu descendisses
il parlât	il finît	il descendît
nous parlassions	nous finissions	nous descendissions
vous parlassiez	vous finissiez	vous descendissiez
ils parlassent	ils finissent	ils descendissent

plus-que-parfait (27.3)

j'eusse parlé	j'eusse fini	je fusse descendu(e)
tu eusses parlé	tu eusses fini	tu fusses descendu(e)
il eût parlé	il eût fini	il fût descendu
nous eussions parlé	nous eussions fini	nous fussions descendu(e)s
vous eussiez parlé	vous eussiez fini	vous fussiez descendu(e) (s)
ils eussent parlé	ils eussent fini	ils fussent descendus

7. Impératif (2.1, 15.1)

[tu] Parle!	[tu] Finis!	[tu] Descends!
[nous] Parlons!	[nous] Finissons!	[nous] Descendons!
[vous] Parlez!	[vous] Finissez!	[vous] Descendez!

Appendix C

CONJUGAISON DES VERBES IRRÉGULIERS

The following list presents the simple tenses of all main irregular verbs. In most cases, only the first person singular (je) and plural (nous) forms are given, since the other forms can be derived from these two. Where this is not possible, the specific irregular form is provided in parentheses, or a reference is made to the grammar explanations in which the entire conjugation occurs. If the verb normally occurs only in impersonal expressions (for example, pleuvoir and falloir), only the third person singular form (il) of each tense is given. The principal parts of each verb appear in the following order.

Infinitive	Present Participle		Past Participle		Present Indicative
	Imperfect Indicative		Passé Simple		
	Future Indicative		Present Conditional		
	Present Subjunctive		Imperfect Subjunctive		

accourir	(*same conjugation pattern as* **courir**)
accueillir	(*same conjugation pattern as* **cueillir**)
acquérir	acquérant/acquis/acquiers, acquérons
	acquérais, acquérions/acquis, acquîmes
	acquerrai, acquerrons/acquerrais, acquerrions
	acquière, acquérions/acquisse, acquissions
admettre	(*same conjugation pattern as* **mettre**)
aller	allant/allé (*with* **être**)/(*see Lesson 3.2*)
	allais, allions/allai, allâmes
	irai, irons/irais, irions
	aille, allions/allasse, allassions
apparaître	(*same conjugation pattern as* **paraître**)
appartenir	(*same conjugation pattern as* **tenir**)
apprendre	(*same conjugation pattern as* **prendre**)
s'asseoir	asseyant/assis (*with* **être**)/assieds, asseyons
	asseyais, asseyions/assis, assîmes
	assiérai, assiérons/assiérais, assiérions
	asseye, asseyions/assisse, assissions
atteindre	(*same conjugation pattern as* **éteindre**)
avoir	ayant/eu/(*see Lesson 2.6*)
	avais, avions/eus, eûmes
	aurai, aurons/aurais, aurions
	(*see Lesson 20.3*)/eusse, eussions

boire	buvant/bu/bois, buvons
	buvais, buvions/bus, bûmes
	boirai, boirons/boirais, boirions
	boive, buvions/busse, bussions
bouillir	bouillant/bouilli/bous, bouillons
	bouillais, bouillions/bouillis, bouillîmes
	bouillirai, bouillirons/bouillirais, bouillirions
	bouille, bouillions/bouillisse, bouillissions
comprendre	(*same conjugation pattern as* **prendre**)
concevoir	(*same conjugation pattern as* **recevoir**)
conclure	concluant/conclu/conclus, concluons
	concluais, concluions/conclus, conclûmes
	conclurai, conclurons/conclurais, conclurions
	conclue, concluions/conclusse, conclussions
conduire	conduisant/conduit/conduis, conduisons
	conduisais, conduisions/conduisis, conduisîmes
	conduirai, conduirons/conduirais, conduirions
	conduise, conduisions/conduisisse, conduisissions
connaître	connaissant/connu/connais (il connaît), connaissons
	connaissais, connaissions/connus, connûmes
	connaîtrai, connaîtrons/connaîtrais, connaîtrions
	connaisse, connaissions/connusse, connussions
conquérir	(*same conjugation pattern as* **acquérir**)
consentir	(*same conjugation pattern as* **sentir**)
construire	construisant/construit/construis, construisons
	construisais, construisions/construisis, construisîmes
	construirai, construirons/construirais, construirions
	construise, construisions/construisisse, construisissions
contredire	contredisant/contredit/contredis, contredisons (vous contredisez)
	contredisais, contredisions/contredis, contredîmes
	contredirai, contredirons/contredirais, contredirions
	contredise, contredisions/contredisse, contredissions
coudre	cousant/cousu/couds, cousons
	cousais, cousions/cousis, cousîmes
	coudrai, coudrons/coudrais, coudrions
	couse, cousions/cousisse, cousissions
courir	courant/couru/cours, courons
	courais, courions/courus, courûmes
	courrai, courrons/courrais, courrions
	coure, courions/courusse, courussions
couvrir	(*same conjugation pattern as* **ouvrir**)
craindre	craignant/craint/crains, craignons
	craignais, craignions/craignis, craignîmes
	craindrai, craindrons/craindrais, craindrions
	craigne, craignions/craignisse, craignissions
croire	croyant/cru/crois, croyons
	croyais, croyions/crus, crûmes
	croirai, croirons/croirais, croirions
	croie, croyions/crusse, crussions
croître[1]	croissant/crû/croîs, croissons
	croissais, croissions/crûs, crûmes
	croîtrai, croîtrons/croîtrais, croîtrions
	croisse, croissions/crûsse, crûssions

[1] Aside from the infinitive, future, and conditional, the *accent circonflexe* is retained on all forms that are otherwise identical with **croire**.

cueillir	cueillant/cueilli/cueille, cueillons
	cueillais, cueillions/cueillis, cueillîmes
	cueillerai, cueillerons/cueillerais, cueillerions
	cueille, cueillions/cueillisse, cueillissions
cuire	cuisant/cuit/cuis, cuisons
	cuisais, cuisions/cuisis, cuisîmes
	cuirai, cuirons/cuirais, cuirions
	cuise, cuisions/cuisisse, cuisissions
décevoir	(*same conjugation pattern as* **recevoir**)
découvrir	(*same conjugation pattern as* **ouvrir**)
décrire	(*same conjugation pattern as* **écrire**)
défaire	(*same conjugation pattern as* **faire**)
déplaire	(*same conjugation pattern as* **plaire**)
desservir	(*same conjugation pattern as* **servir**)
détruire	(*same conjugation pattern as* **construire**)
devenir	(*same conjugation pattern as* **venir**; *conjugated with* **être** *in compound tenses*)
devoir	devant/dû (*f* due)/dois, devons
	devais, devions/dus, dûmes
	devrai, devrons/devrais, devrions
	doive, devions/dusse, dussions
dire	disant/dit/dis, disons (vous dites)
	disais, disions/dis, dîmes
	dirai, dirons/dirais, dirions
	dise, disions/disse, dissions
disparaître	(*same conjugation pattern as* **paraître**)
distraire	distrayant/distrait/distrais, distrayons
	distrayais, distrayions/(*none*)
	distrairai, distrairons/distrairais, distrairions
	distraie, distrayions/(*none*)
dormir	dormant/dormi/dors, dormons
	dormais, dormions/dormis, dormîmes
	dormirai, dormirons/dormirais, dormirions
	dorme, dormions/dormisse, dormissions
écrire	écrivant/écrit/écris, écrivons
	écrivais, écrivions/écrivis, écrivîmes
	écrirai, écrirons/écrirais, écririons
	écrive, écrivions/écrivisse, écrivissions
élire	(*same conjugation pattern as* **lire**)
émouvoir	(*same conjugation pattern as* **mouvoir**)
s'endormir	(*same conjugation pattern as* **dormir**; *conjugated with* **être** *in compound tenses*)
entretenir	(*same conjugation pattern as* **tenir**)
envoyer	envoyant/envoyé/envoie, envoyons
	envoyais, envoyions/envoyai, envoyâmes
	enverrai, enverrons/enverrais, enverrions
	envoie, envoyions/envoyasse, envoyassions
éteindre	éteignant/éteint/éteins, éteignons
	éteignais, éteignions/éteignis, éteignîmes
	éteindrai, éteindrons/éteindrais, éteindrions
	éteigne, éteignions/éteignisse, éteignissions
être	étant/été/(*see Lesson 1.6*)
	étais, étions/fus, fûmes
	serai, serons/serais, serions
	sois, soyons/fusse, fussions
exclure	(*same conjugation pattern as* **conclure**)

faire	faisant/fait/ (*see Lesson 4.6*)
	faisais, faisions/fis, fîmes
	ferai, ferons/ferais, ferions
	fasse, fassions/fisse, fissions
falloir	(*none*)/fallu/il faut
	il fallait/il fallut
	il faudra/il faudrait
	il faille/il fallût
frire	(*none*)/frit/fris (*no plural forms*)
	(*none*)/(*none*)
	frirai, frirons/frirais, fririons
	(*none*)/(*none*)
fuir	fuyant/fui/fuis, fuyons
	fuyais, fuyions/fuis, fuîmes
	fuirai, fuirons/fuirais, fuirions
	fuie, fuyions/fuisse, fuissions
inscrire	(*same conjugation pattern as* **écrire**)
interdire	(*same conjugation pattern as* **contredire**)
joindre	joignant/joint/joins, joignons
	joignais, joignions/joignis, joignîmes
	joindrai, joindrons/joindrais, joindrions
	joigne, joignions/joignisse, joignissions
lire	lisant/lu/lis, lisons
	lisais, lisions/lus, lûmes
	lirai, lirons/lirais, lirions
	lise, lisions/lusse, lussions
maintenir	(*same conjugation pattern as* **tenir**)
mentir	mentant/menti/mens, mentons
	mentais, mentions/mentis, mentîmes
	mentirai, mentirons/mentirais, mentirions
	mente, mentions/mentisse, mentissions
mettre	mettant/mis/mets, mettons
	mettais, mettions/mis, mîmes
	mettrai, mettrons/mettrais, mettrions
	mette, mettions/misse, missions
mourir	mourant/mort (*with* **être**)/meurs, mourons
	mourais, mourions/mourus, mourûmes
	mourrai, mourrons/mourrais, mourrions
	meure, mourions/mourusse, mourussions
mouvoir	mouvant/mû (*f* mue)/meus, mouvons
	mouvais, mouvions/mus, mûmes
	mouvrai, mouvrons/mouvrais, mouvrions
	meuve, mouvions/musse, mussions
naître	naissant/né (*with* **être**)/nais (il naît), naissons
	naissais, naissions/naquis, naquîmes
	naîtrai, naîtrons/naîtrais, naîtrions
	naisse, naissions/naquisse, naquissions
nuire	nuisant/nui/nuis, nuisons
	nuisais, nuisions/nuisis, nuisîmes
	nuirai, nuirons/nuirais, nuirions
	nuise, nuisions/nuisisse, nuisissions
obtenir	(*same conjugation pattern as* **tenir**)

offrir	offrant/offert/offre, offrons offrais, offrions/offris, offrîmes offrirai, offrirons/offrirais, offririons offre, offrions/offrisse, offrissions
ouvrir	ouvrant/ouvert/ouvre, ouvrons ouvrais, ouvrions/ouvris, ouvrîmes ouvrirai, ouvrirons/ouvrirais, ouvririons ouvre, ouvrions/ouvrisse, ouvrissions
paraître	paraissant/paru/parais (il paraît), paraissons paraissais, paraissions/parus, parûmes paraîtrai, paraîtrons/paraîtrais, paraîtrions paraisse, paraissions/parusse, parussions
parcourir	(*same conjugation pattern as* **courir**)
partir	partant/parti (*with* **être**)/pars, partons partais, partions/partis, partîmes partirai, partirons/partirais, partirions parte, partions/partisse, partissions
peindre	peignant/peint/peins, peignons peignais, peignions/peignis, peignîmes peindrai, peindrons/peindrais, peindrions peigne, peignions/peignisse, peignissions
permettre	(*same conjugation pattern as* **mettre**)
plaindre	plaignant/plaint/plains, plaignons plaignais, plaignions/plaignis, plaignîmes plaindrai, plaindrons/plaindrais, plaindrions plaigne, plaignions/plaignisse, plaignissions
plaire	plaisant/plu/plais (il plaît), plaisons plaisais, plaisions/plus, plûmes plairai, plairons/plairais, plairions plaise, plaisions/plusse, plussions
pleuvoir	pleuvant/plu/il pleut il pleuvait/il plut il pleuvra/il pleuvrait il pleuve/il plût
pouvoir	pouvant/pu/peux, pouvons pouvais, pouvions/pus, pûmes pourrai, pourrons/pourrais, pourrions puisse, puissions/pusse, pussions
prendre	prenant/pris/prends, prenons prenais, prenions/pris, prîmes prendrai, prendrons/prendrais, prendrions prenne, prenions/prisse, prissions
prévoir	(*same conjugation pattern as* **voir**)
produire	(*same conjugation pattern as* **conduire**)
promettre	(*same conjugation pattern as* **mettre**)
recevoir	recevant/reçu/reçois, recevons recevais, recevions/reçus, reçûmes recevrai, recevrons/recevrais, recevrions reçoive, recevions/reçusse, reçussions
reconnaître	(*same conjugation pattern as* **connaître**)
recouvrir	(*same conjugation pattern as* **ouvrir**)
récrire	(*same conjugation pattern as* **écrire**)

rejoindre	(*same conjugation pattern as* joindre)
relire	(*same conjugation pattern as* lire)
repartir	(*same conjugation pattern as* partir; *conjugated with* être *in compound tenses*)
repeindre	(*same conjugation pattern as* peindre)
résoudre	résolvant/résolu/résous, résolvons
	résolvais, résolvions/résolus, résolûmes
	résoudrai, résoudrons/résoudrais, résoudrions
	résolve, résolvions/résolusse, résolussions
ressentir	(*same conjugation pattern as* sentir)
ressortir	(*same conjugation pattern as* sortir; *conjugated with* être *in compound tenses*)
retenir	(*same conjugation pattern as* tenir)
revenir	(*same conjugation pattern as* venir; *conjugated with* être *in compound tenses*)
revoir	(*same conjugation pattern as* voir)
rire	riant/ri/ris, rions
	riais, riions/ris, rîmes
	rirai, rirons/rirais, ririons
	rie, riions/risse, rissions
rompre	rompant/rompu/romps (il rompt), rompons
	rompais, rompions/rompis, rompîmes
	romprai, romprons/romprais, romprions
	rompe, rompions/rompisse, rompissions
savoir	sachant/su/sais, savons
	savais, savions/sus, sûmes
	saurai, saurons/saurais, saurions
	sache, sachions/susse, sussions
sentir	sentant/senti/sens, sentons
	sentais, sentions/sentis, sentîmes
	sentirai, sentirons/sentirais, sentirions
	sente, sentions/sentisse, sentissions
servir	servant/servi/sers, servons
	servais, servions/servis, servîmes
	servirai, servirons/servirais, servirions
	serve, servions/servisse, servissions
sortir	sortant/sorti (*with* être)/sors, sortons
	sortais, sortions/sortis, sortîmes
	sortirai, sortirons/sortirais, sortirions
	sorte, sortions/sortisse, sortissions
souffrir	(*same conjugation pattern as* offrir)
soumettre	(*same conjugation pattern as* mettre)
sourire	(*same conjugation pattern as* rire)
soutenir	(*same conjugation pattern as* tenir)
se souvenir	(*same conjugation pattern as* venir; *conjugated with* être *in compound tenses*)
suffire	suffisant/suffi/suffis, suffisons
	suffisais, suffisions/suffis, suffîmes
	suffirai, suffirons/suffirais, suffirions
	suffise, suffisions/suffisse, suffissions
suivre	suivant/suivi/suis, suivons
	suivais, suivions/suivis, suivîmes
	suivrai, suivrons/suivrais, suivrions
	suive, suivions/suivisse, suivissions
surprendre	(*same conjugation pattern as* prendre)
survivre	(*same conjugation pattern as* vivre)

se taire	taisant/tu (*with* **être**)/tais, taisons
	taisais, taisions/tus, tûmes
	tairai, tairons/tairais, tairions
	taise, taisions/tusse, tussions
teindre	(*same conjugation pattern as* **éteindre**)
tenir	tenant/tenu/tiens, tenons
	tenais, tenions/tins, tînmes
	tiendrai, tiendrons/tiendrais, tiendrions
	tienne, tenions/tinsse, tinssions
traduire	(*same conjugation pattern as* **conduire**)
vaincre	vainquant/vaincu/vaincs (il vainc), vainquons
	vainquais, vainquions/vainquis, vainquîmes
	vaincrai, vaincrons/vaincrais, vaincrions
	vainque, vainquions/vainquisse, vainquissions
valoir	valant/valu/vaux, valons
	valais, valions/valus, valûmes
	vaudrai, vaudrons/vaudrais, vaudrions
	vaille, valions/valusse, valussions
venir	venant/venu (*with* **être**)/viens, venons
	venais, venions/vins, vînmes
	viendrai, viendrons/viendrais, viendrions
	vienne, venions/vinsse, vinssions
vêtir	vêtant/vêtu/vêts, vêtons
	vêtais, vêtions/vêtis, vêtîmes
	vêtirai, vêtirons/vêtirais, vêtirions
	vête, vêtions/vêtisse, vêtissions
vivre	vivant/vécu/vis, vivons
	vivais, vivions/vécus, vécûmes
	vivrai, vivrons/vivrais, vivrions
	vive, vivions/vécusse, vécussions
voir	voyant/vu/vois, voyons
	voyais, voyions/vis, vîmes
	verrai, verrons/verrais, verrions
	voie, voyions/visse, vissions
vouloir	voulant/voulu/veux, voulons
	voulais, voulions/voulus, voulûmes
	voudrai, voudrons/voudrais, voudrions
	veuille, voulions/voulusse, voulussions

Lexique Français–Anglais

The vocabulary list below includes all words occurring in the **Conversations**, **Exercices oraux**, **Application**, *and* **Explications**. *Only numerals and some grammatical items (such as possessive adjectives, and demonstrative and possessive pronouns) have been omitted.*

1. *Nouns.* Noun gender is indicated by the article. In a few cases, however, it is shown by *m* or *f* after the noun. Irregular plural forms are listed in parentheses after the entry.

œil (yeux)	the plural form is **yeux**
animal (-aux)	the plural form is **animaux**
bijou (-oux)	the plural form is **bijoux**
bateau (-eaux)	the plural form is **bateaux**
cheveux (*pl*)	the word normally occurs in the plural
gratte-ciel (*pl* invariable)	the plural form is the same as the singular

2. *Adjectives.* Irregular feminine forms are indicated in parentheses. If (**e**) follows the adjective, it is regular (the feminine form is derived from the masculine by the addition of **e** in spelling). If nothing follows the masculine form, the feminine form is identical.

âgé(e)	the feminine form is **âgée**
affectif(-ive)	the feminine form is **affective**
bref (brève)	the feminine form is **brève**
jeune	the feminine form is also **jeune**

3. *Verbs.* All irregular verbs appearing in the book are preceded by an asterisk (*) in this vocabulary. Their principal parts are listed in Appendix C.

4. *Idioms* and *Prepositional phrases.* Idiomatic expressions and prepositional phrases involving a noun are listed under the noun. If there is no noun, they are found under the main word in the phrase.

de bonne heure	listed under **heure**
bien sûr	listed under **sûr**

5. An "aspirate" *h* at the beginning of a word is marked by a dot under the "h."

ḥaut

6. Numbers in parentheses refer to the grammar lessons in the book. "Index" refers to the grammatical and thematic index at the end of the book. Other abbreviations are listed below.

adj	adjective	*m*	masculine
adv	adverb	*n*	note
conj	conjunction	*pl*	plural
f	feminine	*qqchose*	quelque chose
inf	infinitive	*qqn*	quelqu'un
invar	invariable		

A

à (see Index)

abandonner to leave, abandon

abîmé(e) damaged, ruined

d'abord first of all

aboyer to bark

un **abricot** apricot

abriter to shelter

une **absence** absence

absolu(e) absolute

absolument absolutely

abstrait(e) abstract

absurde absurd

un **accélérateur** accelerator

un **accent** accent

acceptable acceptable

accepter (de + *inf*) to accept

un **accès** access

un **accessoire** accessory; *adj* secondary

un **accident** accident

accompagner to accompany

accomplir to accomplish

un **accord** agreement; **d'accord** agreed, O.K.

accorder to grant

accourir to rush (up)

accrocher to hang (up)

accueillant(e) welcoming, hospitable

*****accueillir** to receive, welcome

un **achat** purchase; **faire des achats** to shop

acheter to buy; **s'acheter** to buy (for) oneself

achever to achieve, finish

*****acquérir** to acquire, buy

une **acquisition** acquisition, purchase

l'**acrylique** *f* acrylic

un **acteur** actor

actif(-ive) active

une **action** action

une **activité** activity

une **actrice** actress

actualités *pl f* news (*on the radio or television*)

actuel(le) present, current

actuellement now, currently

une **adaptation** adaptation

adapter to adapt

une **addition** addition; check (*in a restaurant*)

un **adjectif** adjective

admettre to admit

administratif(-ive) administrative

administrer to administer; to manage

admirable remarkable, admirable

admirer to admire

une **adresse** address

adresser to direct, address

un(e) **adulte** adult

un **adverbe** adverb

aérien(ne) (of) air

un **aéroport** airport

une **affaire** affair, matter; belongings; business; **homme d'affaires** businessman; **ranger ses affaires** to put away one's things

affectif(-ive) emotional

une **affection** love, tenderness

affectueusement affectionately

une **affiche** poster, placard

afficher to post, display (*notice, poster, etc.*)

une **affinité** affinity

affirmatif(-ive) affirmative

affirmativement affirmatively

une **affluence** flow; **heures d'affluence** rush hours

affreux(-euse) terrible, frightful

afin de in order to

afin que so that

l'**Afrique** *f* Africa

un **âge** age; **Quel âge avez-vous?** How old are you?

âgé(e) old; **âgé de vingt ans** twenty years old

une **agence** agency

un **agent** agent; **agent de police** policeman

une **agglomération** agglomeration; metropolitan area

s'agir (de): il s'agit de it is a matter of

agréable pleasant

agressif(-ive) aggressive

agricole agricultural

l'**agriculture** *f* agriculture

ah ah, oh

aider (à + *inf*) to help

Aïe! Ouch!

une **aiguille** needle; hand (*of a watch*)

une **aile** wing; fender (*of a car*); **aile gauche arrière** left rear fender

ailleurs elsewhere; **d'ailleurs** besides

aimer to like, love

ainsi so, thus

un **air** air, looks; **avoir l'air** to seem, look; **avoir le mal de l'air** to be airsick

ajouter to add

un **alcool** alcohol

alcoolique alcoholic

l'**Algérie** *f* Algeria

un **aliment** food

alimentaire alimentary, related to food

allécher to attract

une **allée** path; avenue

l'**Allemagne** *f* Germany; **Allemagne Fédérale** West Germany

allemande(e) German; l'**allemand** German language; **Allemand(e)** German (*person*)

un **aller** one-way; **aller et retour** round trip

*****aller** (3.2, *see Index*) to go; to be (*health*); **aller chercher** to go get; **aller bien à** to fit; to be becoming to (*clothes*)

une **alliance** alliance, union

allô hello (*on the telephone*)

allumer to light; to turn on

une **allumette** match

alors then, at that time, in that case; so, well; **alors que** whereas, while

Alpes *pl f* the Alps

l'**Alsace** *f* Alsace (*a province in the east of France*)

une **altitude** altitude

un **amateur** fan, nonprofessional expert

une **ambiance** mood, atmosphere

une **ambition** ambition

une **ambulance** ambulance

une **amélioration** improvement

521

améliorer to improve

une **amende** fine

amener to bring

américain(e) American; **Américain(e)** American (*person*)

l'**Amérique** *f* America; **Amérique du Nord** North America

un(e) **ami(e)** friend; boyfriend (girlfriend)

amical(e) friendly

un **amour** love

un **amphi(théâtre)** amphitheater

amusant(e) amusing

un **amuse-gueule** *(pl invar)* appetizer, snack

amuser to amuse; **s'amuser** to have fun, to enjoy oneself

un **an** (*see Index*) year; **avoir vingt ans** to be twenty years old; **à dix ans** at the age of ten

une **analyse** analysis

un **ananas** pineapple

un(e) **ancêtre** ancestor

ancien(ne) ancient, old; former (*before a noun*)

l'**Andorre** *m* Andorra, (*a republic in the Pyrenees*)

une **anecdote** anecdote

anglais(e) English, British; l'**anglais** English language; **Anglais(e)** English, British (*person*)

un **angle** corner

l'**Angleterre** *f* England

l'**Anjou** *m* Anjou (*French province*)

un **animal(-aux)** animal

une **animation** animation; bustle

animé(e) animated; **dessin animé** cartoon

s'animer to come to life

une **année** (*23.5*) year

un **anniversaire** birthday

une **annonce** announcement; want ad

annoncer to announce

un **annuaire** telephone directory

annuler to cancel

anonyme anonymous

l'**anthropologie** *f* anthropology

anthropologique anthropological

l'**antipollution** *f* antipollution

un **antiquaire** antique dealer

août *m* August

***apercevoir** to notice, perceive; **s'apercevoir de** to notice, realize

un **apéritif** before-dinner drink

une **apogée** peak

***apparaître** to appear

un **appareil** apparatus, device; **appareil photographique** camera; **Qui est à l'appareil?** Who is this speaking? (*telephone*)

une **apparence** appearance, aspect, look

apparenté(e) related

une **apparition** appearance

un **appartement** apartment

***appartenir (à)** (*19.3*) to belong (to)

appeler to call; **s'appeler** to be called, one's name is

une **appellation** name; **appellation contrôlée** registered name

appétissant(e) appetizing, tempting

un **appétit** appetite; **avoir un appétit d'oiseau** to eat like a bird

applaudir to applaud, clap

un **applaudissement** applause, clapping

une **application** application

apporter to bring; **apportez-moi** bring me

apprécier to appreciate

***apprendre (à +** *inf*) (*5.1*) to learn; **apprendre à qqn à faire qqchose** to teach someone to do something

un **apprenti** apprentice

une **approbation** consent, approval

approcher to come close; to bring close; **s'approcher de** to approach

approprié(e) appropriate

approximatif(-ive) approximate

approximativement approximately

après (*see Index*) after; **après que** after;

d'après according to

un **après-midi** *pl invar* afternoon

une **aquarelle** watercolor

un **arbre** tree

un **arc** arch; **Arc de Triomphe** Arch of Triumph

une **architecture** architecture

archives *pl f* archives

l'**argent** *m* money; silver

un **argot** slang

aristocratique aristocratic

une **arme** arm, weapon

une **armée** army

une **armoire** wardrobe

arracher to pull; **se faire arracher une dent** to have a tooth pulled

un **arrêt** stop

arrêter to stop (*something*) **s'arrêter** to stop

l'**arrière** *m* back, rear; **à l'arrière** in the back

une **arrivée** arrival; **hall d'arrivée** arrival room

arriver to arrive; to happen

arrogant(e) arrogant

arroser to water; to wash down

un **art** art; **les beaux-arts** fine arts

une **artère** artery; thoroughfare

un **artichaut** artichoke

un **article** article

artificiel(le) artificial

un **artisan** artisan

un(e) **artiste** artist; *adj* artistic

artistique artistic

un **ascenseur** elevator

l'**Asie** *f* Asia

un **aspect** aspect

une **asperge** asparagus

un **aspirateur** vacuum cleaner

une **aspirine** aspirin

assassiner to assassinate

une **assemblée** assembly

s'*asseoir (*13.1*) to sit down

assez (*5.3.3*) enough; **pas assez** not enough

une **assiette** dish, plate

assis(e) seated, sitting

assister (à) to attend

une **association** association

associé(e) associated, connected

assurer to assure; to insure

un **astre** star

l'**astrologie** *f* astrology

l'**astronomie** *f* astronomy

Atchoum! Achoo!

un(e) **athée** atheist

une **atmosphère** atmosphere

un **attachement** tenderness, love

attacher to tie, fasten

attaquer to attack

s'**attarder** to linger

*****atteindre** (*22.3*) to reach, attain

attendre to wait for

attentif(-ive) attentive; careful

une **attention** attention, care; **Attention!** Watch out!; **faire attention** to pay attention, to be careful

atterrir to land

attirer to attract

une **attitude** attitude

attraper to catch

une **auberge** inn; **auberge de jeunesse** youth hostel

aucun(e) (*18.3*) not any, not a single; *pron* none

au-dessous (de) below, underneath

au-dessus (de) above, over

auditif(-ive) aural, listening

une **augmentation** increase, rise

augmenter to increase

aujourd'hui today

auprès (de) near, around

au revoir good-bye

aussi also, too; **aussi...que** (*see Index*) as...as

l'**Australie** *f* Australia

autant as much, as many (*15.4*)

un **auteur** author

un **autobus** bus (*city*)

un **autocar** bus (*inter-urban*)

automatique automatic

un **automne** autumn

une **auto(mobile)** automobile

un(e) **automobiliste** car driver

une **autorité** authority

une **autoroute** freeway

l'**auto-stop** *m* hitchhiking; **faire de l'auto-stop** to hitchhike

autour (de) around

autre other; **autre chose** something else

autrefois before, long ago; **d'autrefois** of the past

l'**Autriche** *f* Austria

autrichien(ne) Austrian

un **auxiliaire** auxiliary

une **avance** advance; **à l'avance** ahead of time

avancer to advance; **la montre avance de cinq minutes** the watch is five minutes fast

l'**avant** *m* front (*of a car*); **à l'avant** in front; **en avant** forward

avant (*16.1*) before; **avant que** before

un **avantage** advantage

l'**avant-garde** *f* avant-garde

avant-hier day before yesterday

avec with

un **avenir** future

une **aventure** adventure

une **avenue** avenue

un **avertisseur** horn (*of a car*)

aveugle blind

aveuglément blindly

un **avion** airplane; **avion à réaction** jet plane; **par avion** (by) airmail

un **avis** opinion; **à votre avis** in your opinion

un **avocat** lawyer

l'**avoine** *f* oats

*****avoir** (*see Index*) to have; **il y a** there is, there are; (*25.4*) ago; **il y a...que** for (*time*); **avoir besoin de** to need; **avoir droit à** to be entitled to; **avoir du mal à** + *inf* to have a hard time; **avoir mal à** to have an ache; **avoir lieu** to take place

avouer to confess, admit

avril *m* April

B

le **baccalauréat** national examination at the end of lycée, qualifying students to enter universities

le **bacon** bacon

bagages *pl m* baggage, luggage

la **bagarre** fight, scuffle

la **bague** ring

la **baignoire** bathtub

bâiller to yawn

le **bain** bath; **salle de bains** bathroom

le **baiser** kiss

baiser to kiss

se **baisser** to stoop, bend over

le **balai** broom

la **balance** scales

balayer to sweep

le **balcon** balcony

la **balle** ball

la **banane** banana

la **bande** tape

le **banc** bench

la **banlieue** suburb

le **banlieusard** suburbanite

bannir to banish, exile

la **banque** bank

la **banquette** seat (*in a train*)

le **bar** bar, snack bar

la **barbe** beard

le **baron** baron

la **baronne** baroness

baroque baroque

le **bas** stocking

bas (basse) low; **au bas de** at the bottom of; **en bas** below; **table basse** coffee table

la **base** base, basis

basé(e) based

la **basilique** basilica

le **bas-relief** bas-relief

le **bastion** stronghold

le **bateau(-eaux)** boat, ship

le **bâtiment** building

bâtir to build

la **batteuse** threshing machine

bavard(e) talkative

bavarder to chat

beau (bel, belle) (*6.3.3, 6.5.1 n*) beautiful, handsome

beaucoup (*5.3.3, 15.4*) much, many

le **beau-frère** brother-in-law

le **beau-père** father-in-law

la **beauté** beauty

beaux-arts *pl m* fine arts
le **bébé** baby
le **bec** beak
beige beige
belge Belgian
la **Belgique** Belgium
la **belle-famille** in-laws
la **belle-fille** daughter-in-law
la **belle-mère** mother-in-law
la **belle-sœur** sister-in-law
la **béquille** crutch
le **besoin** need, want; **avoir besoin de** to need
la **bête** animal, beast; *adj* stupid, dumb
la **bêtise** silliness, stupidity
la **betterave à sucre** sugar beet
le **beurre** butter
le **bibelot** knickknack
la **bibliothèque** library
la **bicyclette** bicycle
bien well; fine; very; **bien que** although; **bien sûr** of course; **eh bien** well, oh well; **faire bien de** + *inf* to do well by; **faire du bien** to do good; **ou bien** or else
bientôt soon
la **bière** beer
le **bifteck** steak
le **bijou(-oux)** jewel
bilingue bilingual
le **billet** ticket; **un billet de dix francs** a ten franc bill
Bis! Encore!
le **bistrot** café, bar
blanc (blanche) white
blanchir to whiten; to become white
le **blé** wheat
blessé(e) wounded
bleu(e) blue
blond(e) blond
la **blouse** blouse; overalls
le **blue-jean** blue jeans
le **bœuf** beef; ox
*boire (*5.5*) to drink
le **bois** wood
la **boisson** drink
la **boîte** box; booth; can; **boîte aux lettres** mailbox; **boîte de nuit** nightclub
le **bol** bowl
bon (bonne) good; right,

correct; **Bon!** Fine!; **bon marché** inexpensive; **de bonne heure** early; **pour de bon** for good
le **bonbon** candy
bondé(e) crowded
bonjour hello, good morning (afternoon)
bonsoir good evening
la **bonté** goodness, kindness
le **bord** shore, edge; side; **à bord** on board; **au bord de la mer** on (to) the seashore
bordé(e) lined
la **botanique** botany; *adj* botanical
la **bouche** mouth
le **boucher** butcher
la **boucherie** butcher shop; **boucherie chevaline** horse-butcher's shop
la **boucle** buckle; **boucle d'oreille** earring
boucler to buckle, fasten
la **bougie** candle
*bouillir to boil; **faire bouillir qqchose** to boil something
le **boulanger** baker
la **boulangerie** bakery
le **boulevard** boulevard
le **bouleversement** upheaval, confusion; overthrow
le **Boul' Mich'** *le boulevard Saint-Michel*
le **bouquet** bouquet (*flowers, wine*)
le **bouquin** book (*slang*)
le **bouquiniste** used-book dealer
le **bourg** big village
bourgeois(e) middle-class, bourgeois
la **Bourgogne** Burgundy
la **Bourse** Stock Exchange
le **bout** end; **au bout de** at the end of
la **bouteille** bottle
la **boutique** shop
le **bouton** button
le **bracelet** bracelet
la **branche** branch
le **bras** arm; **bras dessus bras dessous** arm in arm
la **brasserie** short-order restaurant and café

brave brave, courageous; good, worthy (*before a noun*)
Bravo! Hurray! Bravo!
bref (brève) short; **bref** in short
le **Brésil** Brazil
brésilien(ne) Brazilian
la **Bretagne** Brittany; **la Grande-Bretagne** Great Britain
breton(ne) Breton
le **bricolage** building hobby
la **bricole** odds and ends
le **bridge** bridge (*game*)
brièvement briefly
brillant(e) brilliant
briller to shine
la **brioche** sweet roll, bun
la **brique** brick
la **broche** brooch, pin
la **brosse** brush; **brosse à dents** toothbrush
brosser to brush; **se brosser les dents** to brush one's teeth
le **brouillard** fog
brouillé(e) scrambled
Brrr! Brrr!
le **bruit** noise
brûler to burn; **brûler un feu rouge** to run a red light
brun (brune) brown
brut(e) unrefined; gross
brutalement abruptly
Bruxelles Brussels
bruyant(e) noisy
le **buffet** buffet
le **bureau(-eaux)** desk; office; **bureau de location** booking office; **bureau de poste** post office; **bureau de tabac** tobacco shop
le **buste** bust

C

ça (*9.5*) that; **ça fait du bien** it does good; **ça ne fait rien** it doesn't matter; **ça y est** it's done; **c'est ça** that's right
çà et là here and there
la **cabine** cabin; **cabine téléphonique** telephone booth

le **cabinet** small room;
cabinet de travail study
cacher to hide
le **cachet** pill, tablet
le **cadeau(-eaux)** gift;
cadeau miracle perfect
gift
le **café** coffee; cafe;
café au lait coffee with
hot milk
le **cahier** notebook;
cahier d'exercices
workbook
la **caisse** cash register
le **calendrier** calendar
la **Californie** California
le **calme** quiet, calm
calme quiet, calm
calmer to calm, quiet down
la **calorie** calorie
calquer (sur) to copy
closely
le(la) **camarade** friend
(*casual*); **camarade de
chambre** roommate
la **camaraderie** friendship
le **camembert** camembert
cheese
le **Cameroun** Cameroon
le **camion** truck
la **camionnette** delivery
truck, van
la **campagne** country,
countryside; **à la campagne**
in (to) the country
le **camping** camping
le **campus** campus
le **Canada** Canada
canadien(ne) Canadian;
Canadien(ne) Canadian
(*person*)
le **canal(-aux)** canal
le **canapé** canape,
open-faced sandwich
le **canard** duck
le(la) **candidat(e)**
candidate
la **canne** cane
le **caoutchouc** rubber
capable (de) capable (of)
la **cape** cape
capétien(ne) Capetian; of
the Capetian dynasty
le **capitaine** captain
la **capitale** capital
la **capitulation** surrender
le **capot** hood (*of a car*)
le **car** bus (*interurban*)
car for, because
la **carafe** decanter

le **caramel** caramel
le **carnet** notebook, book
la **carotte** carrot
carré(e) square
le **carreau(-eaux)** small
square; **à carreaux**
checkered (*material*)
la **carte** card; menu; map;
carte d'abonnement season
ticket; **carte postale** post-
card
le **cas** case; **en cas
de** in case of; **en tout
cas** anyway
casser to break
la **casserole** pan, pot
la **catégorie** kind,
category
la **cathédrale** cathedral
catholique Catholic
la **cause** cause; **à cause
de** because of
la **cave** cellar
le **caviar** caviar
cawcher(-ère) Kosher
ce (cette) (*see Index*) this,
that
ceci (*9.5*) this
céder to yield, give in
la **ceinture** belt; **ceinture
de sécurité** seat belt
cela (*9.5*) that
célèbre famous
célébrer to celebrate
la **célébrité** celebrity;
faire la célébrité de to
make famous
célibataire single
la **cellule** cell
le **cendrier** ashtray
le **centime** centime
(*1/100 of one franc*)
le **centimètre** centimeter
la **centralisation**
centralization
centralisé(e) centralized
le **centre** center; **au
centre de** in the center of
cependant however
le **cercle** circle
céréales *pl f* grain; cereal
la **cerise** cherry
le **cerisier** cherry tree
certain(e) certain; some
certainement certainly
certes of course
ces (*see Index*) these,
those
cesse: sans cesse constantly

cesser (de + *inf*) to stop,
discontinue
c'est-à-dire that is (to say)
cet (*see Index*) this, that
chacun(e) (*18.3*) each,
every; *pron* each
le **chagrin** grief
la **chaîne** chain; assembly
line
la **chaise** chair
la **chaleur** heat, warmth
la **chambre (à coucher)**
bedroom
le **champ** field; **sur-le-
champ** right away
le **champagne** champagne
la **Champagne** Cham-
pagne (*province*)
le **champignon** mushroom
la **chance** chance; good
luck; **avoir de la chance**
to be lucky; **Quelle chance!**
How lucky!
le **changement** change
changer (de) to change
la **chanson** song
chanter to sing
le(la) **chanteur(-euse)**
singer
le **chapeau(-eaux)** hat
la **chapelle** chapel
le **chapitre** chapter
chaque (*18.3*) each, every
le **charbon** coal
la **charcuterie** pork
butcher shop
le **charcutier** pork
butcher
chargé(e) loaded; well-
filled
charmant(e) charming
le **charme** charm
la **charrette** cart
chasser to chase, hunt
le **chat** cat
châtain(e) brown (*for hair*)
le **château(-eaux)** castle;
château fort fortified
castle
le **châteaubriand** filet of
beef
chaud(e) warm; **avoir
chaud** to be warm (*per-
son*); **il fait chaud** it is
warm (*weather*)
le **chauffard** bad driver
le **chauffeur** driver
la **chaussée** pavement,
road
la **chaussette** sock

la **chaussure** shoe
le **chef** chief; master
 cook; **chef-d'œuvre**
 masterpiece
le **chemin** way; **chemin
 de fer** railroad
la **cheminée** fireplace;
 chimney
la **chemise** shirt
le **chèque** check; **chèque
 de voyage** traveler's
 check; **toucher un chèque**
 to cash a check
cher (**chère**) expensive;
 dear (*before a noun*);
 bonne chère good food,
 good eating; **coûter
 cher** to cost a lot; **payer
 cher** to pay a lot
chercher to look for; **aller
 chercher** to go get;
 chercher à + *inf* to try;
 venir chercher to come
 for
le **cheval**(**-aux**) horse
chevalin(**e**) (of) horse
cheveux *pl m* hair
la **cheville** ankle
la **chèvre** goat
chez at (to) the house
 (store, office) of; with,
 among
chic (*f invar*) elegant, chic
le **chien** dog
chiffonné(**e**) wrinkled
la **chimie** chemistry
chimique chemical
la **Chine** China
chinois(**e**) Chinese; **le
 chinois** Chinese language
le **chocolat** chocolate
choisir to choose
le **choix** choice
le **cholestérol** cholesterol
le **chômage** unemploy-
 ment
la **chose** thing
le **chou** (**choux**) cabbage;
 chou à la crème cream
 puff
le **chou-fleur** (**choux-
 fleurs**) cauliflower
chronologique chrono-
 logical
Chut! Sh!
la **chute d'eau** waterfall
ci-dessous below
le **cidre** cider
le **ciel** (**cieux**) sky;
 heaven

le **cigare** cigar
la **cigarette** cigarette
le **ciné-club** cinema club
le **cinéma** movies
la **cinémathèque** film
 library (*also shows classic
 films*)
cinématographique (of)
 film; cinematographic
la **circulation** traffic
circuler to get around; to
 drive around
la **cire** wax
cirer to wax
ciseaux *pl m* scissors
le **citadin** city dweller
la **cité** *campus area
 where dormitories are
 located*
citer to cite
le **citron** lemon
la **citronnade** lemon-
 flavored pop
civil(**e**) civil
la **civilisation** civilization
clair(**e**) clear; light
clairement clearly
la **classe** class; **salle de
 classe** classroom
le **classique** classic
classique classic(al)
la **clé** key; **fermer à
 clé** to lock
le(la) **client**(**e**) customer
la **clientèle** clientele;
 customers
le **clignotant** blinker, turn
 signal
le **climat** climate
la **cloche** bell
le **clocher** bell tower,
 steeple
le **club** club
le **Coca-Cola** Coca-Cola
le **cochon** pig
le **code** code, rule; **code
 de la route** traffic rules
le **cœur** heart; center
le **coffre** chest, trunk;
 coffre à bagages trunk (*of
 a car*)
le **cognac** cognac
le(la) **coiffeur**(**-euse**)
 barber, hairdresser
la **coiffeuse** dressing
 table
le **coin** corner; **coin
 cuisine** kitchenette; **coin
 repas** dinette
coincé(**e**) squeezed

le **col** collar; **col roulé**
 turtleneck
le **colis** package
collé(**e**) pasted, put up
collectionner to collect
le **collier** necklace
la **colline** hill
la **collision** collision;
 entrer en collision avec
 to collide with
colonial(**e**) colonial
la **colonie** colony
la **colonne** column
coloré(**e**) in color
colossal(**e**) colossal
combattre to fight
combien (*see Index*) how
 much, how many
la **comédie** comedy
le(la) **comédien**(**ne**)
 comedian; actor (actress)
comique comic(al)
commander to order
comme as; like; (*19.5*)
 how; **comme ci comme
 ça** so-so; **comme
 dessert** for dessert
le **commencement** beginning
commencer to begin
comment how; **Com-
 ment! What!**; **Comment
 allez-vous?**, **Comment ça
 va?** How are you?;
 Comment est-il? What is
 he (it) like?
le **commerçant** merchant,
 shopkeeper
le **commerce** commerce,
 trade; **école de com-
 merce** business school
commercial(**e**) commercial
le **commissariat de police**
 police station
la **commode** chest of
 drawers
commode practical, handy
commun(**e**) common; **en
 commun** in common
la **commune** county
la **communication** com-
 munication
communiquer to com-
 municate
le(la) **communiste** com-
 munist; *adj* communist(ic)
la **compagnie** company
comparer to compare
le **compartiment** compart-
 ment

le **complément** comple-
ment
complémentaire comple-
mentary, extra
le **complet** suit
complet(-ète) full, complete
complètement completely
compléter to complete; to
make complete
le **complexe** complex; *adj*
complex, complicated
la **complicité** complicity
le **compliment** compliment
compliqué(e) complicated
comporter to include
composer to compose;
composer le numéro to
dial the number; **se
composer de** to be made
up of
le **compositeur** composer
la **composition** com-
position, paper
la **compréhension** understanding, comprehension
***comprendre** (*5.1*) to
understand; to include; to
consist of
le **comprimé** tablet, pill
compris(e) included
le **comptant** cash;
acheter au comptant to
buy with cash; **payer
comptant** to pay cash
le **compte** account, bank
account; **compte rendu**
report; **se rendre compte
(de)** to realize
compter to count; **compter
sur** to count on
le **comptoir** counter
le **comte** account, bank
la **concentration** con-
centration
concentré(e) concentrated
concerner to concern; **en
ce qui concerne** + *noun*
as far as (*noun*) is
concerned
le **concert** concert
***concevoir** to conceive
***conclure** to conclude
le **concombre** cucumber
la **Concorde** *la place de la
Concorde*
le **concours** contest
la **concurrence** com-
petition
conditionné(e) con-
ditioned

le **conditionnel** con-
ditional
***conduire** (*10.1*) to drive;
to lead
la **confection** making
la **Confédération Hel-
vétique** the Swiss
Republic
la **conférence** lecture
la **confiance** trust; **avoir
confiance en** to trust
confidentiel(le) con-
fidential
confier to entrust
confirmer to confirm
confitures *pl f* jam
confondre to confuse
le **confort** comfort
confortable comfortable
le **congé** leave, day off
le **Congo** Congo
le **congrès** congress
le **conjoint** spouse
la **conjonction** con-
junction
conjuguer to conjugate
la **connaissance** knowl-
edge; acquaintance; **faire
la connaissance de** to
become acquainted with,
to meet
***connaître** (*8.3*) to know,
to be familiar with
***conquérir** to conquer
consacrer to devote
consciencieux(-euse)
conscientious
conscient(e) conscious
le **conseil** advice; council
conseiller to advise
***consentir (à)** (*26.1*) to
consent (to)
la **conséquence** con-
sequence
conservateur(-trice) con-
servative
la **conservation** conservation, preservation
conserver to preserve
conserves *pl f* canned
goods
considérer to consider
la **consigne** checkroom
consister to consist
la **consolidation** strength-
ening
la **consommation** drink
consommer to eat; to
drink; to use up
la **consonne** consonant

constamment constantly
constant(e) constant
constater to note; to
observe
consterné(e) in dismay
constituer to represent; to
make up
la **construction** building,
construction
***construire** (*10.1*) to build;
to construct
consulter to consult
contagieux(-euse) con-
tagious
contemporain(e) con-
temporary
contenir (*19.3*) to hold; to
contain
content(e) (de) content;
glad
se contenter (de) to be
satisfied (with)
le **continent** continent
continental(e) continental
continuellement con-
tinuously
continuer (à + *inf*) to go
on; to continue
la **continuité** continuity
le **contraire** contrary,
opposite; **au contraire** on
the contrary
contrairement contrarily;
contrairement à contrary
to
le **contraste** contrast
la **contravention** traffic
ticket; fine
contre against; **par contre**
on the other hand
***contredire** to contradict
contribuer (à) to
contribute (to)
le **contrôle** verification;
control, supervision
contrôler to check; to
control
le **contrôleur** ticket
collector, checker
***convaincre** to convince
converger to converge; to
concentrate
la **conversation** conversation
le **copain** pal, good
friend
la **copie** copy; repro-
duction
copier to copy
copieusement copiously

la **copine** pal, good friend

le **coq** rooster

coquet(te) coquettish; dainty; fashion-conscious

la **coquille Saint-Jacques** scallop

le **cor** horn

la **corbeille** basket, wastebasket

le **cordon-bleu** excellent cook

le **corps** body; **corps de bâtiment** main building

la **correspondance** correspondence; connection, transfer

corriger to correct

le **corsage** blouse

la **Corse** Corsica

le **costume** outfit; suit

la **côte** coast; chop; **côte de veau** veal chop; **Côte-d'Ivoire** Ivory Coast

le **côté** side; **à côté de** by the side of, next to; **de chaque côté de** on each side of; **de l'autre côté de** on the other side of; **du côté de** in the direction of

le **coteau(-eaux)** hill

la **côtelette** chop

le **coton** cotton

le **cou** neck

se **coucher** to go to bed

la **couchette** economy class berth

***coudre** to sew

la **couleur** color; **De quelle couleur?** What color?

le **couloir** hall; corridor

le **coup** blow; **coup de pied** kick; **coup de téléphone** telephone call; **tout d'un coup** all of a sudden

couper to cut; se **couper** to cut oneself

le **couple** couple

la **cour** yard; court (*of kings, justice*)

le **courant** current; **courant d'air** draft; se **mettre au courant de** to keep oneself well informed about

la **courbe** curve

***courir** (*25.2*) to run

le **courrier** mail

le **cours** course; length (*of river*); **au cours de** in the course of; **le cours d'eau** river; **être en cours** to be in process; **suivre un cours** to take a course

la **course** errand; race; **faire des courses** to go shopping; **voiture de course** racing car

court(e) short

le(la) **cousin(e)** cousin

le **coussin** cushion, pad

le **coût** cost; **coût de la vie** cost of living

le **couteau(-eaux)** knife

coûter to cost; **coûter cher** to cost a lot; **coûter les yeux de la tête** to cost a fortune

coûteux(-euse) costly, expensive

la **coutume** custom

la **couture**: **la haute couture** high fashion

le **couturier** dressmaker; fashion designer

le **couvert** cover; cover charge; **mettre le couvert** to set the table

la **couverture** blanket

***couvrir** (*14.1*) to cover

cracher to spit

la **craie** chalk

***craindre** (*24.3*) to fear

la **cravate** tie

le **crayon** pencil

la **création** creation

la **crèche** daycare center

le **crédit** credit; bank; **à crédit** on credit

créer to create

un **crème** a cup of coffee with milk

la **crème** cream; **à la crème** with cream sauce; **chou à la crème** cream puff

la **crémerie** cheese and milk shop

le(la) **crémier(-ière)** cheese seller

la **crêpe** crepe

creuser to dig

crevé(e) exhausted; flat (*tire*)

crier to shout

la **crise** crisis

critique critical

***croire** (*21.1*) to believe, think

le **croisement** intersection, crossing

le **croissant** crescent-shaped pastry

***croître** to grow; **aller croissant** to increase

le **croque-monsieur** (*pl inv*) ham and cheese sandwich

le **cubiste** cubist; *adj* cubistic

***cueillir** to pick, gather (*flowers*)

la **cuillère (cuiller)** spoon

la **cuillerée** spoonful

le **cuir** leather

***cuire** (*26.4.4*) to cook; **faire cuire qqchose** to cook something

la **cuisine** kitchen; cooking; **faire la cuisine** to cook

cuisiner to cook; to do the cooking

le(la) **cuisinier(-ière)** cook

la **cusinière** stove, range

la **cuisse** thigh, leg; **cuisse de grenouille** frog leg

le **cultivateur** farmer

cultiver to cultivate, farm

la **culture** culture

culturel(le) cultural

curieusement curiously

curieux(-euse) curious

la **curiosité** curiosity

le **cyclisme** cycling

le **cyclomoteur** very light motorbike

D

d'abord first of all

d'ailleurs besides

la **dame** lady

le **dancing** dance hall

le **Danemark** Denmark

le **danger** danger

dangereux(-euse) dangerous

danois(e) Danish

dans (*1.5*) in, inside

la **danse** dance

danser to dance

la **date** date

dater (de) to date back to

davantage more

de (*see Index*)

débarquer to land, arrive

débattre to debate, discuss;
prix à débattre price
negotiable

déboucher to uncork; to
open into, flow into

debout (*13.1*) standing; **se
tenir debout** to be
standing

se débrouiller to manage,
get along

le début beginning; **au
début** in the beginning

débuter to begin one's
career

le décalage (horaire) time
difference

décembre *m* December

la décentralisation de-
centralization

décentraliser to de-
centralize

*décevoir to disappoint

déchirer to tear, rip

décider (de + *inf*) to
decide

la déclaration declaration

déclarer to declare

le décollage takeoff

décoller to take off

le décor settings, decor

décorer to decorate

découper to cut out

découragé(e) discouraged

découvert(e) discovered

la découverte discovery

*découvrir (*14.1*) to
discover; to uncover

*décrire (*11.2*) to describe

décrocher to unhook, lift
(*telephone receiver*)

*défaire to undo

la défaite defeat

le défaut flaw, defect;
shortcoming

défendre (de + *inf*) to
forbid; to defend

défendu(e) forbidden

la défense defense;
prohibition; **défense de
fumer** no smoking

défiler to march

la définition definition

le dégagement hall,
corridor

le dégoût disgust

dégoûté(e) (de) disgusted
(with)

déguster to sample; to
taste

dehors out; **en dehors**

de outside of, with the
exception of

déjà already

le déjeuner lunch; **le petit
déjeuner** breakfast

déjeuner to eat lunch

au delà de beyond

délicieux(-euse) delicious,
delightful

délivrer to deliver

demain tomorrow; **à
demain** see you tomorrow

demander to ask (for);
demandez-moi ask me; **se
demander** to wonder

le démarreur starter

déménager to move

la demeure residence

demeurer to live, reside

demi(e) half

la demi-heure half hour

la demi-tasse demi-tasse;
half cup

démodé(e) old-fashioned

la demoiselle young lady

démolir to tear down

dense dense

la densité density

la dent tooth; **brosse à
dents** toothbrush

le dentiste dentist

le dépanneur repairman

le départ departure

le département department

le dépassement passing
(*of a car*)

dépasser to pass; to
exceed

dépaysé(e) strange; not at
home

se dépayser to move
oneself from one's usual
surroundings

se dépêcher to hurry

dépendre (de) to depend
(on)

aux dépens de at the
expense of

dépenser to spend; to
expend

se déplacer to move; to
travel

*déplaire (à) (*24.1*) to
displease

depuis (*25.4*) since, for;
**Depuis quand? Depuis
combien de temps?** How
long? **depuis que** ever
since

déranger to bother

déraper to skid

dernier(-ière) last

le derrière behind;
bottom

derrière (*1.5*) behind

dès from, beginning; **dès
que** as soon as

désagréable unpleasant

descendre to go down; to
get off

la descente descent;
downhill slope

la description description

désert(e) deserted

désespérer to drive to
despair

se déshabiller to undress,
get undressed

désigner to designate; to
point out

le désir desire, wish

désobéir (à) to disobey

désolé(e) very sorry

le dessert dessert

*desservir to connect,
serve

le dessin drawing; **dessin
animé** cartoon

dessiner to draw, design

le dessus top part;
dessus de lit bedspread

la destination destination

désuet(-ète) obsolete

le détail detail

se détendre to relax

déterminé(e) determined

détester to dislike, hate

détriment detriment; **au
détriment de** at the
expense of

*détruire (*10.1*) to destroy

deux two; **tous les deux**
both

devant (*1.5, 16.1*) before,
in front of

dévaster to devastate

le développement de-
velopment

développer to develop; to
increase

*devenir (*7.5*) to become

deviner to guess

le devoir duty; **le devoir de
français** French home-
work; **les devoirs** homework

*devoir (*10.5; see Index*)
to owe; to have to, must

le **diable** devil
le **dialogue** dialogue
la **diapositive** slide
le **dictionnaire** dictionary
la **diététique** dietetics; *adj*
dietetic, dietary
le **dieu (dieux)** god; **Mon Dieu!** Goodness!
la **différence** difference
différent(e) different
difficile difficult; fussy
la **difficulté** difficulty
le **digestif** after-dinner drink
dilapidé(e) dilapidated
diligemment diligently
diligent(e) diligent
le **dimanche** Sunday
diminuer to diminish
la **dinde** turkey
le **dîner** dinner
dîner to have dinner
la **diplomatie** diplomacy
le **diplôme** diploma, degree
***dire** (7.1) to tell, say; **c'est-à-dire** that is (to say); **Dis donc! Dites donc!** Say!; **entendre dire que** to hear that; **on dirait que** it seems; **vouloir dire** to mean
direct(e) direct
la **direction** direction; management; leadership; supervision; **direction assistée** power steering
diriger to direct; to lead; **se diriger vers** to go toward
la **discipline** discipline
discret(-ète) discreet
discrètement discreetly
discuter to discuss
***disparaître** to disappear
la **dispute** argument, fight
le **disque** record
la **dissertation** dissertation, paper
dissimuler to hide
la **distance** distance; **à quelle distance** how far
distant(e) distant, far
la **distinction** distinction
distinguer to distinguish
la **distraction** recreation, entertainment
se *distraire to entertain oneself
distrait(e) absentminded
distribuer to distribute

la **distribution** cast (*movie, play*)
divers(e) varied
la **diversité** diversity
diviser to divide
la **division** division
le **divorce** divorce
divorcer to divorce
le **docteur** doctor
le **doctorat** doctorate, Ph.D.
le **document** document
documentaire documentary
le **doigt** finger
le **dollar** dollar
domestique domestic
le **domicile** home, residence
dominer to dominate
le **dommage** damage; **c'est dommage** it's a pity, it's too bad
donc so, therefore; then; **dis donc** hey, say; **entrez donc** do come in
donner to give; **donner sur** to look out on
dont (*see Index*)
***dormir** (9.1) to sleep
le **dos** back
la **douane** customs
le **douanier** customs official
double double
doubler to double; to pass (*a car*)
doucement softly; gently
la **douche** shower
le **doute** doubt
douter to doubt
douteux(-euse) doubtful
doux (douce) soft, gentle; mild
le **doyen** dean
le **drame** drama
le **drap** sheet
drapeau(-eaux) flag
dresser to erect; to instruct; **dresser une liste** to make a list; **se dresser** to stand up, jut out
le **droit** right; law; fees; **avoir droit à** to be entitled to
droit(e) straight; right (*hand, foot, etc.*); **à droite** to the right; **à droite et à gauche** right and left; **tout droit** straight ahead

drôle funny
dur(e) hard, solid, harsh; **dur d'oreille** hard of hearing
la **durée** duration, length
durer to last
le **duvet** down

E

l'**eau** *f* water
un **échange** exchange; trade
échanger to exchange
un **échappement** exhaust
une **écharpe** scarf; **en écharpe** in a sling
échaudé(e) scalded, burnt
un **échec** failure, fiasco
une **échelle** ladder
échouer (à) to fail
un **éclair** lightning; eclair
éclairé(e) lit up
s'éclairer to brighten, light up
une **école** school
un(e) **écolier(-ière)** schoolboy (schoolgirl)
l'**écologie** *f* ecology
l'**économie** *f* economy; **faire des économies** to save money
économique economic(al)
écouter to listen
un **écran** screen
écraser to crush; to run over
écrémé(e) skimmed
***écrire** (11.2) to write; **écrire sur** to write about
écrit(e) written
une **écriture** writing
un **écrivain** writer
un **édifice** building
un **éditeur** publisher
une **éducation** education
effacer to erase
effectivement actually, in reality
un **effet** effect, result; **en effet** in fact, as a matter of fact
efficace efficient
effrayant(e) dreadful
égal(e) equal
également equally, likewise
un **égard** respect; **à l'égard de** with respect to, toward

s'**égarer** to wander; to get lost

une **église** church

l'**Égypte** *f* Egypt

égyptien(ne) Egyptian

eh bien well, oh well

l'**électricité** *f* electricity

électrique electric(al)

un **électrophone** record player

élégamment elegantly

élégant(e) elegant

une **élégante** fashionable woman

un **éléphant** elephant

l'**élevage** *m* raising (*of animals*)

un(e) **élève** student, pupil

élevé(e) high

élever to raise (*children, animals*); to build; s'**élever** to stand, jut out

***élire** (*12.4*) to elect

élu(e) elected

émancipé(e) emancipated

emballé(e) carried away (*by excitement, enthusiasm*)

un **embarquement** embarkation; **carte d'embarquement** boarding pass

embarquer to embark

une **embouchure** mouth of a river

un **embouteillage** traffic jam, bottleneck

embrasser to kiss

un **embrayage** clutch

emmener to take, take away

***émouvoir** to move (*emotionally*)

un **empereur** emperor

un **empire** empire

un **emplacement** spot, location

un **emploi** use; employment

un(e) **employé(e)** employee

employer to employ, use

emprisonner to imprison

emprunter (à) to borrow from

en (*see Index*)

encercler to encercle

enchanté(e) thrilled, delighted

une **encolure** collar size

encore again; still; **pas encore** not yet

encourager to encourage

l'**encre** *f* ink

une **encyclopédie** encyclopedia

un **encyclopédiste** compiler of an encyclopedia

s'*'**endormir** to fall asleep

un **endroit** place, spot

une **énergie** energy

énergique energetic

énergiquement energetically

une **enfance** childhood

un(e) **enfant** child

enfin finally; in short

s'**enflammer** to burn (*with passion*)

s'*'**enfuir** to run away; to flee

englober to include

un **engrais** fertilizer

énigmatique enigmatic

enlever to remove; to take off

un **ennui** trouble, problem; boredom

ennuyer to trouble, annoy; to bore

ennuyeux(-euse) boring

énorme enormous; great

un **enracinement** rooting; base

enraciner to implant

enregistrer to register, record

enrhumé.(e): être enrhumé(e) to have a cold

une **enseigne** shop sign

un **enseignement** teaching; education

enseigner to teach

un **ensemble** whole, general effect; group; outfit

ensemble together

ensuite next, then

entendre to hear; **entendre dire que** to hear that; **bien entendu** of course; s'**entendre (avec)** to get along with

enthousiasmé(e) enthusiastic

entier(-ière) entire, whole; **en entier** in entirety, entirely

entouré(e) surrounded

entourer to surround; to circle

un **entr'acte** intermission

entre between; among

entrecoupé(e) broken

une **entrée** admission; entrance

une **entreprise** firm; undertaking

entrer (dans) to enter, go in; **entrez donc** do come in

***entretenir** to maintain, support

une **énumération** list

énumérer to enumerate

envahir to invade

une **enveloppe** envelope

une **envie** desire, longing; **avoir envie de** + *inf* to feel like doing

envisager to consider, envisage

***envoyer** to send

épais(se) thick

une **épargne** saving

une **épaule** shoulder

une **épée** sword

épeler to spell

une **épicerie** grocery store

un **épicier** grocery man

épinards *pl m* spinach

une **éponge** sponge; blackboard eraser

une **épopée** epic

une **époque** time; period

épouser to marry

épouvantable dreadful

un(e) **époux (épouse)** spouse

une **épreuve** test

épuisé(e) exhausted

équilibrer to balance

une **équipe** team

équipé(e) equipped

un **équipement** equipment

équiper to equip

un **équivalent** equivalent

un **escalier** stairs; **escalier roulant** escalator

un **escargot** snail

l'**Espagne** *f* Spain

espagnol(e) Spanish; l'**espagnol** Spanish language; **Espagnol(e)** Spaniard

espérer to hope

un(e) **espion(ne)** spy

un **espionage** espionage

un **esprit** spirit; mind

esquisser to sketch

essayer (de + *inf*) to try

l'**essence** f gasoline
   tomber en panne
   d'essence to run out
   of gas
essoufflé(e) out of breath
un **essuie-glace** (pl invar)
   windshield wiper
essuyer to wipe
l'**est** m east
est-ce que (1.2)
et and
une **étable** stable
établir to establish
un **établissement** establishment, place
un **étage** floor; story; **au
   premier étage** on the
   second floor
un **étang** pond
un **état** state; condition;
   l'**État** the State
États-Unis pl m United States
un **été** summer
*****éteindre** (22.3) to extinguish; to turn off
étendue area, stretch; size
éternel(le) eternal
éternuer to sneeze
une **étiquette** sticker, label
s'étirer to stretch
une **étoile** star
étonnant(e) surprising
étonné(e) surprised, astonished
un **étonnement** astonishment
étonner to surprise
étrange strange
un(e) **étranger(-ère)**
   foreigner; stranger; adj
   foreign; **à l'étranger** abroad
*****être** (see Index) to be; **être
   à** to belong to
étroit(e) narrow
une **étude** study; **les
   études** education; going
   to school
un(e) **étudiant(e)** student
étudier to study
euh well... (hesitation)
l'**Europe** f Europe
européen(ne) European
s'évanouir to faint
un **événement** event
évidemment obviously
évident(e) obvious
un **évier** kitchen sink
éviter (**de** + inf) to avoid
évoluer to evolve
évoquer to evoke, conjure

up (in one's mind)
exact(e) exact
exactement exactly
exagéré(e) exaggerated
un **examen** exam, test
une **excellence** excellence; **par
   excellence** par excellence
excellent(e) excellent
exceptionnel(le) exceptional
un **excès** excess; **excès
   de vitesse** speeding
excessif(-ive) excessive
excessivement excessively
*****exclure** to exclude
s'excuser to apologize;
   excusez-moi excuse me
un **exemple** example; **par
   exemple** for example
exercer to exert
un **exercice** exercise
exigeant(e) demanding
exiger to demand
un **existentialiste** existentialist; adj existentialist(ic)
exister to exist
un **exode** exodus
exotique exotic
une **expansion** expansion
s'expatrier to leave one's
   country
expédier to send
expérimental(e) experimental
expérimenté(e) experienced
une **explication** explanation
expliquer to explain
une **exploration** exploration
explorer to explore
une **exportation** exportation
exposer to exhibit
une **exposition** exhibition
exprès intentionally
un **express** express train;
   espresso coffee
une **expression** expression; phrase
exprimer to express
un **extérieur** exterior; **à
   l'extérieur** on the outside
extérieur(e) outside
extraordinaire
   extraordinary
une **extrémité** extremity,
   end

F

le **fabriquant** manufacturer

fabriquer to manufacture
la **façade** front (of a
   building)
la **face** face; **en face (de)**
   opposite
fâché(e) angry; sorry
facile easy
facilement easily
faciliter to facilitate
la **façon** way, manner; **de
   toute façon** anyway
le **facteur** mailman
la **faculté** college, school
faible weak
la **faim** hunger; **avoir faim**
   to be hungry
*****faire** (see Index) to do; to
   make; to be (weather);
   faire bien de + inf to do
   well by; **faire pousser** to
   grow; **faire suivre** to
   forward (mail); **ça fait du
   bien** it does good; **ça me
   fait plaisir** it gives me
   pleasure; **ça ne fait rien** it
   doesn't matter; **se faire
   mal** to hurt oneself
*****falloir** (17.2) to be necessary; to require; **il faut** it
   is necessary, it takes
fameux(-euse) famous;
   delicious
familial(e) family; familyowned
familier(-ière) familiar
la **famille** family
le **fantôme** ghost
la **farce** farce
la **farine** flour
fascinant(e) fascinating
fastueux(-euse) magnificent
fatigant(e) tiring
la **fatigue** fatigue
fatigué(e) tired
faut (see falloir)
la **faute** fault, mistake
le **fauteuil** armchair;
   theater seat
le **Fauve** Fauve, Fauvist
faux (fausse) false, wrong
favoriser to promote, help
fédéral(e) federal
féminin(e) feminine
la **femme** woman; wife
la **fenêtre** window
le **fer** iron; **fer à repasser** iron (laundry)
la **ferme** farm
ferme firm, hard

fermer to close; **fermer à clé** to lock

le(la) **fermier(-ière)** farmer

féroce ferocious

la **ferraille** scrap iron; **tas de ferraille** junk pile

ferroviaire related to a railroad

fertile fertile

fertiliser to fertilize

la **fête** holiday; feasting

fêter to celebrate

le **feu (feux)** fire; traffic light

la **feuille** leaf; sheet (of paper)

février *m* February

le(la) **fiancé(e)** fiancé(e); *adj* engaged

fidèle faithful, true

la **fièvre** fever; **avoir de la fièvre** to have a temperature

fiévreux(-euse) feverish

le(la) **figurant(e)** extra actor (*in crowd scenes*)

la **figure** face

le **filet** filet (*of meat*); net, luggage rack

la **fille** daughter; girl; **jeune fille** girl, young lady

le **film** film, movie

le **fils** son

la **fin** end

fin(e) refined, delicate

final(e) final; **examens finals** final examinations

finalement finally; at last

financier(-ière) financial

finir (de + *inf*) to finish; **finir par** + *inf* to finally do, to end up by doing

fixe fixed, set; **à prix fixe** at a set price

flamand(e) Flemish

flambé(e) flamed in a chafing dish

la **flamme** flame

flanqué(e) flanked

flatté(e) flattered

la **fleur** flower

le **fleuve** river

le **foie** liver

la **fois** time; **à la fois** at the same time; **Combien de fois?** How often?; **deux fois de suite** twice in a row

folklorique folk, folklore

foncé(e) dark (*color*)

la **fonction** function

le **fonctionnaire** civil servant

le **fond** bottom; **au fond (de)** in the back (of)

fonder to found

fondre to melt; **faire fondre qqchose** to melt something

la **fontaine** fountain

le **football** football; soccer (*in Europe*)

la **forêt** forest

forger to forge

le **forgeron** blacksmith

la **formation** formation, creation; training

la **forme** form, shape

formel(le) formal

former to form

fort(e) strong; loud

la **forteresse** fortress

la **fortune** fortune

le **fossé** ditch

fou (fol, folle) crazy; stupid; **un monde fou** a lot of people

la **foule** crowd

se fouler to sprain

le **four** oven; **petits fours** *pl m* bite-size cakes

la **fourchette** fork

fournir to supply, furnish

fragile fragile

la **fraîcheur** coolness; freshness

frais (fraîche) cool; fresh; **il fait frais** it's cool (*weather*)

frais *pl m* expenses

la **fraise** strawberry

le **franc** franc (*French monetary unit*)

franc (franche) frank

français(e) French; **le français** French language; **Français(e)** Frenchman (Frenchwoman)

la **France** France

franchement frankly

francophone French-speaking

franco-prussien(ne) Franco-Prussian

frapper to hit, strike; to knock

le **frein** brake; **frein à main** parking brake

freiner to step on the brake

fréquemment frequently

fréquent(e) frequent

fréquenté frequented; popular

fréquenter to patronize

le **frère** brother

la **fresque** fresco

le **frigo** refrigerator

*****frire** to fry; **faire frire qqchose** to fry something

frites *pl f* French fries

le **froid** cold

froid(e) cold; **avoir froid** to be cold (*person*); **il fait froid** it's cold (*weather*)

le **fromage** cheese

le **front** forehead

la **frontière** frontier

frotter to rub

frugal(e) frugal

frugalement frugally

le **fruit** fruit

fruité(e) fruity

*****fuir** to flee

fumer to smoke

furieux(-euse) furious

le **futur** future

futur(e) future

G

la **gageure** wager, risk

gagner to win; to earn; to reach

gai(e) merry, cheerful

gaiement merrily

la **galerie** gallery

le **gallon** gallon

le **gant** glove

le **garage** garage

le **garagiste** garage mechanic

la **garantie** guarantee

le **garçon** boy; waiter

le **garde-boue** (*pl invar*) fender

garder to keep; to watch

le(la) **gardien(ne)** guard

la **gare** railroad station

garer to park

garnir to garnish; to occupy

gascon(ne) Gascon; of Gascony

gastronomique gourmet

le **gâteau(-eaux)** cake; **petits gâteaux, gâteaux secs** cookies

gâter to spoil

gauche left; **à gauche** to the left; **à droite et à**

gauche right and left
le **gauchiste** leftist
le **gaz** gas; gas range; **gaz d'échappement** exhaust
gazeux(-euse) bubbly, carbonated
géant(e) giant
la **gelée** jelly
gênant(e) embarrassing
le **gendre** son-in-law
le **général** general
général(e) general; **en général** generally
généraliser to generalize
la **génération** generation
généreux(-euse) generous
le **genou(-oux)** knee
le **genre** gender; kind
gens *pl m* people
gentil(le) nice, kind; **c'est gentil de votre part** it's nice of you
gentiment nicely, kindly
la **géographie** geography
géographique geographic(al)
la **géologie** geology
géométrique geometric(al)
gérer to manage
le **geste** gesture
gigantesque gigantic
le **gin** gin
la **glace** ice cream; ice; mirror
glacé(e) iced, ice-cold
glissant(e) slippery
la **gorge** throat
la **gorgée** gulp; **à petites gorgées** in sips
gothique gothic
le **goût** taste
goûter to taste
le **gouvernement** government
la **grâce** grace; **grâce à** thanks to
gracieusement gracefully
gracieux(-euse) gracious, graceful
le **grain** grain
la **grammaire** grammar
le **grammairien** grammarian
grammatical(e) grammatical
le **gramme** gram
grand(e) tall; great; **grand magasin** department store
la **Grande-Bretagne** Great Britain

grandir to grow
la **grand-mère** grandmother
grands-parents *pl m* grandparents
le **grand-père** grandfather
gras (grasse) fat; greasy
gratiné(e) au gratin, with cheese and crumbs
le **gratte-ciel** (*pl invar*) skyscraper
gratter to scratch
gratuit(e) free (of charge)
grave serious
gravement seriously
la **gravure** engraving, etching
grec (grecque) Greek
la **Grèce** Greece
la **grenadine** grenadine
le **grenier** attic
la **grenouille** frog
la **grève** strike
la **grippe** flu
grippé(e): être grippé(e) to have the flu
gris(e) gray
gros ('grosse) big; fat; **en gros** roughly
grotesque grotesque
le **grouillement** swarming
grouiller to swarm
le **groupe** group
se **grouper** to gather, bunch together; to be concentrated
le **gruyère** Swiss cheese
la **Guadeloupe** Guadeloupe (*one of the Windward Islands in the Caribbean*)
guère: ne...guère hardly; seldom; scarcely
guérir to cure, heal
la **guerre** war
le **guichet** window (*in box office, bank, etc.*)
le **guide** guide; guidebook
le **guidon** handle (*for steering*)
la **guitare** guitar
la **Guyane** Guiana
la **gymnastique** gymnastics

H

habile clever; handy; skillful

s'habiller to get dressed
un **habitant** inhabitant
une **habitation** home; lodging
habiter to live
une **habitude** habit; **d'habitude** usually; **comme d'habitude** as usual
un(e) **habitué(e)** regular customer
habitué(e) (à) used to
s'habituer (à) to get used to
habituel(le) habitual; regular
La Ḥaie The Hague
la **Ḥaïti** Haiti
une **haleine** breath; **hors d'haleine** out of breath
un **ḥall d'arrivée** arrival room
un **ḥamburger** hamburger
ḥanté(e) haunted
un **ḥareng** herring
un **ḥaricot** bean; **ḥaricots verts** string beans
une **harmonie** harmony; **être en harmonie avec** to blend in with
harmonieux(-euse) harmonious
ḥaut(e) high, tall; **du ḥaut de** from the top of; **en ḥaut de** at (to) the top of; **être ḥaut de** to be... high
une **ḥauteur** height
un **ḥaut-parleur** loudspeaker
un **hebdomadaire** weekly
hélas alas
une **herbe** grass
un **héritage** heritage
une **hésitation** hesitation
hésiter (à + *inf*) to hesitate
une **heure** hour; o'clock; **à quelle heure?** (at) what time?; **de bonne heure** early; **heures de pointe** rush hours
heureusement fortunately
heureux(-euse) happy
un **hexagone** hexagon
un **ḥibou(-oux)** owl
hier yesterday
une **hiérarchie** hierarchy
un **hiéroglyphe** hieroglyph

une **histoire** history; story
historique historic(al)
un **hiver** winter
hollandais(e) Dutch; **le hollandais** Dutch language; **Hollandais(e)** Hollander
hollywoodien(ne) of Hollywood
un **homme** man; **homme d'affaires** businessman
une **homogénéité** homogeneity
honnête honest
honorifique honorary
une **honte** shame; **avoir honte** to be ashamed
honteux(-euse) ashamed; shameful
un **hôpital(-aux)** hospital
un **horaire** timetable, schedule of time; *adj* **décalage horaire** time difference
un **horizon** horizon
une **horloge** clock
un **horloger** watchmaker
une **horreur** horror
un **hors-d'œuvre** (*pl invar*) hors d'oeuvre
un **hot-dog** hot dog
un **hôte** host
un **hôtel** hotel; residence; **hôtel de ville** city hall
une **hôtesse** hostess; **hôtesse de l'air** airline stewardess
un **hublot** porthole, window
un(e) **Huguenot(e)** Huguenot, Protestant
une **huile** oil; **peinture à l'huile** oil painting
une **huître** oyster
hum hmm
humain(e) human, humane
humer to inhale, to smell
une **humeur** mood; **être de mauvaise humeur** to be in a bad mood
humide humid, damp

I

ici here; **par ici** this way
un **idéal** ideal
idéal(e) ideal
un(e) **idéaliste** idealist; *adj* idealistic

une **idée** idea
idolâtrer to idolize
il y a (*see Index*) there is, there are; ago; for (*time*)
une **île** island; **l'Île de la Cité** *island on the Seine in Paris*
illuminé(e) illuminated, lit up
une **illustration** illustration
illustrer to illustrate
une **image** image, picture
imaginaire imaginary
imaginatif(-ive) imaginative
une **imagination** imagination
imaginer to imagine
imiter to imitate
une **immatriculation** registration
immense immense, huge
immergé(e) immersed
un **immeuble** building
immobilisé(e) immobilized
une **impatience** impatience
impatient(e) impatient
s'impatienter to become impatient
impeccable faultless, impeccable
un **impérialisme** imperialism
un **imperméable** raincoat
impersonnel(le) impersonal
impliquer to implicate; to include
une **importance** importance
important(e) important
importer to matter; **n'importe quel** no matter what, any; **n'importe quoi** no matter what, anything
imposant(e) imposing
impossible impossible
une **impossibilité** impossibility
une **impression** impression
impressionnant(e) impressive, imposing
impressionner to impress
un **impressionniste** impressionist; *adj* impressionistic
imprévu(e) unexpected
impulsif(-ive) impulsive
inattendu(e) unexpected

incarner to incarnate, embody
une **incertitude** uncertainty
un **incident** incident
un(e) **inconnu(e)** stranger; *adj* unknown
incontestable unquestionable
un **inconvénient** disadvantage, drawback
incorporer to include, incorporate
une **indépendance** independence
indépendant(e) independent
une **indication** indication; *pl* directions
indien(ne) Indian
indifférent(e) indifferent
une **indigestion** indigestion
indiquer to indicate
indirect(e) indirect
indiscret(-ète) indiscreet
indiscutablement unquestionably
un **individualisme** individualism
l'Indochine *f* Indochina
industrialisé(e) industrialized
une **industrie** industry
industriel(le) industrial
industriellement industrially
inférieur(e) inferior; lower
une **infériorité** inferiority
l'infini *m* the infinite; infinity
un **infinitif** infinitive
une **infirmière** nurse
une **influence** influence
une **information** information
une **infraction** violation (*of law*)
un **ingénieur** engineer
ingénument naively; ingenuously
un **ingrédient** ingredient
une **injustice** injustice
innocemment innocently
innombrable countless
inquiet(-ète) worried
inquiéter to worry, cause concern; **s'inquiéter de** to worry about
*****inscrire** (*11.2*) to inscribe; **s'incrire à** to register (*for a course*)
insister to insist

inspecter to inspect
inspirer to inspire
une **installation** installation; setup
s'**installer** to settle down
un **instant** instant
un **institut** institute
un(e) **instituteur(-trice)** schoolteacher
une **institution** institution
instruire (10.1) to instruct; to teach
un **instrument** instrument
insuffisant(e) inadequate
intact(e) intact
s'**intégrer (à)** to integrate; to fit into
intellectuel(le) intellectual
intelligemment intelligently
intelligent(e) intelligent
intense intense
une **intention** intention; **avoir l'intention de faire qqchose** to intend to do something
une **interdiction** prohibition
***interdire** to forbid
interdit(e) forbidden
intéressant(e) interesting
intéresser to interest; s'**intéresser à** to be interested in
un **intérêt** interest
un **intérieur** inside, interior; **à l'intérieur (de)** inside
intérieur(e) interior, inside
intermédiaire intermediary, middle
interminable endless
international(e) international
une **interprétation** interpretation
interpréter to interpret; to play a part
une **interrogation** interrogation
interroger to question, ask
intimement intimately
intimidé(e) intimidated
inutile useless
un **invalide** invalid
une **invasion** invasion
inventif(-ive) inventive
inverse contrary
une **invitation** invitation
un(e) **invité(e)** guest
inviter (a + inf) to invite

irlandais(e) Irish
l'**Irlande** f Ireland
irrégulier(-ière) irregular
irriguer to water, irrigate
l'**Italie** f Italy
italien(ne) Italian
un **itinéraire** itinerary

J

jalousement jealously
jamais (10.2) ever; **ne ... jamais** never
la **jambe** leg
le **jambon** ham; **jambon blanc** boiled ham
janvier m January
le **Japon** Japan
japonais(e) Japanese
le **jardin** garden
jaune yellow
jaunir to become yellow
le **jet** jet plane
jeter to throw (away); **se se jeter dans** to flow into
le **jeu (jeux)** play, game; performance
le **jeudi** Thursday
jeune young; **jeune fille** girl, young lady
la **Joconde** Mona Lisa
***joindre** (24.3) to join; **se joindre à** to get together with
joli(e) pretty; nice
la **joue** cheek
jouer to play
le **jouet** toy
jouir (de) to enjoy
le **jour** day; **il fait jour** it is daylight, bright; **tous les jours** every day
le **journal(-aux)** newspaper
le(la) **journaliste** journalist
la **journée** (23.5) day; **toute la journée** the entire day
joyeux(-euse) joyous, merry
judiciaire judiciary; legal
juillet m July
juin m June
la **jupe** skirt
le **jus** juice
jusqu'à until, up to; **jusqu'à ce que** until
jusque as far as, up to
juste just, right
justement as a matter of fact; exactly
la **justice** justice

K

le **kilo** kilo
le **kilomètre** kilometer
le **kiosque** kiosk; **kiosque à journaux** newsstand
le **klaxon** horn (of a car)
klaxonner to blow one's horn; to honk

L

là there; **là-bas** over there; **Oh! là! là!** Well, well!
le **labo** lab
le(la) **laborantin(e)** laboratory assistant
le **laboratoire** laboratory
labourer to plow
le **lac** lake
laid(e) ugly
la **laine** wool; yarn
laisser to leave; to let; **laissez-moi passer** let me by; **laisser tomber** to drop (something)
le **lait** milk; **lait écrémé** skimmed milk
la **laiterie** dairy
la **laitue** lettuce
la **lampe** lamp
la **langue** tongue; language
le **lapin** rabbit
large wide, broad
la **larme** tear; drop
la **laryngite** laryngitis
latin(e) Latin
le **lavabo** bathroom sink
laver to wash; **se laver** to wash (oneself)
le **lave-vaisselle** (pl invar) dishwasher
lécher to lick; **lécher les vitrines** to window-shop
la **leçon** lesson
la **lecture** reading
légalement legally
légendaire legendary
la **légende** legend
léger(-ère) light, slight
législatif(-ive) legislative
le **légume** vegetable
le **lendemain** next day
lent(e) slow
lentement slowly
la **lettre** letter; **les lettres** literature
le **lever** raising; rising; **lever du rideau** rise of the curtain; **lever du soleil** sunrise

lever to raise; se lever to get up
le levier lever; levier de vitesse gearshift lever
la lèvre lip
libéral(e) liberal
la libération liberation
libérer to free, liberate
la liberté liberty
la librairie bookstore
libre free, unoccupied
le libre-service self-service restaurant
lié(e) related
le Liechtenstein Liechtenstein
le lien tie, link
lier to tie
le lieu (lieux) place; au lieu de instead of; avoir lieu to take place
la ligne line
la limite limit
limité(e) limited
la limonade unflavored soda pop
limousin(e) from (of) the province around Limoges
le lion lion
*lire (12.4) to read
Lisbonne Lisbon
lisible readable, legible
lisiblement legibly
la liste list
le lit bed
la litho(graphie) lithography; lithograph
le litre liter
littéraire literary
la littérature literature
le livre book
la livre pound
livrer to deliver; se livrer à to indulge in
la location: bureau de location booking office, box office
la locomotion locomotion
la locomotive locomotive
le logement housing
loger to live; to lodge
la loi law
loin (de) far (from); au loin in the distance
Londres London
long (longue) long; à la longue in the end; de long en large to and fro; le long de along
longer to run along

longtemps long, a long time; il y a longtemps long ago; il y a longtemps que for a long time
longuement long, at great length
la longueur length
la Lorraine Lorraine (*a province in Eastern France*)
lorsque when
louer to rent, hire
la Louisiane Louisiana
le loup wolf; avoir une faim de loup to be famished
lourd(e) heavy
le Louvre the Louvre
le loyer rent
la lumière light
le lundi Monday
la lune moon
lunettes *pl f* glasses
le lustre chandelier, ornamental ceiling light
la lutte fight, struggle
le luxe luxury
le Luxembourg Luxemburg
luxembourgeois(e) of Luxemburg
le lycée French high school

M

la machine machine; machine à écrire typewriter
Madagascar Madagascar
madame (mesdames) Mrs.
mademoiselle (mesdemoiselles) Miss
le magasin store; grand magasin department store
le magazine magazine
la magie magic
magnétique magnetic
le magnétophone tape recorder
magnifique magnificent, splendid
mai *m* May
maigre thin, skimpy
le maillot de bain bathing suit
la main hand; frein à main parking brake
maintenant now
*maintenir (19.3) to maintain, keep
le maire mayor

la mairie town hall
mais but; mais non why, no; mais oui (si) why, yes
le maïs corn
la maison house; à la maison (at) home
le(la) maître(-tresse) schoolteacher; master (mistress)
la maîtrise *French degree more or less like the Master's degree*
majestueux(-euse) majestic
la majuscule capital letter
le mal pain; mal de tête headache; avoir du mal à + *inf* to have a hard time; avoir le mal de l'air to be airsick
mal badly, poorly; avoir mal à la tête to have a headache; ce n'est pas mal that's pretty good; pas mal de much, many
malade sick, ill
la maladie sickness
malgré despite; malgré tout however
le malheur unhappiness, misfortune
malheureux(-euse) unhappy
malheureusement unfortunately
la malle trunk
la maman mama, mom
la Manche English Channel
le mandat postal money order
manger to eat
maniable easy to handle
la manière manner; way; de telle manière que so that
manquer to miss
le manteau(-eaux) coat, overcoat
la maquette (scale) model
le marbre marble
le(la) marchand(e) dealer; merchant
la marchandise merchandise; train de marchandises freight train
le marche march, walking; mettre en marche to set in motion; to start
le marché market; bon marché cheap; Marché Commun Common Market

marcher to walk; to function, run
le **mardi** Tuesday
le **mari** husband
le **mariage** wedding; marriage
marié(e) married
se **marier (avec)** to marry
marin(e) from the sea
la **marine** seascape
maritime (of) sea; maritime
le **Maroc** Morocco
la **marque** brand, make
marquer to mark, demonstrate
le **marquis** marquis
marrant(e) hilarious
marre: en avoir marre to be sick and tired of
le **marron** chestnut; *adj* (*invar*) brownish
mars *m* March
la **Martinique** Martinique (*one of the Windward Islands in the Carribean*)
masculin(e) masculine
massacrer to murder
le **massif** massif
massif(-ive) massive, heavy
le **match** game
le **matelas** mattress
la **maternelle** nursery school
mathématiques *pl f* mathematics
la **matière** matter; material; **table des matières** table of contents
le **matin** morning; le **matin** in the morning; **tous les matins** every morning
la **matinée** (*23.5*) morning, entire morning
mauvais(e) bad; wrong
la **maxime** maxim
maximum (*f invar*) maximum
la **mayonnaise** mayonnaise
le **mécanicien** mechanic
méchant(e) bad, wicked
mécontent(e) dissatisfied
le **médecin** doctor
la **médecine** (field of) medicine
médical(e) medical
le **médicament** medicine, medication
médiéval(e) medieval
médiocre mediocre

la **Méditerranée** Mediterranean
méditerranéen(ne) Mediterranean
meilleur(e) (*7.2, 7.3*) better; best
mélancolique melancholy, gloomy
le **mélange** mixture; cocktail
le **membre** member
même same (*before noun*); very (*after noun*); **en même temps** at the same time; **quand même, tout de même** anyway
même *adv* even
-même(s) self (selves)
le **mémoire** report, paper
la **mémoire** memory
le **ménage** couple; housekeeping
la **ménagère** housekeeper
mener to lead, take
le **mensonge** lie
le(la) **menteur(-euse)** liar
la **menthe** mint
mentionner to mention
*mentir (*26.1*) to lie; to tell lies
le **menu** menu
la **mer** sea
merci thank you; **non merci** no, thank you
le **mercredi** Wednesday
la **mère** mother
mériter to deserve; **faire mériter** to earn
la **merveille** marvel; **à merveille** marvelously
merveilleux(-euse) marvelous
le **message** message
à mesure que (in proportion) as
mesurer to measure
le **métal** metal
métallurgique metallurgic
la **méthode** method
le **métier** trade, job
le **mètre** meter
métrique metric
le **métro** subway
la **métropole** metropolis; mother country
le **metteur en scène** director (*play, film*)
*mettre to put, place; put on (*clothes*); **mettre au point** to put the finishing

touch; **mettre en marche** to start (*an engine*); **mettre en relief** to bring out, highlight; se **mettre à** to begin; se **mettre au courant** to keep up, keep abreast
le **meuble** piece of furniture
meublé(e) furnished
le **meurtre** murder
mexicain(e) Mexican
Mexico Mexico City
le **Mexique** Mexico
midi *m* noon
la **mie** sweetheart
mieux (*18.2*) better; best
mignon(ne) cute
le **milieu(-eux)** environment, milieu; **au milieu de** in the middle of
le **militaire** soldier; *adj* military
le **mille** mile
le **millier** (about a) thousand
le **millimètre** millimeter
le **million** million
le(la) **millionnaire** millionaire
le **minerai** ore
minéral(e) mineral
le **ministre** minister
minuit *m* midnight
minuscule tiny; minute
la **minute** minute
le **miracle** miracle; **cadeau miracle** perfect gift
le(la) **misanthrope** misanthrope
la **mise** placing; **mise à l'écran** screen adaptation; **mise en scène** staging, production
misérable very poor; miserable
la **misère** misfortune
mi-temps: à mi-temps part-time
mobile movable
le **mode** way, method; mood
la **mode** fashion; **à la mode** fashionable
le **modèle** model, example
moderne modern
modeste modest
modifier to modify, change
moins less; **au moins, du moins** at least; le **moins** the least; **moins . . . que**

less... than; **plus ou moins** more or less
le **mois** month
la **moisson** harvest
la **moissonneuse** harvester
la **moitié** half
le **moment** moment; time; **en ce moment** now
le **Monaco** Monaco
la **monarchie** monarchy
le **monde** world; **beaucoup de monde** many people; **tout le monde** everyone
mondial(e) worldwide; **guerre mondiale** world war
le **moniteur** instructor
la **monnaie** change (*money*)
le **monopole** monopoly
monotone monotonous
monsieur (messieurs) sir; Mr; gentleman
le **monstre** monster; *adj* monstrous, huge
la **montagne** mountain
monter to go up; to get on
la **montre** watch
montrer to show
le **monument** monument
le **morceau(-eaux)** piece
mordre to bite
la **morille** morel (*mushroom*)
la **mort** death
mort(e) dead
le **mot** word
le **moteur** engine, motor
la **moto** motorcycle
mou (mol, molle) soft
la **mouche** fly
le **mouchoir** handkerchief
mouillé(e) wet
*mourir** (*23.4*) to die
la **moustache** mustache
le **mouton** sheep; mutton
le **mouvement** movement
*mouvoir** to move
le **moyen** means, method
moyen(ne) average; medium; **Moyen Âge** Middle Ages
la **mue** moulting; shedding of the skin
muet (muette) mute
se multiplier to multiply; to increase
la **multitude** multitude, crowd
municipal(e) municipal
le **mur** wall

mûr(e) ripe
mûrir to ripen
musclé(e) muscular; strong
le **musée** museum
musical(e) musical
la **musique** music
le **mythe** myth

N

nager to swim
naïf (naïve) naive
la **naissance** birth
*naître** to be born
la **nappe** tablecloth
la **natation** swimming
la **nation** nation; **Nations Unies** United Nations
national(e) national
la **nationalité** nationality
la **nature** nature; **nature morte** still life
naturel(le) natural
naturellement naturally
nautique nautical; **ski nautique** waterskiing
le **navet** turnip; bad film
ne (*see Index*)
né(e) born
nécessaire necessary
nécessairement necessarily
négatif(-ive) negative
négativement negatively
la **neige** snow
neiger to snow
nettement clearly
nettoyer to clean
neuf (neuve) brand new; **Quoi de neuf?** What's new?
le **neveu (-eux)** nephew
le **nez** nose
ni (*24.2*) **pas...ni, ni...ni** neither...nor
niçois(e) Nice-style
la **nièce** niece
nier to deny
le **niveau (-eaux)** level
nobles *pl m* nobility
le **noctambule** night owl, night person
nocturne nocturnal, nightly
Noël *m* Christmas
noir(e) black; dark
le **nom** name; noun
le **nombre** number
nombreux(-euse) numerous
nommer to name; to appoint
non no; not; **non merci** no, thank you; **non plus**

(n)either; **non seulement** not only
le **nord** north
normal(e) normal
la **Normandie** Normandy
la **Norvège** Norway
norvégien(ne) Norwegian
la **note** note; grade, mark; bill
noter to note
la **notion** notion
nourrir to feed
la **nourriture** food
nouveau (nouvel, nouvelle) (*6.3.3, 6.5.1 n*) new
novembre *m* November
le **noyau(-aux)** pit; nucleus
le **nu** nude (*painting*)
nu(e) naked
le **nuage** cloud
*nuire (à)** to harm
la **nuit** night; **boîte de nuit** nightclub; **il fait nuit** it is dark; **table de nuit** nightstand
le **numéro** number
numéroté(e) numbered
le **nylon** nylon

O

obéir (à) to obey
un **obélisque** obelisk
objectif(-ive) objective
un **objet** object
obligatoire mandatory, compulsory
obliger to oblige
un(e) **observateur(-trice)** observer
un **observatoire** observatory
observer to observe
*obtenir** (*19.3*) to obtain
une **occasion** occasion; **d'occasion** used, second-hand
occidental(e) Western
occupé(e) occupied; busy; taken
occuper to take up (*space*); **s'occuper de** to take care of
un **océan** ocean
octobre *m* October
une **odeur** smell
un **odorat** sense of smell
un **œil (yeux)** eye
un **œuf** egg
une **œuvre** work

un **office** office
un **officiel** official (*guide, statement*)
officiel(le) official
***offrir** (*14.1*) to offer
oh oh; **Oh! là! là!** Oh, my!
une **oie** goose
un **oignon** onion
un **oiseau(-eaux)** bird; **avoir un appétit d'oiseau** to eat like a bird
olympique olympic
une **omelette** omelette
un **omnibus** slow train; commuter train
on (*see Index*) one, we
un **oncle** uncle
un **ongle** nail
un **opéra** opera; opera house
une **opinion** opinion
s'opposer (à) to contrast with
une **opposition** opposition, contrast; **par opposition à** as opposed to, as contrasted with
un(e) **optimiste** optimist; *adj* optimistic
or but, now
oral(e) oral
oralement orally
une **orange** orange; *adj* (*invar*) orange-colored
une **orangeade** orange-flavored soda pop
un **orchestre** orchestra
ordinaire ordinary
un **ordinateur** computer
une **ordonnance** prescription
un **ordre** order
une **oreille** ear
un **oreiller** pillow
une **organisation** organization
organiser to organize
l'**orge** *f* barley
l'**orgueil** *m* pride
une **orientation** orientation
original(e) original
une **origine** origin
une **orthographe** spelling
oser to dare
ôter to take off
ou or; **ou bien** or else; **ou...ou** either...or
où where; when; **d'où** from where, hence
oublier (**de** + *inf*) to forget

l'**ouest** *m* west
Ouf! Whew!
oui yes; **mais oui** why, yes
une **ouïe** (sense of) hearing
un **outil** tool
outre beyond, besides; **en outre** besides
outre-mer *adv* overseas
ouvert(e) open
une **ouverture** opening
une **ouvreuse** usher
un(e) **ouvrier(-ière)** worker
***ouvrir** (*14.1*) to open; **s'ouvrir** to open up
oval(e) oval

P

la **page** page; **à la page 10** on page 10
la **paille** straw
le **pain** bread
la **paire** pair
paisible peaceful, quiet
la **paix** peace; **en paix** in peace
le **palais** palace; palate
pâle pale
le **palmier** palm tree
le **pamplemousse** grapefruit
le **panier** basket
la **panne** breakdown; **tomber en panne d'essence** to run out of gas
le **panneau(-eaux)** panel, board; **panneau de signalisation** road sign
le **panorama** panorama
le **pansement** bandage
le **pantalon** pants, trousers
le **papa** papa, dad
le **papier** paper; **serviette en papier** paper napkin; **papier à lettres** stationery
Pâques *pl f* Easter
le **paquet** package, parcel
par (*see Index*) by; through; per; **par ici** this way; **par rapport à** in relation to; **par semaine** per week; **par terre** on the floor (ground)
***paraître** to seem, appear
le **parapet** parapet
le **parapluie** umbrella
le **paravent** screen
le **parc** park
parce que because

***parcourir** to travel; to cover (*distance*)
le **parcours** trip, journey
le **pardessus** overcoat (*for men*)
Pardon! Excuse me!
pardonner to forgive
le **pare-brise** (*pl invar*) windshield
le **pare-choc** bumper
pareil(le) similar; alike
le(la) **parent(e)** parent; relative
la **paresse** laziness
paresseux(-euse) lazy
le **parfait** ice cream
parfait(e) perfect
parfois sometimes
le **parfum** perfume; flavor
parisien(ne) Parisian
le **parking** parking (lot)
le **Parlement** Parliament, Congress
parler to speak, talk
parmi among
la **part: de la part de** on behalf of; **d'une part... d'autre part** on one hand ...on the other hand; **c'est gentil de votre part** it's nice of you
partager to share
le **parti** party; side
participer to participate
particulier(-ière) special; private
particulièrement particularly
la **partie** part; portion; **la plus grande partie de** most of
***partir** (*9.3*) to leave; **à partir de** beginning with, based on
partout everywhere
pas (*1.3*) **ne...pas** not; not any; **pas du tout** not at all; **pas mal de** a lot of
le **pas** step; **pas à pas** step by step; **à deux pas d'ici** a couple of steps from here
passable acceptable, passable
le **passage** passage; **passage à niveau** railroad crossing
le(la) **passager(-ère)** passenger
le(la) **passant(e)** passerby
le **passé** time gone by; past; **passé composé** past

indefinite (*tense*)
passé(e) past
le **passeport** passport
passer to pass; to spend (*time*); **passer en première** to shift into first gear; **passer un examen** to take a test; **se passer** to happen
le **passe-temps** pastime, hobby
la **passion** passion; love
passionnant(e) exciting
le **pastel** pastel
le **pâté** pâté; paste
pâtes *pl f* pastas, noodles
patiemment patiently
la **patience** patience
patient(e) patient
le **patinage** skating
patiner to skate
la **pâtisserie** pastry; pastry shop
le **patriotisme** patriotism
le(la) **patron(ne)** boss
la **patte** paw
le **pâturage** pasture
pauvre poor, unfortunate (*before noun*); poor, destitute (*after noun*)
payer to pay for; **payer cher** to pay a lot
le **pays** country; region
le **paysage** landscape
le(la) **paysan(ne)** farmer
Pays-Bas *pl m* the Netherlands
la **peau (peaux)** skin
la **pêche** peach
le **pêcher** peach tree
pêcher to fish
la **pédale** pedal
le **peigne** comb
*****peindre** (*22.3*) to paint
la **peine** pain; trouble; **à peine** hardly; **à peine ... que** hardly ... when; **ce n'est pas la peine, ça ne vaut pas la peine** it's not worth the trouble
le **peintre** painter
la **peinture** paint; painting
la **pelle** shovel
la **pellicule** film
la **pelouse** lawn
se pencher to lean out
pendant during, for; **pendant que** while
pénible painful, difficult
penser (à) to think (about); **Penses-tu!** That's

what you think!; **que pensez-vous de** what do you think of
la **pension** boarding house; room and board
perdre to lose
le **père** father
le **périphérique** *freeway around Paris*
*****permettre** (**de** + *inf*) to allow; **permettez-moi** may I
le **permis de conduire** driver's license
la **permission** permission
perpétuel(le) everlasting
le **Perrièr-Menthe** *mixture of crème de menthe and highly carbonated mineral water*
le **perroquet** parrot
persan(ne) Persian
le **persil** parsley
le **personnage** character
la **personnalité** personality
la **personne** person; **ne ... personne** (*12.5*) no one, nobody
personnel(le) personal
personnifier to personify
la **perspective** sight, perspective
peser to weigh
le(la) **pessimiste** pessimist; *adj* pessimistic
petit(e) small, little; **petit déjeuner** breakfast; **petite-fille** granddaughter; **petit-enfant** grandchild; **petit-fils** grandson; **petit-gâteaux** cookies; **petits fours** *pl m* bite-size cakes; **petits pois** peas
peu (*5.3.3*) little, few; **peu à peu** little by little; **à peu près** approximately; **un peu** a little, a few; **un tout petit peu** just a little bit
le **peuple** people
la **peur** fear; **avoir peur** to be afraid; **de peur que** for fear that
peut-être perhaps
le **phare** headlight
la **pharmacie** pharmacy
le(la) **pharmacien(ne)** pharmacist
le **philosophe** philosopher, thinker
la **philosophie** philosophy

la **photo(graphie)** photograph; photography
photographique photographic; **appareil photographique** camera
la **phrase** sentence
la **physiologie** physiology
la **physique** physics
physique physical
le **piano** piano
la **pièce** room; play; **pièce de théâtre** play
le **pied** foot; **à pied** on foot; **coup de pied** kick
le **piège** trap
la **pierre** stone
le **piéton** pedestrian
la **pile** battery
le(la) **pilote** pilot
la **pilule** pill
le **pinceau(-eaux)** paintbrush
la **pincée** pinch
la **pioche** pick
piocher to dig
la **pipe** pipe
pire (*7.2*) worse, worst
pis (*18.2*) worse, worst; **tant pis** too bad
pittoresque picturesque, colorful
la **pizza** pizza
le **placard** closet, cupboard
la **place** room, space; seat, place; square (*of a town*)
le **plafond** ceiling
*****plaindre** (*24.3*) to pity; **se plaindre de** to complain about
la **plaine** plain, flat country
*****plaire** (*24.1*) to please; **s'il vous plaît** please; **se plaire** to enjoy oneself
plaisanter to joke, kid
le **plaisir** pleasure; **ça me fait plaisir** it gives me pleasure
le **plan** map; plan
le **plancher** floor
le **planétarium** planetarium
la **plante** plant
planter to plant
la **plaque** plate; plaque
le **plastique** plastic
le **plat** dish; **plat de résistance** main dish; **plats cuisinés** prepared foods
le **plateau(-eaux)** tray; plateau

la **plate-forme** flat roof; platform

le **plâtre** plaster; cast

plein(e) (de) full (of)

pleurer to cry, weep

*__pleuvoir__ to rain; **il pleut à verse** it's pouring

plier to fold

plongé(e) immersed

le **plongeon** plunge

la **pluie** rain

la **plume** feather

la **plupart** most

le **pluriel** plural; **mettre au pluriel** to put into the plural

plus (*see Index*) more; **plus ou moins** more or less; **plus...que** more...than; **plus tard** later; **de plus en plus** more and more; **en plus, de plus** moreover, besides; **le plus** the most; **non plus** (n)either

plusieurs *pl* several

le **plus-que-parfait** pluperfect

plutôt rather; **plutôt que** rather than

le **pneu(matique)** (rubber) tire

la **poche** pocket

la **poêle** frying pan

le **poème** poem

la **poésie** poetry

le(la) **poète** poet

le **poids** weight; **poids lourd** (large) truck

le **poignet** wrist

le **point** point; period; **point de vue** viewpoint; **mettre au point** to put the finishing touch

la **pointe** point, tip; **aux heures de pointe** during rush hours

la **pointure** size (*shoes*)

la **poire** pear

le **poirier** pear tree

le **poisson** fish

la **poitrine** chest

le **poivre** pepper

la **police** police

policier(-ière) (of) police; **roman policier** detective story

poliment politely

la **politique** politics; policy; *adj* political

polluer to pollute

la **pollution** pollution

la **Pologne** Poland

polytechnique polytechnic

la **pomme** apple; **pomme de terre** potato

le **pommier** apple tree

le **pompier** fireman

la **ponctualité** punctuality

le **pont** bridge

la **population** population

le **porc** pork

la **porcelaine** china

le **port** port

portable portable

le **portail** portal

portatif(-ive) portable

la **porte** door

le **porte-bagage** (*pl invar*) baggage rack

la **porte-fenêtre** French door

le **portefeuille** wallet

porter to carry; to wear

la **portière** door (*car, train*)

le **portillon** gate (*subway*)

le **portrait** portrait

portugais(e) Portuguese

le **Portugal** Portugal

poser to put; **poser une question** to ask a question

posséder to possess, own

la **possibilité** possibility

possible possible

le **poste** post, station; **poste de télévision (radio)** TV (radio) set

la **poste** post office (**bureau de poste**); **poste restante** general delivery

le **potage** soup

le **potager** vegetable garden

le **pouce** inch; thumb

la **poule** hen

le **poulet** chicken

la **poupée** doll

pour for; **pour** + *inf* in order to; **pour de bon** for good; **c'est pour rien** it's a steal; **pour que** so that

le **pourboire** tip

pourquoi why

pourtant however

pourvu que (provided (that)

pousser to push; to grow; **pousser un cri** to utter a cry; **faire pousser qqchose** to grow something

la **poussière** dust

le **poussin** chick

*__pouvoir__ (*see Index, 8.6*) to be able, can

le **pouvoir** power

pratique practical

pratiquer to practice; **Quel sport pratiquez-vous?** What sport do you play?

le **pré** meadow, pasture

précédent(e) preceding; previous

précéder to precede

précieux(-euse) precious, valuable

se précipiter to rush

précis(e) precise

précisément precisely

préférable preferable

préféré(e) favorite

préférer to prefer

le **préfet** prefect (*chief administrative officer of a département*)

premier(-ière) first

la **première** first gear; first class; **passer en première** to shift into first gear

*__prendre__ (*5.1*) to take; to eat or drink; **prendre qqn au sérieux** to take someone seriously; **prendre un café** to have a cup of coffee

le **prénom** first name

se préoccuper (de) to worry about

préparatifs *pl m* preparations

la **préparation** preparation; making

préparer to prepare; **préparer un examen** to study for a test; **se préparer** to get ready

la **préposition** preposition

près near, close by; **près de** + *noun* near + *noun*; **à peu près** approximately; **de près** closely

le **présent** present; **à présent** nowadays

présent(e) present

la **présentation** presentation; introduction

présenter to present; to introduce

préserver to preserve, save

le(la) **président(e)** president

présidentiel(le) presidential

presque almost
pressé(e) in a hurry; squeezed
pressurisé(e) pressurized
le **prestige** prestige
prestigieux(-euse) prestigious
prêt(e) (à + inf) ready
prétendre to claim
prêter to lend; **se prêter à** to be favorable to, to lend itself to
le **prêtre** priest
la **preuve** proof; **faire preuve de** to show
*****prévoir** *(10.4)* to foresee
la **prière** prayer; **prière de faire suivre** please forward; **prière de ne pas fumer** no smoking please
primaire primary
primeurs *pl m* young spring vegetables; **le marchand de primeurs** vegetable merchant
primitif(-ive) primitive
principal(e) principal, main
le **printemps** springtime
la **priorité** priority; right-of-way
la **prise** capture
la **prison** jail
privé(e) private
privilégié(e) privileged
le **prix** price; **à prix fixe** at a set price
la **probabilité** probability
probable probable
probablement probably
le **problème** problem
prochain(e) next
proche near
prodigieux(-euse) amazing
la **production** production
*****produire** *(10.1)* to produce; to give
le **produit** product; **produit national brut** gross national product
le(la) **prof** teacher, professor
le **professeur** teacher, professor
la **profession** profession
professionnel(le) professional
profiter (de) to take advantage (of)
profond(e) deep; **peu**

profond shallow
la **profusion** profusion
le **programme** program
le **progrès** progress; **faire des progrès** to make progress
progressiste progressive
le **projecteur** projector; headlamp
projeter to project, show
le **projet** project, plan
la **promenade** walk; **faire une promenade** to take a walk
se promener to take a walk; **promener qqn** to take someone for a walk
la **promesse** promise
*****promettre (de + inf)** to promise
le **pronom** pronoun
prononcer to pronounce
la **prononciation** pronunciation
à propos by the way; **à propos de** about
proposer to propose
la **proposition** proposition; clause
propre own *(before noun)*; clean *(after noun)*
le(la) **propriétaire** owner
la **propriété** estate; property
la **protection** protection
protéger to protect
protester to protest
la **Provence** Provence
le **proverbe** proverb
la **province** province
provincial(e) provincial
provisions *pl f* food
prudemment prudently
prudent(e) prudent
la **psychologie** psychology
psychologique psychological
la **psychophysiologie** psychophysiology
P.E.T. = postes et télécommunications
le **public** public
public (publique) public
la **publicité** advertisement
publier to publish
puis then
puisque since
la **puissance** power
le **pull(-over)** sweater
le **punch** punch

punir to punish
la **purée** mashed potatoes

Q

le **quai** street *(along a river or canal)*; pier; platform *(railroad)*
qualifier to qualify, modify
la **qualité** quality
quand when; **quand même** all the same
la **quantité** quantity
le **quart** quarter
le **quartier** district, quarter; **Quartier Latin** Latin Quarter
quasi quasi; almost
que *(see Index)*
quel (quelle) *(3.4)* what, which
quelque chose something
quelquefois sometimes
quelque part somewhere
quelques *pl* a few
quelques-un(e)s *(20.5)* some
quelqu'un someone
qu'est-ce que *(see Index)* what; **Qu'est-ce que c'est?** What is it?; **Qu'est-ce que c'est que...?** What is...? **Qu'est-ce qu'il y a?** What's the matter?
la **question** question; **poser une question** to ask a question
la **queue** tail; line; **faire la queue** to stand in line
qui *(see Index)*
quitter *(9.3)* to leave; **ne quittez pas** hold the line, just a minute
quoi *(see Index)* what; **Quoi de neuf?** What's new?
quoique although
quotidien(ne) daily, everyday

R

raccrocher to hang up
la **race** race, species
la **racine** root
raconter to tell *(a story)*; **raconter ses ennuis** to talk about one's problems

le **radiateur** radiator
la **radio** radio; **poste de radio** radio (set)
le **radium** radium
rafraîchissant(e) refreshing
le **rafraîchissement** refreshment; cool drinks
le **raisin** grapes
la **raison** reason; **avoir raison** to be right
raisonnable reasonable
ralentir to slow down
ramasser to pick up
le **rang** rank; row
ranger to arrange; **ranger ses affaires** to put away one's belongings
rapide fast
rapidement fast, quickly
la **rapidité** speed
rappelé(e) called back
rappeler to call again, call back; to remind; **se rappeler** to remember
le **rapport** relationship; **par rapport à** in relation to
rapporter to bring back
rare rare
rarement rarely
se raser to shave
le **rasoir** razor; shaver
rassurer to reassure
le **rat** rat
rattacher to tie again; to link (up)
rattraper to catch up with
ravissant(e) lovely
le **rayon** department (*in a large store*)
la **rayonne** rayon
rayonner to radiate, spread out
la **réaction** reaction; **avion à réaction** jet airplane
le **réalisateur** movie director
réaliser to make; **se réaliser** to materialize
le(la) **réaliste** realist; *adj* realistic
récemment recently
récent(e) recent
le **récepteur** receiver
la **recette** recipe
***recevoir** (*13.3*) to receive; to entertain; **être reçu à un examen** to pass a test
la **recherche** search; research; **à la recherche de** in search of

rechercher to look for
réciter to recite
la **réclamation** protest
la **réclame** advertisement
réclamer to insist on
récolter to harvest
recommandé(e) registered (*mail*)
la **récompense** reward
***reconnaître** to recognize
la **reconstitution** reconstruction
se recoucher to go back to bed
le **recours** recourse; **avoir recours à** to resort to
***recouvrir** to cover (up)
la **récréation** entertainment
***récrire** (*11.2*) to rewrite; to write again
le **recteur** president (*university*)
le **rédacteur** editor
redescendre to go down again; to get off again
rédiger to write; to draft
réduit(e) reduced; smaller than life
la **référence** reference
réfléchir to reflect
le **réflecteur** reflector
le **réfrigérateur** refrigerator
refuser to refuse
regagner to go back; to win back; to get back
regarder to look at, watch
le **régime** diet; regime; **être au régime** to be on a diet
la **région** region
régional(e) regional; local
la **règle** rule
le **règne** reign
regrettable regrettable
regretter (**de** + *inf*) to be sorry, regret; to miss
se regrouper to regroup
régulier(-ière) regular
la **reine** queen
rejeter to reject
***rejoindre** to meet, get together; to join
relatif(-ive) relative
se relever to get up again
le **relief** relief; topography; **bas-relief** bas-relief; **mettre en relief** to bring out, highlight
relier to link, put together
la **religion** religion
***relire** (*12.4*) to read again

remarquable remarkable
remarquablement remarkably
la **remarque** remark
remarquer to note, notice
rembourser to pay back; **se faire rembourser** to get one's money back
remercier to thank
remonter to go back up; **remonter la rue** to go up the street
le **rempart** rampart
remplacer to replace
rempli(e) filled
remplir to fill up, fill out
remuer to toss, shake
la **Renaissance** Renaissance
la **rencontre** meeting, encounter
rencontrer to meet (*by chance*)
le **rendement** yield
le **rendez-vous** appointment, date
rendre to return (*things*); **rendre** + *adj* to make + *adj*; **rendre justice à** to do justice to; **rendre visite à** to visit (*people*); **se rendre** to go; **se rendre compte** to realize
le **renom** fame
le **renseignement** information
rentrer to go (come) home
renverser to spill; to turn over
réparer to repair; **faire réparer** to have fixed
***repartir** to leave again
répartir to split, divide
la **répartition** division; sharing
le **repas** meal
repasser to iron
***repeindre** to repaint
le **répertoire** repertoire
répéter to repeat
répondre (**à**) to answer
la **réponse** answer
le **repos** rest
reposant(e) restful, peaceful
se reposer to rest; to relax
repousser to push back
la **représentation** performance; representation

représenter to represent; to present (*a play*)
la reproduction reproduction
la république republic
la réputation reputation
le réseau(-eaux) network
la réservation reservation
réserver to reserve (*tickets, seats*)
le réservoir tank; **réservoir à essence** gasoline tank
la résidence residence; home; dormitory
résidentiel(le) residential
résister to resist
***résoudre** to solve, resolve
respecter to respect
respectif(-ive) respective
respirer to breathe
responsable responsible
ressembler (à) to look like
***ressentir** to feel strongly
***ressortir** to go out again; to stand out
le restaurant restaurant
restaurer to restore
le reste rest, remainder
rester to stay, remain
le résultat result
le résumé summary
rétablir to reestablish, restore
le retard delay; **être en retard** to be late
retarder to delay, postpone; to be slow
***retenir** (*19.3*) to keep; to retain; to reserve; to hold back
retentir (de) to echo, resound (with)
retomber to fall back
le retour return; **être de retour** to be back
retourner to go back, return
retracer to retrace
le retraité retired man
rétréci(e) shrunk; **chaussée rétrécie** narrow road
retrouver to find again; to meet (*by arrangement*)
le rétroviseur rearview mirror
la réunion meeting
se réunir to meet, get together
réussir (à) to succeed (in); **réussir à un examen** to pass a test

le rêve dream
le réveil alarm clock
le réveille-matin alarm clock
se réveiller to wake up
***revenir** (*7.5*) to come back, to return
rêver (de) to dream (about); to think (about)
la révision review
***revoir** (*10.4*) to see again; **au revoir** good-bye
la révolte rebellion
la révolution revolution
la revue magazine, journal
le rez-de-chaussée first (ground) floor
le rhum rum
le rhume cold
riche rich
la richesse richness, wealth
le rideau(-eaux) curtain
ridicule ridiculous
rien (*12.5*) nothing; **ça ne fait rien** it doesn't matter; **c'est pour rien** it's a steal; **de rien** you're welcome; **ne...rien** nothing
rigide rigid, strict
***rire (de)** (*22.5*) to laugh (at, about); **c'est pour rire** it's a joke; **vous voulez rire** you're kidding
le rite ritual, ceremony
la rive bank; shore
la rivière river
le riz rice
la robe dress
le robinet faucet
le roi king
le rôle role, part
le roman novel
roman(e) Romanesque; **langues romanes** Romance languages
***rompre** to break (up)
rond(e) round; **en rond** in circles
la rondelle slice
le Roquefort Roquefort cheese
le rosbif roast beef
la rose rose
rose pink
le rosé rosé (*wine*)
le rôti roast
rôtir to roast; **faire rôtir qqchose** to roast something
la roue wheel; **roue de**

secours spare tire
rouge red
rougir to blush
roulant(e) moving; **tapis roulant** conveyer belt
le rouleau(-eaux) roller
rouler to drive; to roll (up)
la route road; **code de la route** traffic rules; **en route** on the way
routier(-ière) road
roux (rousse) red (*hair*), redheaded
le ruban ribbon
rude hard, rough
la rue street
se ruer to rush
rural(e) rural
le russe Russian language; *adj* Russian
la Russie Russia
le rythme rhythm

S

le sac purse
sacré(e) sacred, holy
sage wise; well-behaved, good
le(la) saint(e) saint; *adj* saint
la saison season
la salade salad
le salaire salary
sale dirty
la salle room; **salle à manger** dining room; **salle d'attente** waiting room; **salle de bains** bathroom; **salle de classe** classroom; **salle de séjour** living room
le salon drawing room; **salon de thé** pastry shop
saluer to greet
Salut! Hi!
la salutation greeting
le samedi Saturday
le sandwich sandwich
le sang blood; **sang-froid** coolheadedness
sans without; **sans doute** probably; **sans que** without
la santé health
la Sardaigne Sardinia
la sardine sardine
satirique satirical
satisfait(e) satisfied
saturer to saturate

la **sauce** sauce; gravy
la **saucisse** sausage
le **saucisson** salami-type sausage
sauf except
le **saut** jump
sauter to jump
sauvegarder to preserve
sauver to save
***savoir** (*see Index*) to know; **savoir faire qqchose** to know how to do something
le **savon** soap
savoureux(-euse) tasty
le **scandale** scandal
scandinave Scandinavian
le **scénario** scenario, film script
la **scène** scene
la **scie** saw
la **science** science; **science-fiction** science fiction
scientifique scientific
scier to saw
scolaire scholastic, academic
la **sculpture** sculpture
le **seau (seaux)** pail, bucket
sec (sèche) dry; harsh
sécher to dry; **sécher un cours** to cut a class
second(e) second
secondaire secondary
la **seconde** second
le **secret** secret
le **secrétariat** secretariat
le **secteur** sector; part
la **sécurité** safety, security; **ceinture de sécurité** seat belt
le **seigneur** lord
le **séjour** stay, sojourn; **salle de séjour** living room
séjourner to stay, spend some time
le **sel** salt
la **selle** saddle
selon according to
la **semaine** week
sembler to seem, appear
semer to sow
le **semestre** semester
le **Sénat** Senate
le **Sénégal** Senegal
le **sens** direction; sense; **sens interdit,** no entry; **sens unique** one-way street; **en tous sens** in every direction

sensible sensitive
la **sensibilité** sensitivity
le **sentiment** feeling
sentimental(e) sentimental
***sentir** (*26.1*) to feel; to smell; to smell like; **se sentir** to feel (*sick, tired*)
séparément separately
séparer to separate
septembre *m* September
la **série** series
sérieusement seriously
sérieux(-euse) serious; **prendre au sérieux** to take seriously
serré(e) squeezed
la **serveuse** waitress
le **service** service; service charge; **service compris** service included; **à votre service** you're welcome
la **serviette** briefcase; napkin; **serviette de bain** bath towel; **serviette en papier** paper napkin
***servir** (*23.3*) to serve; **servir à** to be used for, to be useful for; **servir de** to serve as, act as; **se servir de** to use
seul(e) alone; lonely
seulement only; **non seulement** not only
sévère severe, strict
si (*see Index*) yes; *conj* if; *adv* so, such
la **Sicile** Sicily
le **siècle** century
le **siège** seat
siffler to whistle
signaler to signal
la **signalisation: panneau de signalisation** road sign
le **signe** sign; **faire signe** to motion
signer to sign
la **signification** meaning
signifier to mean
le **silence** silence
silencieux(-euse) silent, quiet
la **silhouette** silhouette, outline
s'il vous plaît please
simple simple; mere (*before a noun*); **un aller simple** a one-way ticket
simplement simply
le **singulier** singular
sinon otherwise; if not

sinueux(-euse) winding
le **sirop** syrup
la **situation** situation; position
situé(e) placed; located
le **ski** ski; **faire du ski** to ski
sociable sociable
social(e) social
socialement socially
la **société** society; corporation
la **sociologie** sociology
la **sœur** sister
le **sofa** couch
soi-disant *invar* would-be; supposed, alleged
la **soie** silk
la **soif** thirst; **avoir soif** to be thirsty
soigner to care for; to take care of
soigneux(-euse) careful
le **soin** care
le **soir** evening; **le soir** in the evening; **bonsoir** good evening, good night
la **soirée** (*23.5*) evening; entire evening; (evening) party
le **sol** ground, soil
le **soldat** soldier
la **solde** sale; **en solde** on sale
le **soleil** sun; **il fait du soleil** it's sunny
solennellement solemnly
solide strong, solid
la **solidité** strength
soluble solvable, soluble
la **solution** solution
sombre dark
le **somme** nap; **faire un somme** to take a nap
la **somme** sum; **en somme** in short, in summary
le **sommeil** sleep; **avoir sommeil** to be sleepy
le **sommet** top, summit
somptueux(-euse) magnificent
sonner to ring, sound
la **Sorbonne** Sorbonne (*former University of Paris*)
la **sorcellerie** witchcraft
la **sorte** kind, sort; **de sorte que** so that; **quelle sorte de** what kind of; **toutes sortes** all kinds

la **sortie** exit; going out
*__sortir__ (*9.3*) to go (come) out
la **sottise** stupidity
le **souci** care, worry
soudain(e) sudden; *adv* suddenly
souffleter to slap
*__souffrir (de)__ (*14.1*) to suffer (from)
souhaiter to wish
*__se soumettre (à)__ to give in, submit
la **soupe** soup; **soupe à l'oignon** onion soup
la **source** source, cause
sourd(e) deaf
*__sourire (à)__ (*22.5*) to smile (at)
la **souris** mouse
sous (*1.5*) under
le **sous-marin** submarine
le **sous-sol** basement
le **sous-titre** subtitle
sous-vêtements *pl m* underwear
se *soutenir (*19.3*) to support oneself, each other
souterrain(e) underground
se *souvenir (de) to remember
souvent often
spacieux(-euse) spacious
spécial(e) special
spécialisé(e) specialized
se spécialiser to specialize
le **spectacle** show
le **spectateur** spectator
splendide magnificent
le **sport** sport
le(la) **sportif(-ive)** athlete; *adj* athletic, fond of sports
stabilisateur(-trice) stabilizing
stabiliser to stabilize
la **stabilité** stability
la **station** station; resort
le **stationnement** parking
stationner to park
la **statistique** statistics
la **statue** statue
la **statuette** statuette
le **steack** steak; **steack frites** steak with French fries
le **studio** efficiency apartment
le **style** style
le **stylo** fountain pen
subir to undergo; to come under (*an influence*); to suffer

le **subjonctif** subjunctive
subsister to remain
le **substantif** noun
la **subtilité** subtlety, shrewdness
subventionner to subsidize
le **succès** success
le **sucre** sugar
le **sud** south
la **Suède** Sweden
suédois(e) Swedish
la **sueur** sweat
*__suffire__ to suffice; **cela suffit** that's enough; **se suffire** to be self-sufficient
le **suffrage** suffrage
suggérer (de + *inf*) to suggest
la **suggestion** suggestion
la **Suisse** Switzerland
suisse Swiss; **Suisse** Swiss (*person*)
la **suite** continuation; **à la suite de** following; **deux fois de suite** twice in a row; **tout de suite** right away
suivant(e) following
suivi(e) followed
*__suivre__ (*18.5*) to follow; **suivre un cours** to take a course (*in school*); **faire suivre** to forward (*a letter*)
le **sujet** subject; **au sujet de** concerning
superbe superb, great
supérieur(e) superior; upper
le **supermarché** supermarket
supersonique supersonic
le **supplément** extra
supposer to suppose
supprimer to suppress; to omit
suprême supreme
sur (*1.5*) on, over; **sur-le-champ** right away
sûr(e) sure; **bien sûr** of course
surgeler to freeze
surgir to loom up
*__surprendre__ to surprise
surpris(e) surprised
la **surprise** surprise
le **surréaliste** surrealist (*painter*); *adj* surrealistic
surtout especially, above all

surveillé(e) supervised
*__survivre__ to survive
survoler to fly over
le **symbole** symbol
symboliser to symbolize
sympa (*f invar*) nice, likable
sympathique nice, likable
le **syndicat d'initiative** tourist information office
le **synonyme** synonym
systématiquement systematically
le **système** system

T

le **tabac** tobacco; **bureau de tabac** tobacco shop
la **table** table; **table basse** coffee table; **table de nuit** nightstand
le **tableau(-eaux)** picture; blackboard (**tableau noir**)
le **Tahiti** Tahiti
la **taille** size; height
le **tailleur** suit (*for women*)
se *taire (*24.1*) to be silent, to become silent
le **talent** talent
le **talon** heel; **chaussures à talon haut** high heels
tamponner to stamp
tandis que whereas, while
tant (*15.4, 19.5*) so much, so many
la **tante** aunt
le **tapis** rug, carpet; **tapis roulant** conveyer belt
taquin(e) tease, teasing
tard late; **il se fait tard** it is getting late; **plus tard** later
le **tarif** price, rate
la **tarte** open-faced pie, tart
la **tartine** slice of bread with butter and/or jam
le **tas** pile, heap; **un tas de choses** a lot of things
la **tasse** cup
le **taudis** slum
le **taxi** taxi
le(la) **technicien(ne)** technician
la **technique** technique; *adj* technical
techniquement technically
*__teindre__ to dye, color
tel (telle) so, such; **tel que** such as

la **télé** television
le **télégramme** telegram
la **télépathie** telepathy
le **téléphone** telephone
téléphoner (à) to telephone
téléphonique telephone, telephonic
le **téléviseur** TV set
la **télévision** television; **poste de télévision** TV set
tellement so much
le **témoin** witness
la **température** temperature
tempéré(e) moderate
la **tempête** storm
le **temple** temple
le **temps** time; weather; (verb) tense; **combien de temps** how long; **de temps en temps** from time to time; **en même temps** at the same time
tendre (à) to tend, lean; to stretch
la **tendresse** tenderness, love
*****tenir** (19.3) to hold; to keep; **Tiens!** Well!; **tenir à** to cherish; to insist; **tenir de** to resemble; **se tenir** to be at; **se tenir debout** to be standing
le **tennis** tennis
la **tension** stress
tentant(e) tempting, attractive
tenter (de + inf) to attempt; to tempt
tenu(e) kept, maintained
terminé(e) finished, over
terminer to finish
la **terrasse** terrace; sidewalk
la **terre** earth; land; ground; **par terre** on the floor (ground); **pomme de terre** potato
terrible terrible
la **tête** head; **mal de tête** headache
le **texte** text
le **thé** tea
théâtral(e) theatrical
le **théâtre** theater
la **thèse** thesis
le **ticket** ticket
tiède warm, lukewarm
Tiens! Well!
le **tiers** third

le **tigre** tiger
le **timbre** stamp (**timbre-poste**)
timide timid
tirer to pull, draw
le **tiroir** drawer
le **tissu** cloth, material
le **titulaire** bearer, holder (of certificate)
le **toast** toast
la **toile** cloth, canvas; **toile d'araignée** cobweb
la **toilette** toilet; **faire sa toilette** to get washed and dressed
le **toit** roof
la **tomate** tomato
le **tombeau(-eaux)** grave, tomb
tomber to fall; **tomber malade** to get sick; **tomber sur** to find by accident, **laisser tomber qqchose** to drop something
la **tonne** ton
le **tonneau(-eaux)** barrel
le **tonnerre** thunder
la **topographie** topography
le **tort** wrong; **avoir tort** to be wrong
tortueux(-euse) tortuous, twisted
tôt early
le **total** total
le **toucher** sense of touch
toucher to touch; to cash (a check); **toucher à sa fin** to be close to the end
toujours always, still
le **tour** turn; trick; **tour de taille** waistline
la **tour** tower
le **tourisme** travel, tourism
le(la) **touriste** tourist
touristique tourist; economy
tourner to turn; to make (film)
tousser to cough
tout (pl **tous, toutes**) (22.2, see Index) everything, all; **c'est tout** that's all; **pas du tout** not at all
tout(e) (pl **tous, toutes**) (15.2, see Index) whole, every; **tous les deux** both; **tout à fait** quite; **tout court** as a whole;

tout de même just the same; **tout de suite** right away; **tout d'un coup** suddenly; **tout le monde** everyone; **un tout petit peu** just a little bit
le **tracteur** tractor
la **tradition** tradition
traditionnel(le) traditional
traditionnellement traditionally
*****traduire** (10.1) to translate; **traduire en anglais** to translate into English
le **trafic** traffic
la **tragédie** tragedy
le **train** train; **être en train de** + inf to be in the process of doing
le **trait** trait, feature; **trait d'union** hyphen
le **traité** treaty
traité(e) treated
le **trajet** trip, ride
la **tranche** slice
trancher to slice, separate
tranquille quiet
la **tranquillité** peace; tranquillity
la **transaction** transaction
transformer to transform
le **transistor** transistor (radio)
le **transport** transportation
le **travail(-aux)** work; **travaux pratiques** laboratory work
travailler to work, study
travailleur(-euse) hard-working, diligent
travaux pratiques pl m laboratory work
à travers across; through
traverser to cross, go through
trembler to shake, tremble
très very
le **triangle** triangle
tricoter to knit
le **triomphe** triumph
triste sad
le(la) **Troglodyte** Troglodyte
se tromper (de) to make a mistake
trop (5.3.3) too much, too many
le **trottoir** sidewalk
le **trou** hole; **trou d'air** air

pocket

la **troupe** company; troop; troupe (*theater*)

trouver to think; to find; **se trouver** to be located

tué(e) killed

tuer to kill

la **Tunisie** Tunisia

le **tunnel** tunnel

le **tutoiement** use of «tu» instead of «vous»

tutoyer to use «tu» instead of «vous»

le **type** type; guy

typique typical

typiquement typically

U

ultra-moderne ultra-modern

une **union** union

unique unique; only; **sens unique** one-way street

uniquement exclusively

unir to unite; **s'unir** to unite

une **unité** unity; unit

universel(le) universal

universitaire (of) university

une **université** university

urbain(e) urban

un **usage** use

user to wear out

une **usine** factory

usurper to usurp

utile useful

utiliser to use

V

la **vacance** vacancy; **les vacances** vacation

la **vache** cow

***vaincre** to vanquish, defeat

la **vaisselle** dishes; **faire la vaisselle** to do the dishes

la **valeur** value

la **valise** suitcase

la **vallée** valley

***valoir** (*17.2*) to be worth; to merit; to earn; **il vaut mieux** + *inf* it is better to (do something)

la **vanille** vanilla

la **vanité** vanity

varier to vary

la **variété** variety

le **vase** vase

vaste large, huge

le **veau (veaux)** veal; calf

la **vedette** movie star

le(la) **végétarien(ne)** vegetarian

le **vélo** bicycle; **vélomoteur** light motorcycle

la **vendange** grape harvest

le **vendeur** salesman

la **vendeuse** saleslady

vendre to sell

le **vendredi** Friday

***venir** (*7.5*) to come; **venir chercher** to come to get; to come for; **venir de** + *inf* to have just done

le **vent** wind; **il fait du vent** it's windy

Vénus venus

le **verbe** verb

verdoyant(e) green; lush

le **verger** orchard

véritable true, real

véritablement truly, really

la **vérité** truth

le **vermicelle** vermicelli

le **verre** glass

le **vers** verse

vers toward; **vers sept heures** (at) about seven o'clock

verse: pleuvoir à verse to pour (*rain*)

la **version** version

le **verso** other side of a page

vert(e) green

le **vertige** vertigo; **avoir le vertige** to feel dizzy

la **veste** jacket

le **vestiaire** cloakroom

le **vestibule** hall; foyer

le **vestige** remains; relics

le **veston** sport jacket

vêtements *pl m* clothes

***vêtir** to dress

le(la) **veuf (veuve)** widower (widow)

la **viande** meat

le **vice-président** vice president

le **vice-roi** viceroy

vicieux(-euse) vicious

la **victime** victim

la **victoire** victory

vide empty

la **vie** life; **de ma vie** in my life

vieillir to get old

le **vieux** old man; **mon vieux** my pal

vieux (vieil, vieille) (*6.3.3, 6.5.1*) old; **vieille fille** spinster; **vieux garçon** bachelor

vif (vive) alive, lively; quick

la **vigne** vine; vineyard

le **vignoble** vineyard

le **village** village

la **ville** city, town; **en ville** downtown; **hôtel de ville** city (town) hall

le **vin** wine

violent(e) violent

violet(te) violet, purple

le **violon** violin

le **virage** turn of the road, bend

la **virgule** comma

vis-à-vis with regard to

le **visage** face

viser to aim

la **visibilité** visibility

visible visible; open to the public

la **visite** visit; **rendre visite à** to visit (*people*)

visiter to visit (*monuments, places*)

le **visiteur** visitor

vite quickly; fast

la **vitesse** speed

le **vitrail(-aux)** stained-glass window

la **vitrine** window (*of a shop*)

la **vivacité** intensity, liveliness

vivant(e) alive; living

***vivre** (*26.3*) to live

voici here is, here are

la **voie** lane, track; **voie ferrée** railroad; **route à deux voies** two-lane road

voilà there is, there are; here is, here are; **nous y voilà** here we are

***voir** (*10.4*) to see; **Voyons!** Come, now!

le(la) **voisin(e)** neighbor; *adj* neighboring; close

la **voiture** car; **voiture-restaurant** dining car

la **voix** voice; **à haute voix** aloud

le **vol**   flight; theft
volailles *pl f*   fowl
le **volant**   steering wheel
voler   to fly; to steal
le **voleur**   thief; **Au voleur!**
   Thief!
la **volonté**   will
volontiers   gladly
voter   to vote
*****vouloir**   (*5.4, see Index*)
   to want, wish; **vouloir dire**
   to mean; **je veux bien**   I'm
   willing, I'd like to; **je**
   voudrais   I would like
la **voûte**   dome
le **voyage**   trip, travel
voyager   to travel
le(la) **voyageur(-euse)**
   traveler

la **voyelle**   vowel
Voyons!   Come, now!
vrai(e)   true, real
vraiment   truly, really
la **vue**   view, sight; **point de**
vue   viewpoint

W

le **wagon**   wagon; coach;
   wagon-couchettes,
   wagon-lit   sleeper;
   wagon-restaurant
   dining car
w.-c. *pl m*   restroom
le **week-end**   weekend

le **western**   western (*film*)
le **whisky**   whisky

Y

y   (*see Index*)
le **yaourt**   yogurt
yeux *pl m*   eyes (*singular*
   œil)
yougoslave   Yugoslavian
la **Yougoslavie**   Yugoslavia

Z

la **zone**   zone
la **zoologie**   zoology
zoologique   zoological;
   jardin zoologique   zoo

Photo Credits

Première Leçon J. Pavlovsky/Rapho-Photo Researchers, 21. Mark Antman, 24. **Deuxième Leçon** Courtesy Air France, 37. Niepce/Rapho-Photo Researchers, 39. S. Duroy/Rapho-Photo Researchers, 41. **Troisième Leçon** Courtesy of Janus Films and Museum of Modern Art, Film Stills Archives, 56. Courtesy French Embassy Press and Information Division, 57. Mark Antman, 58. **Quatrième Leçon** Mark Antman, 69. Courtesy Air France, 73 and 79. Owen Franken/Stock, Boston, 90. **Cinquième Leçon** Owen Franken/Stock, Boston, 95. Mark Antman, 97. **Sixième Leçon** Owen Franken/Stock, Boston, 109. Courtesy Air France, 110. S. Weiss/Rapho-Photo Researchers, 111. Owen Franken/Stock, Boston, 114. J. Pavlovsky/Rapho-Photo Researchers, 120. **Septième Leçon** Mark Antman, 136 and 137. **Huitième Leçon** S. Weiss/Rapho-Photo Researchers, 148. Thierry Berthomier/Rapho-Photo Researchers, 152. Niepce/Rapho-Photo Researchers, 155. **Neuvième Leçon** Sygma, 167. Ciccione/Rapho-Photo Researchers, 173. Courtesy Air France, 174. **Dixième Leçon** Paul Pougnet/Rapho-Photo Researchers, 183. Botti/Sygma, 188. Nancy Simmerman/Photo Researchers, 190. **Onzième Leçon** D. Dailloux/Rapho-Photo Researchers, 199. Mark Antman, 206. **Douzième Leçon** René Burri/Magnum, 219. Burt Glinn/Magnum, 222. Michael Ginsburg/Magnum, 227. **Treizième Leçon** Franklin Wing/Stock, Boston, 237. Michael Ginsburg/Magnum, 242. Mark Antman, 244. Serge deSazo/Rapho-Photo Researchers, 248. **Quatorzième Leçon** Mark Antman, 253. Courtesy Air France, 255, 258, and 263. **Quinzième Leçon** Niepce/Rapho-Photo Researchers, 277. Mark Antman, 283. **Seizième Leçon** Mopy/Rapho-Photo Researchers, 291. Antoine Kin/Rapho-Photo Researchers, 296. Mark Antman, 297. Courtesy Air France, 298. Mopy/Rapho-Photo Researchers, 303. **Dix-Septième Leçon** Helena Kolda/Monkmeyer, 309. Michel Craig, 311. Niepce/Rapho-Photo Researchers, 315. C. Santos/Rapho-Photo Researchers, 319. **Dix-Huitième Leçon** Ph. Charliat/Rapho-Photo Researchers, 329. Mark Antman, 332. J. Pavlovsky/Rapho-Photo Researchers, 335 and 338. **Dix-Neuvième Leçon** Mark Antman, 347. Dorka Raynor/Rapho-Photo Researchers, 349. Courtesy Air France, 352. Jimmy Fox/Magnum, 355. J. C. Lozouet/Photo Trends, 357. **Vingtième Leçon** M. P. Hagiwara, 372. Bernard Pierre Wolff/Photo Researchers, 373. Mark Antman, 375. Pierre Belzeaux/Rapho-Photo Researchers, 378. **Vingt et Unième Leçon** Helena Kolda/Monkmeyer, 387. Mark Antman, 389. Carolyn Watson/Monkmeyer, 392. Owen Franken/Stock, Boston, 396. M. P. Hagiwara, 398. **Vingt-Deuxième Leçon** Courtesy Air France, 403. Courtesy French Embassy Press and Information Division, 408. Cary Wolinsky/Stock, Boston, 410. Dorka Raynor/Rapho-Photo Researchers, 412.
Vingt-Troisième Leçon Chris Kindahl/Photo Trends, 419. LeClair Bissell/Nancy Palmer, 422. Mopy/Rapho-Photo Researchers, 424. M. P. Hagiwara, 427. Frances Bannett/D.P.I., 432. **Vingt-Quatrième Leçon** Courtesy French Cultural Tourist Services, 437. Courtesy Air France, 439. Mark Antman, 442. Museum of Modern Art, Film Stills Archives, from the motion picture *Day for Night,* courtesy of Warner Bros., Inc. Copyright © 1973, 447. Mark Antman, 450. **Vingt-Cinquième Leçon** Monroe Pinckard/Rapho-Photo Researchers, 457. Courtesy French National Railroad, 458. Erich Hartmann/Magnum, 461. Owen Franken/Stock, Boston, 465. **Vingt-Sixième Leçon** Alain Nogues/Sygma, 475. Courtesy French Government Tourist Office, 479. Mark Antman, 480. Ciccione/Rapho-Photo Researchers, 484.

Index Grammatical et Thématique